21世纪本科院校土木建筑类创新型应用人才培养规划教材

工程财务管理

主　编　张学英　韩艳华
副主编　李　冰　郭　华
主　审　宗战国

内 容 简 介

工程财务管理是工程企业管理中的一个重要组成部分，是研究资金的获取、有效使用和合理分配的一门科学。本书主要内容包括工程财务管理的基本理论、财务报表分析、资金时间价值和风险分析、工程资本成本与资金结构、筹资决策、项目投资决策和证券投资管理、工程营运资本管理、固定资产和其他资产管理、成本费用管理、利润分配管理和财务预算等。本书的编写特点：一是理论与实践相结合，二是保持知识内容的完整性。

本书可以作为高等院校工程管理、工程造价专业学生的教材，也可作为工程企业财务管理人员学习的参考书。

图书在版编目(CIP)数据

工程财务管理/张学英，韩艳华主编. —北京：北京大学出版社，2009.8
(21 世纪本科院校土木建筑类创新型应用人才培养规划教材)
ISBN 978-7-301-15616-2

Ⅰ.工… Ⅱ.①张… ②韩… Ⅲ.建筑工程—财务管理—高等学校—教材 Ⅳ.F407.967.2

中国版本图书馆 CIP 数据核字(2009)第 131663 号

书　　　名：	工程财务管理
著作责任者：	张学英　韩艳华　主编
策划编辑：	吴　迪
责任编辑：	蔡华兵
标准书号：	ISBN 978-7-301-15616-2/TU・0095
出 版 者：	北京大学出版社
地　　　址：	北京市海淀区成府路 205 号　100871
网　　　址：	http://www.pup.cn
电　　　话：	邮购部 010-62752015　发行部 010-62750672　编辑部 010-62750667
编辑部邮箱：	pup6@pup.cn
编辑部邮箱：	zpup@pup.cn
印　刷　者：	北京虎彩文化传播有限公司
发　行　者：	北京大学出版社
经　销　者：	新华书店
	787 毫米×1092 毫米　16 开本　23.5 印张　549 千字
	2009 年 8 月第 1 版　2025 年 8 月第 18 次印刷
定　　　价：	45.00 元

未经许可，不得以任何方式复制或抄袭本书之部分或全部内容。
版权所有，侵权必究　　举报电话：010-62752024
　　　　　　　　　　　　电子邮箱：fd@pup.pku.edu.cn

前　言

　　20多年以来，随着我国改革开放的不断深入和社会主义经济体制的建立与完善，特别是我国加入WTO以来，建筑业面临着经济全球化市场的严峻考验，迫切需要在深化改革、建立现代化企业的过程中，逐步提高经营管理水平。建筑业是我国国民经济的支柱产业，工程财务管理是工程企业管理的重要组成部分，搞好工程财务管理，对于建筑企业经济效益的提高，增强其全球化市场竞争能力，都是十分必要的。

　　本书既继承了传统财务管理教材的理论精华和共性，又与时俱进，充分结合建筑企业生产经营的特殊性，研究工程财务活动的规律性和特点，深入浅出地阐述了工程财务管理的基本概念、基本原理和基本技能；本书编写风格新颖，理论简练、案例丰富；本书与其他同类教材在结构上有所不同，每章均安排了教学目标、教学要求、基本概念、引例、本章小结、案例分析、思考与习题，内容全面，结构合理，层次清晰，既有利于教师教学，又方便学生学习；全书紧贴实际的要求、社会的要求和学生的要求，增强了实用性和可操作性，以适应应用型人才的培养要求。

　　本书全部由河南城建学院的教师编写完成，张学英和韩艳华担任主编，进行统稿并初审；李冰、郭华担任副主编；宗战国担任主审。书中第1、2、5、7章由张学英编写；第3、4章由郭华编写；第6、9章由李冰编写；第8章由聂洪恩编写；第10、11章由李燕琴编写；第12、13章由韩艳华编写。

　　在本书的编写过程中，我们得到了有关专家、学者的支持和帮助，参考了相关教材和文献资料，在此向这些专家、学者和相关教材、文献的作者深表谢意。

　　由于水平有限，书中难免存在不妥之处，恳请有关专家、学者和广大读者批评指正。

编者
2009年5月

目 录

第1章 工程财务管理导论 ... 1
1.1 工程财务管理的内容 ... 2
1.1.1 财务活动 ... 2
1.1.2 财务关系 ... 5
1.2 工程财务管理概述 ... 7
1.2.1 工程财务管理的研究对象 ... 7
1.2.2 财务管理的概念 ... 8
1.3 财务管理的目标 ... 8
1.3.1 施工企业的目标 ... 8
1.3.2 财务管理的总体目标 ... 9
1.3.3 财务管理的具体目标 ... 12
1.3.4 不同利益主体财务目标的矛盾与协调 ... 13
本章小结 ... 14
思考与习题 ... 17

第2章 工程财务管理的基本理论 ... 19
2.1 工程财务管理的产生与发展 ... 20
2.1.1 财务管理的产生与发展过程 ... 20
2.1.2 21世纪财务管理的发展趋势 ... 21
2.2 工程财务管理的环节 ... 22
2.2.1 财务预测 ... 23
2.2.2 财务决策 ... 23
2.2.3 财务计划 ... 24
2.2.4 财务控制 ... 24
2.2.5 财务分析和评价 ... 24
2.3 工程财务管理的环境 ... 25
2.3.1 经济环境 ... 26
2.3.2 法律环境 ... 27
2.3.3 金融环境 ... 28
本章小结 ... 31
思考与习题 ... 33

第3章 工程财务报表分析 ... 35
3.1 工程财务报表分析的目的与作用 ... 36
3.1.1 工程财务报表分析的目的 ... 36
3.1.2 工程财务报表分析的作用 ... 37
3.2 工程财务报表分析的基本方法 ... 38
3.2.1 趋势分析法 ... 38
3.2.2 比率分析法 ... 39
3.2.3 因素分析法 ... 40
3.3 比率分析 ... 41
3.3.1 偿债能力比率 ... 44
3.3.2 资产管理比率 ... 49
3.3.3 盈利能力比率 ... 52
3.4 财务综合分析 ... 55
3.4.1 财务综合分析的含义和特点 ... 55
3.4.2 杜邦财务分析体系 ... 56
3.4.3 沃尔评分法 ... 57
本章小结 ... 59
思考与习题 ... 61

第4章 资金时间价值与风险分析 ... 65
4.1 工程风险与报酬 ... 66
4.1.1 工程风险及其衡量 ... 66
4.1.2 单项资产的风险与报酬 ... 68
4.1.3 资本资产定价模型 ... 72
4.2 资金时间价值 ... 75
4.2.1 资金时间价值的含义 ... 75
4.2.2 资金时间价值的计算 ... 75
4.2.3 名义利率和实际利率 ... 85
4.2.4 资金时间价值的应用 ... 86
本章小结 ... 88
思考与习题 ... 89

第5章 工程资本成本与资金结构 ... 94
5.1 工程资本成本及其估算 ... 95

  5.1.1 资本成本的概念与作用 95
  5.1.2 个别资本成本 97
  5.1.3 综合资本成本 99
  5.1.4 边际资本成本 100
 5.2 杠杆原理 102
  5.2.1 杠杆原理的含义 102
  5.2.2 成本习性、边际贡献与
     息税前利润 103
  5.2.3 经营杠杆 105
  5.2.4 财务杠杆 107
  5.2.5 复合杠杆 109
 5.3 资本结构 110
  5.3.1 资本结构概述 110
  5.3.2 资本结构的优化决策 111
  5.3.3 资本结构理论 117
 本章小结 121
 思考与习题 123

第6章 筹资决策 127
 6.1 工程项目筹资概述 128
  6.1.1 筹资方式概述 128
  6.1.2 筹资渠道与方式 129
  6.1.3 筹资种类 130
 6.2 工程项目权益性资本的筹集 131
  6.2.1 普通股筹资 131
  6.2.2 优先股筹资 134
  6.2.3 内部筹资 136
 6.3 工程项目负债性资本的筹集 136
  6.3.1 债券筹资 136
  6.3.2 银行借款 141
  6.3.3 商业信用 144
  6.3.4 融资租赁 145
 本章小结 149
 思考与习题 150

第7章 工程项目投资决策 153
 7.1 项目投资概述 154
  7.1.1 项目投资的含义和种类 154
  7.1.2 项目投资的特点 155

  7.1.3 项目投资的程序 156
  7.1.4 项目投资期 156
 7.2 现金流量的内容及估算 157
  7.2.1 现金流量的内容 157
  7.2.2 现金流量的估算 158
 7.3 项目投资决策的评价指标 161
  7.3.1 非贴现现金流量指标 161
  7.3.2 贴现现金流量指标 164
  7.3.3 投资决策指标的比较 171
 7.4 投资决策指标的应用 171
  7.4.1 使用年限相等的
     互斥方案决策 171
  7.4.2 使用年限不等的
     互斥方案决策 175
  7.4.3 资本有限量的
     独立选优决策 177
 本章小结 179
 思考与习题 181

第8章 证券投资管理 185
 8.1 证券投资概述 186
  8.1.1 证券和证券投资的
     基本概念 186
  8.1.2 证券投资的目的 188
  8.1.3 证券投资的程序 189
 8.2 债券投资的管理 191
  8.2.1 债券投资的目的、特点和
     分类 191
  8.2.2 债券的估价 192
  8.2.3 债券的收益率 193
  8.2.4 债券投资的优缺点 195
 8.3 股票投资的管理 196
  8.3.1 股票投资的种类及目的 196
  8.3.2 股票投资估价 196
  8.3.3 股票的收益率 198
  8.3.4 股票投资的优缺点 199
 8.4 基金投资 200
  8.4.1 投资基金的含义与内容 200
  8.4.2 投资基金的种类 201

    8.4.3 投资基金的估价与收益率 203
    8.4.4 基金投资的优缺点 204
  8.5 证券投资组合 204
    8.5.1 证券投资组合概述 204
    8.5.2 证券投资组合的风险与
       风险收益 205
    8.5.3 证券投资组合的方法 207
  本章小结 207
  思考与习题 209

第 9 章 工程营运资本管理 213
  9.1 营运资本概述 214
    9.1.1 营运资本的概念 214
    9.1.2 营运资本管理的必要性 215
  9.2 现金管理 216
    9.2.1 现金概述 216
    9.2.2 现金管理模型 217
    9.2.3 现金管理方法 220
  9.3 应收账款管理 221
    9.3.1 应收账款的作用与成本 222
    9.3.2 信用政策 223
    9.3.3 应收账款的日常管理 225
  9.4 存货管理 229
    9.4.1 存货概述 229
    9.4.2 经济批量模型及其扩展 231
    9.4.3 其他存货的控制方法 234
  本章小结 235
  思考与习题 236

第 10 章 工程固定资产和
     其他资产管理 240
  10.1 固定资产管理概述 241
    10.1.1 固定资产的含义 241
    10.1.2 固定资产管理的要点 244
    10.1.3 固定资产需要量的查定 246
  10.2 固定资产折旧的计算 249
    10.2.1 固定资产折旧的意义和
        范围 249
    10.2.2 固定资产折旧计算的方法 251
    10.2.3 固定资产折旧政策 255

    10.2.4 固定资产日常管理 257
  10.3 无形资产和其他资产的管理 258
    10.3.1 无形资产的管理 258
    10.3.2 其他资产的管理 262
  本章小结 265
  思考与习题 266

第 11 章 工程成本费用管理 268
  11.1 工程成本费用管理概述 269
    11.1.1 成本费用及构成 269
    11.1.2 工程成本管理的基本要求 271
    11.1.3 成本费用管理的主要内容 273
    11.1.4 成本费用管理的要求 274
  11.2 工程目标成本管理 275
    11.2.1 目标成本管理的相关概念
        及其原则 275
    11.2.2 施工企业目标成本规划的
        基本环节 278
  11.3 工程成本费用的控制 279
    11.3.1 成本费用控制的
        含义及内容 279
    11.3.2 施工企业成本费用控制
        系统的组成 280
    11.3.3 成本费用控制的原则 281
    11.3.4 成本费用控制的程序 283
    11.3.5 施工企业成本控制标准 284
  本章小结 286
  思考与习题 289

第 12 章 利润分配管理 291
  12.1 利润分配概述 292
    12.1.1 利润的概念及组成 292
    12.1.2 利润分配的基本原则 293
    12.1.3 确定利润分配政策时应
        考虑的因素 294
    12.1.4 股利理论 297
  12.2 股利政策 299
    12.2.1 股利政策的意义 299
    12.2.2 股利政策的类型 300

12.3 利润分配程序与方案 304
 12.3.1 股份有限公司的利润分配程序 304
 12.3.2 股利分配方案的确定 305
12.4 股票分割与股票回购 309
 12.4.1 股票分割 309
 12.4.2 股票回购 311
本章小结 313
思考与习题 314

第13章 财务预算 318

13.1 财务预算的含义与体系 319
 13.1.1 财务预算的含义与功能 319
 13.1.2 全面预算管理体系 321
13.2 预算的编制方法 322
 13.2.1 固定预算方法与弹性预算方法 322
 13.2.2 增量预算方法与零基预算方法 324
 13.2.3 定期预算方法与滚动预算方法 326
13.3 财务预算的编制 329
 13.3.1 现金预算编制概述 330
 13.3.2 预计财务报表的编制 344
本章小结 347
思考与习题 349

附录 系数表 355
 一、1元复利终值系数表 355
 二、1元复利现值系数表 357
 三、1元年金终值系数表 360
 四、1元年金现值系数表 363

参考文献 366

第 1 章　工程财务管理导论

教学目标

本章主要讲述工程财务管理的基本理论和基本概念。通过本章的学习，应达到以下目标：

(1) 掌握财务活动、财务关系和财务管理的内容；
(2) 掌握财务管理的研究对象和概念；
(3) 理解和掌握工程财务管理的总体目标的不同观点和评价，了解工程财务管理的具体目标。

教学要求

知识要点	能力要求	相关知识
工程财务管理的概念	(1) 准确理解建筑施工企业的概念、特点； (2) 掌握工程财务活动和财务关系的概念、内容； (3) 掌握工程财务管理的概念	(1) 工程财务活动的概念、内容； (2) 财务关系的概念、内容； (3) 工程财务管理的概念
工程财务管理的内容	(1) 理解所有者财务与经营者财务的区别； (2) 理解所有者财务的内容	(1) 所有者财务与经营者财务； (2) 所有者财务的内容
工程财务管理的目标	(1) 掌握工程财务管理的总体目标； (2) 熟悉工程财务管理的具体目标； (3) 理解和掌握现代施工企业财务目标的各种理论	(1) 工程财务的总体目标； (2) 工程财务的具体目标； (3) 现代施工企业财务目标理论

工程 ● 财务管理

 基本概念

财务 财务管理 财务关系 财务活动 财务管理目标 公司价值 利润最大化 每股收益最大化 股东财富最大化 企业价值最大化

 引例

一个建筑施工企业为什么要进行财务管理？只要举几个反面的例子就可以明白了：举世闻名的巴林银行倒闭事件，就是由于一位高级职员挪用公款做期货失败而引起的。究其原因，主要是内部财务管理不善所致。具有讽刺意味的是：这位高级职员在牢里还写了一本书，名为《我是怎样搞垮巴林银行的》，且大为畅销，实际上也警示了世人搞好内部财务管理的重要性。

本章将对市场经济条件下的财务管理的概念、财务管理的目标和财务管理的基本理论进行讲解。

1.1 工程财务管理的内容

所谓工程，是指人们应用科学的理论、技术手段和设备来完成的较大而复杂的具体实践活动。工程的范畴很大，包括土木建筑工程、线路、管道和设备安装工程，设备采购过程，装修装饰工程等。

工程财务管理是对工程财务活动和财务关系实施的管理，为此，要了解什么是工程财务管理内容，首先要分析工程的财务活动和财务关系。

1.1.1 财务活动

施工企业财务又称公司财务(Corporate Finance)，是研究施工企业当前或未来经营活动所需资源的取得与使用的一种管理活动。所谓资源的取得是指筹资(Financing)活动，即以最低的成本筹集经营活动所需要的各种资本；所谓资源的使用是指投资(Investment)活动，即将筹集的资金用于提高施工企业价值的各项活动。

施工企业财务活动是以现金收支为主的施工企业资金收支活动的总称。所谓工程财务活动是指施工企业再生产过程中涉及资金的活动，即资金的筹集、投放、使用、收回及分配等一系列行为。财务活动从整体上讲，可分为以下4个方面，如图1.1所示。

1. 筹资活动

筹资活动是指筹集资金的行为。施工企业进行生产经营，首先以拥有或能够支配一定数额的资金为前提。这些资金怎么筹措，施工企业以何种渠道和何种方式筹集资金，是资金运动的起点。所谓筹资是指施工企业为了满足投资和用资的需要，筹措和集中所需资金的过程。在筹资过程中，施工企业一方面要确定筹资的总规模(筹集多少资金)，以保证投资所需要的资金；另一方面要选择筹资渠道(向谁筹资)、筹资方式(发行债券或是股票等)、筹资时间(什么时候筹资)、筹资成本、筹资速度、筹资风险等，筹资决策的关键是合理确定筹资结构，以使筹资成本和筹资风险相匹配，实现低成本低风险筹资，以提高施工企业的价值。

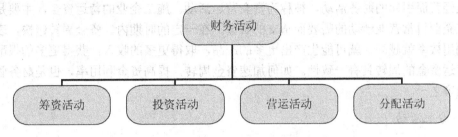

图 1.1 企业财务活动示意图

施工企业通过筹资可以形成两种不同性质来源的资金：施工企业自有资金和负债资金。施工企业自有资金可以通过向投资者吸收直接投资、发行股票、用留存收益转增资本等方式取得，其投资者包括国家、法人、个人等；施工企业负债资金可以通过向银行借款、发行债券、利用商业信用等方式取得。施工企业筹集资金，表现为施工企业资金的流入。施工企业偿还借款、支付利息、股利以及付出各种筹资费用等，则表现为施工企业资金的流出。这种因为资金筹集而产生的资金收支，便是由施工企业筹资而引起的财务活动，是施工企业财务管理的主要内容之一。

2. 投资活动

投资活动是施工企业资金运动的中心环节，是以收回本金并取得收益为目的而发生的现金流出活动。施工企业筹集资金后，必须将资金投入使用，以谋求最大的经济效益；否则，筹资就失去了目的和效用。施工企业投资可以分为广义和狭义的投资。广义的投资是指施工企业将筹集的资金投入使用的过程，包括施工企业内部使用资金的过程(如购置存货、机器设备、无形资产等)以及对外投放资金的过程(如投资购买其他施工企业的股票、债券或与其他施工企业联营等)。狭义的投资仅指对外投资。无论施工企业购买内部所需资产，还是购买各种证券，都需要支付资金。而当施工企业变卖其对内投资形成的各种资产或收回其对外投资时，则会产生资金的流入。这种因施工企业投资而产生的资金收付，便是由投资而引起的财务活动。

另外，施工企业在投资过程中，必须考虑投资规模(施工企业应投入多少数额的资金)才能确保获取最佳投资效益；此外，施工企业还必须通过投资方向和投资方式的选择，来确定合理的投资结构，以提高投资效益，降低投资风险。这些投资活动是财务管理的主要内容之一。资金投放是现金流动的中心环节，它不仅对资金筹集提出要求，而且也是决定未来施工企业经济效益的先决条件。

3. 营运活动

营运活动是指施工企业产品成本形成过程中资金耗费的活动。资金运营是资金运动的基础环节。施工企业在日常经营活动中，会发生一系列的资金收付。首先，施工企业要采购材料和商品,以便从事施工生产和结算活动,同时,还要支付工资和发生固定资产磨损以及其他营业费用;其次,当施工企业把施工工程结算后,便可取得收入,收回资金转化成货币资金;再次,如果施工企业现有资金不能满足施工企业经营的需要,还要采取短期借款方式来筹集所需资金。上述各方面都会产生施工企业资金的收付。这种因施工企业日常开发经营而引起的财务活动,被称为资金营运活动。施工企业的营运资金,主要是为满足施工企业日常营业活动的需要而垫支的资金。在一定的时期内,资金周转越快,表明资金的利用效率就越高,就可能生产出更多的产品,取得更多的收入,获得更多的报酬。因此,营运资金的周转具有一致性。如何加速资金周转,提高资金利用率,也是财务管理的主要内容之一。

4. 分配活动

分配活动是指施工企业的收益取得和收益分配的活动。资金分配既是一个资金运动周期的终点,同时又是下一个资金运动周期的起点。施工企业通过投资或资金营运活动必然取得相应的收入,并实现资金的增值。施工企业取得的各种收入在补偿成本、缴纳税金之后,还应依据现行法规及规章对剩余收益予以分配。广义地说,分配是指对施工企业各种收入进行分割和分派的过程;而狭义的分配仅指对施工企业净利润的分配。

施工企业通过经营活动取得利润,要按规定的程序在国家、企业、职工和投资者之间进行分配。首先,要依法缴纳所得税;其次,用来弥补亏损后,提取公积金和公益金,分别用于扩大积累、弥补亏损和改善职工集体福利设施;再次,其余利润作为向投资者分配的利润,或暂时留存施工企业或作为投资者的追加投资。施工企业在经营中回笼的资金,还要按计划向债权人偿还本金和利息。用以分配投资收益和偿还本息的资金,就从施工企业的资金运动中退出。这种由于利润分配而发生的资金收支就属于利润分配引起的财务活动。值得说明的是,施工企业筹集的资金归结为所有者权益和负债两个方面,在对这两种资金分配报酬时,前者是通过利润分配的形式进行的,属于税后分配;后者是通过将利息等计入成本费用的形式进行分配的,属于税前分配。

另外,随着分配过程的进行,资金或者退出或者留存施工企业,它必然会影响施工企业的资金运动,这不仅表现在资金运动的规模上,而且表现在资金运动的结构上,如筹资结构。因此,如何依据一定的法律原则,合理确定分配规模和分配方式,确保施工企业取得最大的经济利益,也是财务管理的主要内容之一。

上述财务活动的4个方面,不是相互割裂、互不相关的,而是相互依存、相互联系的。正是上述既相互联系又相互区别的4个方面,构成了完整的施工企业财务活动,这4个方面也是施工企业财务管理的基本内容:筹资管理、投资管理、营运管理和利润分配管理。

资金的筹集和投放,以价值形式反映施工企业对生产要素的取得和使用;资金的营运,以价值形式反映物化劳动和活劳动的消耗;资金的分配,则以价值形式反映施工企业经营成果的实现和分配。从财务活动的先后顺序和各自地位来看,筹资活动是资金运动的起点,是投资的必要条件;投资活动是资金运动的中心环节,是决定未来收益的先决条件;营运活动是资金运动的基础环节,耗费水平决定施工企业的利润水平;分配活动是资金运动的终点和下一个运动周期的起始点。

1.1.2 财务关系

施工企业财务活动是施工企业经营过程中资金运动的表现形式,它体现了施工企业在组织财务活动过程中与有关各方所形成的经济利益关系。即施工企业资金的筹集、投放、使用、回收和分配活动中与施工企业上下左右各方面所形成的广泛的联系,这种经济关系就构成了施工企业中的财务关系。施工企业的财务关系如图1.2所示,可概括为以下几个方面。

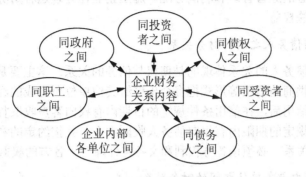

图1.2 企业财务关系示意图

1. 施工企业与投资者之间的财务关系

施工企业与投资者的关系是共同分享投资收益的关系。这主要是指施工企业的投资者向施工企业投入资金,施工企业向其投资者支付投资报酬所形成的经济关系,这种财务关系是施工企业各种财务关系中最根本的关系,在性质上属于所有者关系。施工企业的所有者要按照投资协议、合同、章程的约定履行出资义务以便及时形成施工企业的资本。施工企业利用资本进行营运,实现利润后,按照出资比例或合同、章程的规定,向其所有者支付投资报酬。如果同一施工企业有多个投资者,就应该按他们的出资比例,对施工企业承担不同的责任,相应对施工企业也享有不相同的权利和利益。但他们通常要与施工企业发生以下财务关系。

(1) 投资者可以对施工企业进行一定程度的控制或施加影响。

(2) 投资者可以参与施工企业净利润的分配。

(3) 投资者对施工企业的剩余资产享有索取权。

(4) 投资者对施工企业承担一定的经济法律责任。

2. 施工企业与债权人之间的财务关系

施工企业与债权人的财务关系在性质上属于债权债务关系或合同义务关系,是施工企业向债权人借入资金,并按借款合同的规定按时支付利息和偿还本金所形成的经济关系。施工企业除利用资金进行经营活动外,还要借入一定数量的资金,以便降低施工企业资金成本,扩大施工企业经营规模。施工企业的债权人主要有本施工企业发行的公司债券的持有人、贷款机构、商业信用提供者、其他出借资金给施工企业的单位和个人。施工企业利用债权人的资金,要按约定的利息率及时向债权人支付利息,债务到期时,要合理调度资金,按时归还债权人的本金。

3. 施工企业与受资者之间的财务关系

施工企业与受资者的财务关系是共同分享投资收益的关系，是体现所有权性质的投资与受资的关系。这主要是施工企业以购买股票或直接投资的形式向其他施工企业投资所形成的经济关系。随着市场经济的不断深入发展，施工企业经营规模和经营范围的不断扩大，这种关系将会越来越广泛。施工企业向其他单位投资，应按约定履行出资义务，并依据其出资份额参与受资者的经营管理和利润分配。施工企业在处理这种财务关系时必须维护投资和受资各方的合法权益。

4. 施工企业与债务人之间的财务关系

施工企业同其债务人的关系体现的是债权与债务的关系。这主要是指施工企业将其资金以购买债券、提供商业信用等形式把资金出借给其他单位所形成的经济关系。施工企业赊销商品提供商业信用后，在信用条件规定的日期内有权向客户收取货款。施工企业用资金购买债券后，在规定的期限内有权向债务人收回本金，并按约定的利率收回利息。施工企业处理这种财务关系，必须按各方权利和义务来保障有关各方的权益。

5. 施工企业同内部各单位之间的财务关系

施工企业同内部各单位的关系体现着施工企业内部各单位之间的经济利益关系。这主要是指施工企业内部各单位之间在开发经营各环节中相互提供产品或劳务所形成的经济关系。施工企业在实行内经济核算制和施工企业内部经营责任制的条件下，施工企业供、产、销各个部门以及各个生产单位之间，相互提供的劳务和产品也要计价，并要进行内部结算。这种在施工企业内部形成的资金结算关系，体现了施工企业内部各单位之间的利益关系。

6. 施工企业与职工之间的财务关系

施工企业与职工的关系体现着职工个人和集体在劳动成果上的分配关系。职工是施工企业的劳动者，他们以自身提供的劳动作为参加施工企业分配的依据。施工企业根据劳动者的劳动情况，用其收入向职工支付工资、津贴和奖金，并按规定提取公益金等。这主要是指施工企业向职工支付劳动报酬过程中所形成的经济关系。

7. 施工企业与政府之间的财务关系

施工企业与政府的关系反映的是依法纳税和依法征税的税收权利义务关系，中央政府和地方政府作为社会管理者，担负着维持社会正常秩序、保卫国家安全、组织和管理社会活动等任务，行使着政府行政职能。政府依据这一身份无偿参与施工企业利润的分配。施工企业必须按照税法规定向中央和地方政府缴纳各种税款，包括所得税、流转税、资源税、财产税和行为税等。施工企业必须履行纳税义务，防止偷税、漏税的发生，这种关系体现一种强制和无偿的分配关系。

财务关系还可以从筹资活动、投资活动、营运活动、分配活动的角度来加以理解。筹资活动的财务关系主要是施工企业与投资者和债权人之间的投资与受资及债权关系；投资活动的财务关系主要是施工企业与受资者和债务人之间的利益分配、债权与债务关系；营运活动的财务关系主要是施工企业与内部单位和客户之间的利益结算关系；分配活动的财务关系主要是施工企业与投资者、债权人、政府和职工之间发生的利益分配关系。在商品经济条件下，财务关系在社会经济关系中占有重要的地位。

1.2 工程财务管理概述

从内容上来看，工程财务管理体现的是管理生产要素的价值方面，所以，工程财务管理又被认为是施工企业管理的重要组成部分。

1.2.1 工程财务管理的研究对象

工程财务管理的研究对象表现为施工企业再生产过程中的资金运动，它是一种客观存在的经济现象，而这种经济现象存在的基础就是商品经济。

在商品经济条件下，社会产品是使用价值和价值的统一体，具有两重性。与此相联系，施工企业的再生产工程也具有两重性，它一方面表现为使用价值的生产和交换，即劳动者利用劳动手段作用于劳动对象，生产出产品进行交换的过程；另一方面则表现为价值的形成和实现过程，在这个过程中，劳动者将生产中所消耗的生产资料的价值转移到产品中去，并且创造出新的价值，通过实物产品的结算，使转移的价值和新创造的价值得以实现。即施工企业生产经营过程表现为使用价值的生产和交换过程及价值的形成和实现过程的统一。

施工企业再生产过程中，使用价值的生产和交换过程是有形的，称为物资运动过程。而价值的形成和实现过程则是无形的，它是物资的价值运动过程。由于这种价值运动过程可以用货币形式表现出来，一般把再生产过程中物资价值的货币表现称为资金，施工企业资金的实质是施工经营过程中运动着的价值。因此，把物资价值运动过程称为资金运动。

实物商品不断地运动，其价值形态也不断地发生变化，由一种形态转化为另一种形态，周而复始，不断循环，形成了施工企业资金周转。资金运动不仅以资金循环的形式存在，而且伴随生产经营过程的不断进行，资金运动也表现为一个周而复始的周转过程。其运动过程如图 1.3 所示。资金运动是以价值形式综合地反映着施工企业的经营过程。

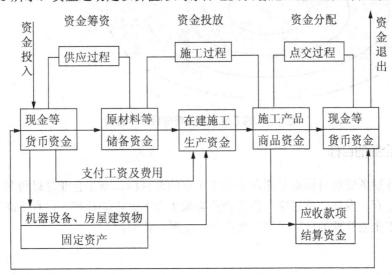

图 1.3 企业资金运动过程示意图

1.2.2 财务管理的概念

施工企业的资金运动构成施工企业经营活动的一个独立方面，具有自己的运动规律，这就是施工企业的财务活动。

从表面上看，施工企业的资金运动是钱和物的增减变动。其实，钱和物的增减变动都离不开人与人之间的经济利益关系。

施工企业对财务活动的管理就称为财务管理。施工企业进行财务活动时，必然集中反映出人与人之间的经济利益关系。工程财务管理是运用价值形式组织施工企业财务活动，处理好施工企业财务关系的一项经济管理工作。

1.3 财务管理的目标

目标是系统所希望实现的结果。根据不同的系统所要解决和研究的问题可以确定相应的目标。

财务管理目标(Goals of Financial Management)又称理财目标，是指施工企业在进行财务管理时所要达到的目的，是评价施工企业财务活动是否合理的标准，它决定着财务管理的方向。由于财务管理的内容划分为若干层次，使得财务目标也由整体目标、具体目标两个层次构成。财务管理目标如图 1.4 所示。

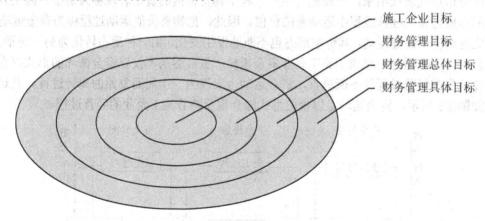

图 1.4 施工企业财务管理目标示意图

1.3.1 施工企业的目标

施工企业财务管理目标必须服从于施工企业的总目标。施工企业是以盈利为目的，只有盈利才能生存、发展。反过来，施工企业必须生存下去才能获利，只有不断发展才能生存。因此施工企业管理的目标可概括为生存、发展、获利。

1. 生存

施工企业生存的基本条件是以收抵支和偿还到期债务。以收抵支是指施工企业一方面用货币资金购入实物资产；另一方面提供市场上需要的商品或服务，从市场上换回货币。

施工企业从市场取得的货币至少应和支出的货币相等，以便维持继续经营，这是施工企业长期生存的基本条件。施工企业生存的另一基本条件就是偿还到期债务。施工企业为扩大经营规模或日常经营周转的需要，采用借入外债。国家为维护市场经济秩序，通过立法来保护债权人的利益，规定债务人必须偿还到期债务，否则，就可能被债权人接管或被法院判定破产。

2. 发展

施工企业是在发展中求生存的。在激烈竞争的市场中，各个施工企业此消彼长、优胜劣汰。在科技不断进步的经济时代，产品不断更新换代，施工企业必须推出更好、更新、更受顾客欢迎的产品，才能在市场中立足。假如一个施工企业不能发展，不能提高产品和服务的质量，不能扩大自己在市场中的份额，终究会被市场所淘汰。

3. 获利

施工企业能够获利，才有存在的价值。施工企业创立的目的就是为了盈利，创立起来的施工企业，虽然有提高职工收入、扩大市场份额、改善职工劳动条件、提高产品质量、减少环境污染等多个目标，但是，盈利是最具综合性的目标。它体现了施工企业的出发点和归宿，概括了其他目标的实现程度，并有助于其他目标的实现。

世界知名企业的目标如下。

可口可乐公司目标："我们只为一个原因而存在，那就是不断地将股东价值最大化。"

摩托罗拉公司目标："为社会的需要提供好的服务，我们为顾客用公平合理的价格供应优质产品和服务；为了企业的整体发展，我们必须做到这一点和赢得适当的利润；我们也为我们的员工和股东提供机会以达到他们各人合理的目标。"

Transamerica 公司目标："我们将继续增加公司全体股东的价值。"

Campbell soup 公司目标"我们的首要目标是增加股东的长期财富，以补偿他们承担的风险。"

施工企业要实现上述目标，必须获利，在获利下求生存，在生存中求发展，在发展中不断地获利，形成其良性循环。

1.3.2 财务管理的总体目标

总体目标是指整个施工企业财务管理所要达到的目标。整体目标决定着具体目标，是搞好财务工作的前提，是施工企业财务活动的出发点和归宿。

从根本上说，财务管理的总体目标具有体制性特征。整个社会经济体制、经济模式和施工企业所采用的组织制度，在很大程度上决定着施工企业财务管理的总体目标的取向。根据现代企业财务管理的理论和实践，最具有代表性的财务管理目标主要有以下几种观点。

1. 利润最大化(Profit Maximization)

这种观点认为：假定在企业预期投资收益确定的情况下，财务管理行为必将朝着有利于企业利润最大化的方向发展。以追逐利润最大化作为财务管理的目标，其原因主要有 3 个：①在自由竞争的资本市场中，资本的使用权最终属于获利最多的施工企业；②人类从事施工经营活动的目的是为了创造更多的剩余产品，在商品经济条件下，剩余产品的多少可以用利润这个价值指标来衡量；③只有每个企业都最大限度地获得利润，整个社会的财富才可能实现最大化，从而带来整个社会的进步和发展。在社会主义市场经济条件下，施工企业作为自主经营、自负盈亏的主体，所创利润是施工企业在一定期间全部收入扣除全部费用的差额，是按照收入与费用配比原则加以计算的。它不仅可以直接反映施工企业创造剩余产品的多少，而且也从一定程度上反映出施工企业经济效益的高低和对社会贡献的大小。同时，利润是施工企业补充资本、扩大经营规模的源泉。因此，以利润最大化作为理财目标是有其合理之处的。

利润最大化目标在实践中存在以下难以解决的问题。

1) 没有考虑资金的时间价值

没有考虑利润的取得时间，这里的利润是指施工企业一定时期实现的利润总额。例如，施工企业今年获利200万元和去年获利200万元相比，哪个更符合施工企业的目标？若不考虑资金的时间价值，就很难做出正确判断。

2) 没有考虑利润与投入资本的关系

例如，同样获利200万元利润，一个施工企业投入资本500万元，一个施工企业投入资本1 000万元，哪个更符合施工企业的目标？若不考虑利润与投入资本的关系，就很难做出正确判断。这种观点会导致财务决策优先选择高投入项目，既不利于高效率项目的选择，也不利于不同资本规模的施工企业或同一施工企业不同期间之间的比较。

3) 没有考虑风险因素

例如，同样投入资本500万元，当年获利200万元，一个施工企业已全部转化为现金，另一个施工企业则全部形成应收账款，并有可能发生坏账损失，哪个更符合施工企业的目标？若不考虑风险因素，就很难做出正确判断。这种观点会使财务决策优先选择高风险的项目，使施工企业陷入困境，甚至可能破产。

4) 片面追求利润最大化，可能导致施工企业短期行为

片面追求利润最大化，可能导致施工企业对机器设备超负荷运转、资源掠夺性的开采使用，只求在当期内利润最大，根本不考虑施工企业的长期发展，造成施工企业后期枯竭，最终导致破产。同样，为追求利润最大化，施工企业可能忽视产品开发、人才开发、生产安全、技术装备水平、生活福利设施的建设和履行社会责任等。

2. 资本利润率最大化或每股利润最大化(Return on Equity Capital Maximization)

这种观点认为：资本利润率或每股利润都是相对指标。资本利润率是利润额与资本额的比率。每股利润是利润额与普通股股数的比值。这里利润额是指税后利润，所有者作为施工企业的投资者，其投资目标是取得资本收益，具体表现为净利润与出资额或股份数(普通股)的对比关系。这个目标是把施工企业实现的利润额同投入的资本或股本数进行对比，能够说明施工企业的盈利水平，可以在不同资本规模的施工企业或同一施工企业不同期间之间进行比较，揭示其盈利水平的差异，可以避免"利润最大化目标"的缺陷。但是，该目标仍有以下不合理之处。

(1) 没有考虑资金的时间价值。

(2) 没有考虑风险因素。

(3) 片面追求利润最大化，可能导致施工企业短期行为。

3. 股东财富最大化(Stockholder Wealth Maximization)

这种观点认为：股东是施工企业的所有者，股东创办施工企业的目的就是创造尽可能多的财富。

在股份有限公司中，公司的总价值可以用股票的市场价值来反映，当公司股票的市场价格最高时，就说明公司实现了财富最大化目标。在这里股东的财富由其所拥有的股票数量和股票价格两方面来决定，当股票价格最高时，股东财富也达到最大。对于证券市场高度发达，市场效率极高的国家来说，上市公司可以把股东财富作为施工企业理财的目标。

股东财富可以用每股市价来反映，它考虑了取得报酬的时间因素，并用资金时间价值的原理进行了科学的计量；考虑了风险与报酬之间的关系，能有效地避免财务管理人员忽视风险大小，片面追求利润的行为；考虑了投入资本与利润的关系，因为影响公司股票价格的因素是公司的业绩，衡量经营业绩的指标是每股收益，每股收益的大小直接影响股票的价格。因为每股收益考虑了投入资本与利润的关系，对上市公司而言，容易量化，便于考核和奖惩。

股东财富最大化目标在实践中仍存在以下难以解决的问题。

1) 适用范围狭窄

该目标只适用于上市公司，因为在我国只有股份有限公司才可以发行股票，只有上市公司发行的股票才可以上市流通转让。据统计，截至 2007 年 3 月 22 日我国上市公司仅有 1 459 家，而非上市公司和其他施工企业占多数，故股东财富最大化目标对大量非上市公司和其他施工企业不适用。

2) 忽视了除股东以外其他关系人的利益

该目标只关注股东利益最大化，因为施工企业是多边利益关系的总和，是相关利益各方所形成的契约。因此，施工企业在进行财务管理时，应保护有关利益各方的利益。财务管理目标不仅强调股东财富最大化，更应关注所有利益关系人的财富最大化，否则，就会损害其他关系人的利益。

3) 股票价格有时难以体现股东财富

我国的资本市场属于弱势有效的资本市场，其股票价格并不总能反映施工企业的经营业绩，价格波动并非随公司财务状况而变动，股价会受多种因素影响，也包括一些非经济因素，如施工企业的财务舞弊、大户炒作、谣言等。因此，股票价格难以准确反映股东的真实财富。这给公司实际经营业绩的衡量带来了一定的难度。

4. 企业价值最大化(Company Value Maximization)

这种观点认为：投资者建立企业的重要目的在于创造尽可能多的财富。这种财富首先表现为施工企业的价值。施工企业价值不是账面资产的总价值，而是施工企业全部财产的市场价值，它反映了施工企业潜在或预期获利的能力。投资者在评价施工企业价值时，是以投资者预期投资时间为起点的，并将未来收入按预期投资时间的同一口径进行折现，未来收入的多少按可能实现的概率进行计算。可见，这种计算方法考虑了资金的时间价值和风险问题。施工企业所得的收益越多，实现收益的时间越近，应得的报酬越是确定，则施工企业的价值或股东财富越大；该目标反映了对施工企业资产保值增值的要求，从某种意义上说，股东财富越多，施工企业市场价值就越大，追求股东财富最大化的结果可促使施工企业资产保值或增值；该目标有利于克服管理上的片面性和短期行为，施工企业价值不仅要考虑目前利润水平，更应该考虑未来的利润预期；该目标有利于社会资源合理配置，因为社会资金通常流向企业价值最大化的企业或行业，有利于实现社会效益最大化。

以施工企业价值最大化作为财务管理的目标仍有以下不合理之处。

1) 企业价值有可能无法真正体现其真实价值

对于股票上市的施工企业，虽可通过股票价格的变化揭示施工企业价值，但是股票是受多种因素影响的结果，特别是在即期市场上的股价也不一定能够直接揭示施工企业的获利能力时，只有长期趋势才能说明这一点。

2) 法人股东并不关注此目标

为了控股或稳定购销关系，不少现代施工企业采用环形持股的方式，相互持股。法人股东对股票市价的敏感程度远不及个人股东，对股价最大化目标没有足够的兴趣。

3) 实际应用上难度较大

对于非股票上市的施工企业，只有对企业进行专门的评估才能真正确定其价值。而在评估企业的资产时，由于受评估标准和评估方式的影响，这种估价不易做到客观和准确，这也导致施工企业价值难以确定。

目前学术界普遍认可的是以企业价值最大化作为财务管理目标。

1.3.3 财务管理的具体目标

具体目标是指在整体目标的制约下，从事某项财务活动所要达到的目标。财务管理的具体目标会随着整体目标的变化而变化，但对整体目标的实现有重要作用。具体目标是实现总体目标的前提和保证，而总体目标则是具体目标的必然结果。只有实现了具体目标，才能最终实现总体目标。财务管理的具体目标取决于财务管理的内容，由于财务管理的内容分为筹资管理、投资管理、营运管理和利润分配管理，所以财务管理具体目标也包括筹资管理目标、投资管理目标、营运管理目标和利润分配管理目标。

1. 筹资管理目标

施工企业筹资的主要目标是在满足资金需要的前提下努力降低资本成本和筹资风险。总的来说，筹资的首要目的是满足资金需要；其次是选择不同的筹资渠道和方式，以达到其资本成本最低；最后是要处理好借入资金和吸收投资者投入资金的比例关系，以降低负债经营风险。只有这样才能选择最佳的筹资渠道和方式，实现财务管理的总体目标。

2. 投资管理目标

投资是施工企业资金的投放和使用，包括对施工企业自身和施工企业外部投资两个方面。施工企业无论对自身和对外投资都是为了获利。施工企业通过对内投资，可以不断提高生产经营能力和技术水平，保证资产的安全，加速资金周转；施工企业通过对外投资，可以寻求新的利润增长点，不断提高资本利润率。因此，以较低的投资风险进行资金的投放和使用，获取较多的投资收益，是施工企业投资管理的主要目标。

3. 营运管理目标

施工企业营运资金是指为了满足日常经营活动的需求而垫支的资金，营运资金的周转是与生产经营资金具有一致性的。在一定时期内，周转速度越快的资金，当利用数量相同时，就会生产出越多的产品，取得更多的收入，获取更多的报酬。因此，合理使用资金，加速资金周转，不断提高资金利用率，是施工企业营运管理的主要目标。

4. 利润分配管理目标

分配是把施工企业取得的收入和利润在相关利益关系之间进行的分割。如此分割不仅涉及各利益主体的经济利益，而且涉及施工企业的现金流出量，从而会影响施工企业财务的稳定性和安全性；同时，由于这种分割会影响经济利益主体间的利益大小，因此，不同的分配方案也会影响施工企业的价值。可以看出，施工企业确定合理的利润留分比例及分配形式以提高潜在收益能力，从而提高施工企业总价值是施工企业利润分配管理的主要目标。

1.3.4 不同利益主体财务目标的矛盾与协调

企业价值最大化是施工企业财务管理的目标，要实现价值最大化，对财务活动所涉及的不同利益主体之间如何进行协调是财务管理目标中必须解决的问题。

1. 所有者与经营者之间的矛盾与协调

理财目标企业价值最大化直接体现了所有者的利益，它与施工企业经营者没有直接的利益关系。对经营者而言，经营者所得的利益，正是其所放弃的利益，被称为经营者的享受成本。但问题的关键不是享受成本的大小，而是经营者在加大享受成本的同时，是否更多地提高了施工企业价值。因此，所有者与经营者的矛盾主要是所有者和股东希望以较小的享受成本提高施工企业价值和股东财富，而经营者则希望在提高施工企业价值和股东财富的同时，能更多地增加享受成本。为解决这一矛盾，往往采取将经营者的报酬与绩效联系起来，并辅之以一定的监督措施。

1) 解聘

这是一种所有者约束经营者的办法。所有者对经营者予以监督，如果经营者未能使施工企业价值达到最大，就解聘经营者。为此，经营者会因为担心被解聘而努力实现财务管理目标。

2) 接收

这是一种市场约束经营者的办法。如果经营者经营决策失误、经营不力，未能采取一切有效措施使施工企业价值提高，该公司就可能被其他公司强行接收或吞并，相应经营者也会被解聘。为此，经营者为了避免这种接收，必须采取一切措施提高股票的市场价格。

3) 激励

就是把经营者的报酬与其绩效挂钩，以使经营者自觉采取能满足施工企业价值最大化的措施。激励有如下两种基本方式。

(1) 股票选择权。它是允许经营者以固定的价格购买一定数量的公司股票，当股票的价格高于固定价格越多时，经营者所得的报酬就越多。经营者为了获取更大的股票涨价益处，就必然主动采取能够提高股价的行动。

(2) 绩效股。它是公司运用每股利润、资产收益率等指标来评价经营者的业绩，视其业绩大小给予经营者数量不等的股票作为报酬。如果公司的经营业绩未能达到规定目标时，经营者也将部分丧失原先持有的"绩效股"。这种方式使经营者不仅为了多得"绩效股"而不断采取措施提高公司的经营业绩,而且为了使每股市价最大化,也会采取各种措施使股票市价稳定上升。

2. 所有者与债权人的矛盾与协调

所有者的财务目标可能与债权人期望实现的目标发生矛盾。

(1) 所有者可能要求经营者改变举债资金的原定用途,将其用于风险更高的项目,这会增大偿债的风险,债权人的负债价值也必然会实际降低。若高风险的项目一旦成功,额外的利润就会被所有者独享;但若失败,债权人却要与所有者共同负担由此而造成的损失。这对债权人来说风险与收益是不对等的。

(2) 所有者或股东可能未征得现有债权人同意,而要求经营者发行新债券或借入债务,导致相应的偿债风险增加,致使旧债券或老债券的价值降低。

为协调所有者与债权人的上述矛盾,通常可采用以下方式。

(1) 限制性举债。限制性举债是指在借款合同中加入某些限制性条款,如规定借款的用途、借款的担保条件和借款的信用条件等。

(2) 收回借款或停止举款。收回借款或停止举款是指当债权人发现公司有侵害其债权价值的意图时,采取收回债权和不给予公司增加贷款,从而来保护自身权益不被损害。

3. 财务目标与社会责任之间的矛盾与协调

任一施工企业以企业价值最大化作为财务目标时,还必须考虑整个社会是否受益;或在实现财务目标的过程中,考虑社会责任是否履行等问题。所以财务目标涉及与社会责任的协调和统一。通常情况下,财务目标的制定和实现与社会责任履行基本保持一致,原因主要有:①为了实现财务目标,施工企业也应生产出符合社会需求的产品,这不仅可以满足消费者的需求,而且也实现了施工企业产品的价值;②为了实现财务目标,施工企业必须积极引进和开发新技术,不断扩大经营规模,以满足新的就业需要,增加就业机会;③为了实现财务目标,施工企业必须不断扩大销售,为建设单位提供高效、优质和周到的服务。所以,在实现财务管理目标的过程中,也内在地履行了施工企业的社会责任。

本 章 小 结

财务管理是施工企业管理的重要组成部分,是有关资金的筹集、投放、收回、分配的管理。财务管理主要是一种价值管理,是运用价值形式来管理施工企业的财务活动和财务关系。

所谓财务活动是指施工企业在生产过程中所涉及资金的活动,即资金的筹集、投放、使用、收回及分配等一系列行为。而财务关系是指施工企业在组织财务活动过程中与有关各方所形成的经济利益关系。

第1章 工程财务管理导论

在商品经济条件下,财务管理的研究对象表现为施工企业再生产过程中的资金运动,它是一种客观存在的经济现象。

施工企业财务管理是运用价值形式组织施工企业财务活动,处理好施工企业财务关系的一项经济管理工作。

财务管理目标又称理财目标,是指施工企业在进行财务管理时所要达到的目标,是评价施工企业财务活动是否合理的标准。它按内容划分为整体目标和具体目标两个层次。其中,财务管理总体目标是指整个施工企业财务管理所要达到的基本目标,目前有以下几种观点:利润最大化;资本收益率或每股收益最大化;股东财富最大化;企业价值最大化。具体目标是施工企业从事某项财务活动所要达到的目标,财务管理具体目标分为:筹资管理目标、投资管理目标、营运管理目标和利润分配管理目标。

案例分析

财务管理目标案例
——天津泰达第一部股权激励成本法

天津泰达自上市以来,主业已有房地产单一业务拓展到证券、水泥、化工、有线电视、医药等多个领域。1999年9月,泰达股份(000652)正式推出了《激励机制实施细则》(下称《细则》),这是我国A股上市公司实施股权激励措施的第一部"成文法"。早在1998年年底,作为大股东的泰达集团就和市政府、开发区有关领导就怎样在企业激发管理层及员工的积极性进行探讨,并得到开发区领导的激励和支持。根据《细则》,泰达股份将在每年年度财务报告公布后,根据年度业绩考核结果对有关人士实施奖惩。公司将提取年度净利润的2%,作为公司董事会成员、高级管理人员以及有重大贡献的业务骨干的激励基金。基金只能用于为激励对象购买泰达股份的流通股票并作相应冻结;而处罚所形成的资金,则要求受罚以现金在6个月之内清偿。由公司监事会、财务顾问、法律顾问组成的、相对独立的激励管理委员会负责奖罚。这种奖罚方式,能够最大限度地激励对象的利益和公司的稳步增长长期紧密的结合在一起;而保持激励管理委员会工作的独立性和成员的广泛性,可以保证奖罚的严肃、公正、公开。

泰达股份每年根据经营业绩考核激励对象,达到考核标准的给予相应的激励,达不到考核标准的要给予相应的处罚。最重要的考核指标之一是公司每年业绩15%的增长率。泰达股份认为,公司奖励个人的是奖金,而购买公司流通股票的行为属于个人性质,这种股权激励机制与《中华人民共和国公司法》对回购条款的限制(第149条)不相抵触。

按1998年度净利润13 336.8万元的2%计提,泰达今年可提取2 650万元的激励基金(含税)。

自1999~2004年经过了6年的时间,泰达股份的高管们手中的股票越来越多,其资料如表1-1所示。

表 1-1　泰达股份 1999 年以来的总股本和高管股资料

单位：万股

历史变更时间	2004 年 7 月 6 日	2003 年 4 月 28 日	2002 年 6 月 26 日	2001 年 3 月 26 日	1999 年 11 月 29 日
总股本	105 398.13	81 075.49	45 041.94	30 027.96	26 515.49
高管股	103.61	95.84	68.30	0.00	5.53

泰达股份每年根据经营业绩考核激励对象，最重要的考核指标之一是公司每年业绩 15% 的增长率。其资料如表 1-2 所示。

表 1-2　泰达股份 1997 年以来每年业绩资料

单位：万元

项　目	1997 年	1998 年	1999 年	2000 年	2001 年	2002 年	2003 年
主营业务收入	15 003.52	21 405.91	21 752.72	38 220.77	37 405.64	38 719.50	44 816.96
主营业务利润	3 821.65	11 535.12	13 113.78	16 159.14	17 611.60	15 824.48	19 656.93
营业利润	3 875.51	10 103.06	13 017.86	13 001.17	11 712.14	8 236.97	9 760.63
利润总额	8 360.70	14 796.87	18 690.21	15 571.28	13 224.92	13 934.36	13 082.05
净利润	7 139.94	13 050.39	16 720.53	14 020.05	11 952.22	9 848.86	9 355.42
净资产收益率	28.68	34.38	30.15	21.49	9.22	7.13	6.39
每股收益	0.53	0.70	0.63	0.53	0.40	0.22	0.12

讨论：

(1) 分析天津泰达的《细则》在我国资本市场上具有哪些创新意义？

(2) 天津泰达的《细则》有什么特点？

(3) 从天津泰达近几年的主要业绩指标，评价实施股权激励措施的效果。

分析要点：

(1) 天津泰达是我国资本市场上具有创新意义的实施期股计划的上市公司。它创下了 3 个第一：第一家规范、透明的公布股权激励做法的上市公司；第一家提取激励基金的上市公司；第一家将约束与激励相结合，规定激励基金的同时又规定了惩罚基金的公司。在提取基金时规定了对激励对象的考核办法。

(2) 除了 3 个第一之外，天津泰达还有两项创举：一是激励基金做法得到大多数股东的有力支持，二是建立了相对独立的激励管理委员会。公司的激励管理委员会伴随着《细则》而成立，其成员构成由监事会、公司财务顾问和公司法律顾问组成，保证了这项工作的独立性、公正性、严肃性。这也是我国上市公司中第一家由监事会成员和外部顾问为主组成的激励委员会。

(3) 天津泰达实施鼓励激励措施，到 2003 年已经经历了 5 个年头，在这期间从公司主营业务收入、营业利润、利润总额、净利润、净资产收益率、每股收益这几项指标来看总的趋势实现了增长；营业利润、利润总额、净利润、净资产收益率、每股收益这几项指标都是以 1998 年或 1999 年为最高水平，以后出现了 4 年或 5 年的连续下滑。

思考与习题

1. 思考题

(1) 什么是施工企业财务活动？它包括哪些内容？
(2) 什么是财务关系？如何处理好施工企业同各方面的财务关系？
(3) 施工企业财务管理的目标是什么？为什么？

2. 单项选择题

(1) 施工企业的财务活动就是施工企业的(　　)。
　　A. 资金运动　　B. 经营活动　　C. 财务关系　　D. 商品经济
(2) 施工企业与债务人之间的财务关系体现为(　　)。
　　A. 债权债务关系　　　　　　B. 强制和无偿的分配关系
　　C. 资金结算关系　　　　　　D. 风险收益对等关系
(3) 在协调施工企业所有者与经营者的关系时，通过所有者约束经营者的一种方法是(　　)。
　　A. 解聘　　B. 接受　　C. 激励　　D. 提高报酬
(4) 筹资是施工企业资金运动的(　　)。
　　A. 目的　　B. 起点　　C. 终点　　D. 既是起点又是终点
(5) 下列项目中，属于狭义投资的是(　　)。
　　A. 应收账款　　B. 固定资产　　C. 存货　　D. 有价证券
(6) 财务管理的目标是施工企业价值或股东财富最大化，而(　　)表现了股东财富最大化。
　　A. 每股股利最大化　　　　　B. 每股盈余最大化
　　C. 每股市价最大化　　　　　D. 每股账面价值最大化
(7) 所谓施工企业财务是指施工企业再生产过程中客观存在的资金运动及其所体现的(　　)。
　　A. 经济协作关系　　　　　　B. 经济往来关系
　　C. 经济利益关系　　　　　　D. 经济责任关系
(8) 在施工企业再生产过程中，资金实质是(　　)。
　　A. 再生产过程中运动着的价值　　B. 财产物资的价值表现
　　C. 货币资金　　　　　　　　　　D. 商品的价值表现
(9) 在对一个施工企业进行评价时，施工企业的价值为(　　)。
　　A. 施工企业的利润总额　　　　　B. 施工企业账面资产的总价值
　　C. 施工企业每股利润水平　　　　D. 施工企业全部财产的市场价值
(10) 在我国，施工企业管理的基本目标是(　　)。
　　A. 施工企业利润最大化　　　　　B. 施工企业资本利润率最大化
　　C. 施工企业价值最大化　　　　　D. 提高经济效益

3. 多项选择题

(1) 施工企业价值最大化目标的优点有(　　)。
　　A. 考虑了资金的时间价值
　　B. 考虑了投资的风险价值
　　C. 反映了对施工企业资产保值增值的要求
　　D. 直接揭示了施工企业的获利能力

(2) 我国公司法中规定以下(　　)施工企业属于公司。
　　A. 有限责任公司　　　　　　B. 股份有限公司
　　C. 国有独资公司　　　　　　D. 独资施工企业

(3) 以下(　　)属于股份有限公司的特征。
　　A. 公司股份的转让有较严格限制
　　B. 公司资本划分为等额股份
　　C. 由两个以上 50 个以下股东共同出资
　　D. 同股同权，同股同利

(4) 利润最大化不能成为施工企业财务管理目标，其原因是没有考虑其(　　)。
　　A. 时间价值　　　　　　　　B. 权益资本净利率
　　C. 风险价值　　　　　　　　D. 易受会计政策等人为因素的影响

(5) 施工企业财务关系包括(　　)。
　　A. 施工企业与税务机关的财务关系
　　B. 施工企业与投资者、受资者的财务关系
　　C. 施工企业与债权人的财务关系
　　D. 施工企业内部各单位之间的财务关系

4. 判断题

(1) 资本利润率最大化考虑到了风险价值因素，在一定程度上克服了利润最大化的缺点。(　　)

(2) 流动性风险报酬率是指对于一项负债，到期日越长，债权人承受的不肯定因素就越多，承受的风险也越大，为弥补这种风险而要求提高的利率。(　　)

(3) 在借贷期内可以调整的利率是市场利率。(　　)

(4) 在公司制的企业组织形式下，施工企业的财务主体分离为所有者和经营者两个方面。(　　)

(5) 将经营者的报酬与绩效挂钩，给予经营者"股票选择权"和"绩效股"，则经营者就会与股东的目标保持一致。(　　)

第 2 章　工程财务管理的基本理论

教学目标

本章主要讲述工程财务管理的基本理论。通过本章的学习，应达到以下目标：
(1) 了解工程财务管理的产生与发展；
(2) 理解财务管理各环节的概念，熟悉各环节的内容；
(3) 掌握影响工程财务管理的环境因素。

教学要求

知识要点	能力要求	相关知识
财务管理的产生与发展	(1) 了解财务管理的产生； (2) 了解财务管理的发展	(1) 财务管理发展阶段； (2) 新世纪财务管理发展趋势
工程财务管理的环节	(1) 了解财务管理各环节的概念、方法、作用； (2) 掌握各环节的内容、步骤	(1) 各环节的概念、方法、作用； (2) 各环节的内容、步骤
工程财务管理的环境	(1) 了解各个环境对企业财务管理的影响； (2) 掌握影响财务活动的宏观经济环境； (3) 掌握法律环境的内容； (4) 掌握金融市场的种类	(1) 经济环境的概念、种类及对企业财务活动的影响； (2) 法律环境的概念、种类及对企业财务活动的影响； (3) 金融环境的概念、种类及对企业财务活动的影响

基本概念

财务预测　财务计划　财务决策　财务控制　财务分析　财务管理环境　经济环境　法律环境　金融环境

引例

财务管理的好坏，直接决定着企业的成败。财务管理贯穿于企业经营的各个方面、各个环节，它对企业的重要性是不言而喻的。在现实生活中，财务管理始终追随着企业和个人，任何组织都面临着财务管理的问题。如中国1996年出现VCD生产企业，当时该行业的龙头老大是爱多VCD，创始人为农民企业家胡志标，但是3年后当中国一跃成为最大的VCD生产国时，爱多却销声匿迹了。原因很多，但综合起来，都是因为管理不善。

(1) 营运资金管理不善。在该行业的激烈竞争中，采用类似肉搏战的降价是最主要的竞争方式，而这对于私人企业的爱多来说，营运资金不足，周转不灵是它的弱点。爱多最后甚至拖欠原料钱、广告公司的广告费、工人工资。

(2) 未能科学计算存货最佳持有量。一部分零件库存太高，占用上亿元资金，另一部分零件由于拖欠供货商款项，对方不再供应。

(3) 筹资管理欠科学。作为私人企业，只发展了3年时间，力量薄弱，不可能得到类似国企的输血(国有银行贷款)。

(4) 营销管理盲目。在只有微利可赚的情况下，仍大规模做广告，甚至成为1998年中央电视台的"标王"。广告费用太高，加重了资金周转不灵的局面，导致了最终的破产。

作为一个财务管理者，你会面临如何改善财务结构？如何设计预算制度？

本章将对市场经济条件下的工程财务管理的产生与发展、财务管理的环节和财务环境的基本理论进行讲解。

2.1　工程财务管理的产生与发展

2.1.1　财务管理的产生与发展过程

财务管理实际上是企业财务管理，又称为公司理财。财务管理是企业管理的重要组成部分，这是企业资金的获得和有效使用的管理工作。财务管理，古即有之，于今为盛。在其演进过程中，前人给我们提供了丰富的实践经验，进行了高度的理论概括。现代财务管理是从传统财务管理发展而来的，未来的财务管理又将在现代财务管理的基础上发展起来。

作为企业管理的重要组成部分的财务管理是企业管理发展到一定深度和广度才诞生的。15~16世纪，地中海沿岸一带的城市得到了迅速发展，意大利的威尼斯、佛罗伦萨等不少城市都发展成为欧洲与近东之间的贸易中心。跨地区贸易的发展，在某些城市中出现了邀请公众入股的城市商业组织，股东有商人、王公、大臣乃至一般市民。这种股份经济组织往往由官方来设立并监督其业务，股份不能转让，但投资者可以收回，国外有些学者视其为原始的股份制企业。这虽然还不是现代意义上的股份公司，但已开始把向公众筹集的资金用于商业经营,也已存在红利的分配和股本的回收等问题。因此,国外许多著名的财务学者认为,这实际上已有了财务管理的萌芽,只不过这时的财务管理还没有作为一项独立的职能从经济学中分离出来成为一门独立的管理学科。百余年来,财务管理的发展经历了以下几个阶段。

1. 初创时期(20世纪初至20世纪30年代前期)

西方发达国家的企业发展迅速,面临的主要问题是如何为这种日益膨胀的企业获取生产经营所需的资金。因此,在这一时期筹集资金就成为企业财务管理的核心问题。财务管理的理论和实践主要涉及筹资领域,如股票筹资和债券筹资。理财为企业扩展服务。

2. 调整时期(20世纪30年代)

经济危机席卷西方工业化国家,导致企业大量停产和半停产、股价下跌,经济萧条,由此造成多数企业破产倒闭。在这一时期企业财务管理的核心问题是为企业的生存服务。

3. 过渡时期(20世纪40年代~20世纪50年代)

经过了经济大萧条后,西方国家经济快速复苏,企业财务管理注重从企业的未来看问题。财务管理不仅要发现和解决企业当前的财务问题,更重要的是要发现和解决企业未来的财务危机。企业财务管理的目标从"股东财富最大化"发展为"企业价值最大化"。财务管理的核心问题是为企业的投资服务。

4. 成熟时期(20世纪50年代~20世纪70年代)

伴随着西方经济和科技的高速发展,财务管理的方法偏向定量分析的方法;将风险和报酬的研究作为主要内容,并提出了一些对未来影响深远的数量模型,如资本资产定价模型等。

5. 深化时期(20世纪70年代至现在)

财务管理研究的内容吸纳了宏观社会经济因素。如将信息技术对财务管理的影响、通货膨胀及利率对财务管理的影响、金融创新等作为财务管理的核心问题。

由此看出,西方企业财务管理是以企业为中心,着眼点是企业的资金周转、企业价值最大化,在此条件下,寻求资本和资产的最佳组合。财务管理体现的是以企业为中心的、企业与内外各方面所发生的经济关系。

当前,随着我国现代企业制度的不断完善,企业财务管理的诸多方面也顺应时代发展的要求而不断更新,财务管理的国际化、知识化、网络化发展趋势日益明显,财务公司化以及管理的事前事中化也将得到进一步拓展和创新。

2.1.2 21世纪财务管理的发展趋势

回首20世纪,展望21世纪,面对经济全球化浪潮、知识经济与电子商务等的冲击,当代财务管理的理论与方法已经明显不完全适应21世纪财务管理的环境变迁,在指导企业的财务管理实务方面捉襟见肘。这主要表现在以下几个方面。

(1) 当代财务管理的理论基础是建立在工业经济,以有形资产管理为主的基础上,而目前全球正大步跨向知识经济时代,企业的无形资产比重逐步上升,有的高科技企业中无形资产的价值已经大大超过有形资产的价值。

(2) 当代财务管理的手段落后,随着通信技术和信息技术的发展,网络财务势在必行。

(3) 当代财务管理中的风险管理范围狭窄，仅限于财务风险，而对于风险投资的管理极少论及。

(4) 现行财务制度呆板，激励与约束机制不对等、不相容。

(5) 现行财务评价体系主要限于可用货币计量的财务指标，而对企业的人力资源、知识资产等缺乏适当的指标加以考核评价。

针对当代财务管理面临的困境，为了更好地满足 21 世纪财务管理的需要，财务管理理论与方法将以环境变迁为契机，不断进行创新。在今后一段时间内，可以预见财务管理将呈现出以下的发展趋势。

(1) 理论基础建立在工业经济和知识经济并重的基础上，既重视有形的物质资本管理，即传统的筹资、投资和利润分配，又重视无形的知识资本管理，即知识资本的取得、使用以及对知识资本的所有者进行企业剩余分配。

(2) 公司理财手段与方法以网络财务为主，并将网络财务融入企业资源规划(erp)系统中。网络财务是以互联网 Internet、内部网 Intranet 以及电子商务为背景的在线理财活动。

(3) 财务风险管理与财务安全管理并重，风险投资管理将成为财务管理的重要内容。

(4) 财务制度更加灵活多样，既降低现代企业的代理成本，又增加企业的亲和力。财务制度作为一种公开的"财务合约"，用来规范企业的激励和约束机制，而激励与约束机制又是为了降低企业委托—代理关系中的代理成本。

(5) 财务评价体系创新。21 世纪财务管理的评价体系创新主要表现在两个方面：①进一步拓展传统的财务分析指标体系；②对知识资本等无形资产的财务评价比重增加。现代企业在评价企业经营绩效方面，除采用传统的财务分析指标外，近年来又提出了经济附加值(eva)、自由现金流量(fcf)和市场附加值(mva)等财务指标。

2.2　工程财务管理的环节

在财务管理工作中，为了实现财务管理的目标，施工企业除了合理组织财务活动并有效处理财务关系外，还必须掌握工程财务管理的环节。财务管理的环节是指财务管理的工作步骤与各个阶段。一般说来，工程财务管理包括财务预测、财务决策、财务计划、财务控制、财务分析与评价 5 个基本环节，如图 2.1 所示。

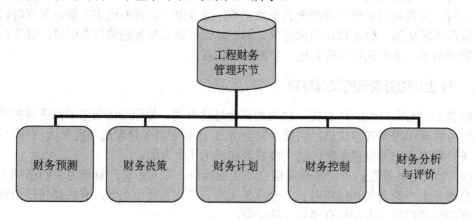

图 2.1　工程财务管理环节示意图

2.2.1 财务预测

财务预测(Financial Forecasting)是根据财务活动的历史资料，考虑现实的要求和条件，对企业未来的财务活动和财务成果做出科学的预计和测算。本环节的作用在于：测算各项开发经营方案的经济效益，为决策提供可靠的依据；预计财务收支的发展变化情况，以确定经营目标；测定各项定额和标准，为编制计划、分解计划指标服务。财务预测环节是在上一个财务管理循环基础上进行的，运用已取得的规律性的认识指导未来。财务预测环节的主要步骤如图2.2所示。

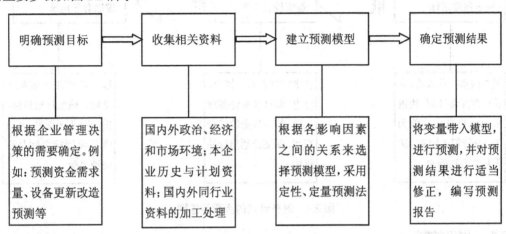

图2.2 财务预测的工作步骤示意图

2.2.2 财务决策

财务决策(Financial Decision)是指财务人员按照财务目标的总体要求，从提高经济效益入手，利用专门的方法对各种备选方案进行比较分析，并从中选出最佳方案的过程。在市场经济条件下，财务管理的核心是财务决策，财务预测是为财务决策服务的，决策成功与否直接关系到企业的兴衰成败。财务决策环节主要步骤如图2.3所示。

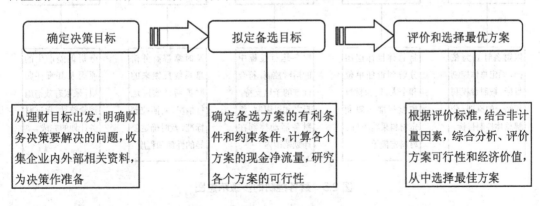

图2.3 财务决策的步骤示意图

2.2.3 财务计划

财务计划(Financial Plan)是施工企业依据财务管理的总体目标,运用科学的技术手段和数量方法,对未来财务活动的内容及指标所进行的具体规划。财务计划是在财务决策确立的方案和财务预测提供的信息的基础上编制的,是财务预测和财务决策的具体化,是控制财务活动的依据。财务计划的编制步骤如图 2.4 所示。

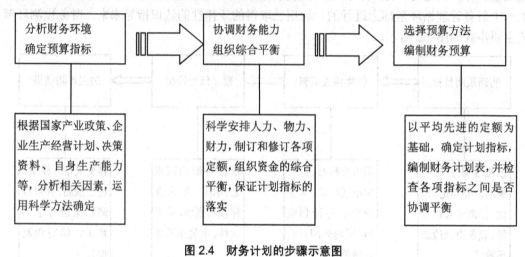

图 2.4 财务计划的步骤示意图

2.2.4 财务控制

财务控制(Financial Control)是在财务管理的日常施工经营中,利用有关信息和特定手段,对施工企业财务活动所进行的调节或控制。实行财务控制是落实预算任务、保证预算实现的有效措施。财务控制要经过的步骤如图 2.5 所示。财务控制的方法很多,常见的财务控制方法有防护性控制、前馈性控制和反馈性控制 3 种。

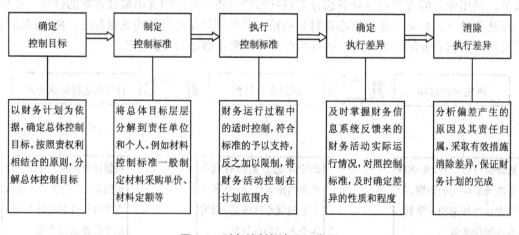

图 2.5 财务控制的步骤示意图

2.2.5 财务分析和评价

财务分析和评价(Financial Analysis and Evaluation)是依据核算资料和计划资料,运用特定方法,对企业财务活动过程及其结果进行分析和评价的一项工作。通过财务分析和评价,可以掌握各项财务计划的完成情况，评价财务状况，研究和掌握企业财务活动的规律性，改善财务预测、决策、预算和控制，改善企业管理水平，提高企业经济效益。通过财务分析和评价，可以考核责任单位和个人财务指标完成情况，为实施奖惩措施提供依据。财务分析和评价的4个步骤如图2.6所示。

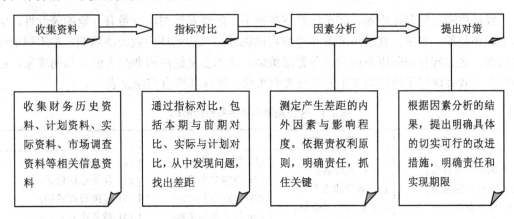

图2.6 财务分析和评价的步骤示意图

2.3 工程财务管理的环境

财务管理环境又称理财环境，是指对施工企业财务活动和财务管理产生影响的内外部因素。这里重点讨论工程财务管理的外部环境。财务管理环境是企业财务决策难以改变的外部约束条件，企业财务决策更多的是适应它们的要求和变化。

企业财务活动在相当大程度上受理财环境制约，如生产、技术、供销、市场、物价、金融、税收等因素对企业财务活动都有重大的影响。只有在理财环境的各种因素作用下实现财务活动的协调平衡，企业才能生存和发展。研究理财环境有助于正确地制定理财策略。

本书主要讨论对企业财务管理影响较大的3个环境，如图2.7所示。

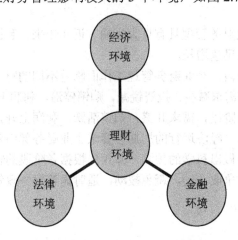

图2.7 财务管理环境示意图

2.3.1 经济环境

影响财务管理经济环境的因素主要有经济周期、经济发展水平和经济政策等。

1. 经济周期

经济周期又称商业周期，在市场经济条件下，经济发展与运行带有一定的波动性，大体上经历复苏、繁荣、衰退和萧条 4 个阶段的循环，这种循环叫做经济周期。在不同的经济周期，企业应相应采用不同的财务管理策略。资本主义经济周期是人所共知的现象，西方财务学者曾探讨了经济周期中的经营理财策略。现择其要点归纳见表 2-1。

表 2-1 经济周期中的财务管理策略

复 苏	繁 荣	衰 退	萧 条
(1) 增加厂房设备； (2) 实行长期租赁； (3) 建立存货； (4) 开发新产品； (5) 增加劳动力	(1) 扩充设备； (2) 继续建立存货； (3) 提高产品价格； (4) 开展营销规划； (5) 增加劳动力	(1) 停止扩张； (2) 出售多余设备； (3) 停产不利产品； (4) 停止长期采购； (5) 削减存货； (6) 停止扩招雇员	(1) 建立投资标准； (2) 保持市场份额； (3) 压缩管理费用； (4) 放弃次要利益； (5) 削减存货； (6) 裁减雇员

我国的经济发展与运行也呈现其特有的周期特征，带有一定的经济波动。过去曾经历过若干次从投资膨胀、生产高涨到控制投资、紧缩银根和正常发展的过程，从而促进了经济的持续发展。企业的筹资、投资和资产运营等理财活动都要受这种经济波动的影响，比如在治理紧缩时期，社会资金十分短缺，利率上涨，会使企业的筹资非常困难，甚至影响到企业的正常施工经营活动。相应企业的投资方向会因为市场利率的上涨而转向本币存款或贷款。此外，由于国际经济交流与合作的发展，西方的经济周期影响也不同程度地波及我国。因此，企业财务人员必须认识到经济周期的影响，掌握在经济发展波动中的理财本领。

2. 经济发展水平

经济发展水平对企业财务管理具有重大影响。近几年来，我国工程建设方兴未艾，经济增长比较快，人均收入迅速增长。

在经济周期的不同阶段，企业财务管理工作面临着不同的财务问题。在萧条阶段，整个宏观经济环境不景气，需求减少，投资锐减，购销停滞，利润下降，企业筹资出现困难，经营也面临困难；在高涨阶段，需求旺盛，购销活跃，利润上升，企业为扩大投资，要进行大量的筹资和投资活动。经济运行的周期性要求企业财务部门对经济周期应有全面、正确的了解和认识，事前要做出科学的预测，并预先根据各阶段的特点和本企业的实际情况采取相应的对策和措施，争取主动，避免被动，适时调整财务政策，使企业财务工作适应经济环境的变化。

3. 经济政策

我国经济体制改革的目标是建立社会主义市场经济体制，以进一步解放和发展生产力。在这个总目标的指导下，我国已经并正在进行财税体制、金融体制、外汇体制、外贸体制、计划体制、价格体制、投资体制、社会保障制度等改革。所有这些改革措施，深刻地影响着我国的经济生活，也深刻地影响着我国企业的发展和财务活动的运行。如金融政策中货币的发行量、信贷规模都能影响企业投资的资金来源和投资的预期收益；财税政策会影响企业的资金结构和投资项目的选择等；价格政策能影响资金的投向和投资的回收期及预期收益等。可见，经济政策对企业财务的影响是非常大的。这就要求企业财务人员必须把握经济政策，更好地为企业的经营理财活动服务。

2.3.2 法律环境

工程财务管理的法律环境是指施工企业和外部发生经济关系时所应遵守的各种法律、法规和规章。施工企业在其经营活动中，要和国家、其他企业或社会组织、企业职工或其他公民，及国外的经济组织或个人发生经济关系。国家管理这些经济活动和经济关系的手段包括行政手段、经济手段和法律手段3种。在市场经济条件下，行政手段逐步减少，而经济手段，特别是法律手段日益增多，越来越多的经济关系和经济活动的准则用法律的形式固定下来。同时，众多的经济手段和必要的行政手段的使用，也必须逐步做到有法可依，从而转化为法律手段的具体形式，真正实现国民经济管理的法制化。

法律为企业经营活动规定了活动空间，也为企业在相应空间内自由经营提供了法律上的保护。影响财务管理的主要法律环境因素有企业组织形式的法律规定和税收法律规定等。

1. 企业组织形式

企业组织必须依法成立。组建不同的企业要依照不同的法律规范。它们包括《中华人民共和国公司法》、《中华人民共和国全民所有制工业企业法》、《中华人民共和国外资企业法》、《中华人民共和国中外合资经营企业法》、《中华人民共和国中外合作经营企业法》、《中华人民共和国个人独资企业法》、《中华人民共和国合伙企业法》等。这些法律规范既是企业的组织法，又是企业的行为法。

企业是市场经济的主体，不同类型的企业在所适用的法律方面有所不同。了解企业的组织形式，有助于企业财务管理活动的开展。按组织形式不同，可将企业分为独资企业、合伙企业和公司。

2. 税收

税收是国家为了实现其职能，按照法律预先规定的标准，凭借政治权力，强制地无偿地征收货币或实物的一种经济活动，也是国家参与国民收入分配和再分配的一种方法，税收是国家参与经济管理，实行宏观调控的重要手段之一。税收具有强制性、无偿性和固定性3个显著特征。

任何企业都有法定的纳税义务。税负是企业的一种费用，会增加企业的现金流出，对企业理财有重要影响。企业无不希望在不违反税法的前提下减少税务负担。税负的减少只能靠精心安排和筹划投资、筹资和利润分配等财务决策，而不允许在纳税行为已经发生时去偷税漏税。精通税法对财务主管人员有重要意义。

国家财政收入的主要来源是企业所缴纳的税金，而国家的财政状况和财政政策对于企业的资金供应和税收负担有着重要的影响；国家各种税种的设置、税率的调整，具有调节开发经营的作用。国家税收制度特别是工商税收制度，是企业财务管理的重要外部条件。企业的财务决策应当适应税收政策的导向，合理安排资金投放，以追求最佳的经济效益。

3. 公司治理和财务监控

公司治理是与公司控制权和剩余索取权分配相关的一套法律、制度以及文化的安排，涉及所有者、高级执行者和董事会等之间权力分配和制衡关系，这些安排决定了公司的目标和行为，决定了公司在什么状态下由谁来实施控制、怎样控制、风险和收益如何分配等问题。有效的公司治理取决于公司治理结构是否合理、治理机制是否健全、财务监控是否到位。

2.3.3 金融环境

企业从事投资和经营活动总是需要资金的，而资金的取得，除了自有资金外，主要从金融机构和金融市场取得。广义的金融市场是指一切资本流动的场所，包括实物资本和货币资本流动的场所。广义金融市场的交易对象包括货币借贷、票据承兑和贴现、有价证券的买卖、黄金和外汇买卖、办理国内外保险、产权交换等。狭义的金融市场一般仅限于以票据和有价证券为交易对象的金融活动市场。

金融市场是施工企业投资和筹资的场所，其环境变化对施工企业财务活动影响很大。金融市场的发育程度、各种融资方式的开放和利用情况、承兑、抵押、转让、贴现等各种票据业务的开展程度，直接决定施工企业在需要资金时是否有利于选择合适的筹资方式筹资，在资金闲置时能否灵活地选择投资方式投资。

股票和金融政策的变化必然影响企业的筹资、投资和资金运营活动。所以，金融环境是企业最为主要的环境因素。影响财务管理的主要金融环境因素有金融机构、金融工具、金融市场和利息率等。

1. 金融机构

社会资金从资金供应者手中转移到资金需求者手中，大多要通过金融机构。金融机构包括银行业金融机构和其他金融机构，金融机构是连接筹资者和投资者的桥梁和纽带。

1) 银行业金融机构

银行业金融机构是指经营存款、放款、汇兑、储蓄等金融业务，承担信用中介的金融机构。银行的主要职能是充当信用中介、充当企业之间的支付中介、提供信用工具、充当投资手段和充当国民经济的宏观调控手段。我国银行体系主要包括中国人民银行、商业银行和政策性银行。中国人民银行是我国的中央银行，主要负责货币政策的制定，经营国库业务及相关职能；商业银行是以经营存款、贷款、办理转账结算为主要业务，以盈利为主要经营目标的金融企业，包括国有商业银行(如中国工商银行、中国农业银行、中国银行和中国建设银行)和其他商业银行(如交通银行、广东发展银行、招商银行、光大银行等)；国家政策性银行是由政府设立，以贯彻国家的产业政策、区域发展政策为目的，不是以盈利为目的的金融机构，主要包括中国进出口银行、国家开发银行等。

2) 其他金融机构

其他金融机构包括金融资产管理公司、保险公司、证券公司、信托投资公司、财务公司和金融租赁公司等。

2. 金融工具

金融工具是在信用活动中产生的、能够证明债权债务关系并据以进行货币资金交易的合法凭证，它对于债权债务双方所应承担的义务与享有的权利均具有法律效力。金融工具是金融市场的交易对象，包括股票、债券、票据、可转让存单、借款合同、抵押契约、购协议等。

金融工具一般具有期限性、流动性、风险性和收益性 4 个基本特征。

1) 期限性

期限性是指金融工具一般规定了偿还期，也就是规定债务人必须全部归还本金之前所经历的时间。

2) 流动性

流动性是指金融工具在必要时迅速转换为现金而不致遭受损失的能力。

3) 风险性

风险性是指购买金融工具的本金和预定收益遭受损失的可能性。一般包括信用风险和市场风险两个方面。

4) 收益性

收益性是指持有金融工具能够带来一定收益。金融工具按期限不同可分为货币市场工具和资本市场工具，前者主要有商业票据、国库券(国债)、可转让大额定期存单、回购协议等；后者主要是股票和债券。

3. 金融市场

金融市场是指资金供应者和资金需求者双方通过金融工具进行交易的场所。金融市场可以是有形的市场，如银行、证券交易所等；也可以是无形的市场，如利用计算机、电传、电话等设施通过经纪人进行资金融通活动。

1) 金融市场的种类

金融市场是由不同层次的分市场构成的市场体系，它可以从不同的角度进行分类，其分类示意图如图 2.8 所示。

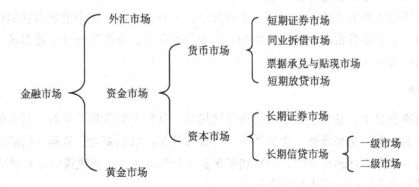

图 2.8　金融市场分类示意图

(1) 按交易的期限，分为货币市场和资本市场。货币市场又称资金市场，是指期限不超过一年的短期资金交易市场。其业务包括银行短期信贷市场业务、短期证券市场业务和短期票据贴现市场业务。短期资金市场主要是满足施工企业对短期资金的需求，进行短期资金筹资。资本市场是指期限在一年以上的长期资金交易市场。其业务包括长期信贷市场业务、长期证券市场业务。长期资金市场主要是满足施工企业对长期资金的需求，进行长期资金筹资。

(2) 按交割的时间，分为现货市场和期货市场。现货市场是指买卖双方成交后，当场或几天内买方支付货款，卖方交出证券的交易市场。期货市场是指买卖双方成交后，在双方约定的未来某一特定的时日才交割的交易市场。

(3) 按交易的性质，分为发行市场和流通市场。发行市场是指从事证券和票据等金融工具初次买卖的市场，也称一级市场或初级市场。流通市场是指从事已发行、上市的各种证券和票据等金融工具买卖的转让市场，也称二级市场或次级市场。

(4) 按交易的直接对象，分为同业拆借市场、国债市场、企业债券市场、股票市场和金融期货市场。

金融市场的主要功能有5项：①转化储蓄为投资；②改善社会经济福利；③提供多种金融工具并加速流动，使中短期资金凝结为长期资金；④提高金融体系竞争性和效率；⑤引导资金流向。

2) 金融市场的组成因素

(1) 市场主体。市场主体是指参与金融市场交易活动而形成买卖双方的各经济单位。

(2) 金融工具。金融工具是指借以进行金融交易的工具，一般包括债权债务凭证和所有权凭证。

(3) 交易价格。交易价格反映的是在一定时期内转让货币资金使用权的报酬。

(4) 组织方式。组织方式是指金融市场的交易所采用的方式。

从企业财务管理角度来看，金融市场作为资金融通的场所，是企业向社会筹集资金必不可少的条件。财务管理人员必须熟悉金融市场的各种类型和管理规则，有效地利用金融市场来组织资金的筹措和进行资本投资等活动。

金融市场按组织方式的不同可划分为两部分：①有组织的、集中的场内交易市场，即证券交易所，它是证券市场的主体和核心；②非组织化的、分散的场外交易市场，它是证券交易所的必要补充。

4. 利率

利率也称利息率，是利息占本金的百分比指标。从资金的借贷关系看，利率是一定时期内运用资金资源的交易价格。资金作为一种特殊商品，以利率为价格标准的融通，实质上是资源通过利率实行的再分配。因此利率在资金分配及企业财务决策中起着重要作用。

利率可按照不同的标准进行如下分类。

(1) 按利率之间的变动关系，分为基准利率和套算利率。

基准利率又称基本利率，是指在多种利率并存的条件下起决定作用的利率。所谓起决定作用，是指这种利率发生变动，其他利率也发生相应变动。基准利率在西方通常是中央银行的再贴现率，在我国是中国人民银行对商业银行贷款的利率。

套算利率是指在基准利率确定后，各金融机构根据基准利率和借贷款项的特点而换算出的利率。例如，某金融机构规定，贷款 AAA 级、AA 级、A 级企业的利率，应分别在基准利率基础上加 0.5%、1%、1.5%，加总计算所得的利率便是套算利率。

(2) 按利率与市场资金供求情况的关系，分为固定利率和浮动利率。

固定利率是指在借贷期内固定不变的利率。受通货膨胀的影响，实行固定利率会使债权人利益受到损害。

浮动利率是指在借贷期内可以调整的利率。在通货膨胀条件下采用浮动利率，可使债权人减少损失。

(3) 按利率形成机制不同，分为市场利率和法定利率。

市场利率是指根据资金市场上的供求关系，随着市场而自由变动的利率。

法定利率是指由政府金融管理部门或者中央银行确定的利率。

本 章 小 结

百余年来，企业财务管理的产生和发展经历了初创阶段、调整阶段、过渡阶段、成熟阶段和深化阶段 5 个阶段。

财务管理的环节是指财务管理的工作步骤与各个阶段。施工企业财务管理分为 5 个环节，即财务预测、财务决策、财务计划、财务控制、财务分析。且这 5 个环节是紧密相连，缺一不可的。

工程财务管理环境又称理财环境，是指对施工企业财务活动和财务管理产生影响的内外部因素。施工企业财务管理是在一定外部环境条件下进行的。外部环境条件的状况会直接影响施工企业财务管理的效率，这些外部环境主要包括经济环境、法律环境和金融环境。

案例分析

一个小企业的财务管理之道

企业的生生死死是再寻常不过的事了，但能在风口浪尖上赚到钱的企业也不在少数，关键一点就是决策正确。一提决策，好像就是一个很大的项目，要慎重再慎重。其实，任何事情只要按照优秀的理念踏踏实实地做，成功也就不是什么遥不可及的事了。腾达公司是一个不足 50 人的小型建筑施工企业，但它能在建筑行业的激烈竞争下始终保持较高的盈利水平，原因何在呢？

这主要与其财务理念有很大关系，分析起来有以下几点。

1. 成本控制有张有弛

腾达建筑公司是一家成立于1995年的私营企业，注册资金100万元人民币。该公司的经营范围是土木建筑工程、线路、管道、设备安装工程和装修装饰工程。

成本控制是许多中小企业所普遍重视的，但成本的节约应该是一种有取舍有原则的节约。为了节约人员的开支，该公司对成本的控制采取了不同情况不同对待的方法。对于少量的施工业务，多采用临时聘请熟识的工程队；对于装修装饰工程，则采用对业务人员进行普及技术培训的方法；而针对高端机器的安装工程则采取和上游厂商签订维护安装协议的方法。

中小企业应树立不断通过技术创新来降低产品成本的观念。以技术创新促进成本管理，从短期看，技术改造需要投入，开发新产品也需要投入，这都是增加成本的因素。但从长期看，不仅可以获取更大的效益，而且有利于争取竞争的主动权，它所带来的增利因素要大于其投入的成本因素。

2. 人人参与财务管理

这个公司财务部有4名会计。虽然公司的会计人员很少，但他们的财务工作却对整体公司的运作起了强大的约束作用。腾达公司推行的是"人人参与财务管理"的模式。在公司的走廊以板报的形式，由财务人员每天按照合同的具体条目更新现金回收状况。它的出现，引起了公司每个人的关注：业务人员经常来查对，讨论并通过它来跟进自己负责合同的收款进度；主管也可以通过它来获得对建设单位收款情况的估计。这样，每个人都可以从这里获得重要的信息。在公司，应收账款在收回前只不过被看成是一项施工费用，如果还没有收到工程款，就不能算工程已经完工，也没有客户满意度而言，当然也不会给相应的收款人员支付佣金。"人人参与财务管理"的模式，极大地调动了收款人员的积极性，杜绝了管理人员只管签订合同而不管实际收款的情况。

很多企业建立了结算收款责任制，管理人员不但要管理施工进度、质量，还要负责收款，并把催讨货款与管理人员的奖金挂起钩来，这是防范应收账款风险的有效措施，但需注意激励和约束的平衡关系。如果企业的业务量较大，可以建立应收账款的计算机管理系统，利用计算机对客户实施适时监控。

3. 重视存货管理

腾达公司对每月的工程进度进行细致的统计记录，并设定了管理软件中的库存模式，一旦存货低于警戒线即立即补货。长期经营的经验使该公司的存货占用资金非常低。也因为该公司的业务大体是预定的材料，所以和厂家的协调非常重要。该公司和长期合作的生产企业均有详细的协议。对于设置的付款比例是按照与买方合同的收款比例同步的，这样就大大降低了由于付款时间差距引起的对现金大量占用的风险，也对供货商起到了一定的牵制作用。但由于次数少，相比起来也比囤积大量库存占用流动资金要合算得多。

分析要点：

该公司规模不大，但却注重吸收先进技术，运用管理软件进行库存管理，在保证存货供应的同时，节约了存货上占用的资金。目前大多数的贸易类企业采取零存货的方式，按单订制直接供应给客户，避免了存货因价格变动导致损失的风险。也有很多企业实施企业流程再造(BPR)、企业资源计划系统(ERP)，这些都是提高企业的运转速度的手段。

思考与习题

1. 思考题

(1) 简述经济活动对财务管理活动的影响。

(2) 施工企业财务管理的环节有哪些？核心环节是什么？

(3) 经济周期与市场环境如何影响施工企业财务活动？

(4) 财务管理的产生和发展经历哪几个阶段？

2. 单项选择题

(1) 财务管理的基本环节是指(   )。
   A．筹资、投资与用资
   B．预测、决策、预算、控制与分析
   C．筹资活动、投资活动、资金营运活动和分配活动
   D．资产、负债与所有者权益

(2) 狭义的投资是指(   )。
   A．仅指用现金投资   B．既包括对内投资，又包括对外投资
   C．仅指对内投资   D．仅指对外投资

(3) 下列(   )是影响财务管理法律环境的主要因素。
   A．经济发展水平   B．企业组织形式的法律规定
   C．经济周期   D．经济政策

(4) 以下属于商业银行的有(   )。
   A．中国进出口银行   B．国家开发银行
   C．交通银行   D．中国人民银行

(5) 在市场经济条件下，企业财务管理的核心是(   )。
   A．财务预算   B．财务控制
   C．财务决策   D．财务预测

(6) 造成企业经营和财务状况不断变动的根本原因之一是(   )。
   A．法律制度   B．市场竞争
   C．经济结构   D．经济体制

(7) 合伙企业和独资企业的所有者用于承担企业财务风险的财产是(   )。
   A．实际投入资本   B．个人全部财产
   C．法定资本   D．注册资本

(8) 股东大会参与企业财务管理着重关心的是(   )。
   A．经营周转用借款   B．应付账款
   C．企业具有控制权的对外投资   D．应收账款

3. 多项选择题

(1) 市场经济条件下,经济发展与运行大体上经历(　　)几个阶段的循环。
　　A. 萧条　　　　B. 复苏　　　　C. 繁荣　　　　D. 衰退

(2) 独资企业的优点有(　　)。
　　A. 容易开办　　B. 结构简单　　C. 利润独享　　D. 限制较多

(3) 相对其他企业而言,公司的主要优点有(　　)。
　　A. 受政府管制少　　　　　　　B. 筹资方便
　　C. 承担有限责任　　　　　　　D. 盈利用途不受限制

(4) 我国公司法中规定以下(　　)属于公司。
　　A. 有限责任公司　　　　　　　B. 股份有限公司
　　C. 国有独资公司　　　　　　　D. 独资企业

(5) 以下(　　)属于股份有限公司的特征。
　　A. 公司股份的转让有较严格限制
　　B. 公司资本划分为等额股份
　　C. 由两个以上 50 个以下股东共同出资
　　D. 同股同权,同股同利

(6) 企业按组织形式可以分为(　　)。
　　A. 独资企业　　B. 合伙企业　　C. 公司企业　　D. 集体企业

(7) 以下(　　)属于企业流转税类。
　　A. 增值税　　　B. 消费税　　　C. 车船使用税　D. 城建税

(8) 企业的财务管理环境又称理财环境,其涉及的范围很广,对企业财务管理影响较大的因素有(　　)。
　　A. 经济环境　　B. 法律环境　　C. 金融环境　　D. 自然环境

(9) 按利率与市场资金供求情况的关系,分为(　　)。
　　A. 固定利率　　B. 浮动利率　　C. 市场利率　　D. 法定利率

4. 判断题

(1) 财务管理的核心是财务预测。　　　　　　　　　　　　　　　　(　　)
(2) 广义的投资是指企业对外投资。　　　　　　　　　　　　　　　(　　)
(3) 流动性风险报酬率是指对于一项负债,到期日越长,债权人承受的不肯定因素就越多,承受的风险也越大,为弥补这种风险而要求提高的利率。　　(　　)
(4) 在借贷期内可以调整的利率是市场利率。　　　　　　　　　　　(　　)
(5) 在公司制的企业组织形式下,企业的财务主体分离为所有者和经营者两个方面。
　　　　　　　　　　　　　　　　　　　　　　　　　　　　　　　(　　)
(6) 金融市场只可能是有形的市场。　　　　　　　　　　　　　　　(　　)

第3章 工程财务报表分析

教学目标

本章主要讲述财务报表财务综合分析的含义和方法,通过本章的学习,应达到以下目标:
(1) 了解财务分析的概念、目的与内容;
(2) 理解财务分析的作用;
(3) 了解财务综合分析的含义及特点;
(4) 熟练掌握各种财务指标的经济意义与计算方法;
(5) 能运用各种财务指标进行偿债能力、营运能力和盈利能力的分析和财务综合分析;
(6) 掌握沃尔比重评分法的含义和基本原理,熟练掌握杜邦财务分析体系的应用。

教学要求

知识要点	能力要求	相关知识
财务分析基本方法	(1) 了解趋势分析法; (2) 掌握比率分析法; (3) 理解因素分析法	(1) 定基动态比率、环比动态比率; (2) 构成比率、效率比率、相关比率; (3) 连环替代法
财务指标分析	(1) 熟练掌握偿债能力指标; (2) 熟练掌握资产管理能力指标; (3) 熟练掌握盈利能力指标	(1) 短期偿债能力比率(流动比率、速动比率、现金比率、现金流动负债比率)长期偿债能力比率(资产负债率、产权比率、有形净值债务率、已获利息倍数、带息负债比率); (2) 流动资产周转率、应收账款周转率、存货周转率、固定资产周转率、总资产周转率; (3) 营业净利率、成本费用利润率、总资产报酬率、净资产收益率、每股收益、市盈率
财务综合分析	(1) 掌握沃尔评分法; (2) 掌握杜邦分析体系	(1) 沃尔评分法的程序; (2) 杜邦分析体系的指标分解及计算

工程 财务管理

 基本概念

趋势分析法　比率分析法　因素分析法　流动比率　速动比率　资产负债率　产权比率　已获利息倍数　劳动效率　流动资产周转率　存货周转率　固定资产周转率　营业利润率　成本费用利润率　盈余现金保障倍数　总资产报酬率　沃尔评分法　杜邦分析体系　市盈率　每股股利　每股收益

 引例

某建筑公司自从1996年上市以来，一直到1998年历年的每股收益分别为0.38元，0.31元，0.39元，净资产收益率保持在10%以上(1999年为11%)，期间还进行了一次分红，一次资本公积金转增股份，一次配股。1998年资产总额为62 690万元，负债总额为15 760万元，利息费用总额950万元。但是，1999年上半年该建筑公司突然像霜打的叶子——蔫了，中报显示，尽管上年末还有4 690万元的净利润，但这年上半年却一下子高台跳水变成净亏损20 792万元。此时，公司资产为51 200万元，负债36 740万元，利息费用总额1 400万元。

据1999年中报披露，由于该建筑公司没有偿还能力，董事会一笔核销其1.345万元巨额欠款，由此造成上半年出现巨额亏损。此时，该建筑公司以往来账的形式所欠其股份公司的债务已达21 660万元。至1999年中期审计截止日，公司应收款项中发生诉讼案件涉及金额已达872万元(公司所得税税率为30%)。假如你是该公司的财务经理，结合1999年发生的事项，分析其对公司偿债能力的影响。你认为公司长期偿债能力对盈利能力会产生什么影响？

3.1　工程财务报表分析的目的与作用

3.1.1　工程财务报表分析的目的

财务管理的基础工作之一就是财务报表分析(简称财务分析)，它以企业财务报表及其他有关财务资料为依据，对企业财务活动的过程和结果进行研究评价的过程，判断企业的财务状况，诊断企业经营活动的利弊得失，以便进一步分析企业未来的发展趋势，为财务决策、财务计划和财务控制提供依据。

财务分析的具体目的受到财务分析的主体和为之服务的对象的制约，不同的财务分析主体进行财务分析的侧重点是不同的，不同的财务分析服务对象所关心的问题也是不同的。下面对几种不同的主体来分析其具体的目的。

1. 从企业投资者角度

企业的投资者包括企业的所有者和潜在的投资者，他们最关心的是企业的盈利能力。因为盈利能力是投资者投资保值的关键。当然，投资者除了关心企业的盈利能力之外也关心企业的偿债能力、运营能力和可持续发展能力，企业要有良好的运营和前景，投资者才会追加投资。此外，对于投资者而言，财务分析可以评价经营者的业绩和发现问题。

2. 从企业债权人的角度

企业的债权人包括对企业提供贷款的金融机构，购买企业债券的组织和个人。债权人财务分析的目的主要是分析对企业的借款能否及时、足额地收回，即研究企业的偿债能力。对于短期债务所有权人，他们主要关心公司资产的流动性。因为他们的权益是短期的，而公司有无迅速偿还这些权益的能力，可以通过对公司流动性的分析得到有效判断。与之相反，长期债务所有权人的权益是长期的，自然，他们更关注公司长时期内的现金流转能力。可以通过分析公司资本结构、资金的主要来源与运用及公司一段时期的盈利状况来评估这项能力。

3. 从企业经营者角度

公司的经营者进行财务分析的目的是多方面的。企业作为一个营利性组织，理所当然应关心企业的盈利能力。为保证企业的正常运营和健康发展，经营者也很关心企业的偿债能力、运营能力、发展能力和现金流量情况等。财务经理尤其关心公司各种资产的投资回报率和资金管理效率。企业的经营者通过对企业全面的财务分析，可以及时发现生产经营中存在的问题，及时采取有效措施，让企业在持续发展的前提下，盈利能力持续增长。

4. 从其他财务分析主体角度

其他主体主要包括一些与企业利益相关的主体，如供应商、职工、国家行政机关等。这些主体出于维护自身经济利益的需要，也非常关心企业，对企业进行财务分析。如国家财税部门通过财务分析来评价企业遵守各项经济政策、法规制度的情况，加强对税收、利润的征收管理工作；同时为保证市场经济的稳定发展，国家机关要对企业进行综合的财务分析，以制定宏观调控的措施和政策。如材料供应商通过财务分析了解企业的规模、信用水平、发展趋势，研究是否可以长期与企业合作。如企业的职工通过研究企业的盈利能力等情况来分析自己的报酬是否合理，研究企业的发展前景，从而规划自己的职业方向。

3.1.2 工程财务报表分析的作用

财务分析是以企业财务报告等核算资料为基础，采用一系列的分析方法和指标，对企业的财务状况和经营成果进行研究与评价，为投资者、经营管理者、债权人等社会各界的经济预测或决策提供依据的一项财务管理活动。财务分析对企业具有以下重要作用。

1. 财务分析是企业财务管理工作的重要手段

通过财务分析可以判断企业财务实力的大小及企业的经营机制是否健全。财务分析的最主要的依据来自企业的财务报表，借助财务报表的有关数据可以分析企业的短期偿债能力、长期偿债能力、营运能力、获利能力、财务结构的合理性等，找出企业的薄弱环节，以便使企业管理人员在下一步工作中有针对性地进行改进。

2. 通过财务分析可以评价企业管理者的经营业绩

将企业财务评价指标的本期实际与计划数进行比较，了解实际执行结果偏离计划的原因；将企业本期实际与过去几期的实际做比较，了解企业经营业绩的变化趋势；将企业本期实际与同行业的其他企业做比较，分析优势与劣势。这样就能客观地评价企业管理者的业绩，找出不足，提出新目标，以便进一步提高管理水平。

3. 财务分析可以为经济决策提供依据

对企业进行财务分析除有利于本企业的经济决策外，还可为企业外部相关部门或人员提供有用的财务信息。例如，衡量对债权人资本的保障程度，从而评价企业偿债能力的大小；衡量企业的获利能力，为投资者进行投资决策提供可靠的依据；评价企业的经营状况和营运能力，为企业经营者进行经营决策提供依据；评价企业对国家的各项经济政策、法规、制度的执行情况，为政府制定价格政策、税收、利率政策以及提出一定时期的经济发展战略提供依据；等等。

3.2 工程财务报表分析的基本方法

企业财务分析的方法是由财务信息的使用者对财务分析的要求所决定的。尽管各个不同的分析主体进行财务分析的侧重点有所不同，但都要求通过财务分析来揭示企业的经营趋势、资产与负债以及资产与所有者权益之间的关系、公司盈利等方面的情况。财务分析的基本方法主要包括趋势分析法、比率分析法和因素分析法。

3.2.1 趋势分析法

趋势分析法也称比较分析法，是通过对比两期或连续数期财务报表中的相同指标，确定其增减变动方向、数额和幅度，用以说明企业财务状况、经营成果或现金流量变动趋势的一种方法。趋势分析法可以分析引起变化的重要原因、变动性质，并预测企业未来发展趋势。

1. 会计报表的比较

会计报表的比较又叫做绝对数比较分析法，是将连续数期财务报表的数据并列起来，比较其相同指标全额变动差异及变动幅度，据以判断企业发展变动趋势的一种方法。比较时既要计算其变动的差额，又要比较其变动的百分比。常见的有资产负债表比较、利润表比较、现金流量表比较等。

2. 重要财务指标的比较

重要财务指标的比较是将企业不同时期的重要财务指标进行对比，观察其变动差异及变动幅度，考察其发展趋势，预测其发展前景的一种方法。具体可以采用定基动态比率和环比动态比率。

定基动态比率是以报告期数值与某一固定基期数值相比较计算的动态比率。其计算公

式为

$$定基动态比率 = \frac{分析期数额}{固定基期数额} \times 100\% \tag{3-1}$$

环比动态比率是以报告期数值与上一期基期数值相比较计算的动态比率。其计算公式为

$$环比动态比率 = \frac{分析期数额}{前期数额} \times 100\% \tag{3-2}$$

3. 会计报表项目构成的比较

会计报表项目构成的比较是以企业财务报表中某个总体指标为 100%，计算该总体各个组成部分占该总体指标的百分比，从而比较各个项目百分比的增减变动，以此来判断有关财务活动变化趋势的一种方法。资产负债表以资产总额定为 100%，利润表以营业收入定为 100%，现金流量表以现金及现金等价物净增加额定为 100%。这种分析方法既可用于不同企业之间的横向比较，也可用于同一企业不同时期的纵向比较，这种比较方法可以消除企业不同规模差异的影响。纵向分析的一种重要形式是编制共同比财务报表。它不用金额表示，仅用百分比来表示财务报表的构成，它能更好地揭示各构成项目的变动差异和变动趋势。

运用趋势分析法时，应注意以下问题：①用于进行对比的各个时期的指标在计算口径上必须一致；②剔除一些偶发因素的影响，使分析数据能反映正常经营状况；③运用例外原则，对某些有显著变动的指标作重点分析，追究其产生的原因，以便采用相应对策。

3.2.2 比率分析法

比率分析法是通过计算各种比率指标来确定经济活动变化的分析方法。比率是一种相对数指标，在一定条件下，比率分析法可以把不可比指标转换为可比指标，以便于进行分析。常用的比率一般有构成比率、效率比率和相关比率。

1. 构成比率

构成比率也称结构比率，是指部分占总体的比率，反映各部分占总体的比率是否适当，总体的构成是否协调、合理。

$$构成比率 = \frac{某个组成部分数值}{总体数值} \times 100\% \tag{3-3}$$

例如，在企业资产中，流动资产、固定资产和无形资产占资产总额的百分比就是资产构成比率，企业负债中流动负债和长期负债占负债总额的百分比就是负债构成比率。利用构成比率，可以考察总体中某个部分的形成和安排是否合理，以便协调各项财务活动。

2. 效率比率

效率比率是经济活动中投入与产出的比率，也是所得与所费的比率。利用效率比率可以进行得失比较，考察经营成果，评价经济效益。例如，将利润项目与销售成本、销售收入、资本金等项目加以对比，可计算出成本利润率、销售利润率以及资本金利润率等利润率指标，可以从不同角度观察比较企业获利能力的高低及其增减变化情况。

3. 相关比率

相关比率是将两个有内在联系的不同项目加以对比得出的比率，相关比率能反映经济业务活动的相互关系。利用相关比率指标，可以考察企业有联系的相关业务安排得是否合理，以保障运营活动顺畅进行。例如，将流动资产与流动负债加以对比，计算出流动比率，据此判断企业的短期偿债能力。

运用比率分析法时，应注意以下问题：①对比指标的相关性，即计算比率的分子与分母必须具有相关性，把不相关的指标进行对比是毫无意义的；②对比指标口径的一致性，分子、分母计算口径必须保持一致；③衡量标准的科学性，运用比率分析需要选用一定的标准与之进行对比，这些用于对比的指标必须具有科学性。

3.2.3 因素分析法

因素分析法是从数量上确定各种因素的变动对某一个指标所产生的影响程度和影响方向的一种分析方法。这种分析方法的出发点是：当有若干因素对某一分析对象具有影响作用时，假定其他因素都无变化，再按顺序逐一确定每一因素单独变化所产生的影响。

因素分析法具体又分为连环替代法和差额分析法，后者是因素分析法的一种简化形式。

1. 连环替代法

连环替代法是将分析指标分解为各个可以计量的因素，并根据各个因素之间的依存关系，顺次用逐个因素的比较值(一般用实际值)替代标准值(一般用计划值)，据以测定各因素对分析指标的影响。下面举例说明。

【例 3.1】 某施工企业承包一个工程，计划砌砖工程量 1 200m³，按定额规定，每立方米耗用空心砖 510 块，每块空心砖计划价格为 0.12 元；而实际砌砖工程量却达到 1 400m³，每立方米实耗空心砖 500 块，每块空心砖实际购入价为 0.13 元。由于空心砖费用是由砌砖工程量、单位耗用量和空心砖单价 3 个因素的乘积构成的，因此，就可以把空心砖费用这一总指标分解为 3 个因素，然后逐个分析它们对空心砖费用总额的影响程度。

表 3-1 砌砖工程量计算表

项 目	计 划 数	实 际 数
砌砖工程量(m³)	1 200	1 400
单位耗用空心砖数量(块/立方米)	510	500
空心砖单价(元/块)	0.12	0.13
空心砖费用总额(元)	73 440	91 000

根据表中的资料，空心砖费用总额实际增加 17 560 元，这是分析的对象。运用连环替代法，可以计算各因素变动对空心砖费用总额的影响程度。

第一步：按照工程量、单耗、单价的顺序逐个项目进行替代。

计划指标 1 200×510×0.12=73 440(元)   ①

实际砌砖工程量替代计划量 1 400×510×0.12=85 680(元)   ②

实际单位耗用量替代计划量 1 400×500×0.12=84 000(元)   ③

实际空心砖单价替代计划价 1 400×500×0.13=91 000(元)   ④

(第 3 次替代即为实际指标)

第二步：计算各因素的影响方向与影响程度。

②-①=85 680-73 440=12 240(元)　　　(由于工程量增加)
③-②=84 000-85 680=-1 680(元)　　　(由于单位耗用量减少)
④-③=91 000-84 000=7 000(元)　　　　(由于空心砖单价提高)
12 240+(-1 680)+7 000=17 560(元)　　(全部因素的影响)

2. 差额分析法

差额分析法是连环替代法的一种简化形式，它直接用各因素实际数与计划数的差额来计算确定各因素对综合指标的影响程度和影响方向。

【例 3.2】 仍以【例 3.1】所列数据为例，可采用差额分析法计算确定各个因素变动对材料费用的影响。

实际工程量增加对空心砖费用总额的影响
$$(1\ 400-1\ 200)\times 510\times 0.12=12\ 240(元)$$

单位耗用量减少对空心砖费用总额的影响
$$1\ 400\times(500-510)\times 0.12=-1\ 680(元)$$

单价对空心砖费用总额的影响
$$1\ 400\times 510\times(0.13-0.12)=7\ 140(元)$$

因素分析法既可以全面分析各因素对某一经济指标的影响，又可以单独分析某个因素对某一经济指标的影响，在财务分析中应用颇为广泛。

3.3 比率分析

总结和评价企业财务状况与经营成果的分析指标包括偿债能力指标、运营能力指标、获利能力指标和发展能力指标。

为了方便分析，以下各项财务比率的计算，主要使用××施工企业 2008 年度的财务资料。该公司的资产负债表见表 3-2，利润表见表 3-3，现金流量表见表 3-4。

表 3-2 资产负债表

编制单位：××施工企业　　　2008 年 12 月 31 日　　　单位：万元

资产	期初数	期末数	负债和所有者权益(或股东权益)	期初数	期末数
流动资产			流动负债		
货币资金	60	75	短期借款	587	629
交易性金融资产	27	33	交易性金融负债		
应收票据	23	18	应付票据	12	15
应收账款	285	597	应付账款	231	213
预付款项	12	37.5	预收款项	9	12
应收股利			应付职工薪酬	21	27
其他应收款	39	19.5	应交税费	16.5	12
存货	1 494	1 275	应付股利	18	45
一年内到期的非流动资产	3	90	其他应付款	18	38
其他流动资产			一年内到期的非流动负债	22.5	90

续表

资产	期初数	期末数	负债和所有者权益(或股东权益)	期初数	期末数
流动资产合计	1 943	2 145	其他流动负债	45	27
非流动资产			流动负债合计	980	1 108
持有至到期投资			非流动负债		
长期股权投资	69.5	45	长期借款	818.5	1 171
长期应收款			应付债券	375	375
投资性房地产			长期应付款	120	90
固定资产	1 535	1 919	预计负债		
在建工程	48	27	递延所得税负债		
工程物资			其他非流动负债	37.5	45
固定资产清理			非流动负债合计	1 351	1 681
生产性生物资产			负债合计	2 331	2 789
无形资产	39	42	所有者权益(或股东权益)		
开发支出			实收资本(或股本)	180	200
长期待摊费用	31.5	12	资本公积	18	27
递延所得税资产			盈余公积	75	103
其他非流动资产	0	9	未分配利润	1 062	1 080
非流动资产合计	1 723	2 054	所有者权益(或股东权益)合计	1 335	1 410
资产总计	3 666	4 199	负债和所有者权益(或股东权益)总计	3 666	4 199

表 3-3 利润表

编制单位：××施工企业　　2008 年度　　单位：万元

项目	上年数	本年数
1. 营业收入	4 530	4 800
减：营业成本	3 998	4 333
营业税金及附加	45	45
销售费用	48	54
管理费用	75	84
财务费用	157	172.5
资产减值损失		
加：公允价值变动收益(损失以"－"号填列)		
投资收益(损失以"－"号填列)	125	106.5
2. 营业利润(亏损以"－"号填列)	275	149
加：营业外收入	30	23
减：营业外支出	9	15
3. 利润总额(亏损以"－"号填列)	353	253
减：所得税费用(按 25%计算)	88.25	63.25
4. 净利润(亏损以"－"号填列)	264.75	189.75
5. 每股收益(元/股)	1.47	1.00

表 3-4 现金流量表

编制单位：××施工企业　　　　2008 年　　　　　　　　　　　　单位：万元

项　目	本期金额
1. 经营活动产生的现金流量	
销售商品、提供劳务收到的现金	4 450
收到的税费返还	
收到其他与经营活动有关的现金	20
经营活动现金流入小计	4 470
购买商品、接受劳务支付的现金	3 552
支付给职工以及为职工支付的现金	30
支付的各项税费	110
支付其他与经营活动有关的现金	15
经营活动现金流出小计	3 707
经营活动产生的现金流量净额	763
2. 投资活动产生的现金流量	
收回投资收到的现金	7
取得投资收益收到的现金	9
处置固定资产、无形资产和其他长期资产收回的现金净额	21
处置子公司及其他营业单位收到的现金净额	
收到其他与投资活动有关的现金	
投资活动现金流入小计	37
购建固定资产、无形资产和其他长期资产支付的现金	398
投资支付的现金	35
取得子公司及其他营业单位支付的现金净额	
支付其他与投资活动有关的现金	1
投资活动现金流出小计	434
投资活动产生的现金流量净额	-397
3. 筹资活动产生的现金流量	
吸收投资收到的现金	
取得借款收到的现金	424
收到其他与筹资活动有关的现金	
筹资活动现金流入小计	424
偿还债务支付的现金	26
分配股利、利润或偿付利息支付的现金	187
支付其他与筹资活动有关的现金	29
筹资活动现金流出小计	242
筹资活动产生的现金流量净额	182
4. 汇率变动对现金及现金等价物的影响	
5. 现金及现金等价物净增加额	19
加：期初现金及现金等价物余额	36
6. 期末现金及现金等价物余额	65

3.3.1 偿债能力比率

企业偿债能力分析主要是通过研究企业资产负债表中各项目的结构关系及各项目的变动情况，来确定企业财务状况是否健康，短期偿债能力和长期偿债能力是强还是弱。企业的偿债能力是企业、投资者、债权人都十分关心的问题，也是体现企业财务安全性的一个重要方面。

企业的负债可以分为流动负债和长期负债两个方面，相对应的也应该分析企业的短期偿债能力和长期偿债能力。

1. 短期偿债能力比率

短期偿债能力是指企业以其流动资产偿付其流动负债的能力，是衡量企业流动资产变现能力的重要标志。企业短期偿债能力的衡量指标，主要有流动比率、速动比率、现金比率和现金流动负债比率等。

1) 流动比率

流动比率是企业流动资产与流动负债的比率，它表示企业每 1 元流动负债有多少流动资产作为偿还保证，反映企业用可在短期内转变为现金的流动资产偿还到期流动负债的能力。其计算公式为

$$流动比率 = \frac{流动资产}{流动负债} \tag{3-4}$$

一般来说，企业流动比率高，说明企业短期偿债能力强。企业能否偿还短期债务，一方面要看流动负债的多少，另一方面要看能变现偿债的流动资产有多少。流动资产越多，流动负债越少，则流动比率越高，说明企业短期偿债能力强。企业短期偿债能力越强，债权人的权益就越有保障。

一般认为，生产企业合理的流动比率为 2。但用流动比率来评价一个企业资产流动性和短期偿债能力的大小，既要考虑清偿流动负债的能力，又要考虑到企业经常性施工经营活动所需日常资金的额度，因而企业计算出的流动比率高低应与同行业的平均数相比，与本企业的历史资料相比，才能判断该指标水平的高低，也才更有意义。至于流动比率究竟应保持多高水平，要根据各个企业、各个时期的实际情况而定。

运用该指标时，必须注意以下 4 个问题。

(1) 虽然流动比率越高，企业偿还短期债务的流动资产保证程度越强，但这并不等于企业已有足够的现金或银行存款可以用来偿债。有时流动比率高也可能是存货积压、应收账款增多且收账期延长，以及待处理财产损失增加所致，而真正可用来偿债的现金和银行存款却严重短缺。所以，企业应在分析流动比率的基础上，进一步对现金流量加以考察。

(2) 从短期债权人的角度看，自然希望流动比率越高越好。但从企业经营角度看，过高的流动比率通常意味着企业闲置资金过多，必然造成企业机会成本的增加和获利能力的降低。因此，企业应尽可能将流动比率维持在适度水平。

(3) 流动比率是否合理，不同的企业以及不同时期的评价标准是不同的。因此，不应用统一的标准来评价各企业流动比率合理与否。

(4) 在分析流动比率时应当剔除一些虚假因素的影响。

【例 3.3】 根据表 3-2 的资料，该企业 2008 年度的流动比率如下。

2008 年年初(即 2007 年年末)流动比率 $\frac{1943}{980}=1.98$

2008 年年末流动比率 $\frac{2145}{1108}=1.94$

计算结果表明，该企业 2008 年年末流动比率比年初流动比率有所下降，在其他条件不变的情况下，该公司的短期偿债能力有所下降。

2) 速动比率

速动比率是速动资产除以流动负债的比值。所谓速动资产，是指流动资产减变现能力较差且价值不稳定的存货、预付款项、1 年内到期的非流动资产和其他流动资产等之后的余额。由于剔除了存货等变现能力较弱且不稳定的资产，所以，速动比率较之流动比率更加准确、可靠地评价企业资产的流动性及其偿还短期负债的能力。其计算公式为

$$速动比率 = \frac{速动资产}{流动负债} \tag{3-5}$$

式中：速动资产=流动资产-存货-预付账款-1 年内到期的非流动资产-其他流动资产

注意：关于速动资产的论述，中级财务管理教材与注册会计师财务管理教材稍有不同，本书与中级财务管理教材的论述保持一致。

一般认为，速动比率等于 1 是合理的、安全的。因为速动比率等于 1，说明速动资产等于流动负债，若收款遇不到困难，则每 1 元的流动负债都有 1 元几乎可以立即变现的资产来偿付，公司不会遇到偿债压力。如果速动比率小于 1，即速动资产小于流动负债，意味着企业破产或清算时，必须依靠变卖存货才能偿付全部短期债务，债权人有遭受折价损失的风险，企业将面临偿债的压力。

当然，速动比率越高，对债权人越有利。但速动比率过高，意味着企业存在较多的无收益货币资金，债权占用较多，从而延缓资金周转，降低收益。在进行财务分析时，速动比率多少为合适，还应根据企业的性质、企业所处的行业以及企业所处的市场环境等因素而定。

【例 3.4】 根据表 3-2 的资料，该企业 2008 年度的速动比率如下。

2008 年年初速动比率 = $\frac{1943-1494-12-3}{980}=0.44$

2008 年年末速动比率 = $\frac{2145-1275-37.5-90}{1108}=0.67$

虽然与流动比率相比，速动比率更能反映流动负债偿还的安全性和稳定性，但并不意味着流动比率和速动比率都低于一般公认标准，则其流动负债就不能得到偿还。实际上，只要企业的存货周转流畅、周转速度快，应收账款周转速度快、变现周期短，流动负债偿还所需现款能及时、足额获得即可。对施工企业来说，由于所承包工程的成本在未交工之前属于企业存货，所以交工之前速动比率就要小些，当所承包工程交工之后新项目没有开始之前，企业的流动资产更多地以存款的形式存在，速动比率相对就会大些，所以不能采用划一的标准来评价企业流动比率的合理与否。

所以，分析企业的短期偿债能力时，还必须结合存货周转速度、应收账款周转速度一

起进行。

3) 现金比率

现金比率是企业现金类资产与流动负债的比值。现金类资产包括企业所拥有的货币资金和持有的短期有价证券。实际上，现金类资产等于速动资产扣除应收账款后的余额。由于应收账款存在着发生坏账损失的可能，某些到期的账款也不一定能按时收回。因此，扣除应收账款后的速动资产更能反映企业直接偿付流动负债的能力。其计算公式如下

$$现金比率 = \frac{货币资金 + 交易性金融资产}{流动负债} \tag{3-6}$$

【例 3-5】 根据表 3-2 的资料，该企业 2008 年度的现金比率如下。

$$2008 年年初现金比率 = \frac{60+27}{980} = 0.09$$

$$2008 年年末现金比率 = \frac{75+33}{1\,108} = 0.10$$

现金比率假设现金资产是可偿债资产，表明 1 元流动负债有多少现金资产作为偿还保障。该施工企业的现金比率比上年增加 0.01，说明企业为每 1 元流动负债提供的现金资产保障增加了 0.01 元。

4) 现金流动负债比率

现金流动负债比率是企业一定时期内的经营现金净流量同流动负债的比率，它可以从现金流量角度来反映企业当期偿付短期负债的能力。其计算公式为

$$现金流动负债比率 = \frac{年经营现金净流量}{流动负债} \tag{3-7}$$

式中：年经营现金净流量指一定时期内，企业经营活动所产生的现金及现金等价物流入量与流出量的差额，通常使用现金流量表中的"经营活动产生的现金流量净额"。它代表了企业产生现金的能力，已经扣除了经营活动自身所需的现金流出，是可以用来偿债的现金流量。流动负债可以使用资产负债表中的"流动负债"的年初与年末的平均数，为了简便，也可以使用年末数。

现金流动负债比率表明每 1 元流动负债的经营现金流量保障程度。该比率越高，表明企业经营活动产生的现金净流量越多，越能保障企业按期偿还到期债务，但也并不是越大越好，该指标过大则表明企业流动资金利用不充分，获利能力不强。

【例 3.6】 根据表 3-2 和表 3-4 的资料，该企业 2008 年度的现金流动负债比率如下。

$$2008 年年末现金流动负债比率 = \frac{763}{1\,108} = 0.69$$

5) 影响短期偿债能力的其他因素

上述短期偿债能力比率，都是根据财务报表中资料计算的。还有一些表外因素也会影响企业的短期偿债能力，甚至影响相当大。企业财务报表中未能反映的，但会影响企业短期偿债能力的其他因素如下。

(1) 增强短期偿债能力的因素，包括随时可动用的银行贷款指标、准备很快变现的长期资产、偿债能力的声誉。

(2) 减弱短期偿债能力的因素，包括账面未反映的由于担保责任引起的或有负债；经

营租赁合同中承诺的付款是很可能需要偿付的债务;建造合同、长期资产购置合同中的分阶段付款也是一种承诺,应视为需要偿还的债务。

2. 长期偿债能力比率

长期偿债能力是指企业偿还长期负债的能力,它不仅取决于企业在长期内的盈利能力,还取决于企业的资本结构。企业的长期负债包括长期借款、应付长期债券等。企业的长期负债具有债务金额大、期限长、到期还本付息压力大等特点,与偿还流动负债不同,企业不可能靠变卖资产来还债,而只能靠实现利润来偿还债务;而当企业面临破产清算时,企业就只能变卖资产来清偿债务。一般的长期偿债能力分析侧重于对资本结构的分析,即企业资产对其债务保障程度的分析。因此,用来评价企业长期偿债能力的财务指标有资产负债率、产权比率、有形净值债务率、已获利息倍数等。

1) 资产负债率

资产负债率也称负债比率,是负债总额与资产总额的比率,说明企业的资产总额有多少是通过负债资金筹集的。该指标不仅反映企业资金结构,也反映企业清算时债权人利益的保障程度。其计算公式为

$$资产负债率 = \frac{负债总额}{资产总额} \times 100\% \tag{3-8}$$

资产负债率反映企业全部资产中有多大比重是通过借贷获取的,可以衡量债权的保障程度。从长期偿债能力的角度看,资产负债率是越低越好,因为企业清算时,资产变现所得可能低于账面价值,所以该比率越低,债权人所得到的保障程度就越高。但就企业的所有者和管理者而言,通常希望筹集到更多的资金来扩大企业的规模,那么资产负债率的期望值就会高,但是过高的资产负债率反过来也会影响到企业筹集资金的能力。这个比率究竟有多大为好,这一点没有可供参考的标准,要根据企业的环境、企业的经营状况和盈利能力等来综合评价。保守认为该指标为50%比较合适,国际上通常认为等于60%比较合适,若该指标大于100%说明企业资不抵债,视为达到破产警戒线。

【例3.7】 根据表3-2的资料,该企业2008年度的资产负债率如下。

$$2008年年初资产负债比率 = \frac{2\,331}{3\,666} \times 100\% = 63.58\%$$

$$2008年年末资产负债比率 = \frac{2\,789}{4\,199} \times 100\% = 66.42\%$$

该企业年初、年末的资产负债率都比较高,说明公司的长期偿债能力弱,债权人的保障程度低。

2) 产权比率

产权比率也称资本负债率,是负债总额与所有者权益总额的比率。它反映企业所有者权益对债权人权益的保障程度,其计算公式为

$$产权比率 = \frac{负债总额}{所有者权益总额} \times 100\% \tag{3-9}$$

该指标表明1元股东权益借入的债务数额,还反映债权人权益受股东权益的保障程度。该指标越低,债权人的保障程度越高,因为在企业清算和分配剩余财产时,债权人的求偿

权在股东之前；反之，则债权人的保障程度低。

该指标反映负债资金与权益资金的比例关系，即股东权益对债务的承受能力，它揭示了企业基本财务结构的稳定程度。产权比率高，是高风险、高报酬的财务结构；产权比率低，是低风险、低报酬的财务结构。所以，企业在评价产权比率适度与否时，应该从提高获利能力与增强偿债能力两个方面综合进行，即在保障偿债安全的前提下，应尽可能提高产权比率。

【例3.8】 根据表3-2的资料，该企业2008年度的产权比率如下。

$$2008年年初产权比率 = \frac{2\,331}{1\,335} \times 100\% = 175\%$$

$$2008年年末产权比率 = \frac{2\,789}{1\,410} \times 100\% = 198\%$$

该企业年初、年末的产权比率都比较高，与资产负债率相互印证，说明企业的长期偿债能力弱，债权人的保障程度低。

另外，产权比率与资产负债率两者之间还有如下关系

$$\frac{1}{资产负债率} = \frac{1}{产权比率} + 1 \qquad (3\text{-}10)$$

该公式表明，产权比率与资产负债率成正比关系，资产负债率越高，产权比率越高。

3) 有形净值债务率

有形净值债务率是企业负债总额与企业股东具有所有权的有形资产的净值(即有形净值)的比值。其计算公式如下

$$有形净值债务率 = \frac{负债总额}{所有者权益 - 无形资产净值} \times 100\% \qquad (3\text{-}11)$$

【例3.9】 根据表3-2的资料，该企业2008年度的产权比率如下。

$$2008年年初有形净值债务率 = \frac{2\,331}{1\,335 - 39} \times 100\% = 180\%$$

$$2008年年末有形净值债务率 = \frac{2\,789}{1\,410 - 42} \times 100\% = 204\%$$

该企业年初、年末的有形净值债务率都比较高，说明企业的长期偿债能力弱，债权人的保障程度低。

有形净值债务率指标是产权比率指标的延伸。由于无形资产(包括商标、著作、专利权及非专利技术等)的变现价值具有很大的不确定性，如果企业清算，它们不一定能用来还债，为谨慎起见，将其从分母中剔除。从长期偿债能力来讲，有形净值债务率越低越好，该指标其他方面的分析与产权比率相同。

4) 已获利息倍数

已获利息倍数也称利息保障倍数，是企业息税前利润与负债利息的比值，用来衡量企业偿付借款利息的能力。其计算公式如下

$$已获利息倍数 = \frac{息税前利润总额}{利息费用} \qquad (3\text{-}12)$$

由于我国现行利润表中没有单列利息费用，而是混在财务费用项目之中，外部报表使

用者只能利用"财务费用"来做近似估计。息税前利润是指利润表中未扣除利息费用和所得税费用之前的利润,它可以用"利润总额+财务费用"来测算。

若已获利息倍数小于(或等于)1,意味着企业实现的利润根本无法(或刚好)承担举债经营的利息支出,反映在利润表上即利润总额为负数(或 0)。所以,已获利息倍数指标至少要大于 1,但要大到何种程度才算偿付利息能力强,这要根据企业的往年经验并结合行业特点来判断。在运用已获利息倍数分析时,应结合若干年指标进行分析,以判断企业利息保障程度的稳定性;也可以在同一年度、同行业不同企业之间进行比较,以评价本公司的偿债能力在同行公司中所处的位置。

【例 3.10】 根据表 3-2 和表 3-3 的资料,该企业 2008 年度的已获利息倍数如下。

$$2008 年年初已获利息倍数 = \frac{353+157}{157} = 3.25$$

$$2008 年年末已获利息倍数 = \frac{253+172.5}{172.5} = 2.47$$

上述企业的已获利息倍数大于 1,表明其具有较强的偿付负债利息能力,年末偿还负债利息能力低于年初。

3.3.2 资产管理比率

资产管理比率也叫做营运能力比率,是指通过企业生产经营资金周转速度的有关指标所反映出来的企业资金利用的效率,表明企业管理人员经营管理、运用资金的能力。企业生产经营资金周转的速度越快,表明企业资金利用的效果越好,效率越高,企业管理人员的经营能力越强。企业的营运能力状况与供、产、销各个经营环节密切相关,任何一个环节出了问题,都会影响到资金的正常周转。

反映企业营运能力的指标有很多,下面结合表 3-2 资产负债表和表 3-3 利润表,来介绍几种常见的营运能力的指标,具体包括:流动资产周转率、应收账款周转率、存货周转率、固定资产周转率和总资产周转率 5 个方面。

1. 流动资产周转率

流动资产周转率有流动资金的周转次数和周转天数两种表现模式。周转次数是流动资产平均占用额与流动资产在一定会计期间完成的周转额(通常以一年的销售收入表示)之间的比率。它的另外一种表示方法是,用时间表示流动资产的周转天数。其计算公式为

$$流动资产周转率 = \frac{营业收入}{平均流动资产总额} \times 100\% \tag{3-13}$$

式中:
$$平均流动资产总额 = \frac{流动资产期末数+流动资产期初数}{2} \tag{3-14}$$

$$流动资产周转天数 = \frac{360}{流动资产周转率} \tag{3-15}$$

显然,流动资产的周转次数越多,每一次流动资金的周转时间就会越短,也就是周转的速度越快,越能节约资金投入,相当于扩大了对资金的投入;反之,周转速度就慢,需要补充资金周转,会降低盈利能力。在很多现代化的管理模式中,引入了资金的时间价值,也会促使管理者提高流动资产的周转速度,特别是现代物流技术的应用,流动资金的周转

速度总体趋势向快的方向发展。

【例 3.11】 根据表 3-2 和表 3-3 的资料，则该企业 2008 年度的流动资产周转率如下。

$$2008 年年末流动资产周转率 = \frac{4\,800}{(1\,943 + 2\,145)/2} = 2.35$$

$$流动资产周转天数 = \frac{360}{2.35} = 153(天)$$

2. 应收账款周转率

应收账款周转率是反映企业应收账款周转速度的指标，是企业营业收入(或销售收入)与平均应收账款总额的比率，即企业应收账款在一定时期内周转的次数。其计算公式为

$$应收账款周转率 = \frac{营业收入}{平均应收账款总额} \times 100\% \qquad (3-16)$$

式中：

$$平均应收账款总额 = \frac{应收账款期末数 + 应收账款期初数}{2} \qquad (3-17)$$

$$应收账款周转天数 = \frac{360}{应收账款周转率} \qquad (3-18)$$

应收账款包括会计核算中的"应收账款"与"应收票据"等全部赊销账款在内，但应为扣除坏账准备后的净值。

【例 3.12】 根据表 3-2 和表 3-3 的资料，则该企业 2008 年度的应收账款周转率如下。

$$2008 年年末应收账款周转率 = \frac{4\,800}{(285 + 23 + 597 + 18)/2} = 10.40$$

$$应收账款周转天数 = \frac{360}{10.40} = 35(天)$$

由于应收账款是指尚未取得现金的销售收入，因此用销售收入与应收账款相比较，就可以测知企业的应收账款余额是否合理，以及收款的效率高低。应收账款周转率越高，每周转一次所需要天数越短，表明企业收账越快，应收账款中包含的旧账、坏账越少，企业的效率越高；反之，周转率越小，则每周转一次所需要时间就越长，表明企业应收账款的变现过于缓慢，经营管理缺乏效率。

事实上，任何问题都必须一分为二地分析，过高的应收账款周转率可能是以严格的信用制度作为保障的，它的代价可能是赊销很少，失去销售机会，甚至失去市场；而过低的应收账款周转率可能使销售环节管理失控，盲目赊销、扩大资金成本、坏账增加。因此在分析应收账款周转率这个指标时要分析企业发展战略、信用政策、账龄分布等多方面因素。

3. 存货周转率

存货周转率也称存货周转次数，是一定时期内企业营业成本与存货平均余额的比率。它是衡量和评价企业购入材料(存货)、投入生产、销售收回等各环节管理状况的综合性指标，它表明存货转换为现金或应收账款的速度。其计算公式如下

$$存货周转率 = \frac{营业成本}{平均存货余额} \times 100\% \qquad (3-19)$$

式中：

$$平均存货 = \frac{存货期末余额 + 存货期初余额}{2} \qquad (3-20)$$

$$存货周转天数 = \frac{360}{存货周转率} \quad (3-21)$$

【例 3.13】 根据表 3-2 和表 3-3 的资料,则该企业 2008 年度的存货周转率如下。

$$2008 年年末存货周转率 = \frac{4\,333}{(1\,494 + 1\,275)/2} = 3.13$$

$$存货周转天数 = \frac{360}{3.13} = 115 (天)$$

存货周转次数越多,每周转一次所用的时间就越短,周转速度越快,说明资金利用的效率越高;在成本利润率相同的情况下,盈利能力越强,存货积压的风险相对越低。相反,每周转一次所用的时间越长,周转速度越慢,则说明存货积压,产品质量欠佳,或是销售部门工作不力,销售政策和销售方法不当等。

一般说来,企业的存货周转率越高越好,但也不能绝对化,不同类型的企业有不同的要求。周转率过高有可能牺牲必要的库存储备,如果存货供应不能保证,则会给企业的生产、销售带来不利影响。

该比率不仅可用于评价企业存货的管理效率,而且可用于衡量企业存货的变现力。存货周转率越高,存货变现力越强;反之,变现力越差。通过分析一定时期内企业存货周转率的变动,还可以分析企业是否存在产品滞销问题。

4. 固定资产周转率

固定资产周转率是指企业销售收入与固定资产之间的比率,反映了固定资产的周转情况,可以衡量固定资产的利用效率。其计算公式为

$$固定资产周转率 = \frac{营业收入}{平均固定资产总额} \times 100\% \quad (3-22)$$

式中:

$$平均固定资产总额 = \frac{固定资产期末数 + 固定资产期初数}{2} \quad (3-23)$$

$$固定资产周转天数 = \frac{360}{固定资产周转率} \quad (3-24)$$

【例 3.14】 根据表 3-2 和表 3-3 的资料,则该企业 2008 年度的固定资产周转率如下。

$$2008 年固定资产周转率 = \frac{4\,800}{(1\,535 + 1\,919)/2} = 2.8$$

该比率用来评估企业固定资产使用的效率,即固定资产周转率越高,表明固定资产周转速度越快,固定资产的闲置越少,表明企业固定资产利用充分,也能表明固定资产的结构比较合理;反之,表明固定资产闲置严重,未得到充分利用。

5. 总资产周转率

总资产周转率简称资产周转率,是反映企业总资产周转速度的指标,是企业一定时期营业收入与平均资产总额的比值,可以用来反映企业全部资产的利用效率。其计算公式为

$$总资产周转率 = \frac{营业收入}{平均总资产} \times 100\% \quad (3-25)$$

式中:

$$平均总资产 = \frac{总资产期末数 + 总资产期初数}{2} \quad (3-26)$$

$$总资产周转天数 = \frac{360}{总资产周转率} \tag{3-27}$$

【例 3.15】 根据表 3-2 和表 3-3 的资料,则该企业 2008 年度的固定资产周转率如下。

$$2008 年年末总资产周转率 = \frac{4800}{(3666+4199)/2} = 1.22$$

总资产周转率反映了企业全部资产的利用效率。总资产周转率高(即总资产周转天数少),说明企业资产结构合理并且企业全部资源得到了充分利用;反之,则说明企业全部资产营运效率低下,全部资产提供的经营成果不多。

在分析该项指标时,若总资产全年波动较大,平均资产总额可在各季平均资产总额的基础上计算,以便更准确地反映总资产的年度平均占用额。

3.3.3 盈利能力比率

盈利能力是指企业正常经营赚取利润的能力,是企业生存发展的基础。这种能力的大小通常以投入产出的比值来衡量。企业利润额的多少不仅取决于公司生产经营的业绩,而且还取决于生产经营规模的大小,经济资源占有量的多少,投入资本的多少以及产品本身价值等条件的影响。不同规模的企业之间或在同一企业的各个时期之间,仅对比利润额的多少,并不能正确衡量企业盈利能力的优劣。为了排除上述因素的影响,必须从投入产出的关系上分析企业的盈利能力。反映企业盈利能力的指标很多,通常使用的主要有营业净利率、成本费用利润率、总资产报酬率、净资产收益率、每股收益、市盈率和每股股利等指标。

1. 营业净利率

营业净利率又叫做营业利润率,是净利润与营业收入的百分比。其计算公式如下

$$营业净利率 = \frac{净利润}{营业收入} \times 100\% \tag{3-28}$$

【例 3.16】 根据表 3-3 的资料,该企业 2008 年度的营业净利率如下。

$$2008 年营业净利率 = \frac{189.75}{4800} \times 100\% = 39.50\%$$

这里的净利润,在我国会计制度中是指税后利润。营业净利率这一指标反映每 1 元营业收入带来的净利润的多少,衡量营业收入的收益水平。从营业净利率的指标关系看,净利润与营业净利率成正比关系,而营业收入与营业净利率成反比关系。企业在增加营业收入的同时,必须相应地获得更多的净利润,才能使营业净利率保持不变或有所提高。因此,企业在扩大营业额的同时,必须注意改进经营管理,提高盈利水平。

2. 成本费用利润率

成本费用利润率是指企业在一定时期内利润总额与成本费用总额的比率,其计算公式为

$$成本费用利润率 = \frac{利润总额}{成本费用总额} \times 100\% \tag{3-29}$$

式中:成本费用总额=营业成本+营业税金及附加+销售费用+管理费用+财务费用

该指标越高,表明企业为取得利润而付出的代价越小,成本费用控制得越好,获利能

力越强。

同利润一样，成本费用的计算口径也可以分为不同的层次，比如主营业务成本、营业成本等，在评价成本费用开支效果时，应当注意成本费用与利润之间在计算层次和口径上的对应关系。

【例 3.17】 根据表 3-3 的资料，该企业 2008 年度的成本费用利润率如下。

$$2008 \text{ 年成本费用利润率} = \frac{253}{4\,333 + 45 + 54 + 84 + 172.5} \times 100\% = 5.40\%$$

从以上计算结果可以看到，该企业 2008 年度的成本费用利润率比较低，企业应该深入检查导致成本费用上升的因素，改进工作，以便扭转效益指标下降的状况。

3. 总资产报酬率

总资产报酬率也叫投资报酬率，是指企业资产总额中平均每百元所能获得的纯利润。该指标是衡量企业运用所有投资资源所获经营成效的指标，总资产报酬率越高，则表明企业越善于运用资产；反之，则资产利用效果越差。其公式表示为

$$\text{总资产报酬率} = \frac{\text{息税前利润总额}}{\text{平均资产总额}} \times 100\% \tag{3-30}$$

式中：息税前利润总额=利润总额+利息费用=净利润+所得税+财务费用

总资产报酬率是一个综合性的指标，反映了企业总资产的盈利能力，反映了利润的多少与企业规模、经营水平的综合效果，可以运用该项指标与企业自身的历史资料和同行业企业进行比较，找出差异。

【例 3.18】 根据表 3-2 和表 3-3 的资料，则该企业 2008 年度的总资产报酬率如下。

$$2008 \text{ 年总资产报酬率} = \frac{253 + 172.5}{(3\,666 + 4\,199)/2} \times 100\% = 10.82\%$$

从以上计算结果可以看到，该企业 2008 年度总资产报酬率比较低，反映企业资产综合利用效率较低。

4. 净资产收益率

净资产收益率是净利润与平均净资产的百分比，也称净值报酬率或权益报酬率。净资产收益率反映的是企业所有者权益的投资报酬率，是所有财务比率中综合性最强、最具代表性的一个指标。该指标通用性强，适应范围广，不受行业局限，在国际上的企业综合评价中使用率非常高。通过对该指标的综合对比分析，可以看出企业获利能力在同行业中所处的地位，以及与同类企业的差异水平。一般认为，净资产收益率越高，企业自有资金获取收益的能力越强，运营效益越好，对企业投资人和债权人权益的保证程度越高。其计算公式如下

$$\text{净资产收益率} = \frac{\text{净利润}}{\text{平均净资产}} \times 100\% \tag{3-31}$$

【例 3.19】 根据表 3-2 和表 3-3 的资料，则该企业 2008 年度的净资产收益率如下。

$$2008 \text{ 年净资产收益率} = \frac{189.75}{(1\,335 + 1\,410)/2} \times 100\% = 13.83\%$$

从上述计算可以看出，该企业 2008 年的净资产收益率比较低，企业盈利能力不高。

对于上市公司而言，该公式的分母"平均净资产"也可以换成"年末净资产"。因为股份制企业在增加股份时，新股东一般要超面值缴入资本并获得同股同权的地位，所以期末的股东对本年的利润拥有同等的权利。同时，这样计算也可以和每股收益、每股净资产等指标的计算保持一致。

5. 每股收益

每股收益也称每股利润或每股盈余，反映企业普通股股东持有每一股份所能享有的企业利润或承担的企业亏损，是衡量上市公司获利能力时最常用的财务分析指标。一般来说，每股收益越高，说明公司的获利能力越强。

每股收益的计算包括基本每股收益和稀释每股收益。

企业应当按照归属于普通股股东的当期净利润，除以发行在外普通股的加权平均股数计算基本每股收益。其计算公式为

$$每股收益 = \frac{普通股股东的当期净利润}{当期发行在外普通股的加权平均数} \tag{3-32}$$

企业存在稀释性潜在普通股的，应当分别调整归属于普通股股东的当期净利润和发行在外普通股的加权平均股数，据以计算稀释每股收益。其中，稀释性潜在普通股是指假设当期转换为普通股会减少每股收益的潜在普通股，主要包括可转换公司债券、认股权证和股票期权等。计算稀释每股收益时，对基本每股收益分子的调整项目有：当期已确认为费用的稀释性普通股的利息和稀释性潜在普通股转换时将产生的收益或费用。

同时，将基本每股收益分母调整为当期发行在外普通股的加权平均股数与假定稀释性潜在普通股转换为已发行普通股而增加的普通股股数的加权平均数之和。

【例3.20】 根据表3-2和表3-3的资料，则该企业2008年度的每股收益如下。

$$2008年每股收益 = \frac{189.75}{(180+200)/2} = 1(元)$$

从上述计算中可以看出，该企业2008年末的每股收益低，表明企业获利能力弱。

6. 市盈率

市盈率也称价格盈余比率或价格与收益比率，是上市公司普通股每股市价相当于每股收益的倍数，反映投资者对上市公司每元净利润愿意支付的价格，可以用来估计股票的投资报酬和风险。其计算公式为

$$市盈率 = \frac{普通股每股市价}{普通股每股收益} \tag{3-33}$$

【例3.21】 根据表3-2和表3-3的资料，假定该公司2008年年末的每股股利为14元，则该公司2008年年末的市盈率为

$$市盈率 = \frac{14}{1} = 14$$

市盈率是反映上市公司获利能力的一个重要财务比率，投资者对这个比率十分重视，是投资者做出投资决策的重要参考因素之一。一般来说，市盈率高，说明投资者对该公司的发展前景看好，愿意出较高的价格购买该公司股票，所以一些成长性较好的高科技公司的股票的市盈率通常要高一些。但是，也应注意，如果某一种股票的市盈率过高，则意味

着这种股票具有较高的投资风险。

7. 每股股利

每股股利也是衡量股份有限公司的获利能力指标，它是本年发放的普通股现金股利总额与年末普通股总数的比值。其计算公式为

$$每股股利 = \frac{普通股股利总额}{年末普通股总数} \tag{3-34}$$

【例 3.22】 根据表 3-2 和表 3-3 的资料，假定该公司 2008 年年末决定发放现金股利为 40 万元，则该公司 2008 年度的每股股利为

$$每股股利 = \frac{40}{200} = 0.2(元/股)$$

每股股利的高低，不仅取决于公司获利能力的强弱，还取决于公司的股利政策和现金是否充裕。倾向于分配现金股利的投资者，应当分析公司历年的每股股利，从而了解公司的股利政策。

3.4　财务综合分析

单独分析任何一项财务指标都不足以全面地评价企业的财务状况和经营成果，而只有对各种财务指标进行综合的分析，才能对企业的财务状况做出合理的判断。

3.4.1　财务综合分析的含义和特点

1. 财务综合分析的含义

在前面的内容中，已经对企业的偿债能力、盈利能力、营运能力等方面进行了具体的分析，但上述方面只能反映企业经济效益的某一个方面，而不能全面系统地对企业的财务状况和经营成果做出评价。而财务分析的目的就是要全面系统地反映一个企业的经营理财状况，进而对企业总体经济效益和管理水平做出全面、公正、系统的评价，为企业的管理者、投资者、债权人的财务决策提供科学可靠的信息。因此，必须进行多指标、相关联的综合分析。

所谓财务综合分析，就是将营运能力、偿债能力、盈利能力和发展能力等诸方面的分析纳入一个有机的整体之中，全面地对企业的经营状况、财务状况进行解剖和分析，从而对企业经济效益的优劣做出准确的评价与判断。

2. 财务综合分析的特点

财务综合分析的特点体现在其财务指标体系的要求上。综合财务指标体系的建立应当符合以下要求。

(1) 指标要素齐全适当。
(2) 主辅指标功能匹配。
(3) 满足多方信息需要。

财务综合分析的方法很多，其中应用比较广泛的有杜邦财务分析体系和沃尔评分法。

3.4.2 杜邦财务分析体系

杜邦财务分析体系(The Du Pont System)简称杜邦体系,是利用各财务指标间的内在关系,对企业综合经营理财及经济效益进行系统分析评价的体系。因其最初由美国杜邦公司创立并成功运用而得名。

在前面的分析中,所涉及的偿债能力分析、营运能力分析、盈利能力分析都只是一方面的财务状况,但企业中各项财务指标是相互联系、彼此影响的,必须综合起来加以研究。杜邦体系就是把企业中各项财务指标和财务活动看作一个相互联系的有机体,对系统内部的相互联系的各因素综合起来加以分析的一种方法。它以净资产收益率为主线,将企业一定时期的财务状况和经营成果全面联系起来,层层分解,构成一个完整的分析体系。如图 3.1 所示,杜邦体系中,包括以下几种主要的指标关系。

(1) 净资产收益率是一个综合性最强的财务指标,是整个分析系统的起点和核心。通过影响指标因素的层层分解,并研究彼此间的依存关系,从而揭示企业的获利能力及原因。该指标的高低反映了投资者净资产获利能力的大小,其高低变化是由总资产净利率和反映企业所有者权益结构比重的权益乘数两个因素决定的,而总资产净利率又受营业净利率和总资产周转率大小的影响,所以,综合起来讲,净资产收益率是由营业净利率、总资产周转率及权益乘数决定的。

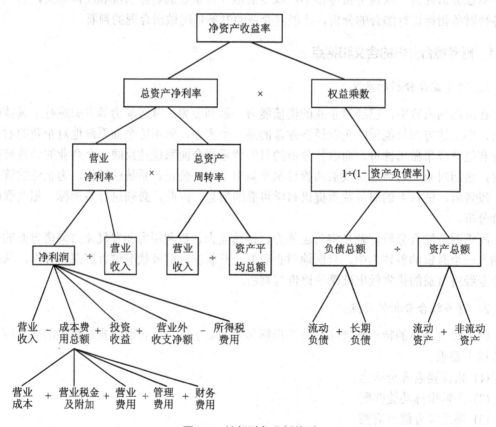

图 3.1 杜邦财务分析体系

(2) 在图 3.1 中，有一个新指标是权益乘数，权益乘数表示企业的负债程度，权益乘数越大，表示企业的负债程度越高。其计算公式为

$$权益乘数 = \frac{1}{1-资产负债率} \tag{3-35}$$

式中：资产负债率是全年的平均资产负债率，不同于在偿债能力分析中提到的年末资产负债率，是全年平均负债总额与全年平均资产总额的比值。

(3) 总资产收益率是销售利润率与总资产周转率的乘积，是企业销售成果和资产运营的综合反映，要提高总资产收益率，必须增加销售收入，降低资金占用额。

(4) 销售净利率反映了企业净利润与销售收入的关系。要提高销售利润率，必须增加销售收入，降低成本费用，这两条途径一方面可以提高销售利润率，另一方面也可以提高总资产周转率，最终使净资产收益率得到提高。

(5) 总资产周转率反映企业资产实现销售收入的综合能力。分析时，必须结合销售收入分析企业资产结构是否合理，即流动资产和长期资产的结构比率关系。同时还要分析流动资产周转率、存货周转率、应收账款周转率等有关资产使用效率的指标，找出总资产周转率高低变化的确切原因。

通过杜邦体系自上而下地分析，不仅可以揭示出企业各项财务指标间的结构关系，查明各项主要指标变动的影响因素，而且为决策者优化经营理财状况，提高企业经营效益提供了思路。提高主权资本的净利率根本在于扩大销售、节约成本、优化投资配置、加速资金周转、优化资金结构、确立风险意识等。值得指出的是，杜邦财务分析体系提供的是一种方法，即将财务比率逐层分解，而不是去建立一些新的财务指标。实施当中，分析者也可以根据需要，将另外一些财务比率进行分解，达到解释财务状况变化的目的。

3.4.3 沃尔评分法

沃尔评分法也称财务比率综合评分法，最早是在 20 世纪初，由亚历山大·沃尔选择 7 项财务比率对企业的信用水平进行评分所使用的方法。这种方法是通过对选定的几项财务比率进行评分，计算出综合得分，并据此评价企业的综合财务状况的。它解决了人们在进行财务分析时遇到的困难，即让人们在计算出财务比率之后，能够判断它是偏高还是偏低。

沃尔将流动比率、产权比率、固定资产比率、存货周转率、应收账款周转率、固定资产周转率、自由资金周转率 7 项财务比率用线性关系结合起来，并分别给定各自的分数比重，然后通过与标准比率进行比较，确定各项指标的得分及总体指标的累计分数，从而对企业的信用水平做出评价。现在使用沃尔评分法不能照搬他的 7 项指标，而要把偿债能力、运营能力、获利能力和发展能力各项指标均考虑进去。一般采用沃尔评分法应遵循如下程序。

(1) 选定评价本企业财务状况的财务比率。在选择财务比率时，需要把反映企业的偿债能力、营运能力和获利能力的 3 大类财务比率都包括在内，并且选择能够说明问题的重要财务比率。

(2) 根据各项财务比率的重要程度，确定其标准评分值，即重要性系数。各项财务比率的标准评分值之和应等于 100 分。各项财务比率评分值的确定应根据企业经营活动的性质、企业生产经营的规模、市场形象和分析者的分析目的等因素来确定。

(3) 确定各项财务比率的标准值。财务比率的标准值是指各项财务比率在本企业现实条件下最理想的数值,亦即最优值。财务比率的标准值,通常可以参照同行业的平均水平,并经过调整后确定。

(4) 计算企业在一定时期内各项财务比率的实际值,并计算各财务比率实际值与标准值的关系比率。

(5) 计算各项财务比率的实际得分。企业财务状况的综合得分就反映了企业财务状况是否良好。如果综合得分等于或接近100分,说明企业的财务状况是良好的,达到了预先选定的标准;如果综合得分远低于100分,就说明企业财务状况较差,应当采取适当的措施加以改善;如果综合得分大大超过100分,就说明企业的财务状况很理想。

标准比率应以本行业的平均数为基础,适当进行理论修正。在给每个指标评分时,应规定上限和下限,以减少个别指标异常对总分造成不合理的影响。上限可定为正常评分值的1.5倍,下限定为正常评分值的1/2。此外,给分时不采用"乘"关系,而采用"加"或"减"的关系来处理,以克服沃尔评分法的缺点。新方案在最后的管理报告中给出了单项指标的评分等级,一目了然,使管理者在分析问题时不仅注意总体,而且顾及了个体,不至于以偏概全。

【例 3.23】 下面采用沃尔比重评分法对表3-2、表3-3、表3-4所代表的××施工企业的2008年的财务比率进行综合评分,见表3-5。

表3-5 ××施工企业2008年财务综合评分计算表

选择的指标	分数的权重 ①	指标的标准值 ②	指标的实际值 ③	实际得分 ④=③÷②×①	修正值
1. 偿债能力指标					
(1) 资产负债率	20	0.60	0.664 2	22.14	22.14
(2) 已获利息倍数	8	3	2.466 7	6.58	6.58
2. 运营能力指标					
(1) 总资产周转率	9	1.5	1.221	7.33	7.33
(2) 流动资产周转率	9	2.5	2.348 3	8.45	8.45
3. 获利能力指标					
(1) 净资产收益率	25	0.35	0.138 2	9.87	12.5
(2) 总资产报酬率	13	0.12	0.108 2	8.88	8.88
4. 发展能力指标					
(1) 总资产增长率	12	0.1	0.145 4	17.45	17.45
(2) 资本积累率	12	0.15	0.056 2	4.50	6
合计	100				89.33

注:该企业的净资产收益率指标、资本积累率指标都低于行业平均值1/2。为减少个别指标异常对总分造成不合理的影响,在计算总评分时,应对这两个指标进行理论修正,定为标准值的1/2。

根据计算可以看出,××施工企业2008年急速扩张企业的资产总量,但是经营业绩不理想,财务状况低于同行业一般标准。

本 章 小 结

本章主要阐述财务分析的方法。首先，介绍了财务分析的基本方法，包括趋势分析法、比率分析法和因素分析法；其次，讲述了一系列的财务分析指标，主要包括偿债能力指标，资产管理能力指标，盈利能力指标；再次，讲述了两个综合分析企业财务的方法，即沃尔评分法和杜邦分析体系。

案例分析

2006年年初，张先生的理财顾问向张先生推荐投资A公司，方案如下：向A公司投资290万元，可持股10%，根据他的计划，如果A公司经营稳定，张先生以后每年可以从A公司分红40万元左右。可是张先生看到A公司的报表时，他犹豫了。

A公司2005年度资产负债表、利润表资料分别见表3-6和表3-7。A公司发行在外的普通股2004年为1 000万股，2005年达1 200万股，其平均市价分别为2.2元/股和2.5元/股，2005年分配普通股股东现金股利 400万元。

表3-6 资产负债表

编制单位：A公司　　　　　　　　2005年12月31日　　　　　　　　单位：万元

资产	年初数	年末数	负债和所有者权益(或股东权益)	年初数	年末数
流动资产：			流动负债：		
货币资金	880	1 550	短期借款	200	150
交易性金融资产	132	60	应付账款	600	400
应收账款	1 080	1 200	应付职工薪酬	180	300
预付账款	200	250	应付股利	500	800
存货	808	880	一年内到期的非流动负债	120	150
流动资产合计	3 100	3 940	流动负债合计	1 600	1 800
非流动资产：			非流动负债：		
长期股权投资	300	500	长期借款	200	300
固定资产	1 750	1 920	应付债券	100	200
固定资产清理			非流动负债合计	300	500
生产性生物资产			负债合计	1 900	2 300
无形资产	50	40	所有者权益(或股东权益)		
开发支出			实收资本(或股本)	1 500	1 800
长期待摊费用			资本公积	500	700
递延所得税资产			盈余公积	800	1 000
其他非流动资产			未分配利润	500	600
非流动资产合计	2 100	2 640	所有者权益(或股东权益)合计	3 300	4 100
资产总计	5 200	6 400	负债和所有者权益(或股东权益)总计	5 200	6 400

表 3-7 利润表

编制单位：A 公司　　　　　　　　　　　　　2008 年度　　　　　　　　　　　　　单位：万元

项目	本年数	上年数
1. 营业收入	19 000	15 000
减：营业成本	10 500	8 900
营业税金及附加	750	575
销售费用	500	450
管理费用	840	750
财务费用	60	50
资产减值损失		
投资收益(损失以"－"号填列)	70	50
2. 营业利润(亏损以"－"号填列)	6 420	4 325
加：营业外收入	50	60
减：营业外支出	30	50
3. 利润总额(亏损以"－"号填列)	6 440	4 335
减：所得税费用(按 25%计算)	2 576	1 732
4. 净利润(亏损以"－"号填列)	3 864	2 603
5. 每股收益(元/股)		

(1) 分析 A 公司盈利能力：

指标	营业净利率	成本费用利润率	总资产报酬率	净资产收益率	基本每股收益	市盈率
2004 年	0.173 5	0.404 2				
2005 年	0.203 3	0.509 1	1.121	1.044	3.513	7.5

(2) 偿债能力：

短期偿债能力

指标	流动比率	速动比率	现金比率
2004 年	1.937 5	1.307 5	0.632 5
2005 年	2.188 9	1.561 1	0.894 4

长期偿债能力

指标	资产负债率	产权比率	有形净值债务率	已获利息倍数	带息负债比率
2004 年	0.365 4	0.575 8	0.584 6	87.7	0.326 3
2005 年	0.359 4	0.561 0	0.566 5	108.33	0.347 8

(3) 运营能力：

指标	流动资产周转率	应收账款周转率	存货周转率	固定资产周转率	总资产周转率
2004 年					
2005 年	5.398	16.67	22.51	10.35	3.28

分析要点：

根据上述资料，我们可以看出该企业 2005 年盈利能力比 2004 年略有增加，企业短期偿债能力增强，长期偿债能力基本不变，运营能力也较好，所以，张先生可以对 A 公司进行投资。如果该公司照目前情形发展下去，张先生的投资回报将高于每年40万元。

思考与习题

1. 思考题

(1) 简述财务分析的目的。
(2) 试述企业偿债能力分析。
(3) 试述企业周转状况分析。
(4) 如何进行企业的盈利能力分析？
(5) 财务分析的主要内容有哪些？
(6) 如何评价企业的短期偿债能力？
(7) 如何评价企业的长期偿债能力？
(8) 盈利能力、营运能力和偿债能力之间是什么关系？
(9) 杜邦财务分析体系主要反映哪些财务比率？它们之间是什么关系？

2. 填空题

(1) 财务分析开始于(　　)。
(2) 企业投资者进行财务分析的根本目的是关心企业的(　　)。
(3) 一般认为流动比率保持在(　　)左右比较合适。
(4) 一般而言，企业资产负债率越高说明企业的偿债能力越(　　)。
(5) 总资产报酬率是指(　　)平均总资产之间的比率。
(6) (　　)是反映盈利能力的核心指标。

3. 单项选择题

(1) 企业债权人进行财务分析最直接的目的是分析企业的(　　)。
　　A．盈利能力　　B．营运能力　　C．偿债能力　　D．发展能力
(2) 评价企业资产经营效率的主要财务指标是(　　)。
　　A．盈利能力　　B．偿债能力　　C．营运能力　　D．发展能力
(3) 可以预测企业未来的财务分析是(　　)。
　　A．水平分析　　B．纵向分析　　C．趋势分析　　D．比率分析
(4) 在杜邦分析体系中，假设其他情况相同，下列说法错误的是(　　)。
　　A．权益乘数大则财务风险大
　　B．权益乘数等于资产负债率的倒数
　　C．权益乘数等于资产权益率的倒数
　　D．权益乘数大则净资产收益率大
(5) 若企业流动比率大于1，则下列说法正确的是(　　)。
　　A．速动比率大于1　　　　　　B．营运资金大于0
　　C．资产负债率大于1　　　　　D．短期偿还债能力绝对有保障

(6) 若某公司的权益乘数为2,则该公司借入资本与权益资本的比率为( )。
　　A. 1∶1　　　　B. 2∶1　　　　C. 1∶2　　　　D. 1∶4
(7) 一般认为,资产负债率大于( ),表明企业已经资不抵债,视为达到破产的警戒线。
　　A. 50%　　　　B. 0　　　　　C. 100%　　　　D. 200%
(8) 某企业有关资料为：流动负债50万元、速动比率为1.5,流动比率为2.5,销售成本为80万元,则该企业的年末存货周转率为( )。
　　A. 1.2次　　　B. 1.6次　　　C. 2次　　　　D. 3次
(9) 衡量上市公司盈利性最重要的财务指标是( )。
　　A. 净利率　　　B. 每股收益　　C. 每股净资产　　D. 市净率

4. 多项选择题

(1) 属于财务分析工作的有( )。
　　A. 盈利能力分析　　　　　　B. 财务现金流量预测
　　C. 偿债能力分析　　　　　　D. 不确定性分析
　　E. 财务评价基础数据与参数的确定、估算与分析
(2) 财务分析的作用在于( )。
　　A. 评价企业的过去　　　　　B. 预测企业的未来
　　C. 评估企业的未来　　　　　D. 可以进行全面分析
(3) 下列分析技术中,用于动态分析的有( )。
　　A. 结构分析　　B. 水平分析　　C. 趋势分析　　D. 比率分析
(4) 某企业的利润表上显示盈利很好,但不能偿还债务。应检查的财务比率是( )。
　　A. 资产负债率　B. 流动比率　　C. 存货周转率　D. 应收账款周转率
(5) 一般认为速动资产包括有( )。
　　A. 存货　　　　B. 现金　　　　C. 应收票据　　D. 交易性金融资产
(6) 下列反映企业营运能力的指标有( )。
　　A. 总资产收益率　　　　　　B. 固定资产收益率
　　C. 流动资产周转率　　　　　D. 存货周转率
(7) 应收账款周转率越高越好,它表明( )。
　　A. 收款快　　　　　　　　　B. 减少坏账损失
　　C. 资产流动性高　　　　　　D. 销售收入增加
(8) 反映企业盈利能力的指标有( )。
　　A. 营业利润　　　　　　　　B. 利息保障倍数
　　C. 净资产收益率　　　　　　D. 成本利润率
(9) 反映上市公司的市场价值的指标有( )。
　　A. 每股收益　　B. 市盈率　　　C. 股利支付率　D. 每股净资产
(10) 属于财务综合分析法的方法有( )。
　　A. 杜邦分析法　　　　　　　B. 沃尔比重评分法
　　C. 趋势分析法　　　　　　　D. 偿债能力分析法

5. 判断题

(1) 财务分析的基础是会计报表。   (   )
(2) 财务分析的第一步是收集和整理分析信息。   (   )
(3) 每股收益越高,股东分红越多。   (   )
(4) 在其他条件不变的情况下,增加存货会使流动比率和速动比率同时变小。 (   )
(5) 流动比率越大,短期债务的偿还能力绝对有保障。   (   )
(6) 存货周转率的年周转次数增大,一定反映了企业经营能力的提高。   (   )
(7) 资产周转次数越多,周转天数越长,说明资产周转速度越快。   (   )
(8) 固定比率一般认为应高于 10,若低于此比率,则表明企业要么是资本不足,要么是固定资产过度膨胀。   (   )
(9) 利息保障倍数是衡量企业偿还短期债务能力的指标。   (   )
(10) 影响市盈率高低的因素既有证券市场的供求关系,又有公司本身的获利能力。
                                                               (   )

6. 计算分析题

(1) 新科技公司是一家化工原料生产企业,目前正处于免税期。该公司 2001 年的销售额为 62 500 万元,比上年增长 28%,有关的财务比率见表 3-8。

表 3-8 财务比率

财务比率	2000 年 行业平均数	2000 年 本公司实际数	2001 年 本公司实际数
应收账款回收期/天	35	36	36
存货周转率/次	2.5	2.59	2.11
销售毛利率	38.00%	40.00%	40.00%
销售营业利润率(息税前)	10.00%	9.60%	10.63%
销售利息率	3.73%	2.40%	3.82%
销售净利率	6.27%	7.20%	6.81%
总资产周转率	1.14	1.11	1.07
固定资产周转率	1.4	2.02	1.82
资产负债率	58.00%	50.00%	61.30%
已获利息倍数	2.68	4	2.78

要求:① 运用杜邦财务分析原理,比较 2000 年公司与同行业平均的净资产收益率,定性分析其差异的原因;

② 运用杜邦财务分析原理,比较本公司 2001 年与 2000 年的净资产收益率,定性分析其变化的原因。

(2) 某施工企业简要资产负债表和利润及利润分配表见表 3-9 和表 3-10。

表 3-9 资产负债表

编制单位：××施工企业　　　　　　×年12月31日　　　　　　单位：万元

资　产	年初数	年末数	负债和所有者权益	年初数	年末数
银行存款	26 000	41 500	短期借款	6 000	26 000
应收账款	40 000	35 000	应付账款	4 000	2 000
存货	20 000	30 000	长期借款	30 000	20 000
固定资产净值	64 000	61 000	实收资本(或股本)	100 000	100 000
			盈余公积	6 000	9 350
			未分配利润	4 000	10 150
资产总计	150 000	167 500	负债和所有者权益总计	150 000	167 500

表 3-10 利润表

编制单位：A公司　　　　　　×年度　　　　　　单位：万元

项　目	本年累计数
1．营业收入	126 000
减：营业成本、税金、费用	56 700
管理费用	20 300
财务费用(利息费用16 000)	17 000
加：投资收益	7 000
2．营业利润(亏损以"-"号填列)	59 000
加：营业外收入	4 000
减：营业外支出	1 000
3．利润总额(亏损以"-"号填列)	56 000
减：所得税费用(按25%计算)	14 000
4．净利润(亏损以"-"号填列)	42 000
加：年初未分配利润	4 000
可供分配利润	46 000
减：提取盈余公积金	4 200
应付利润	28 000
年末未分配利润	13 800

要求：① 计算该企业本年度的流动比率、速动比率、营运资金、存货周转率、应收账款周转率、总资产周转率、资产负债率、已获利息倍数和净资产报酬率。

② 假设该公司同行业的各项比率的平均水平如下表所示，试根据①计算结果，对本公司财务状况做出简要评价。

比率名称	同行业平均水平	比率名称	同行业平均水平
流动比率	2	总资产周转率	2次
速动比率	1	资产负债率	40%
存货周转率	6次	已获利息倍数	3
应收账款周转天数	10次	净资产报酬率	20%

第4章 资金时间价值与风险分析

教学目标

本章主要讲述施工企业资金的时间价值和投资的风险。通过本章的学习，应达到以下目标：
(1) 理解风险的类别和衡量方法；
(2) 理解期望值、标准差及标准离差率的计算；
(3) 掌握风险收益的含义与计算；
(4) 理解资金时间价值的含义，掌握资金时间价值的运用；
(5) 掌握名义利率和实际利率的转换方法。

教学要求

知识要点	能力要求	相关知识
项目投资的风险	(1) 理解项目投资风险的概念、分类； (2) 准确理解事件概率分布随机变量的离散程度的指标； (3) 理解和掌握投资组合的风险的计算	(1) 风险； (2) 方差、标准差、标准离差率； (3) 投资组合的风险收益率
资金时间价值	(1) 理解和掌握资金时间价值的计算； (2) 熟悉资金时间价值公式的应用	单利、复利、普通年金现值和终值、即付年金现值和终值、永续年金现值、递延年金现值和终值

基本概念

风险收益　资金时间价值　复利　年金　终值　现值　递延年金　永续年金　贴现率　风险　风险报酬　期望报酬率　标准离差　标准离差率　风险报酬率　风险报酬系数

引例

某房地产开发公司经过调查,发现近两年内该地区写字楼的需求量有明显增长的趋势。现有甲、乙两地可作为投资开发地点。甲地为老城区,由于位于市中心,政府在做城市规划时已决定将其改建为商业用地。乙地为某高校用地,愿以土地使用权作为投资入股的条件同公司合作开发。调查中还发现,甲地拆迁改造后将会引起该地区商品房需求量较大幅度的上升。因此,该公司目前有3种可供选择的投资方案,分别是:投资于甲地,独立开发写字楼(A方案);投资于乙地,与高校联合开发写字楼(B方案);开发商品房(C方案)。并且根据已收集到的资料,可预计未来该地区经济状态为繁荣、衰退和一般状况时的概率及3种市场条件下各方案的收益值大小,详细资料见表4-1。

表4-1　A、B、C 3种方案预期收益的概率分布

经济状况	该经济状况发生的概率	收益/万元		
		A方案	B方案	C方案
繁荣	0.5	1 800	1 200	1 500
一般	0.3	1 000	900	1 300
萧条	0.2	200	700	500

在充分考虑了风险和收益的情况下,财务人员建议公司经理应选择哪个方案?

4.1　工程风险与报酬

4.1.1　工程风险及其衡量

施工企业的财务管理工作,几乎都是在风险和不确定的情况下进行的。离开了风险因素,就无法正确评价企业报酬的高低。风险报酬原理正确地揭示了风险和报酬之间的关系,是财务决策的基本依据。因此,讨论企业财务活动就必须对风险问题予以充分的认识。

1. 风险的概念

为了便于了解风险的含义,先举例来说明。

(1) 东方公司将100万元投资于利息率为10%的国库券,由于国家实力雄厚,到期得到10%的报酬几乎是肯定的,因而,一般认为这种投资对未来的情况是完全确定的或已知的。

(2) 假设东方公司将100万元投资于华夏股份公司的股票,已知这种股票在经济繁荣

时能获得20%的报酬；在经济状况一般时能获得10%的报酬；在经济萧条时只能获得5%的报酬。现根据各种资料分析，认为明年经济繁荣的概率为30%，经济状况一般的概率为40%，经济萧条的概率为30%。在这种情况下对未来的情况不能完全确定，但它们出现的可能性——概率的具体分布是已知的或可以估计的。

(3) 假设东方公司把100万元投资于山西煤炭开发公司的股票，如果山西公司能顺利找到煤田，则东方公司可获得100%的报酬；反之，如果山西公司找不到煤田，则东方公司即获得−100%的报酬。但找到煤田与找不到煤田的可能性各为多少，事先无法知道，也就是事先并不能知道有多大的可能性获得100%的报酬，有多大的可能性获得−100%的报酬，在这种情况下对未来的情况不仅不能完全确定，而且对其可能出现的概率也不清楚。可见，投资的未来收益的不确定性越大，投资风险就越大；未来的不确定性越小，投资风险也就越小。所以可将风险定义如下。

风险(Risk)是指某一投资的预期收益的波动性或变异性，即在一定条件下和一定时期内可能发生的各种结果的变动程度。如果各种可能结果的变动程度越大，风险也就越大。

风险具有客观性。风险是事件本身的不确定性，无论人们愿意与否，它都客观存在。但是否去冒风险或冒多大风险，决策者是可以自己选择的，具有主观因素。风险具有时间性，风险的大小会随时间的延续而变化，因为随着时间的推移，情况在不断变化，事件结果的不确定性也在缩小，当事件完成时，结果肯定了，风险也就没有了。

风险的不确定性可能会给投资者带来超出预期的损失，也可能会给投资者带来超出预期的收益。然而，投资者对损失的关注要比对收益的关注强烈得多。因此，投资者研究风险主要是为了减少损失，即主要从不利的可能性方面来研究风险，从这个意义上讲，风险主要是指发生损失的可能性。

2. 风险的分类

在财务活动过程中，投资者所面临的风险是多种多样的。

(1) 按风险是否可以分散，风险可分为市场风险和企业特别风险。

市场风险是指由那些影响整个市场的事件引起的风险，又称系统风险或不可分散风险。它包括宏观政治经济形势变动、政府税制改革、财政体制改革、战争、自然灾害等。这类风险会影响到所有投资对象，投资所引起的风险不可能通过多角化投资予以分散。例如投资者投资于债券，由于债券的利息率一般都是固定不变的，在出现通货膨胀时，无论购买何种债券，都会发生不同程度的经济损失，这种损失是投资者不能通过购买多种债券来分散的。

企业特别风险是指由那些只影响特定行业、公司、项目等投资对象的风险，又称非系统风险或可分散风险。如企业失去市场、产品开发失败、法律纠纷等。这类事件只与特定行业、公司、项目极个别投资对象有关，其发生对于各投资对象来讲基本上是随机的。由于这类风险只影响特定行业、公司、项目，因此可通过多角化投资予以分散。例如投资者投资于股票，购买许多种类的股票，要比只购买一种股票的风险小。

市场对投资者承担的不可分散风险会给予补偿，但对投资者承担的可分散风险不会给予任何补偿。因为可分散风险是比较容易分散和消除的，投资者承担的能够容易消除的可分散风险是不能得到补偿的。

(2) 按风险形成的原因，风险可分为经营风险和财务风险。

经营风险是指企业因生产经营方面的原因给企业盈利带来不确定性，又称营业风险。影响企业经营方面的原因有来源于企业内部和外部的众多因素，具有很大的不确定性。主要有：①市场方面因素，例如市场需求、市场价格、市场竞争程度、消费者偏好等的变化，尤其是市场竞争使供产销不稳定，加大了风险；②生产方面因素，例如产品开发、产品质量、生产技术、生产组织与管理及生产效率等因素变化，会增加企业产品成本，减少企业盈利；③材料方面因素，例如原料的供应地的选择、运输路线、采购价格等；④其他方面因素，例如协作单位没有履行合同等。

财务风险是由于采用负债和优先股筹资方式而导致的普通股每股收益的波动性，以及由此引起的破产的可能性，又称筹资风险。

企业取得的全部资金由两部分构成，即负债和所有者权益。一般而言，企业因负债所支付的借入资金利息是固定的，而所有者权益筹资所支付的股利随经济效益的变化而变化。当企业用取得的资金进行投资时，如果取得息税前的投资利润率高于借入的资金利息率，使用借入资金获得的利润除了支付利息外还有剩余，就会提高自有资金利润率，从而为企业带来额外收益，借入资金的比例越高，额外收益也越多。但是，如果取得的息税前投资利润率低于借入的资金利息率，使用借入资金获得的利润不足以支付利息，还需动用自有资金创造的利润来支付利息，从而使自有资金利润率降低，借入资金的比例越高，自有资金利润率就越低，甚至出现亏损。若企业亏损严重，财务状况恶化，丧失支付能力，就会无法还本付息甚至出现破产的危险。

财务风险是由企业筹资决策引起的，如果企业不负债，就不会存在财务风险，而只有经营风险。财务风险是可以被控制的，但经营风险不容易被控制。财务风险可以通过调整企业资本结构，例如不负债或少负债，以及对到期负债额和到期日进行选择来控制。

4.1.2 单项资产的风险与报酬

风险可以看成是实际结果偏离期望结果的可能性，这种可能性和报酬可能发生的结果及每种结果发生的概率有关。

1. 概率分布

在现实中，有些事件在相同条件下可能发生也可能不发生，这类事件称为随机事件。随机事件发生的可能性大小的数值称为概率。概率分布是一个事件可能出现的所有结果的概率的集合。概率分布必须符合下列两个要求：

(1) 所有可能结果发生的概率(P_i)都在 0 和 1 之间，即 $0 \leq P_i \leq 1$；

(2) 所有可能结果的概率之和应等于 1，即 $\sum_{i=1}^{n} P_i = 1$。

概率分布分可分为连续型分布和离散型分布两种。

1) 连续型概率分布

连续型概率分布的特点是概率分布在连续图像的两点之间的区间上。事实上经济周期是逐渐地、连续地从繁荣时期转化为衰退期，再由衰退时期转化为繁荣时期的，因此，经济状况在极度繁荣和极度衰退之间有无数种可能的情况出现，而不只是繁荣、正常和衰退3种情况。如果对每一种可能的结果给予相当的概率(概率总和仍为1)，并已在每一种情况下对两种方案都测定一个投资收益率,然后再进行类似的计算,则各种概率及其结果为连续型分布,其分布如图 4.1 所示。

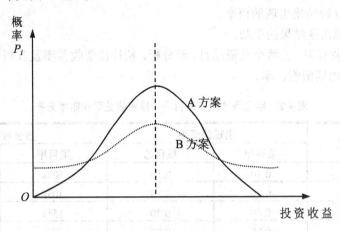

图 4.1 连续型概率分布图

一般说来,概率分布愈集中,概率曲线的纬度就愈高,实际投资收益偏离预期收益的可能性就越小,其投资风险也就越小。从图 4.1 可以看出,A 方案比 B 方案投资风险要小得多。因此,对有风险的投资项目,不仅要分析其预期收益率的高低,而且要研究其风险程度的大小。

2) 离散型概率分布

离散型概率分布是一种不连续的概率分布,概率分布在几个特定的随机变量点上,概率分布图形成几条个别的直线,离散型概率分布如图 4.2 和图 4.3 所示。

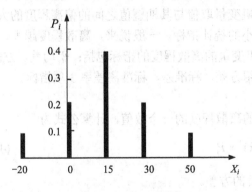
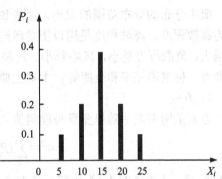

图 4.2 甲项目离散型概率分布图　　图 4.3 乙项目离散型概率分布图

2. 期望收益

期望收益是一个概率分布中的所有可能结果以各自相应的概率为权数计算的加权平均值,又称数学期望或均值。在各种不确定性条件下,它代表着投资者的合理预期。期望收益可以用相对数指标——期望收益率表示,也可以用绝对数指标——期望收益额表示,具体计算公式为

$$\overline{R}=\sum_{i=1}^{n} R_i \times P_i \tag{4-1}$$

式中：$\overline{R}$——期望收益率；

R_i——第 i 种结果的收益(率)；

P_i——第 i 种结果出现的概率；

n——可能出现结果的个数。

【例 4.1】 某企业有甲、乙两个投资项目，经分析，预计投资收益率及其概率分布见表 4-2，试计算两个项目的期望收益率。

表 4-2 甲乙两个投资项目预计投资收益率和概率分布

项目预计情况	出现的概率		投资收益率	
	项目甲	项目乙	项目甲	项目乙
很好	0.10	0.10	50%	25%
好	0.20	0.20	30%	20%
一般	0.40	0.40	15%	15%
较差	0.20	0.20	0%	10%
很差	0.10	0.10	-20%	5%

甲项目的期望投资收益率 $\overline{R}$=0.1×50%+0.2×30%+0.4×15%+0.2×0%+0.1×(-20%)=15%

乙项目的期望投资收益率 $\overline{R}$=0.1×25%+0.2×20%+0.4×15%+0.2×10%+0.1×5%=15%

甲乙两个项目的期望投资收益率都是相同的，但是，由于甲项目概率分布的集中度比乙要小，因此，甲项目的风险要比乙大，可以通过一定的数学方法对两个项目的风险大小进行计量。

3. 离散程度

概率分布的分布范围的大小，或者说随机变量取值与其期望值之间的偏离程度的大小称为离散程度。离散程度是用以衡量风险大小的统计指标。一般说来，离散程度越大，风险越大；离散程度越小，风险越小。反映随机变量的离散程度的指标包括：平均差、方差、标准差、标准离差率和全距等。本书主要介绍方差、标准差、标准离差率 3 项指标。

1) 方差

方差是用来表示随机变量与期望值之间的离散程度的一个数值，计算公式为

$$\sigma^2 = \sum_{i=1}^{n}(R_i-\overline{R})^2 \times P_i \qquad (4-2)$$

【例 4.2】 计算【例 4.1】中甲、乙两个项目的方差。

甲项目的方差=(50%-15%)²×0.1+(30%-15%)²×0.2+(15%-15%)²×0.4+(0%-15%)²×0.2+(-20%-15%)²×0.1=0.033 5

乙项目的方差=(25%-15%)²×0.1+(20%-15%)²×0.2+(15%-15%)²×0.4+(10%-15%)²×0.2+(5%-15%)²×0.1=0.003

2) 标准差

标准差是方差的平方根，是反映概率分布中各种可能结果对期望值的偏离程度，即离散程度的一个统计指标，通常用符号 σ 表示。其计算公式为

第4章 资金时间价值与风险分析

$$\sigma = \sqrt{\sum_{i=1}^{n}(R_i - \overline{R})^2 \times P_i} \tag{4-3}$$

【例4.3】 计算【例4.1】中甲、乙两个项目的标准差。

$$甲项目的标准差 = \sqrt{0.0335} = 0.1830$$

$$乙项目的标准差 = \sqrt{0.003} = 0.0548$$

标准差是用绝对值衡量投资风险大小的指标,在期望值相同的情况下,标准差越大,风险越大;标准差越小,风险越小。甲项目的标准差为0.1830,大于乙项目的标准差0.0548,期望收益都为15%,说明甲项目的风险比乙项目要大。

3) 标准离差率

标准差是一个绝对数指标,只能用来比较预期收益相同的投资项目的风险程度,而对于期望收益不同的投资项目的风险程度,该指标不具备直接可比性。为了比较预期收益不同的投资项目的风险程度,还必须求得标准差和期望收益率的比值,即标准离差率(或称标准差系数、离散系数)。标准离差率是标准差与期望收益率之间的比值,通常用符号V表示。其计算公式为

$$V = \frac{\sigma}{\overline{R}} \tag{4-4}$$

式中:V——标准离差率;

$\overline{R}$——期望收益率;

σ——标准差。

【例4.4】 计算【例4.1】中甲、乙两个项目的标准离差率。

$$甲项目的标准离差率 V = \frac{\sigma}{\overline{R}} = \frac{0.1830}{15\%} = 1.22$$

$$乙项目的标准离差率 V = \frac{\sigma}{\overline{R}} = \frac{0.0548}{15\%} = 0.365$$

标准离差率作为衡量风险的相对指标,反映了每单位期望收益所承担的风险的程度。标准离差率越大,投资项目的风险越大;反之,标准离差率越小,投资项目的风险越小。甲项目的标准离差率为1.22,比乙项目的标准离差率0.365要大,说明甲项目的投资风险比乙项目大。

4. 投资风险报酬率

投资风险报酬就是指投资者由于冒着风险进行投资而获得的超过资金时间价值的额外收益,又称投资风险收益。

投资风险越大,投资者为了补偿可能出现的风险,对投资报酬率的要求也就越高;反之,投资报酬率低的项目,其风险也必然很低;在基本无风险的情况下,所得到的报酬率是一种社会平均利润率,即货币的时间价值。

投资报酬率是投资报酬额与投资额的比率,在不考虑通货膨胀的条件下,其构成为

期望投资报酬率 = 无风险投资报酬率 + 投资风险报酬率

上式中,无风险投资报酬率也就是最低投资报酬率,即资金的时间价值。至于投资风险报酬率,它与投资风险程度相关,风险程度越大,所要求的风险报酬率也越高。要计算

风险报酬率,还必须借助一个系数——风险报酬系数。风险报酬率、风险报酬系数和标准离差率之间的关系可用公式表示如下

$$R_R = b \times V \tag{4-5}$$

式中：R_R——风险报酬率；
　　　b——风险报酬系数；
　　　V——标准离差率。

那么,投资的总报酬率可表示为

$$R = R_F + R_R = R_F + b \times V \tag{4-6}$$

式中：R——投资的报酬率；
　　　R_F——无风险报酬率。

式中,无风险报酬率就是加上通货膨胀影响以后的货币时间价值,西方一般把投资于国库券的报酬率视为无风险报酬率。

风险报酬系数是将标准离差率转化为风险报酬的一种系数,反映了投资者对风险的态度。投资者敢于承担风险,则风险系数 b 值就较小；投资者比较稳健,不愿冒风险,则风险系数 b 值就较大。确定 b 值的大小,一般是投资者根据经验,并采用如下方法确定。

(1) 根据本企业投资报酬率历史资料分析测定。风险报酬系数 b 可以参照以往同类投资项目的历史资料,运用前述有关公式来确定。

例如,某企业准备进行一项投资,此类项目总的投资报酬率一般为 20% 左右,其报酬率的标准离差率为 100%,无风险报酬率为 10%,则由公式 $R=R_F+b \times V$ 得

$$b = \frac{R - R_F}{V} = \frac{20\% - 10\%}{100\%} = 10\%$$

(2) 由企业领导或企业组织有关专家确定。
(3) 以行业平均报酬率为基础测定。
(4) 由国家有关部门组织专家确定。国家有关部门如财政部、国家银行等组织专家,根据各行业的条件和有关因素,确定各行业的风险报酬系数,由国家定期公布,作为国家参数供投资者参考。

【例 4.5】 以【例 4.1】、【例 4.2】、【例 4.3】、【例 4.4】的数据继续进行分析,假设无风险报酬率为 12%,甲乙两个项目的风险报酬系数均为 0.08,试分析甲乙两个项目的风险报酬率和投资报酬率。

解：甲项目的风险报酬率=0.08×1.22=0.097 6=9.76%
　　　乙项目的风险报酬率=0.08×0.365=0.029 2=2.92%
　　　甲项目的投资报酬率=12%+9.76%=21.76%
　　　乙项目的投资报酬率=12%+2.92%=14.92%

甲乙两个项目的期望报酬率均为 15%,但由于甲乙两个项目的风险大小不同,甲项目的投资报酬率应达到 21.76% 才应该是合算的,甲项目的风险大,且报酬率不足以对风险进行补偿；乙项目的投资报酬率只要达到 14.92% 就是合算的,因此,相对来讲,乙项目的风险报酬能够对风险进行补偿,与甲项目相比,乙项目是一个可行的项目。

4.1.3 资本资产定价模型

投资的总风险由系统风险和非系统风险构成。如果投资者只投资于一种项目,他必须

承担总风险。但是，如果投资者投资于多种项目构成的投资组合，那么随着投资组合中项目数量的增加，投资组合的多元化效应会越来越显著，其中的非系统风险就会逐步被分散掉，图 4.4 反映了投资组合数量与风险的关系。Meir Statman(1987)认为只需要大约 30 种项目构成一个投资组合，据现在的投资专家估计，在美国纽约市场上，随机地购买 40 种股票，其大多数可分散风险能被有效分散掉。这时投资者只需承担系统风险。

由于非系统风险可以通过多元化的投资组合分散掉，投资者不必为其付出代价，所以资本市场不会给予回报。也就是说，资本市场只对投资者无法避免的风险给予回报，这些风险就是系统风险。这样，决定投资期望收益率的风险就只剩下资产的系统风险了。

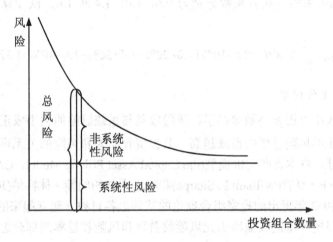

图 4.4 投资组合风险分散示意图

1. 系统风险的衡量

(1) 单项资产投资的系统风险可用贝塔系数(Beta Coefficient)来衡量的。贝塔系数也称变异系数，用希腊字母 β 表示。β 系数反映了个别项目随市场投资组合的变动趋势，即个别项目的投资收益率与市场组合平均投资收益率之间变动的敏感性。其计算公式如下

$$\beta = \frac{某种资产的风险报酬率}{市场组合的风险报酬率} \tag{4-7}$$

当 $\beta=1$ 时，表示该单项资产的收益率与市场平均收益率呈相同比例的变化，其风险情况与市场投资组合的风险情况一致，即如果市场投资组合的风险收益上升 10%，则该单项资产的风险收益也上升 10%；如果 $\beta>1$，说明该单项资产的风险大于整个市场投资组合的风险，即当 $\beta=1.5$ 时，如果整个市场投资组合的风险收益上升 10%，则该单项资产的风险收益将上升 15%；如果 $\beta<1$，说明该单项资产的风险小于整个市场投资组合的风险，即当 $\beta=0.5$ 时，如果整个市场投资组合的风险收益上升 10%，则该单项资产的风险收益将只上升 5%。

β 系数的实际计算过程十分复杂，但幸运的是，β 系数一般不需投资者自己计算，而由一些投资服务机构定期计算并公布。因此，本书假定单项资产的 β 系数为已知数据。

(2) 投资组合的 β 系数等于构成投资组合的各个项目 β 系数的加权平均数，权数为各个项目在投资组合中的比重。计算公式如下

$$\beta_p = \sum_{i=1}^{n} W_i \times \beta_i \tag{4-8}$$

式中：β_p——投资组合的 β 系数；

W_i——投资组合中第 i 种项目所占的比重；

β_i——投资组合中第 i 种项目的 β 系数。

投资组合的 β 系数受到单项资产的 β 系数和各种资产在投资组合中所占比重两个因素的影响。

【例 4.6】 某投资组合的由甲、乙、丙、丁 4 种项目组成，其投资额比例分别占总资产的 10%、20%、30%和 40%，其 β 系数分别为 0.6、1.0、1.4 和 1.6，试计算该投资组合的 β 系数。

$$\beta_p = \sum_{i=1}^{n} W_i \times \beta_i = 0.6 \times 10\% + 1.0 \times 20\% + 1.4 \times 30\% + 1.6 \times 40\% = 1.32$$

2. 资本资产定价模型

系统风险的大小可用 β 系数来衡量，风险收益与系统风险的大小成正比例关系。β 系数的值越大，要求的风险补偿收益就越高，其投资收益率和风险的关系可以用资本资产定价模型来进行描述。资本资产定价模型(the Capital Asset Pricing Model，CAPM)是在美国斯坦福大学的威廉·F·夏普(William F. Sharpe)和哈佛大学的约翰·林特纳(John. Lintner)在亨利·马科维茨于 1952 年提出的投资组合理论的基础上各自独立建立起来的。资本资产定价模型认为投资项目所要求的收益率由无风险收益率和风险收益率两部分组成，具体可描述如下

$$R = R_F + \beta(R_m - R_F) \tag{4-9}$$

式中：R——某种项目或某投资组合的必要收益率；

R_F——无风险收益率；

β——该项目或该投资组合的 β 系数；

R_m——市场组合的平均收益率，也称市场收益率；

$(R_m - R_F)$——市场风险补偿，也称市场风险收益率。

从资本资产定价模型可以看出，某项目或某投资组合的必要收益率受到无风险收益率、市场组合的平均收益率和 β 系数 3 个因素的影响。由于在同一时期和同一市场，R_F 和 R_m 是一个稳定的值，此时，某项目或投资组合的必要收益率就决定于 β 系数，其风险收益率与 β 系数成正比例关系。

【例 4.7】 仍按【例 4.6】的资料，若当前市场组合的平均收益率为 12%，无风险收益率为 8%，计算该投资组合的必要收益率。

解： 甲项目的投资收益率=8%+0.6×(12%-8%)=10.4%

乙项目的投资收益率=8%+1.0×(12%-8%)=12%

丙项目的投资收益率=8%+1.4×(12%-8%)=13.6%

丁项目的投资收益率=8%+1.6×(12%-8%)=14.4%

投资组合的必要收益率 R=10.4%×10%+12%×20%+13.6%×30%+14.4%×40%=13.28%

或 $R = R_F + \beta(R_m - R_F) = 8\% + 1.32 \times (12\% - 8\%) = 13.28\%$

4.2 资金时间价值

4.2.1 资金时间价值的含义

资金时间价值是指一定量资金在不同时点上的价值量的差额。在市场经济条件下,即使不存在通货膨胀,等量资金在不同时点上的价值量也不相等,今天的 1 元钱和将来的 1 元钱不等值,前者要比后者的价值大。比如,若银行存款年利率为 10%,将今天的 1 元钱存入银行,一年以后就会是 1.10 元。可见,经过一年时间,这 1 元钱发生了 0.10 元的增值,今天的 1 元钱和一年后的 1.10 元钱等值。人们将资金在使用过程中随时间的推移而发生增值的现象,称为资金具有时间价值的属性。

资金时间价值也就是资金在投资和再投资过程中随着时间的推移而发生的增值。通常情况下,资金的时间价值可以看成是没有风险(没有通货膨胀)条件下,社会平均资金利润率(额)。资金的时间价值表现形式:绝对值——利息;相对值——利率。

4.2.2 资金时间价值的计算

资金时间价值的大小取决于资金数量的多少、占用时间的长短、收益率的高低等因素。资金时间价值的计算涉及两组概念:终值和现值;单利和复利。

现值即现在的价值,是指以后某期收到或付出的资金的现在价值,英文名称 Present Value,简写为 P;终值指将来某一时点的价值,即本金在某期期末的本利和,英文名称 Future Value,简写为 F。

单利和复利是利息计算的两种方式,其中单利可总结为本金计算利息,利息不计算利息;复利是本金计算利息,利息也要计算利息,俗称"利滚利"。现分别介绍如下。

1. 单利

单利是指在规定的期限内,每期都按初始本金计算利息,每期利息即使不取出也不在下一期计入本金,不产生新的利息。其利息计算公式为

$$I = P \times i \times n \tag{4-10}$$

式中:I——利息;

P——现值;

i——利率或贴现率,即年利息与本金之比;

n——计息期数。

1) 单利终值的计算

单利终值计算公式如下

$$F = P \times (1 + i \times n) \tag{4-11}$$

式中:F——终值。

【例 4.8】 李先生将 5 000 元现金存入银行,年利率 10%,他存钱的第 1 年年末、第 2 年年末、第 3 年年末的终值(本利和)分别计算如下。

解:1 年后的终值 $F = 5\ 000 \times (1 + 10\% \times 1) = 5\ 500$(元)

2 年后的终值 $F=5\,000\times(1+10\%\times2)=6\,000(元)$
3 年后的终值 $F=5\,000\times(1+10\%\times3)=6\,500(元)$

2) 单利现值的计算

现值的计算与终值的计算是互逆的,由终值求现值的过程又称折现。其计算公式如下

$$P=\frac{F}{1+i\times n} \tag{4-12}$$

【例 4.9】 某人希望在 5 年后取得本利和 100 000 元,用于偿还一笔债务,年利率 10%,则现在需存入银行多少钱?

解:$P=\dfrac{100\,000}{1+10\%\times 5}=66\,666.67(元)$

2. 复利

在财务管理活动中,一般不以单利计量资金的时间价值。单利只适用于特定的情况,如债券利息的计算等。以后讨论的资金时间价值的计算如无特殊说明,均认为是复利,并假定其收付的计算点均在各期期末。

复利是指每期按本金计算利息,利息在下期则转化为本金,并与原来的本金一起作为本金产生新的利息的一种方式,即"利滚利"。

1) 复利终值

复利终值(Future Value)又称将来值,是现在一定数量的现金流量在利率一定的情况下,按复利计算若干期后的本利和,如图 4.5 所示。

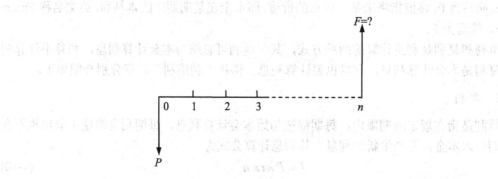

图 4.5 复利终值示意图

图 4.5 中,根据复利终值的特点,复利终值的计算表达式可推导如下。

P 在第 1 年年末的终值

$$F_1=P+P\times i=P\times(1+i)$$

P 在第 2 年年末的终值

$$F_2=P\times(1+i)+P\times(1+i)\times i=P\times(1+i)^2$$

P 在第 3 年年末的终值

$$F_3=P\times(1+i)^2+P\times(1+i)^2\times i=P\times(1+i)^3$$

……

以此类推,第 n 年年末的复利终值为

$$F_n = P \times (1+i)^n \tag{4-13}$$

式(4-13)中，$(1+i)^n$ 称为复利终值系数，写成函数形式可用符号$(F/P,I,n)$表示。复利终值系数可以查阅按不同利率和期数编成的"复利终值系数表"取得相关数值(见本书附录)。

【例4.10】 某企业从银行借入资金 100 000 元，如果借款利率为10%，期限为5年，合同规定借款利息率为复利，5年后企业应该偿还银行本利和为多少？

解： $F=100\ 000\times(1+10\%)^5=100\ 000\times1.610\ 5=161\ 050(元)$

$(1+10\%)^5$ 是年利率为 10%，5 年后的复利终值系数$(F/P,10\%,5)$，查阅复利终值系数表，在 $n=5$ 的所在行与 $i=10\%$ 所在列的交叉处得到 1.610 5，即为 $i=10\%$，$n=5$ 的复利终值系数。其经济含义是在年利率10%，复利计息条件下，现时的1元钱5年后的终值为 1.610 5 元。

2) 复利现值

复利现值(Present Value)是复利终值的逆运算。它是指未来一定时间的特定量现金流量按复利计算的现在价值，或者说是将来某一时间特定的本利和现在所需要的现值，如图 4.6 所示。

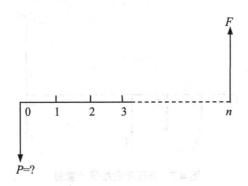

图 4.6 复利现值示意图

根据复利终值计算公式可得复利现值计算公式如下

$$P = \frac{F}{(1+i)^n} \tag{4-14}$$

式(4-14)中，$\frac{1}{(1+i)^n}$ 称为复利现值系数，用符号$(P/F,i,n)$表示。复利现值系数 $\frac{1}{(1+i)^n}$ 和复利终值系数$(1+i)^n$互为倒数。复利现值系数可以通过查阅"复利现值系数表"取得相关数值(见本书附录)。

【例4.11】 企业将在 5 年后偿还银行借款 100 000 元，已知借款利率为 10%，问其现在从银行借入多少资金？

解： $P=100\ 000\times(1+10\%)^{-5}=100\ 000\times(P/F,10\%,5)$
$=100\ 000\times0.620\ 9=62\ 090(元)$

3. 年金

年金(Annuity)是指在一定的时期内，按相同时间间隔等额发生的同方向的现金流量，

通常记作 A。

年金具有 3 个特点：①现金流量每次发生的时间间隔相同；②现金流量每次发生的金额相等；③现金流量每次发生的方向相同。在实践中，年金的形式多种多样，有折旧、利息、租金、保险费、等额分期收(付)款、零存整取或整存零取等。

年金按每次现金流量发生的时点不同，可分为普通年金、先付年金、递延年金和永续年金 4 种。

在年金中，系列金额收付的间隔期间只需要满足"相等"的条件即可，间隔期间可以不是 1 年，例如每季末等额支付、每月末等额支付。

1) 普通年金

普通年金(Ordinary Annuity)也称为后付年金，是指从第一期起，于每期期末发生的等额现金流量。在现实生活中这种年金最为常见。以后不特殊说明，均值普通年金。

(1) 普通年金终值。普通年金终值是一定期间每期期末等额发生的现金流量的复利终值之和。如果以 A 代表每次等额发生的现金流量，以 F 表示年金终值，普通年金终值的计算如图 4.7 所示。

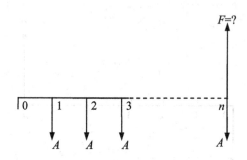

图 4.7　普通年金终值示意图

根据复利终值的方法计算年金终值的公式为

$$F=A+A(1+i)+A(1+i)^2+A(1+i)^3+\cdots+A(1+i)^{n-1} \quad ①$$

将两边同时乘以 $(1+i)$ 得

$$F(1+i)=A(1+i)+A(1+i)^2+A(1+i)^3+A(1+i)^4+\cdots+A(1+i)^n \quad ②$$

②-①得

$$F \cdot i = A(1+i)^n - A = A \cdot [(1+i)^n - 1]$$

$$F = A \cdot \frac{(1+i)^n - 1}{i} = A \cdot (F/A, I, n) \quad (4\text{-}15)$$

式中：A——年金。

式(4-15)中，$\dfrac{(1+i)^n - 1}{i}$ 称为年金终值系数，用函数符号 $(F/A, i, n)$ 表示，可直接查阅"年金终值系数表"。

【例 4.12】　某施工企业热心公益事业，自 2001 年开始，以企业名义资助 100 位贫困儿童上学，每年末资助每个儿童 1 200 元，问在定期存款利率 3%的情况下，2008 年年末这些钱的价值是多少？

解：

$$F = A \cdot \frac{(1+i)^n - 1}{i}$$

$$= 1\,200 \times 100 \times \frac{(1+3\%)^8 - 1}{3\%}$$

$$= 120\,000 \times 8.892\,3$$

$$= 1\,067\,076(元)$$

或者

$$F = A \cdot (F/A, i, n)$$

$$= 1\,200 \times 100 \times (F/A, 3\%, 8)$$

$$= 120\,000 \times 8.892\,3$$

$$= 1\,067\,076(元)$$

(2) 偿债基金。偿债基金是为了在约定的未来某一时点清偿某笔债务或积聚一定数额的资金而必须分次等额形成的存款准备金，债务就等同于年金终值 F，每年提取的年偿债基金就等同于年金 A。也就是说，年偿债基金的计算实际上就是年金终值计算的逆运算。偿债基金的计算如图 4.8 所示。

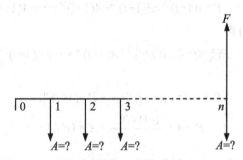

图 4.8　偿债基金示意图

根据普通年金终值的计算公式，年偿债基金的计算为

$$A = F \cdot \frac{i}{(1+i)^n - 1} = F \cdot (A/F, i, n) \tag{4-16}$$

式(4-16)中，$\dfrac{i}{(1+i)^n - 1}$ 称为偿债基金系数，用函数符号 $(A/F, i, n)$ 表示。偿债基金系数 $\dfrac{i}{(1+i)^n - 1}$ 与年金终值系数 $\dfrac{(1+i)^n - 1}{i}$ 互为倒数。

【例 4.13】 王某打算于 2010 年年初投资成立某施工企业，需要自有资金 1 500 万元，如果银行存款年利率为 3%，问从 1999 年年末开始，王某每年末应向银行存入多少钱？

解：

$$A = F \cdot \frac{i}{(1+i)^n - 1}$$

$$= 1\,500 \times \frac{3\%}{(1+3\%)^{10} - 1}$$

$$= 1\,500 \times 0.087\,2$$

$$= 130.8(万元)$$

(3) 普通年金现值。普通年金现值是指一定期间每期期末等额发生的现金流量的复利现值之和。如果以 A 代表每次等额发生的现金流量，以 P 表示年金现值，普通年金现值的计算如图 4.9 所示。

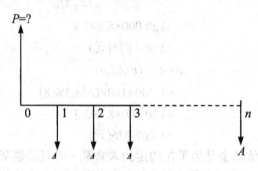

图 4.9 普通年金现值示意图

根据复利终值的方法计算年金现值的公式为

$$P=A(1+i)^{-1}+A(1+i)^{-2}+A(1+i)^{-3}+\cdots+A(1+i)^{-n} \quad ①$$

将两边同时乘以 $(1+i)$ 得

$$P(1+i)=A+A(1+i)^{-1}+A(1+i)^{-2}+\cdots+A(1+i)^{-(n-1)} \quad ②$$

②-①得

$$P \cdot i = A - A(1+i)^{-n} = A \cdot [1-(1+i)^{-n}]$$

$$P = A \cdot \frac{1-(1+i)^{-n}}{i} = A \cdot (P/A, i, n) \tag{4-17}$$

式(4-17)中，$\frac{1-(1+i)^{-n}}{i}$ 称为年金现值系数，用函数符号 $(P/A,i,n)$ 表示，可直接查阅"年金现值系数表"。

【例 4.14】 某人每年年末存入银行 1 000 元，共存 10 年，问在年利率 5%的情况下，现值是多少？

解：
$$P = A \cdot \frac{1-(1+i)^{-n}}{i}$$
$$= 1\ 000 \times \frac{1-(1+5\%)^{-10}}{5\%}$$
$$= 1\ 000 \times 7.721\ 73$$
$$= 7\ 721.70(元)$$

(4) 年资本回收额。年资本回收额又称资本回收基金，是指在约定的期限内等额回收初始投入资本或清偿所欠债务的金额。实际上，初始投入资本或债务就等同于年金现值 P，每年收回的年资本回收额就等同于年金 A。年回收基金的计算实际上就是年金现值计算的逆运算。年资本回收额计算如图 4.10 所示。

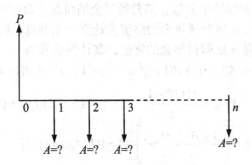

图4.10 年资本回收额示意图

$$A = P \cdot \frac{i}{1-(1+i)^{-n}} = P \cdot (A/P,i,n) \tag{4-18}$$

式(4-18)中，$\frac{i}{1-(1+i)^{-n}}$ 称为资本回收系数，用函数符号$(A/P,i,n)$表示。资本回收系数 $\frac{i}{1-(1+i)^{-n}}$ 与年金现值系数 $\frac{1-(1+i)^{-n}}{i}$ 互为倒数。

【例4.15】王某由于工作，需要出国5年。出国前，他为年迈的父母一次性存入银行80 000元生活费，问在年利率5%的情况下，王某的父母每年年末可以从银行取出多少钱？

解：
$$A = P \cdot \frac{i}{1-(1+i)^{-n}}$$
$$= 80\,000 \times \frac{5\%}{1-(1+5\%)^{-5}}$$
$$= 80\,000 \times 0.230\,97$$
$$= 18\,477.6(元)$$

2) 即付年金

即付年金(Annuity Due)，又称先付年金、预付年金，是指从第一期起，在一定时期内每期期初发生的等额现金流量。先付年金与普通年金的区别仅在于现金流量发生的时点不同，普通年金的现金流量发生在年末，而先付年金的现金流量发生在期初。

(1) 即付年金终值。即付年金的终值是指把即付年金每个等额A都换算成第n期期末的数值，再来求和。

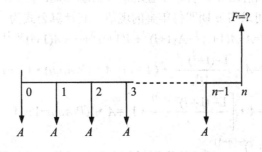

图4.11 即付年金终值示意图

如图 4.11 所示，n 期即付年金与 n 期普通年金的付款次数相同，但由于其付款时间不同，n 期即付年金终值比 n 期普通年金的终值多计算一期利息。因此，在 n 期普通年金终值的基础上乘上 $(1+i)$ 就是 n 期即付年金的终值。其计算公式为

$$F = A(1+i)^1 + A(1+i)^2 + \cdots + A(1+i)^{n-1} + A(1+i)^n$$

$$F = A \cdot \frac{(1+i)^n - 1}{i} \cdot (1+i) = A \cdot (F/A, i, n) \cdot (1+i) \tag{4-19}$$

或者

$$F = A \cdot \left[\frac{(1+i)^{n+1} - 1}{i} - 1 \right] = A \cdot [(F/A, i, n+1) - 1] \tag{4-20}$$

式(4-20)中，$\dfrac{(1+i)^{n+1} - 1}{i} - 1$ 称为即付年金终值系数，用函数符号 $[(F/A, i, n+1) - 1]$ 表示。这样，通过查阅"1 元年金终值系数表"得到 $(n+1)$ 期的值，然后减去 1 便可得相应的即付年金终值系数的值。可用式(4-20)计算得到即付年金的终值。

【例 4.16】 王某为新生的孩子存教育基金，从新生儿出生开始，每年年初为孩子存入银行 2 000 元，计划存 18 年，问在年利率 5%的条件下，第 18 年年末共有多少钱？

解：
$$F = A \cdot [(F/A, i, n+1) - 1]$$
$$= 2\,000 \times [(F/A, 5\%, 18+1) - 1]$$
$$= 2\,000 \times (30.539 - 1)$$
$$= 59\,078(元)$$

(2) 即付年金现值。即付年金现值是一定期间每期期初等额发生的现金流量的复利现值之和。

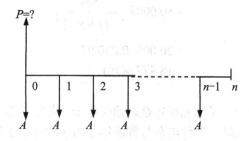

图 4.12　即付年金现值示意图

如图 4.12 所示，n 期即付年金现值与 n 期普通年金现值的期限相同，但由于其付款时间不同，n 期即付年金现值比 n 期普通年金现值少折现一期。因此，在 n 期普通年金现值的基础上乘以 $(1+i)$，便可求得 n 期即付年金的现值。其计算公式为

$$P = A + A(1+i)^{-1} + A(1+i)^{-2} + A(1+i)^{-3} + \cdots + A(1+i)^{-(n-1)}$$

$$P = A \cdot \frac{1 - (1+i)^{-n}}{i} \cdot (1+i) = A \cdot (P/A, i, n) \cdot (1+i) \tag{4-21}$$

或者

$$P = A \cdot \left[\frac{1 - (1+i)^{-(n-1)}}{i} + 1 \right] = A \cdot [(P/A, i, n-1) + 1] \tag{4-22}$$

式(4-22)中，$\dfrac{1 - (1+i)^{-(n-1)}}{i} + 1$ 称为即付年金现值系数，用符号 $[(F/A, i, n-1) + 1]$ 表示。

它是在普通年金现值系数的基础上，期数减 1，系数加 1 所得的结果。这样，通过查阅 "1 元年金现值系数表" 得到(n-1)期的值，然后加 1 便得出对应的即付年金现值系数的数值。然后可用式(4-22)计算即付年金的现值。

【例 4.17】 王某为新生的孩子存教育基金，从新生儿出生开始，每年年初为孩子存入银行 2 000 元，计划存 18 年，问在年利率 5%的条件下，18 年下来所有存款的现值是多少？

解：　　　　　$P = A \cdot [(P/A,i,n\text{-}1)\text{-}1]$
　　　　　　　$= 2\,000 \times [(F/A,5\%,18\text{-}1)+1]$
　　　　　　　$= 2\,000 \times (11.274+1)$
　　　　　　　$= 24\,548(元)$

3) 递延年金

递延年金是指第一次现金流量的发生与第一期无关，而是间隔若干期(假设为 m 期，$m \geq 1$)后才开始于每期期末发生的多期等额现金流量，它是普通年金的特殊形式，如图 4.13 所示，间隔期为 m，年金发生期为 n。

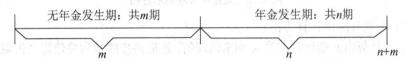

图 4.13　递延年金示意图

(1) 递延年金终值。

$$F = A \cdot \frac{(1+i)^n - 1}{i} = A \cdot (F/A,i,n) \tag{4-23}$$

式中：m——递延年金间隔的期数；
　　　n——递延年金发生的期数。

递延年金终值的计算公式与普通年金的终值计算公式是一样的，只是在该公式中，需要注意期数 n，式中的 n 表示的是年金 A 的个数，而不是递延期，如图 4.14 所示。

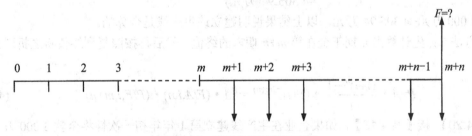

图 4.14　递延年金终值示意图

【例 4.18】 某企业建立一条新生产线，该生产线预计 3 年完工，从第 4 年开始，每年年末可以为企业带来效益 400 万元，预计运行 20 年。问在年利率 5%的条件下，该生产线到预计的报废年限时，一共可以为企业创造多少价值？

解：　　　　　$F = A \cdot \dfrac{(1+i)^n - 1}{i}$

$$=400\times\frac{(1+5\%)^{20}-1}{5\%}$$

$$=400\times 33.066$$

$$=13\,226.4(万元)$$

(2) 递延年金现值。递延年金现值如图 4.15 所示。

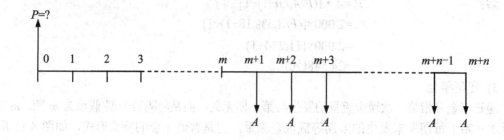

图 4.15　递延年金现值示意图

递延年金现值有两种计算方法。

方法一：先计算出 n 期年金在第 m 期末的现值，然后再按照复利终值将之折现到第 0 期。

$$P=A\cdot\frac{1-(1+i)^{-n}}{i}\cdot(1+i)^{-m}=A\cdot(P/A,i,n)\cdot(P/F,i,m) \tag{4-24}$$

【例 4.19】 接【例 4.18】，如果企业在生产线建立第 1 年年初一次性将全款 3 000 万元投入，请问建立该生产线是否合算？请使用方法一计算。

解：

$$P=A\cdot\frac{1-(1+i)^{-n}}{i}\cdot(1+i)^{-m}$$

$$=400\times\frac{1-(1+5\%)^{-20}}{5\%}\times(1+5\%)^{-3}$$

$$=400\times 12.462\,2\times 0.863\,8$$

$$=4\,305.94(万元)$$

3 000 万元<4 305.94 万元，以上结果说明建立该生产线是合算的。

方法二：先计算出 n 期年金在第 $m+n$ 期末的终值，然后再按照复利终值将之折现到第 0 期。

$$P=A\cdot\frac{(1+i)^n-1}{i}\cdot(1+i)^{-(m+n)}=A\cdot(F/A,i,n)\cdot(P/F,i,m+n) \tag{4-25}$$

【例 4.20】 接【例 4.18】，如果企业在生产线建立第 1 年年初一次性将全款 3 000 万元投入，请问建立该生产线是否合算？请使用方法二计算。

解：

$$P=A\cdot\frac{(1+i)^n-1}{i}\cdot(1+i)^{-(m+n)}$$

$$=13\,226.4\times(1+5\%)^{-(20+3)}$$

$$=13\,226.4\times 0.325\,6$$

$$=4\,306.52(万元)$$

3 000 万元<4 306.52 万元，以上结果说明建立该生产线是合算的。

注意：由于保留小数位数时，四舍五入的问题导致【例 4.19】和【例 4.20】关于生产线效益现值总额稍有出入。

4) 永续年金的现值

永续年金是指无限期等额收付的特种年金。永续年金的现值可以看成是一个 n 无穷大的后付年金的现值，它的现值公式可通过普通年金现值进行推导计算，其计算公式为

$$P = A \cdot \frac{1-(1+i)^{-n}}{i} \tag{4-26}$$

$$= A \cdot \frac{1-\dfrac{1}{(1+i)^n}}{i}$$

当 $i \to \infty$ 时，$\dfrac{1}{(1+n)^n} \to 0$，故上式可简化为 $P = \dfrac{A}{i}$。 (4-27)

由于永续年金持续期无限，没有终止的时间，因此也就无法计算终值。

【例 4.21】 某企业创立时，计划发行 1 000 万股优先股，每股每年年末支付 0.2 元股利，问在年利率 5%的情况下，该优先股的股利现值是多少？

解：这是一个求永续年金现值问题，即假设该优先股每年股利固定且持续较长时期，计算出这些股利的现值之和，即为该股票的估价。

$$P = \frac{A}{i} = \frac{0.2 \times 1\,000}{5\%} = 4\,000 \text{（万元）}$$

4.2.3 名义利率和实际利率

前面讨论的是以年为计息周期，但是在实际工作中，复利的计算期除了是 1 年之外，还可以是半年、一个季度、一个月或者一天。例如，某些抵押贷款是每个月计息一次，银行和银行间拆借资金几乎是每天计算利息一次。当利息在 1 年内要复利的次数不止一次时，给出的年利率被称为名义利率，用 r 表示，每年复利一次的年利率被称为实际利率，用 i 表示，m 表示每年的复利次数。它们之间的关系可以表示如下

$$i = (1 + \frac{r}{m})^m - 1 \tag{4-28}$$

【例 4.22】 某施工企业从银行借入 100 万元，期限 3 年，年利率 6%，每半年复利一次，问该企业到期应该归还多少钱？

解：首先计算借款的实际利率。

$$i = (1 + \frac{r}{m})^m - 1$$
$$= (1 + \frac{6\%}{2})^2 - 1$$
$$= 6.09\%$$

然后按照实际利率计算借款到期值。

$$F = 100 \times (1+6.09\%)^3 = 119.405\,2 \text{（万元）}$$

4.2.4 资金时间价值的应用

1. 折现率(利息率)的推算

对于一次性收付款项，根据其复利终值(或现值)的计算公式可得折现率的计算公式为

$$i=(F/P)^{\frac{1}{n}}-1 \tag{4-29}$$

因此，若已知 F、P、n，不用查表便可直接计算出一次性收付款项的折现率(利息率)i。

永续年金折现率(利息率)i 的计算也很方便。若 P、A 已知，则根据公式 $P=A/i$，变形即得 i 的计算公式为

$$i=\frac{A}{P} \tag{4-30}$$

普通年金折现率(利息率)的推算比较复杂，无法直接套用公式，而必须利用有关的系数表，有时还会牵涉到内插法的运用。下面着重对此加以介绍。

根据普通年金终值 F 和普通年金现值 P 的计算公式可推算出年金终值系数 $(F/A, i, n)$ 和年金现值系数 $(P/A, i, n)$ 的算式

$$(F/A, i, n) = F/A$$

$$(P/A, i, n) = P/A$$

根据已知的 F、A 和 n，可求出 F/A 的值。通过查年金终值系数表，有可能在表中找到等于 F/A 的系数值，只要读出该系数所在列的 i 值，即为所求的 i。

同理，根据已知的 P、A 和 n，可求出 P/A 的值。通过查年金现值系数表，可求出 i 值。必要时可采用内插法。

下列详细介绍利用年金现值系数表计算 i 的步骤。

(1) 计算出 P/A 的值，设其为 $P/A=\alpha$。

(2) 查普通年金现值系数表。沿着已知 n 所在的行横向查找，若恰好能找到某一系数值等于 α，则该系数值所在的列相对应的利率便为所求的 i 值。

(3) 若无法找到恰好等于 α 的系数值，就应在表中 n 行上找与 α 最接近的两个左右临界系数值，设为 β_1、β_2（$\beta_1>\alpha>\beta_2$ 或 $\beta_1<\alpha<\beta_2$），读出 β_1、β_2 所对应的临界利率，然后进一步运用内插法。

(4) 在内插法下，假定利率 i 同相关的系数在较小范围内线性相关，因而可根据临界系数 β_1, β_2 和临界利率 i_1, i_2 计算出 i，其公式为

$$i=i_1+\frac{\beta_1-\alpha}{\beta_1-\beta_2}\cdot(i_2-i_1) \tag{4-31}$$

式中：i——所求的折现率；

α——对应的年金现值系数；

i_1, i_2——与 i 相邻的两个折现率，且 $i_1<i<i_2$；

β_1, β_2——与 i_1, i_2 对应的年金现值系数。

【例 4.23】 某施工企业计划承包一项大工程，需要在第 1 年年初一次性投资 1 亿元，然后从第 1 年年末开始到第 7 年年末为止，每年能收到 2 500 万元的工程款，如果该施工企业要求的投资报酬率是 15%，那么投资该工程是否合算？

解： 根据年金现值公式 $P=A\cdot(P/A, i, n)$

$$10\,000 = 2\,500 \cdot (P/A, i, 7)$$
$$(P/A, i, 7) = 4$$

查书后附表年金现值系数表，可知
$$(P/A, 16\%, 7) = 4.038\,6$$
$$(P/A, 18\%, 7) = 3.811\,5$$

因此$(P/A, i, 7)$的值在16%和18%之间。

使用内插法，并根据相似三角形(图4.16)可知
$$\frac{4 - 3.811\,5}{4.038\,6 - 3.811\,5} = \frac{i - 16\%}{18\% - 16\%}$$

从中可以计算出$i = 17.66\%$。

该工程的实际报酬率达到17.66%，满足企业对报酬率的要求，企业投资该工程是合算的。

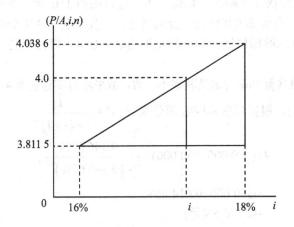

图4.16　内插法示意图

【例4.24】　某企业投资一条生产线，第一年年初总投资100 000元，第二年年末开始每年年末收益20 000元，如果企业要求的投资报酬率为15%，那么该企业几年能收回成本？

解：根据年金现值公式$P = A \cdot (P/A, i, n)$和复利现值公式$P = A \cdot (P/F, i, n)$，得
$$100\,000 = 20\,000 \times (P/A, 15\%, n)(P/F, 15\%, 1)$$
$$(P/A, 15\%, n) = 100\,000 / [20\,000(P/F, 15\%, 1)]$$
$$(P/A, 15\%, n) = 4.347\,8$$

$n=7$时，$(P/A, 15\%, 7) = 4.160\,4$

$n=8$时，$(P/A, 15\%, 7) = 4.487\,3$

根据内插法$\frac{4.347\,8 - 4.160\,4}{4.487\,3 - 4.160\,4} = \frac{n - 7}{8 - 7}$计算出$n = 7.57$。

2. 期间的推算

期间n的推算，其原理和步骤同折现率(利息率)i的推算相类似。

现以普通年金为例，说明在P、A和i已知情况下，推算期间n的基本步骤。

(1) 计算出P/A的值，设其为α'。

(2) 查普通年金现值系数表。沿着已知i所在的列纵向查找，若能找到恰好等于α'的

系数值，则该系数所在行的 n 值即为所求的期间值。

(3) 若找不到恰好为 α' 的系数值，则在该列查找最为接近 α' 值的上下临界系数 β_1'、β_2' 以及对应的临界期间 n_1、n_2，然后应用内插法求 n，其计算公式为

$$n = n_1 + \frac{\beta_1' - \alpha'}{\beta_1' - \beta_2'} \cdot (n_2 - n_1) \qquad (4\text{-}32)$$

式中：n——所求的折现期间；

α'——对应的年金现值系数；

n_1, n_2——相邻的两个折现期间，且 $n_1 < n < n_2$；

β_1', β_2'——与 n_1, n_2 对应的年金现值系数。

【例4.25】 王先生按揭贷款购买一套商品房，建筑面积150 m²，每平方单价3 300元，加上手续费5 000元，总价500 000元。合同规定，王先生首付150 000元，其余款项在接下来20年中，每月月末等额偿还一次，问在年利率4.16%、每月复利一次的情况下，王先生每月月供多少？

解：由于按揭贷款实际利率与名义利率不一致，故采用月实际利率4.16%/12=0.346 67%，期数 $n=20×12=240$(期)，根据年资本回收额公式 $A = P \cdot \dfrac{i}{1-(1+i)^{-n}}$

$$A = (500\,000 - 150\,000) \times \frac{0.346\,67\%}{1-(0.346\,67\%)^{-240}}$$

$\qquad = 350\,000 \times 0.614\,45\%$

$\qquad = 2\,150.56(元)$

本 章 小 结

本章主要讲述了项目投资过程中的风险问题和资金的时间价值。首先，讲述了项目投资的风险，主要包括风险的概念、分类，随机事件的风险的计算和资本资产定价模型；然后，讲述了资金时间价值，包括资金时间价值、单利、复利、普通年金、即付年金、递延年金和永续年金的概念，主要针对各种年金讲解了计算方法，其中需要注意的是普通年金、即付年金的支付时间点，还需要注意永续年金只有现值没有终值。

案例分析

王先生应该如何投资

从事IT行业的王先生已经工作多年，现在有一部分积蓄考虑要改变家庭的居住环境，经朋友介绍看好了位于朝阳区的一套面积为92m²的商品房，他与卖方赵女士商量好房价为85万元。现在王先生的积蓄一共有40万元，他需要通过银行按揭的方式购买该套房产，且王先生曾经贷款购买过一套小户型的房子，由于工作很忙，对购买二手房的手续不太了

解，不知道如何办理相关的手续，如何能更节省房贷的支出。于是通过朋友推荐找到了一个担保公司。

担保公司专业的按揭顾问对王先生的工作、收入情况及个人财产情况做了全面的了解，王先生目前月均收入在12 000元，现名下拥有一套房产，银行贷款月供为1 350左右，王先生购买该套房屋属于是第二套房屋。按照目前购买第二套房屋的政策，王先生的银行按揭贷款最高能贷到六成，且利率要上浮10%即为8.613%。王先生希望尽量减少目前的贷款支出，不愿因购买房屋降低了现在的生活标准，等过几年有能力的话想尽快偿还清银行的贷款。

针对以上的情况担保公司给王先生做了一个节省利息的方案：建议其选择贷款期限为30年的等额本息加上气球贷的还款方式，即按照目前的3年期的利率为8.316%计算，这样王先生每月的还贷额即可减少105元，该套房屋的月供加上原有的房贷月供，每月的还款额不到5 800元，这样王先生节省了银行的房贷月供又能保证他现在的生活标准。

担保公司的专业按揭顾问帮助王先生及卖方赵女士全程办理了该业务：帮助买卖双方签订合同，并在物业交接等方面给双方合理的建议，在银行为王先生申请了50万的银行贷款，又为双方办理了房屋过户手续。整个过程在担保公司专业按揭顾问的帮助下顺利完成了，王先生及赵女士对此都十分满意。

注：所谓"气球贷"，是指还款人可以采取利息和部分本金分期偿还，但剩余本金到期一次偿还。通过气球贷，客户可以选择一个较短的贷款期限(3年、5年或10年)并获得对应的较低贷款利率。贷款到期后，如果客户确实需要再融资，并且还款记录良好，银行将提供再融资服务。再融资不增加客户的费用负担。

分析要点：

(1) 如果一次选择30年还款的话：

$$\text{每年支付 } A = P \cdot \frac{i}{1-(1+i)^{-n}} = 500\ 000 \times \frac{8.613\%}{1-(1+8.613\%)^{-30}} = 47\ 006.92$$

$$\text{每月支付 } A = P \cdot \frac{i}{1-(1+i)^{-n}} = 47\ 006.92 \times \frac{8.613\%/12}{1-(1+8.613\%/12)^{-12}} = 4\ 102.39$$

(2) 如果选择3年还款，到期续贷的还款方法，一共续贷9次，累计30年：

$$\text{每年支付 } A = P \cdot \frac{i}{1-(1+i)^{-n}} = 500\ 000 \times \frac{8.613\%}{1-(1+8.613\%)^{-30}} = 45\ 744.47$$

$$\text{每月支付 } A = P \cdot \frac{i}{1-(1+i)^{-n}} = 45\ 744.47 \times \frac{8.316\%/12}{1-(1+8.316\%)^{-12}} = 3\ 985.93$$

根据计算，使用担保公司提供的方法更经济一些。

思考与习题

1. 思考题

(1) 什么是风险报酬？

(2) 风险和报酬之间存在什么关系？

(3) 风险有几种类型？试各举出一个实例。

(4) 什么是资金时间价值？

(5) 什么是名义利率和实际利率？它们之间是如何换算的？

2. 填空题

(1) 现值是未来某一(　　)上的一定量资金折算到现在的价值。

(2) 普通年金现值系数与(　　)互为逆运算。

(3) 实际利率与名义利率之间的关系为(　　)。

(4) 永续年金是指(　　)的收入或支出(　　)金额的年金。

(5) 期望值是指可能发生的结果与各自概率之积的(　　)。

3. 单项选择题

(1) 一定时期内期初等额收付的系列款项是(　　)。

　　A．普通年金　　B．先付年金　　C．递延年金　　D．永续年金

(2) 在普通年金终值系数的基础上，期数加1，系数减1所得的结果，在数值上最后等于(　　)。

　　A．先付年金现值系数　　　　B．先付年金终值系数
　　C．普通年金现值系数　　　　D．普通年金终值系数

(3) 某人将1 500元存入银行，银行年利率为9%，按复利计算，4年后此人可以从银行取出(　　)元。

　　A．2 196.15　　B．2 307.9　　C．2 117.4　　D．2 415.75

(4) 永续年金是(　　)的特殊形式。

　　A．先付年金　　B．即付年金　　C．递延年金　　D．普通年金

(5) 假设企业按照10%的年利率取得贷款300 000元，在5年内需要每年年末等额偿还，则每年偿还的金额为(　　)。

　　A．48 317　　B．86 278　　C．79 139　　D．49 139

(6) 下列各项中，代表先付年金现值系数的是(　　)。

　　A．$[(P/A,i,n+1)+1]$　　　　B．$[(P/A,i,n+1)-1]$
　　C．$[(P/A,i,n-1)-1]$　　　　D．$[(P/A,i,n-1)+1]$

(7) 资金时间价值相当于没有风险和没有通货膨胀下的(　　)。

　　A．企业利润率　　　　　　B．社会平均资金利润率
　　C．复利下的利息率　　　　D．单利下的利息率

(8) 当期望值不同时，要比较风险的大小可以采用(　　)。

　　A．期望值　　B．概率　　C．标准差　　D．标准差系数

(9) 已知甲、乙两个投资项目的期望值分别为20%、28%，标准差分别为40%、55%，则(　　)。

　　A．甲投资项目的风险程度小于乙项目的风险程度
　　B．甲投资项目的风险程度大于乙项目的风险程度
　　C．甲投资项目的风险程度等于乙项目的风险程度
　　D．二者的风险程度大小无法确定

(10) 投资者愿意冒风险去投资是因为( )。
　　A．可以获得风险报酬　　　　　B．可以获得无风险报酬
　　C．可以获得报酬　　　　　　　D．可以获得利润

4. 多项选择题

(1) 年金具有( )。
　　A．等额性　　B．固定性　　C．非系列性　　D．连续性

(2) A公司向银行借入12 000元，借款期限为3年，每年的还本付息额为4 600元，则借款利率为( )。
　　A．小于8%　　B．大于8%　　C．小于6%　　D．大于7%

(3) 求递延年金现值时，下列方法中( )是可行的。
　　A．先求出递延期末的现值，然后再将此现值调整到第一期期初
　　B．先求出递延期初的现值，然后再将此现值调整到第一期期初
　　C．先求出所有期间的年金现值，再扣除递延期的年金现值
　　D．先求出递延年金的终值，再将其折现为现值

(4) 下列说法正确的有( )。
　　A．当期望值相同时，标准差越大则风险也越大
　　B．当期望值相同时，标准差越大则风险越小
　　C．标准差系数是一个相对数，适用于在期望值相同时风险程度的比较
　　D．期望值不同时，标准差系数指标与风险大小成正比例变化

(5) 可以计算终值与现值的年金有( )。
　　A．先付年金　　B．递延年金　　C．永续年金　　D．普通年金

(6) 下列各项中，属于普通年金形式的项目有( )。
　　A．零存整取储蓄存款的整取额　　B．定期定额支付的养老金
　　C．资本回收额　　　　　　　　　D．偿债基金

(7) 在不考虑通货膨胀时，风险与期望投资报酬率的关系为( )。
　　A．期望投资报酬率=资金时间价值+风险报酬率
　　B．期望投资报酬率=无风险报酬率+风险报酬率
　　C．期望投资报酬率=无风险报酬率+风险程度
　　D．期望投资报酬率=无风险报酬率+风险报酬率+通货膨胀补偿率

(8) 下列( )是企业特有风险。
　　A．市场风险　　B．系统风险　　C．经营风险　　D．财务风险

(9) 下列说法正确的有( )。
　　A．资本回收系数不是普通年金现值系数的倒数
　　B．年偿债基金系数是普通年金终值系数的倒数
　　C．永续年金有终值
　　D．递延年金的现值与递延期有关

(10) 下列( )属于导致企业经营风险产生的因素。
　　A．生产组织不合理产生的风险

B. 顾客购买力发生变化导致的风险
C. 销售决策失误产生的风险
D. 原材料供应发生变化产生的风险

5. 判断题

(1) 资本回收系数是普通年金现值系数的倒数。 ( )
(2) 限国库券是一种几乎没有风险的有价证券，其利率可以代表资金时间价值。 ( )
(3) 人们进行财务决策时，之所以选择低风险方案，是因为低风险会带来高收益，高风险的方案则收益会偏低。 ( )
(4) 递延年金终值的大小与递延期有关。 ( )
(5) 先付年金的终值与现值，均可以在普通年金终值与现值的基础上乘以$(1+i)$得到。 ( )
(6) 永续年金的终值与现值的计算可以在普通年金的基础上求得。 ( )
(7) 不同的投资方案，其标准差越大则风险也越大，标准差越小则风险也越小。 ( )
(8) 市场风险为系统风险。 ( )
(9) 风险报酬率与风险程度和风险报酬斜率大小相关。 ( )
(10) 单利终值与复利终值在任何时候都是不可能相等的。 ( )

6. 计算分析题

(1) A 企业年初决定连续 5 年于每年年初存入 100 万元作为住房基金，银行存款利率为 10%，求若按复利计算 A 企业 5 年年末一次能取出的本利和。

(2) 小张年初存入一笔资金，存满 5 年后每年年末取出 1 000 元，至第 10 年年末取完，银行存款复利率为 10%，求小张最初一次存入银行的数额。

(3) 某公司打算购置一套房产，房主提出两种付款方案：
① 从现在起每年年初支付 20 万元，连续支付 10 次，共 200 万元；
② 从第 5 年起，每年年初支付 25 万元，连续支付 10 次，共 250 万元。
已知公司的资金成本率为 10%，则该公司应该选择哪个方案？

(4) 某企业有 A、B 两个备选投资项目，计划投资额为 1 000 万元，其收益的概率分布如下表。

市场状况	概率	A 项目的净收益	B 项目的净收益
好	0.2	200 万元	300 万元
一般	0.6	100 万元	100 万元
差	0.2	50 万元	-50 万元

① 计算 A、B 项目净现值的期望值。
② 计算 A、B 项目期望值的标准差。
③ 判断两个投资项目的优劣。

(5) 滨海公司在建设银行天津塘沽支行设立一个临时账户，2002 年 6 月 1 日存入 15 万元，银行存款年利率为 3.6%。因资金比较宽松，该笔存款一直未予动用。2004 年 6 月 1 日滨海公司拟撤销该临时账户，与银行办理销户时，银行共付给滨海公司 16.08 万元。

阅读上述资料，分析讨论以下问题。

① 如何理解资金时间价值，写出 16.08 万元的计算过程。

② 如果滨海公司将 15 万元放在单位保险柜里，存放至 2004 年 6 月 1 日，会取出多少钱？由此分析资金产生时间价值的根本原因。

③ 资金时间价值为什么通常用"无风险无通货膨胀情况下的社会平均利润率"来表示？

第5章　工程资本成本与资金结构

教学目标

通过本章的学习，应达到以下目标：
(1) 掌握资本成本的含义，个别资本成本及综合资本成本的计算；
(2) 明确经营杠杆与经营风险、财务杠杆与财务风险、复合杠杆与复合风险的关系；
(3) 掌握经营杠杆、财务杠杆和复合杠杆的计算；
(4) 掌握最佳资本结构的含义及其计算方法；
(5) 理解资本成本的作用和资本结构的理论。

教学要求

知识要点	能力要求	相关知识
资本成本	(1) 理解资本成本的一般模式； (2) 掌握个别资本成本的计算； (3) 掌握综合资本成本的计算； (4) 掌握边际资本成本的计算	(1) 资本成本的含义； (2) 个别资本成本、综合资本成本和边际资本成本的含义、关系； (3) 筹资无差别点的计算
杠杆原理	(1) 经营杠杆的衡量； (2) 财务杠杆的衡量； (3) 复合杠杆的衡量	(1) 经营杠杆、财务杠杆和复合杠杆的计算； (2) 经营杠杆、财务杠杆和复合杠杆的关系
资本机构	(1) 熟悉最佳资本结构； (2) 掌握最佳资本结构的确定方法； (3) 理解资本结构理论	(1) 每股收益无差别点法； (2) 比较成本法； (3) 公司价值分析法

第5章 工程资本成本与资金结构

基本概念

资金成本　加权资金成本　个别资金成本　资本结构　最优资本结构　经营杠杆系数　财务杠杆系数　复合杠杆系数　经营杠杆风险　财务杠杆风险　复合杠杆风险　MM 理论

引例

华强公司是房地产开发企业,改革开放以来由于该企业重视开拓新的市场和保持良好的资本结构,逐渐在市场上站稳了脚跟,同时也使企业得到不断的发展壮大,在建立现代企业制度的过程中走在了前面。为了进一步拓展国际市场,公司需要在国外建立一个全资子公司。财务总监张敏将向董事会汇报下年的总体财务计划。预算的重点在于融资方案的选择。公司目前的资本来源包括面值为 2 元的普通股 2 000 万股和平均利润率 11%的 3 500 万元的负债。预计企业当年能实现息税前利润 2 000 万元,固定成本 600 万元,该资金来源有 3 种筹资方式:①以 12%的利率发行债券;②按面值发行股利率为 14%的优先股;③按每股 25 元的价格发行普通股。试问该公司将会选择哪种筹资方式?

5.1 工程资本成本及其估算

5.1.1 资本成本的概念与作用

资本成本是决定公司价值的一个重要因素。资本成本在财务管理中处于至关重要的地位。建筑施工企业筹集资金,不仅要考虑资金时间价值,同时还要考虑资本成本。只有工程项目投资收益率大于资本成本时,才能运用资金取得较大的经济效益。

1. **资本成本的概念**

资本成本是指企业为筹集和使用资金而付出的代价,也称为资金成本。在市场经济条件下,企业不能无偿使用资金,必须向资金提供者支付一定数量的费用作为补偿。企业使用资金就要付出一定的代价,所以企业必须节约使用资金。

资本成本包括使用费用和筹资费用两部分内容。

1) 使用费用

使用费用是指施工企业在生产经营、投资过程中因使用资金而付出的代价,如向股东支付的股息或股利、向债权人支付的利息等,它通常是多次支付的费用。这是资本成本的主要内容。

2) 筹资费用

筹资费用是指施工企业在筹措资金过程中为获取资金而付出的各项费用,如向银行支付的借款手续费;因发行股票、债券而支付的发行费等。筹资费用与使用费用不同,它通常是在筹措资金时一次支付的,在获得资金后的使用资金过程中不再发生,因而属于固定性的资本成本，可认为对筹资额的扣除。

资本成本可以用绝对数表示，也可用相对数表示，但在财务管理中，一般采用相对数表示，即表示为使用费用与实际筹得资金（即筹资数额扣除筹资费用后的差额）的比率。其通用计算公式为

$$K = \frac{D}{P-F} \times 100\% \qquad (5-1)$$

式中：K——资金成本率；
  D——资金的使用费；
  P——资金的筹资总额；
  F——资金的筹资费。

或变形为

$$K = \frac{D}{P(1-f)} \times 100\% \qquad (5-2)$$

式中：f——筹资费率。

2. 资本成本的作用

资本成本不仅是资本预算决策的依据，而且还是许多其他类型决策如债券偿还决策、租赁决策以及制定有关营运资本管理政策的直接依据。

1) 资本成本在企业筹资决策中的作用

资本成本是企业选择资金来源、拟订筹资方案的依据。资本成本对企业筹资决策的影响主要有以下几个方面。

(1) 资本成本是影响企业筹资总额的重要因素，随着筹资数额的增加，资本成本不断变化。当企业筹资数额很大，资金的边际成本超过企业承受能力时，企业便不宜再增加筹资额。因此，资本成本是限制企业筹资数额的一个重要因素。

(2) 资本成本是企业选择资金来源的基本依据。企业的资金可以从许多方面来筹集，就长期借款来说，可以向商业银行借款，也可向保险公司或其他金融机构借款，还可向政府申请借款。企业究竟选用哪种来源，首先要考虑的因素就是资本成本的高低。

(3) 资本成本是企业选用筹资方式的参考标准。企业可以利用的筹资方式是多种多样的，在选用筹资方式时，需要考虑的因素很多，但必须考虑资本成本这一经济标准。

(4) 资本成本是确定最优资金结构的主要参数。不同的资金结构，会给企业带来不同的风险和成本，从而引起股票价格的变动。在确定最优资金结构时，考虑的因素主要有资本成本和财务风险。

资本成本并不是企业筹资决策中所要考虑的唯一因素。企业筹资还要考虑财务风险、资金期限、偿还方式、限制条件等。但资本成本作为一项重要的因素，直接关系到企业的经济效益，是筹资决策时需要考虑的一个首要问题。

2) 资本成本在投资决策中的作用

资本成本在企业评价投资项目的可行性、选择投资方案时也有如下重要作用。

(1) 在计算投资评价指标净现值指标时，常以资本成本作为折现率。当净现值为正时，投资项目可行；反之，如果净现值为负，则该项目不可行。因此，采用净现值指标评价投

资项目时,离不开资本成本。

(2) 在利用内部收益率指标进行项目可行性评价时,一般以资本成本作为基准收益率。即只有当投资项目的内部收益率高于资本成本时,投资项目才可行;反之,当投资项目的内部收益率低于资本成本时,投资项目不可行。因此,国际上通常将资本成本视为投资项目的"最低收益率"或是否采用投资项目的"取舍率",资本成本是比较、选择投资方案的主要标准。

3) 资本成本在评价施工企业经营业绩中的作用

资本成本是施工企业使用资本应获得收益的最低界限。资本成本的高低不仅反映了财务经理的管理水平,而且还可以衡量施工企业整体的经营业绩,进一步转变思想观念,充分挖掘资本的潜力,节约占用的资本,提高资本的使用效率。

5.1.2 个别资本成本

个别资本成本是指各种筹资方式的成本。其中主要包括债券成本、银行借款成本、优先股成本、普通股成本和留存收益成本。各种资本成本的计算如下。

1. 长期借款的资本成本

长期借款成本的占用费是指借款利息,筹资成本是借款的手续费。由于长期借款利息按规定计入税前成本费用可以起到抵税作用,因此,长期借款的实际资本成本率低于名义资本成本率。其计算公式为

$$K_L = \frac{I_L(1-T)}{L \times (1-f_L)} \times 100\% \tag{5-3}$$

式中:K_L——长期借款的资本成本率;
I_L——借款的年利率;
f_L——借款的手续费率;
T——企业所得税率(下同)。

【例 5.1】 某建筑公司预计从银行借款 1 000 万元,手续费 0.2%,年利率为 5%,期限为 3 年,每年结息一次,到期一次还本付息。假设所得税率为 25%,计算这笔借款的资本成本率。

解:
$$K_L = \frac{1\,000 \times 5\% \times (1-25\%)}{1\,000 \times (1-0.2\%)} = 3.76\%$$

长期借款的筹资费用主要是借款手续费,一般数额较小有时可忽略不计,其计算公式为

$$K_L = i(1-T) \times 100\% \tag{5-4}$$

【例 5.2】 用【例 5.1】的资料,不考虑借款手续费,计算借款资金成本。

解: $K_L = i(1-T) \times 100\% = 5\% \times (1-25\%) \times 100\% = 3.75\%$

2. 债券的资本成本

债券成本的占用费是指债券的利息,也是在税前支付,同时具有减税效应,债券的筹资费用一般较高,这类费用主要包括申请发行债券的手续费、债券注册费、上市费以及推销费等。债券成本的计算公式为

$$K_b = \frac{Bi(1-T)}{B_0 \times (1-f_b)} \times 100\% \tag{5-5}$$

式中：K_b——长期借款的资本成本率；
B——债券的面值；
B_0——债券的发行价格；
i——债券的年利率；
f_b——债券的手续费率。

注意：债券的利息是按面值乘上票面利率确定。债券的发行价格有等价、溢价、折价3种，但在计算债券的筹资额时应按发行价格确定。

【例 5.3】 某建筑公司发行债券筹集资金，债券的期限为 5 年，面值为 1 500 元，票面利率为 10%，每年末支付一次利息，发行费率为 3%，企业所得税税率为 25%，债券按 1 600 元的价格发行。试计算该债券的资本成本率。

解：
$$K_b = \frac{1\,500 \times 10\% \times (1-25\%)}{1\,600 \times (1-3\%)} \times 100\% = 7.25\%$$

3. 优先股的资本成本

企业发行优先股，既要支付筹资费用，又要定期支付股利。它与债券不同的是股利是在税后支付，而且没有固定到期日。优先股成本的计算公式为

$$K_P = \frac{D_P}{P_P(1-f_P)} \times 100\% \tag{5-6}$$

式中：K_P——优先股的资本成本率；
D_P——优先股的股利；
P_P——优先股的每股价格；
f_P——优先股的手续费率。

企业破产时，优先股股东的求偿权位于债券持有人之后，优先股股东的风险大于债券持有人的风险，这就使得优先股的股利率一般要大于债券的利息率。另外，优先股股利要从净利润中支付，不减少公司的所得税，所以，优先股成本通常要高于债券成本。

【例 5.4】 某建筑公司发行优先股筹集资金，每股面值为 10 元，股利率为 12%，筹资费率为 3%，试计算该优先股的资本成本率。

解：
$$K_P = \frac{10 \times 12\%}{10 \times (1-3\%)} \times 100\% = 12.37\%$$

4. 普通股的成本

普通股的资本成本率就是普通股投资的必要收益率。其计算相对较复杂，测算方法一般有 3 种：红利固定增长模型、资本资产定价模型和无风险利率加风险溢价法。本书只介绍红利固定增长模型。红利固定增长模型的基本形式为

$$K_C = \frac{D_1}{P_C \times (1-f_C)} \times 100\% + g \tag{5-7}$$

式中：K_C——普通股的资本成本率；
D_1——第一年预计支付的股利额；

P_C——普通股的每股发行价格；

f_C——普通股的手续费率；

g——普通股固定股利预计的年增长率。

【例 5.5】 某建筑公司发行普通股筹集资金，每股发行价格 5 元，筹资费用率为 15%。预定第一年分派现金股利每股 1 元，以后每年股利增长 2%。试计算其资本成本率。

解：
$$K_C = \frac{1}{5 \times (1-15\%)} \times 100\% + 2\% = 25.53\%$$

5. 留存收益的成本

一般企业都不会把全部收益以股利形式分给股东，所以，留存收益是企业资金的一种重要来源。企业留存收益等于股东对企业进行追加投资，股东对这部分投资与以前缴给企业的股本一样，也要求有一定的报酬，所以，留存收益也要计算成本。留存收益成本的计算与普通股基本相同，但不用考虑筹资费用。其计算公式为

$$K_C = \frac{D_1}{P_C} \times 100\% + g \tag{5-8}$$

式中：K_C——留存收益的资本成本率；

D_1——第一年预计支付的股利额；

P_C——留存收益的总额；

g——普通股固定股利预计的年增长率。

【例 5.6】 用【例 5.5】计算普通股的资本成本率的资料计算留存收益资本成本率。

解：
$$K_C = \frac{1}{5} \times 100\% + 2\% = 22\%$$

5.1.3 综合资本成本

建筑施工企业从不同渠道筹措资金，其筹资的成本率是各不相同的。由于诸多条件的限制，企业筹资可能无法做到，只有从某种筹资成本率较低的来源渠道筹措资金。相反，从多渠道筹集资金的可能性较大，而且有时多渠道组合筹资对筹资者更为有利。为了进行筹资决策和投资决策，就需要计算全部资金来源的综合筹资成本率，又称加权资本成本率。即以各种来源的资金占用全部资金的比重作为权数，将各种资金来源的资本成本加权平均计算出来。其公式为

$$K_w = \sum_{j=1}^{n}(W_j \times K_j) \tag{5-9}$$

式中：K_w——综合的资本成本率；

W_j——第 j 种资金来源占全部资本成本的比重；

K_j——第 j 种资金来源的资本成本率。

【例 5.7】 某建筑公司需筹集资金 1 000 万元，其中债券 200 万元，优先股 100 万元，普通股 500 万元，留存收益 200 万元。各种资金的资本成本率分别为 6%、12%、15% 和 14%。试计算该公司的综合资本成本率。

解：(1) 计算各种资金所占的比重。

债券的资金比重=200÷1 000×100%=20%

优先股资金比重=100÷1 000×100%=10%

普通股资金比重=500÷1 000×100%=50%

留存收益资金比重=200÷1 000×100%=20%

(2) 计算综合资本成本。

综合资本成本 K_W =20%×6%+10%×12%+50%×15%+20%×14%=12.7%

在测算综合资本成本时，企业资本结构或各种资金在总资金中所占的比重取决于各种资金价值的确定，各种资金价值的确定基础主要有 3 种选择，即账面价值、市场价值和目标价值。

在财务管理实务中，通常用以账面价值为基础确定的资金价值来计算加权综合资本成本。

5.1.4 边际资本成本

1. 边际资本成本的概念

边际资本成本是财务管理中的重要概念，是指资金每增加一个单位而增加的成本，也是建筑施工企业筹资和投资过程中必须加以考虑的问题。个别资本成本与综合资本成本是企业过去筹集的或目前使用的资金的成本。但是，企业各种资金的成本是随时间的推移或筹资条件的变化而不断变化的，综合资本成本也不是一成不变的。一个企业进行筹资和投资，不仅要考虑目前所使用的资金的成本，还要考虑为投资项目追加筹集的资金的成本，这就需要计算边际资本成本。资金的边际成本需要采用加权平均法计算，其权数应为市场价值权数，而不应使用账面价值权数。

2. 边际资本成本的计量

边际资本成本的计量一般按下列步骤进行。

(1) 确定目标资本结构。

(2) 测算个别资金的成本率。

(3) 计算筹资总额分界点。

筹资总额分界点是指在保持某资本成本率的条件下，可以筹集到的资金总限度。一旦筹资额超过筹资总额分界点，即使维持现有的资本结构，其资本成本率也会增加。

$$筹资总额分界点=\frac{某种筹资方式的成本分界点}{目标资金机构中该筹资方式所占比重} \quad (5\text{-}10)$$

(4) 计算边际资本成本。根据计算出的分界点，可得出若干组新的筹资范围，对各筹资范围分别计算综合资本成本，即可得到各种筹资范围的边际资本成本。

【例 5.8】用【例 5.7】的资料，如果该公司准备筹措新资金，计算追加筹资的边际资本成本。

解：(1) 确定最优资金结构。

公司经过分析研究发现目前公司的资本结构为最优的资本结构,即债券比重为20%,优先股比重为10%,普通股比重为50%,留存收益比重20%。

(2) 确定各种筹资方式的资本成本。

该公司的财务人员分析了目前金融市场状况和企业筹资能力,各种资金的筹资成本见表5-1。

表5-1 某建筑公司筹资资料

筹资方式	目标资金结构 (1)	新筹资的数量范围/万元 (2)	个别资本成本 (3)
长期债券	20%	0~1 000 1 000~4 000 >4 000	6% 7% 8%
优先股	10%	0~250 >250	12% 14%
普通股	50%	0~500 500~1 000 >1 000	14% 15% 16%
留存收益	20%	0~500 250~1 000 >1 000	15% 16% 18%

(3) 计算筹资总额分界点。某建筑公司计算的筹资总额分界点见表5-2。

表5-2 筹资总额分界点的计算表

筹资方式	个别资本成本率/%	各种筹资方式筹资范围/元	筹资总额分界点/元	筹资总额范围/元
长期债券	6% 7% 8%	0~1 000 1 000~4 000 >4 000	1 000/0.2=5 000 4 000/0.2=20 000 —	0~5 000 5 000~20 000 >20 000
优先股	12% 14%	0~250 >250	250/0.1=2 500 —	0~2 500 >2 500
普通股	14% 15% 16%	0~500 500~1 000 >1 000	500/0.5=1 000 1 000/0.5=2 000 —	0~1 000 1 000~2 000 >2 000
留存收益	15% 16% 18%	0~500 500~1 000 >1 000	500/0.2=2 500 1 000/0.2=5 000 —	0~2 500 2 500~5 000 >5 000

(4) 计算资金的边际成本。根据前3步计算的结果可计算资金的边际成本见表5-3。

表 5-3　边际资金成本的计算

序号	筹资总额的范围	筹资方式	目标资金结构/%	个别资本成本/%	资金的边际成本/%
1	0~1 000	长期债券 优先股 普通股 留存收益	20% 10% 50% 20%	6% 12% 14% 15%	1.2% 1.2% 7% 3%
		第 1 个范围的资金边际成本=12.4			
2	1 000~2 000	长期债券 优先股 普通股 留存收益	20% 10% 50% 20%	6% 12% 15% 15%	1.2% 1.2% 7.5% 3%
		第 2 个范围的资金边际成本=12.9			
3	2 000~2 500	长期债券 优先股 普通股 留存收益	20% 10% 50% 20%	6% 12% 16% 15%	1.2% 1.2% 8% 3%
		第 3 个范围的资金边际成本=13.4			
4	2 500~5 000	长期债券 优先股 普通股 留存收益	20% 10% 50% 20%	6% 14% 16% 18%	1.2% 1.4% 8% 3.6%
		第 4 个范围的资金边际成本=14.2			
5	5 000~20 000	长期债券 优先股 普通股 留存收益	20% 10% 50% 20%	7% 14% 16% 18%	1.4% 1.4% 8% 3.6%
		第 5 个范围的资金边际成本=14.4			
6	>20 000	长期债券 优先股 普通股 留存收益	20% 10% 50% 20%	8% 14% 16% 18%	1.6% 1.4% 8% 3.6%
		第 6 个范围的资金边际成本=14.6			

5.2　杠杆原理

5.2.1　杠杆原理的含义

自然界中的杠杆原理是指人们通过利用杠杆，可以用较小的力量移动较重的物体的现象。财务管理中也存在着类似的杠杆原理，表现为：由于特定费用(如固定成本或固定财务费用)的存在，当某一财务变量以较小幅度变动时，另一相关财务变量会以较大幅度变动。合理运用杠杆原理，有助于施工企业合理规避风险，提高资金营运效率。财务管理中的杠杆原理有 3 种形式，即经营杠杆、财务杠杆和复合杠杆。要理解这些杠杆的原理，必须了解成本习性、边际贡献和息税前利润等概念和计算。

5.2.2 成本习性、边际贡献与息税前利润

1. 成本习性的含义与分类

所谓成本习性，是指成本总额与业务量之间在数量上的依存关系。按成本习性可把全部成本划分为固定成本、变动成本和混合成本 3 类。

1) 固定成本

固定成本是指其总额在一定时期和一定业务量范围内不随业务量发生任何变动的那部分成本。如管理人员的工资、办公费、保险费、电话月租费、按平均年限法计算的折旧费等都属于固定成本。其特征是固定成本总额在一定的产量下不变，单位固定成本将随产量的增加而逐渐变小。

固定成本总额是指在一定时期和业务量的一定范围内保持不变。这里所说的一定范围，通常为相关范围。超过了相关范围，固定成本也会发生变动。因此，固定成本必须和一定时期、一定业务量联系起来进行分析。从较长的时间来看，所有的成本都在变化，没有绝对不变的固定成本。

2) 变动成本

变动成本是指其总额随着业务量成正比例变动的那部分成本。像直接材料、直接人工等都属于变动成本。但从产品的单位成本来看，则恰好相反，产品单位成本中的直接材料、直接人工将保持不变。与固定成本相同，变动成本也要研究"相关范围"问题，也就是说，只有在一定范围之内，产量和成本才能完全成同比例变化，即完全的线性关系，超过了一定范围，这种关系就不存在了。例如，建筑施工企业在工程建造初期，由于施工处于不成熟阶段，其直接材料和直接人工消耗可能较大。在这一阶段，变动成本不一定与产量完全成同比例变化，而是表现为小于产量增减幅度。在这以后，生产过程比较稳定，变动成本与产量成同比例变动，这一阶段的产量便是变动成本的相关范围。然而，当产量达到一定程度以后，再大幅度增产可能会出现一些新的不利因素，使成本的增长幅度大于产量的增长幅度。

3) 混合成本

有些成本虽然也随业务量的变动而变动，但不成正比例变动，不能简单地归入变动成本或固定成本，这类成本称为混合成本。混合成本按其与业务量的关系又可分为半变动成本和半固定成本。

(1) 半变动成本。这是混合成本的基本类型，它通常有一个初始量，类似于固定成本，在这个初始量的基础上随产量的增长而增长，又类似于变动成本。例如，企业的公共事业费，如电费、水费、电话费等均属半变动成本。

(2) 半固定成本。这类成本随产量的变化而呈阶梯形增长，产量在一定限度内，这种成本不变，当产量增长到一定限度后，这种成本就跳跃到一个新水平。例如，化验员、质量检验员的工资等均属半固定成本。

4) 总成本习性模型

从以上分析可以知道,成本按习性可分成变动成本、固定成本和混合成本 3 类,但混合成本又可以按一定方法分解成变动部分和固定部分,如图 5.1 所示。

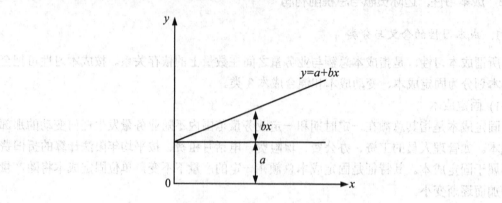

图 5.1 总成本习性模型示意图

这样,总成本习性模型可用下式表示

$$y = a + bx \tag{5-11}$$

式中:y——总成本;
　　　　a——固定成本总额;
　　　　b——单位变动成本;
　　　　x——单位产销量。

显然,若能求出公式中 a 和 b 的值,就可以利用这个直线方程来进行成本预测、成本决策和其他短期决策。

2. 边际贡献

边际贡献是指销售收入减去变动成本以后的差额,这是一个十分有用的价值指标。其计算公式为

边际贡献=销售收入-变动成本
　　　　=(销售单价-单位变动成本)×产销量
　　　　=单位边际贡献×产销量 (5-12)

则上式可表示为

$$M = px - bx = (p-b)x = mx \tag{5-13}$$

式中:M——边际贡献;
　　　　p——单位销售价格;
　　　　b——单位变动成本;
　　　　x——单位产销量;
　　　　m——单位边际贡献。

3. 息税前利润及其计算

息税前利润是指企业在支付利息和交纳所得税之前的利润。成本按习性分类后,息税

前利润可用下列公式计算

$$EBIT = px - bx - a = (p-b)x - a = M - a \qquad (5\text{-}14)$$

式中：$EBIT$——息税前利润。

由此可看出，不论利息费用的习性如何，它不会出现在计算息税前利润公式之中，即上式的固定成本和变动成本中不应包括利息费用因素。息税前利润也可以用利润总额加上利息费用求得。

5.2.3 经营杠杆

1. 经营杠杆的含义

经营杠杆也称营运杠杆或营业杠杆。企业的经营风险部分取决于其利用了固定成本的程度。在其他条件不变的情况下，产销量的增加不改变固定成本总额，但会降低单位固定成本，从而提高单位利润，使息税前的利润的增长率大于产销量的增长率；反之，产销量的减少会提高单位固定成本，降低单位利润，使息税前利润下降率也大于产销量下降率。这种由于固定成本的存在而导致息税前利润变动率大于产销量变动率的杠杆效应，称为经营杠杆。经营杠杆系数是衡量经营风险的一个重要标准。

2. 经营风险

企业经营面临着各种风险，可划分为经营风险和财务风险。

建筑施工企业是资金密集型行业，其发展需要巨额的投资，而我国的大多数建筑施工企业的资金50%以上来源于银行贷款，这无疑加大了其经营风险和财务风险。

经营风险是指由于经营上的原因导致的风险，即未来的息税前利润($EBIT$)的不确定性。经营风险因具体行业、具体企业以及具体时期而异。包括市场需求、销售价格、成本水平、对价格的调整能力、固定成本等因素的不确定性影响经营而带来的风险。

3. 经营杠杆的度量

对经营杠杆的度量最常用的指标是经营杠杆系数或称经营杠杆度。经营杠杆系数(Degree of Operating Leverage，DOL)是指息税前利润变动率相当于产销业务量变动率的倍数。为了反映经营杠杆的作用程度，估计经营杠杆利益的大小，评价经营风险的高低，需要计算经营杠杆系数。其计算公式为

$$DOL = \frac{\Delta EBIT / EBIT}{\Delta x / x} \qquad (5\text{-}15)$$

式中：DOL——经营杠杆系数；

$\Delta EBIT$——息税前利润的变动额；

$EBIT$——变动前息税前利润；

Δx——产销量变动额；

x——变动前的产销量。

由于 $EBIT = px - bx - a = (p-b)x - a = M - a$，$\Delta EBIT = (p-b)\Delta x$

因此，式(5-16)可进一步推导为

$$DOL = \frac{\Delta EBIT / EBIT}{\Delta x / x} = \frac{(p-b)\Delta x/(p-b)x-a}{\Delta x / x} = \frac{(p-b)x}{(p-b)x-a} = \frac{M}{M-a} \quad (5\text{-}16)$$

上式是用基期的资料预测预测期的经营杠杆系数。

假设这里的产销量等于销售量，销售量的单位可以选择套，也可以选择平方米。本章以平方米作为销售量的计量单位。

【例 5.9】 某建筑施工企业有关资料见表 5-4。

表 5-4 某建筑施工的有关资料

项 目	2007 年/万元	2008 年/万元	变动额/万元	变动率/%
销售额	1 000	1 200	200	20
变动成本	600	720	120	20
边际贡献	400	480	80	20
固定成本	200	200	0	—
息税前利润	200	280	80	40

要求根据表中资料求该企业的经营杠杆系数。

解： 根据公式可得

$$息税前利润变动率 = \frac{80}{200} \times 100\% = 40\%$$

$$销售额（量）变动率 = \frac{200}{1\,000} \times 100\% = 20\%$$

$$经营杠杆系数(DOL) = \frac{40\%}{20\%} = 2$$

以上是按理论公式计算的经营杠杆系数，按简化的经营杠杆系数公式计算 2008 年的经营杠杆系数为

$$经营杠杆系数(DOL) = \frac{M}{M-a} = \frac{400}{400-200} = 2$$

4. 经营杠杆系数与经营风险的关系

引起企业经营风险的主要原因是市场需求和成本等因素的不确定性，经营杠杆本身并不是利润不稳定的根源。但是，经营杠杆会扩大市场和生产等不确定性因素对利润变动的影响。而且，经营杠杆系数越高，利润变动就越剧烈，企业的经营风险就越大。一般来说，在其他因素一定的情况下，固定成本越高，经营杠杆系数越大，企业经营风险也就越大；反之，固定成本越低，经营杠杆系数越小，企业经营风险也就越小。由经营杠杆的简化计算公式

$$DOL = \frac{\Delta EBIT / EBIT}{\Delta x / x} = \frac{M}{M-a}$$

可知，DOL 将随固定成本 a 的变化呈同方向变化，在其他因素一定的情况下，固定成本 a 越高，企业经营风险也越大；如果固定成本 a 为零，则经营杠杆系数等于 1。此时没有经营杠杆作用，并不意味着企业没有经营风险。

影响经营杠杆系数的因素包括产品销售数量、产品销售价格、单位变动成本和固定成本总额等因素。

由于经营杠杆系数影响着企业的息税前利润，从而也就制约着企业的筹资能力和资本结构。因此，经营杠杆系数就是资本结构决策的一个重要因素。

5.2.4 财务杠杆

1. 财务杠杆的含义

财务杠杆又称融资杠杆或债务杠杆，在资本总额及其结构既定的情况下，企业从息税前利润中支付的债务利息通常都是固定的。当息税前利润增大时，每1元盈余所负担的固定财务费用(如利息、融资租赁租金等)就会相对减少，就能给普通股股东带来更多的盈余；反之，每1元盈余所负担的固定财务费用就会相对增加，就会大幅度减少普通股的盈余。这种由于固定财务费用的存在而导致普通股收益变动率大于息税前利润变动率的杠杆效应，称为财务杠杆。

2. 财务风险

财务风险又称筹资风险，是指在经营活动过程中与筹资有关的风险。施工企业为取得财务杠杆利益而利用负债资金时，增加了企业破产机会或普通股利润大幅度变动的机会所带来的风险。为取得财务杠杆利益，施工企业必然增加负债，一旦息税前利润减少，不足于补偿固定利息支出，每股利润就会更大幅度减少。企业的负债越多，所获得的杠杆效益就越明显，财务杠杆系数就越大，财务风险也就越高。因此，施工企业应该认真权衡其利弊。

3. 财务杠杆的计量

在企业的筹资方式中只要有固定财务费用支出的债务，就会存在财务杠杆效应。但不同行业、不同企业以及不同时期财务杠杆的作用是不完全一致的，为此，需要对财务杠杆进行计量。对财务杠杆计量的主要指标是财务杠杆系数。

财务杠杆系数(Degree of Financial Leverage，DFL)是指普通股每股收益的变动率相当于息税前利润变动率的倍数。为了反映财务杠杆的作用程度，估计财务杠杆利益的大小，评价财务风险的高低，需要计算财务杠杆系数。其计算公式为

$$DFL = \frac{\Delta EPS / EPS}{\Delta EBIT / EBIT} \tag{5-17}$$

式中：DFL——财务杠杆系数；

ΔEPS——普通股每股收益的变动额；

EPS——变动前普通股每股收益。

因为，在不考虑优先股、利息不变的情况下，以上公式可变形为

$$\Delta EPS = \Delta EBIT(1-T)/N$$

$$EPS = (EBIT-1)(1-T)/N$$

所以，$$DFL = \frac{\Delta EPS/EPS}{\Delta EBIT/EBIT} = \frac{\Delta EBIT(1-T)/N}{(EBIT-1)(1-T)/N} \times \frac{EBIT}{\Delta EBIT} = \frac{EBIT}{EBIT-I} \tag{5-18}$$

式中：T ——所得税率；
　　　N ——流通在外的普通股股数；
　　　I ——债务利息。

【例 5.10】 某建筑施工企业资本结构与普通股利润见表 5-5，计算该公司 2008 年的财务杠杆系数。

表 5-5　资本结构与普通股利润表

2007 年		2008 年	
项　目	金额(股数)/元	项　目	金额(股数)/元
普通股发行在外股数(股)	50 000	息税前利润增产率	20%
普通股股本(每股面值 100 元)	5 000 000	增长后的息税前利润	276 000
债务(年利率 8%)	1 000 000	债务利息	80 000
资金总额	6 000 000	利润总额	196 000
债务利息	80 000	所得税(25%)	49 000
息税前的利润	230 000	净利润	147 000
利润总额	150 000	每股收益	2.94
所得税(25%)	37 500	每股收益增加额	0.69
净利润	112 500	普通股每股收益增长率	30.87%
每股收益	2.25		

解：根据表中的资料计算该建筑施工企业的财务杠杆系数如下

$$该企业财务杠杆系数 = \frac{30.87\%}{20\%} = 1.5$$

或

$$该公司财务杠杆系数 = \frac{230\ 000}{230\ 000 - 80\ 000} = 1.5$$

4. 财务杠杆系数与财务风险的关系

企业为了取得财务杠杆利益，就要增加负债，一旦企业息税前利润下降，不足以补偿固定利息支出，企业的每股利润就会下降得更快。影响企业财务杠杆系数的因素包括息税前利润、企业资金规模、企业的资本结构、固定财务费用水平等。其中，财务杠杆对财务风险的影响最为综合。财务杠杆系数与固定财务费用的关系，由财务杠杆的简化计算公式可知

$$DFL = \frac{\Delta EPS / EPS}{\Delta EBIT / EBIT} = \frac{EBIT}{EBIT - I}$$

DFL 将随固定财务费用 I 的变化呈同方向变化，即在其他因素一定的情况下，固定财务费用 I 越高，财务杠杆系数 DFL 越大，财务风险就越大。同理，固定财务费用 I 越低，财务杠杆系数 DFL 越小，企业财务风险也越小；如果企业固定财务费用为零，则财务杠杆系数为 1。

目前控制财务风险的方法主要有控制负债比率，即通过合理安排资本结构，适度负债使财务杠杆利益抵消风险增大所带来的不利影响。

5.2.5 复合杠杆

1. 复合杠杆的含义

从建筑施工企业利润的产生到利润的分配整个过程来看,如果同时存在固定生产经营成本和固定财务费用,就有可能同时存在经营杠杆效应和财务杠杆效应的复合效应。所谓复合杠杆就是指由于固定生产经营成本和固定财务费用的共同存在而导致的普通股每股收益变动率大于产销量变动率,通常把这种效应叫做复合杠杆效应或联合效应。

复合杠杆系数反映了经营杠杆与财务杠杆之间的关系,即为了达到某一复合杠杆系数,经营杠杆和财务杠杆可以有多种不同组合。在维持总风险一定的情况下,企业可以根据实际,选择不同的经营风险和财务风险组合,实施企业的财务管理策略。

2. 复合风险

由于复合杠杆作用使普通股每股收益大幅度变动而造成的风险,称为复合风险。复合风险直接反映施工企业的整体风险。在其他因素不变的情况下,复合杠杆系数越大,复合风险越大;复合杠杆系数越小,复合风险就越小。

3. 复合杠杆的计量

对复合杠杆效应计量的主要指标是复合杠杆系数。复合杠杆系数(Degree of Total Leverage,DTL)就是指普通股每股收益变动率相当于产销量变动率的倍数。它是经营杠杆系数和财务杠杆系数的乘积,其计算公式为

$$复合杠系数(DTL) = \frac{\Delta EPS / EPS}{\Delta x / x} \tag{5-19}$$

复合杠杆系数与经营杠杆系数和财务杠杆系数的关系可表示为

$$DTL = DOL \times DFL \tag{5-20}$$

复合杠杆系数的公式可变形为

$$DOL = \frac{\Delta EPS / EPS}{\Delta x / x} = \frac{(p-b)\Delta x(1-T)/N}{(EBIT-I)(1-T)/N} \times \frac{x}{\Delta x} = \frac{(p-b)x}{EBIT-I} = \frac{M}{EBIT-I} \tag{5-21}$$

式中:DTL——复合杠杆系数;

$EBIT$——变动前息税前利润;

M——边际贡献;

I——债务利息。

【例 5.11】 以【例 5.9】和【例 5.10】,某建筑施工企业的经营杠杆系数为 2,财务杠杆系数为 1.5,试计算其复合杠杆系数。

解: $DTL = DOL \times DFL = 2 \times 1.5 = 3$

4. 复合杠杆系数与复合风险的关系

从以上分析中可以看出,经营杠杆影响企业息税前利润的变化幅度,财务杠杆影响企业税后净收益的变化幅度,经营杠杆作用在前,财务杠杆作用在后,两者共同影响着普通股每股收益的稳定。在总杠杆的作用下,当企业经济效益好时,每股收益会大幅度上升;企业经济效益差时,每股收益会大幅度下降。企业总杠杆系数越大,每股收益的波动幅度

越大。这种由于总杠杆作用使每股收益大幅度波动而造成的风险,称为企业的复合风险。在其他因素不变的情况下,复合杠杆系数越大,复合风险越大;反之,复合杠杆系数越小,复合风险越小。

5. 复合杠杆的意义

(1) 能够用来估计销售的变动对每股收益变动的影响程度。

例如【例 5.10】中复合杠杆系数为 3,说明销售每增长 1 倍,就会引起每股收益增长 3 倍;反之,销售每减少 1 倍,就会引起每股收益减少 3 倍。

(2) 反映了经营杠杆与财务杠杆之间的关系。

为了达到某一复合杠杆系数,经营杠杆和财务杠杆可以有多种不同组合。如经营杠杆系数较低的公司,可以在较高的程度上使用财务杠杆,以提高所有者的利益;经营杠杆系数较高的公司,可以在较低的程度上使用财务杠杆,以避免风险过大。企业的管理层通过对复合杠杆系数的测定,并分析相关因素之后,从多种组合中做出合理的选择,使公司的风险与收益达到均衡,使公司的复合杠杆系数和总风险符合财务管理目标的要求。

5.3 资 本 结 构

5.3.1 资本结构概述

1. 资本结构的含义

资本结构(Capital Structure)是指施工企业各种资本的构成及其比例关系。资本结构是施工企业筹资决策的核心问题。施工企业应综合考虑有关影响因素,运用适当的方法确定最佳资金结构,并在以后追加筹资中继续保持。企业现有资本结构不合理,应通过筹资活动进行调整,使其趋于合理化。

在企业筹资管理活动中,资本结构有广义和狭义之分。狭义的资本结构是指企业各种长期资本价值的构成及其比例关系,尤其是指长期的股权资本与债券资本构成及其比例关系。在狭义的资本结构下,短期债券资本作为营运资本来管理。广义的资本结构是指企业全部资本的价值及其比例关系,它不仅包括长期资金,还包括短期资本,主要是短期债权资本。本章所指资本结构是指狭义的资本结构。

企业资本结构是由企业采用的各种筹资方式筹集资金而形成的,各种筹资方式不同的组合类型决定着企业资金结构及其变化。企业筹资方式虽然很多,但总的来看分为债务资金和权益资金两类,因此,资金结构问题总的来说是债务资本的比例问题,即负债在企业全部资本中所占的比例。

2. 影响资本结构的因素

影响资本结构的因素包括以下几种。

1) 企业财务状况

企业获利能力越强、财务状况越好、变现能力越强,就越有能力负担财务上的风险。因而,随着企业变现能力、财务状况和盈利能力的增强,举债筹资就越有吸引力。当然,有些企业因为财务状况不好,无法顺利发行股票,只好以高利率发行债券来筹集资金。衡量企业财务状况的指标主要有流动比率、速动比率、利息周转倍数、固定费用周转倍数、投资收益率等。

2) 企业资产结构

资产结构会以不同方式影响施工企业的筹资方式和资金结构。

(1) 资金密集型企业一般拥有大批的不动产或固定资产,如果该企业经营正常且前景看好,则通常可采用长期负债和发行股票筹集资金。

(2) 拥有较多流动资产的企业,更多依赖流动负债来筹集资金。

(3) 资产适用于抵押贷款来筹资的公司,如不动产开发公司、大型成套设备制造厂等,举债额较多,其财务杠杆一般很高。

(4) 以技术研究开发为主的公司则负债很少。

3) 企业产品销售情况

如果企业的销售比较稳定,其获利能力也相对稳定,则企业负担固定财务费用的能力相对较强;如果销售具有较强的周期性,则企业负担固定的财务费用将冒较大的财务风险。

4) 投资和管理人员的态度

如果一个企业股权较分散,企业所有者并不担心控制权旁落,因而会更多地采用发行股票的方式来筹集资金;反之,有的企业被少数股东所控制,为了保证少数股东的绝对控制权,多采用优先股或负债方式筹集资金。喜欢冒险的财务管理人员可能会安排比较高的负债比例;一些持稳健态度的财务人员则使用较少的债务。

5) 贷款人和信用评级机构的影响

一般而言,大部分贷款人都不希望企业的负债比例太大。同样,如果企业债务太多,信用评估机构可能会降低企业的信用等级,从而影响企业的筹资能力。

6) 行业因素

对于不同行业,资本结构有很大差别。财务经理必须考虑本企业所在的行业,以确定最佳的资本结构。

7) 所得税率的高低

企业利用负债可以获得减税利益,所得税税率越高,负债的好处越多,所以,税收客观上对企业负债筹资有一种刺激作用,如果税率很低,则采用举债方式的减税利益就不显著。

8) 利率水平的变动趋势

利率水平的变动趋势也会影响到企业的资金结构。如果企业财务管理人员认为利息率暂时较低,但不久的将来有可能上升的话,便会大量发行长期债券,从而在若干年内把利率固定在较低水平上。

5.3.2 资本结构的优化决策

1. 最佳资本结构的含义

最佳资本结构是指施工企业在一定时期内,使其综合资本成本最低,企业价值最大的资本结构,其衡量标准主要有以下几点。

(1) 综合资本成本最低,企业为筹集资金所付出的代价最小。

(2) 每股市价上升,股东财富最大,企业总体价值最大。

(3) 资本结构弹性较大,企业筹集的资金能够确保企业长短期经营和发展的需要。

2. 最佳资本结构的确定

由于资本结构在一定程度上会影响企业的价值,同时又有许多因素会影响到企业资本结构的选择。因此资本结构决策的中心问题就是确定最优资本结构或选择目标资本结构。本节重点介绍的资本结构决策的定量分析方法有:每股利润无差别点法、比较资金成本法和公司价值分析法。

1) 每股利润无差别点法

每股利润无差别点法又称每股利润分析法,是通过分析资本结构与每股利润之间的关系,进而来确定合理的资本结构的方法。研究资本结构不能脱离企业的获利能力。企业的获利能力一般用息税前利润(EBIT)表示。同理,研究资本结构不能不考虑它对股东财富的影响。股东财富一般用每股利润(EPS)来表示。将以上两方面联系起来,分析资金结构与每股收益之间的关系,进而来确定合理的资本结构的方法,也叫息税前利润分析法,简写为 EBIT—EPS 分析法。

因为这种方法要确定每股收益的无差异点,所以又叫每股收益无差异点法。所谓每股收益无差异点,是指在两种不同筹资方式下,普通股每股净收益相等时的息税前利润点(或销售收入点)。其计算公式为

$$\frac{(\overline{EBIT}-I_1)(1-T)}{N_1}=\frac{(\overline{EBIT}-I_2)(1-T)}{N_2} \tag{5-22}$$

上式可简化为

$$\overline{BEIT}=\frac{N_2I_1-N_1I_2}{N_2-N_1} \tag{5-23}$$

式中:$EBIT$——每股收益无差别点处的息税前利息;

I_1,I_2——两种筹资方式下的年利息;

N_1,N_2——两种筹资方式下流通在外的普通股股数;

T——所得税税率。

如图 5.2 所示,进行每股收益分析时按下列原则决策。

(1) 当 $EBIT$>每股利润无差异点 $EBIT_0$ 时,负债筹资较为有利。

(2) 当 $EBIT$<每股利润无差异点 $EBIT_0$ 时,权益筹资较为有利。

(3) 当 $EBIT$=每股利润无差异点 $EBIT_0$ 时,负债筹资和运用权益筹资获得的每股利润相等。

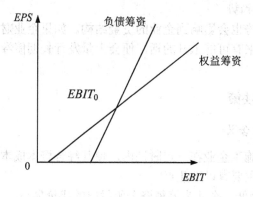

图 5.2 EBIT—EPS 分析示意图

每股收益无差别点法的原理比较容易理解，测算过程较为简单。但只考虑了资本结构对每股利润的影响，并假定每股利润最高，股票价格也最高。根本没有考虑资本结构对财务风险的影响，是不全面的。其决策目标实际上是每股收益最大化而不是公司价值最大化，可适用于资本规模不大、资本结构不太复杂的股份有限公司。

【例 5.12】 长河建筑公司资金 80 000 万元，因为施工项目的需要准备增加筹资 20 000 万元，这些资金可以利用发行股票来筹集，也可以利用发行债券来筹集，资料见表 5-6。

表 5-6 长河建筑公司资本结构变化情况表

单位：万元

筹资方式	原资本结构	增加筹资后资本结构	
		增发普通股	增发公司债券
公司债券(利率 8%)	15 000	15 000	35 000
普通股(每股面值 10 元)	20 000	30 000①	20 000
资本公积	25 000	35 000②	25 000
留存收益	20 000	20 000	20 000
资本总额合计	80 000	100 000	100 000
普通股股数(股)	2 000	3 000	2 000

说明：①、②发行股票时，每股发行价格 20 元，筹资 20 000 万元，需发行 1 000 股，普通股股本增加 10 000 万元，增本公积金增加 10 000 万元。

根据表中资料，用每股收益无差别点法分析确定增资方案。

解：将表中的有关数据代入式(5-22)得

$$\frac{(\overline{EBIT}-1\,200)(1-25\%)}{3\,000}=\frac{(\overline{EBIT}-2\,800)(1-25\%)}{2\,000}$$

求得 $\overline{EBIT}$ =6 000(万元)

此时 $EPS_1=EPS_2=1.6$(元)

根据资本结构变动情况，可采用每股收益无差别点发分析资本结构对普通股每股收益的影响，详细分析情况见表 5-7。

表 5-7 长河建筑公司不同资本结构下的每股收益

单位：万元

项 目	增发股票	增发债券
预计的息税前利润	20 000	20 000
利息	1 200	2 800
利润总额	18 800	17 200
所得税(税率 25%)	4 700	4 300
净利润	14 100	12 900
普通股股数(股)	3 000	2 000
每股收益(元)	4.70	6.45

这就说明，当预计的息税前利润大于 6 000 万元时，增发债券的每股收益大于增发股票的每股收益，利用负债较为有利；当预计的息税前利润小于 6 000 万元时，增发债券的每股收益小于增发股票的收益，所以增发股票有利。当预计的息税前利润等于 6 000 万元时，采用两种方式没有区别。该公司预计的息税前利润大于 6 000 万元时，故采用发行公司债券的方式较为有利。

2) 比较资本成本法

该方法的基本思路是：决策前先拟订若干个备选方案，分别计算各个方案的加权平均资本成本，并根据加权平均资本成本的高低来确定资本结构。

【例 5.13】 环宇建筑公司欲筹资 600 万元，有两种方案可供选择，两方案的筹资组合及个别资本成本见表 5-8。要求：确定公司初始筹资时，最佳的资本结构。

表 5-8 环宇建筑公司资本结构

单位：万元

筹资方式	A 方案		B 方案	
	筹资总额	个别资金成本/%	筹资总额	个别资金成本/%
长期借款	100	6	300	10
长期债券	200	8	200	8
普通股	300	10	100	15
合计	600		600	

据 $K = \sum KW$ 分别计算两个方案的综合资本成本。

解：A 方案的综合资本成本

$$K = 6\% \times 100/600 + 8\% \times 200/600 + 10\% \times 300/600 = 8.67\%$$

B 方案的综合资本成本

$$K = 10\% \times 300/600 + 8\% \times 200/600 + 15\% \times 100/600 = 10.17\%$$

结论：由于 A 方案的综合资本成本较低，所以应该选择 A 方案，A 方案所对应的资本结构即为公司初始筹资时最佳的资本结构。

比较资本成本法通俗易懂，计算过程也不太复杂，是确定资本结构的一种常用方法。因所拟订的方案数量有限，故有可能漏掉最优方案。同时，资本成本比较法仅以资本成本率最低为决策标准，没有具体测算财务风险因素，其决策目标实质上是利润最大化而不是公司价值最大化，一般适用于资本规模小、资本结构较为简单的非股份制企业。

3) 公司价值分析法

公司价值分析法是在充分反映公司财务风险的前提下，以公司价值的大小为标准，经过测算确定公司最佳资本结构的方法。

关于公司价值内容和测算基础与方法，目前主要有 3 种认识。

(1) 公司价值等于其未来净收益(或现金流量，下同)按照一定的折现率折现的价值，即公司未来净收益的折现值。这种测算方法的原理有其合理性，但因其中所含的不易确定的因素很多，难以在实践中加以应用。

(2) 公司价值是其股票的现行市场价值。公司股票的现行市场价值可按其现行市场价格来计算,有其客观合理性,但一方面,股票的价格经常处于波动之中,很难确定按哪个交易日市场价格计算;另一方面,只考虑票面的价值而忽略长期债务的价值不符合实际情况。

(3) 公司价值等于其长期债务和股票的折现价值之和。这种测算方法相对比较合理,也比较现实。用公式表示如下

$$V=B+S \tag{5-24}$$

式中：V——公司的总价值;
B——公司长期债务的折现价值;
S——公司股票的折现价值。

这里长期债务的现值等于其面值(或本金),股票的现值按公司未来净收益的折现值计算,计算公式如下

$$公司股票现值(V)=\frac{(EBIT-I)(1-T)}{K}=\frac{EAT}{K} \tag{5-25}$$

式中：V——公司的价值;
EAT——公司未来的年净收益(净利);
K——折现率。

其中,普通股资本成本率可用资本资产定价模型计算,计算公式如下

$$K_S=K_f+\beta\times(K_m-K_f)$$

式中：K_S——公司的普通股资本成本率;
β——公司的贝塔系数;
K_m——平均风险股票的必要收益率;
K_f——无风险报酬率。

加权平均资本成本可用以下公式计算

$$K_W=\frac{B}{V}\times(1-T)\times K_b+K_S\frac{S}{V} \tag{5-26}$$

式中：K_W——公司加权平均资本成本率;
K_b——债务资本成本率。

公司最佳资本结构的确定：运用以上所述原理计算公司的总价值和综合资本成本率,并以公司价值最大化为标准比较确定公司的最佳资本结构。下面举例说明公司价值分析法的应用。

【例 5.14】 横远建筑公司息税前利润为 600 万元,公司适用的所得税率为 25%,公司目前总资金为 2 000 万元,其中 80%由普通股资金构成,股票账面价值为 1 600 万元,20%由债券资金构成,股票账面价值为 1 600 万元,假设债券市场价值与其账面价值基本一致。该公司认为目前的资金结构不够合理,准备用发行债券购回股票的办法予以调整。经咨询调查,目前债务利息和权益资金的成本情况见表 5-9。

表 5-9 横远建筑公司的债券利息和权益资本成本调查情况

债券市场价值/万元	债券利息率/%	股票的 β 系数	无风险收益率	平均风险股票必要收益率	权益资本成本
400(A)	8%	1.3	6%	16%	19%
600(B)	10%	1.42	6%	16%	20.2%
800(C)	12%	1.5	6%	16%	21%

要求：计算公司市场价值与企业综合资本成本，并确定该公司最优资金结构。

解：(1) 计算 A、B、C 这 3 种情况下公司的市场价值

A 情况下

$$普通股票现值 = \frac{(600-32) \times (1-25\%)}{19\%} = 2\,242.11 (万元)$$

公司市场价值=400+2 242.11=2 642.11(万元)

B 情况下

$$普通股票现值 = \frac{(600-60) \times (1-25\%)}{20.2\%} = 2\,004.95 (万元)$$

公司市场价值=600+2 004.95=2 604.95(万元)

C 情况下

$$普通股票现值 = \frac{(600-96) \times (1-25\%)}{21\%} = 1\,800 (万元)$$

公司市场价值=800+1 800=2 600(万元)

(2) 计算 A、B、C 这 3 种情况下公司的加权资本成本

A 情况下

债券资本成本=8%×(1-25%)=6%

$$债券的比重 = \frac{400}{2\,642.11} \times 100\% = 15.14\%$$

$$股票的比重 = \frac{2\,242.11}{2\,642.11} \times 100\% = 84.86\%$$

公司加权资本成本=15.14%×6%+84.86%×19%=17.03%

B 情况下

债券资本成本=10%×(1-25%)=7.5%

$$债券的比重 = \frac{600}{2\,604.95} \times 100\% = 23.03\%$$

$$股票的比重 = \frac{2\,004.95}{2\,604.95} \times 100\% = 76.97\%$$

公司的加权平均资本成本=7.5%×23.03%+20.2%×76.97%=17.28%

C 情况下

债券资本成本=12%×(1-25%)=9%

$$债券的比重 = \frac{800}{2\,600} \times 100\% = 30.77\%$$

$$股票的比重 = \frac{1800}{2\,600} \times 100\% = 69.23\%$$

公司加权资本成本=9%×30.77%+21%×69.23%=17.31%

由以上计算可知，A 种情况下公司价值最大是 2 642.11 万元，加权资本成本最低为 17.03%，所以 A 种情况下的资金结构最优。

公司价值最大法与比较资本成本法和每股收益无差别点法相比，充分考虑了公司的财务风险和资本成本等因素的影响，进行资本结构决策以公司价值最大为标准，更符合公司价值最大化的财务目标，但其测算原理及测算过程较为复杂，通常用于资本规模较大的上市公司。

5.3.3 资本结构理论

资本结构理论是企业财务理论的重要组成部分，主要研究资本结构中长期负债与股东权益结构变化对企业价值的影响。在企业财务决策中，资本结构决策是一个涉及因素多、影响时间长的重大决策，因为资本成本与资本结构密切相关，综合资本成本最低的资本结构能够实现企业价值的最大化，即最佳资本结构。简而言之，资本结构的核心问题是负债比例问题，负债融资是否必要？负债融资如何影响企业价值？企业负债多少才能实现企业价值最大？对于这些问题，有关学者从理论和实际的结合中进行了大量的研究，取得了很大的成绩。

人们对资本结构有着若干不同的认识。最早提出资本结构理论这一问题的是美国经济学家戴维·杜兰德，他认为，早期企业的资本结构是按照净收益法、净营业收益法和传统折中法建立的。1958 年，莫迪格莱尼(Modigliani)和米勒(Miller)又提出了著名的 MM 理论。在此基础上，后人又进一步提出了代理理论和等级筹资理论等。从这些理论分析中可知，利用负债资金具有双重作用，适当利用负债，可以降低企业资本成本，但当企业负债比率太高时，会带来较大的财务风险。为此，企业必须权衡财务风险和资本成本的关系，确定最佳资金结构。最佳资本结构是指在一定条件下使企业加权平均资本成本最低、企业价值最大的资本结构。

1. 早期资本结构理论

早期资本结构理论通常是指 1958 年以前的资本结构理论，主要有代表性的观点有净收益理论、净营业收益理论和传统理论 3 种。

1) 净收益理论

净收益理论(The Method of Net Income)是美国经济学家戴维·杜兰德于 1952 年提出的一种资本结构理论。该理论建立在如下假设基础之上的。

(1) 投资者(或股东)对企业的期望报酬率 K_s(即股东资本成本)是固定不变的。

(2) 企业能以一个固定利率 K_b 无限额的融资。因为 K_S K_b 和都是固定不变的，且 $K_b<K_S$，所以，企业可以更多的举债。根据加权平均资本成本公式(5-26)

$$K_W = \frac{B}{V} \times (1-T) \times K_b + K_s \times \frac{S}{V}$$

可知,随着债务增加,加权平均资本成本渐趋下降,当债务融资达到100%时,加权平均资本成本最低,企业价值将达到最大,如图 5.3 所示。这是一种极端的资本结构理论观点。这种观点虽然考虑到财务杠杆效应,但忽略了财务风险。显然,随着债务资本的增加,财务杠杆系数增大,意味着财务风险也会增高,公司加权平均资本成本就会上升,公司的价值反而下降。

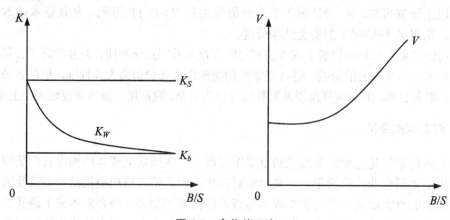

图 5.3 净收益理论

2) 净营业收益理论

净营业收益理论(The Method of Net Operating Income)假定资本结构与企业价值无关,决定企业价值高低的关键是企业的净营业收益。无论资本结构如何,加权资本成本均保持不变,市场将企业价值作为一个整体予以资本化,债务与权益资本如何匹配无足轻重。因为成本较低的债务资本 K_d 比例增加,带来的好处恰好被提高的权益资本必要报酬率 K_S 抵消,加权平均资本成本不变。当公司杠杆程度增加时,风险随之增加,股东要求的资本报酬率也会相应的随负债权益比率的提高而提高,加权资本成本不变。因此,该理论认为不存在最佳资本结构,如图5.4所示。这是另一种极端的资本结构理论观点。

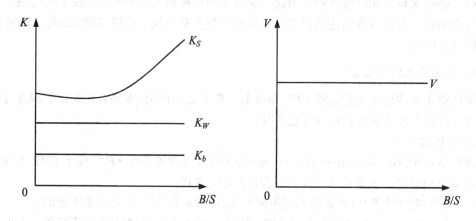

图 5.4 净营业收益理论

3) 传统理论

传统理论(The Method of Tradition)是建立在净收益和净经营收益理论基础上的一种折

中理论。该理论假定存在最佳资本结构,企业审慎地利用杠杆即可增加其总价值。该理论认为,企业在利用负债融资的初期可降低资本成本而增加企业总价值。虽然股东会增加必要权益报酬率 K_S,但这种增加并不能全部抵消使用低成本债务资本所带来的好处;但随着债务的增加,企业股东承担的财务风险越来越大,K_S 也越来越高,超过某个临界点后,K_S 的增加将会超过债务融资带来的好处。图 5.5 是对传统方法的具体说明。假定 K_S 随债务融资额的增加而以递增的比率增加,而 K_b 只在杠杆程度达到某一重要水平后才开始增加。起初,由于 K_S 的上升并不能全部抵消债务成本带来的好处,加权平均资本成本随杠杆程度的增加而降低。因此,适当利用杠杆比率会使加权平均成本 K_W 下降。然而经过某一点后,K_S 的上升会超过低成本债务的好处,K_W 开始升高,这种升高趋势在 K_S 上升时更加明显。所以,最佳资本结构是 K_W 最低点所对应的 B/S,此点企业价值最大。

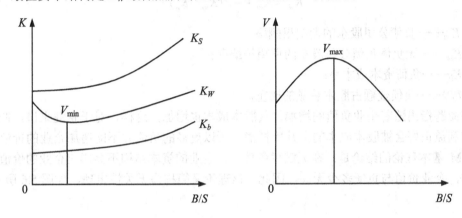

图 5.5 传统理论

2. 现代资本结构理论

早期资本结构理论的 3 种观点的差异实质上是因为各种理论所基于的假设不同而引起的,而这些假设又只是对企业所有者行为的一种推论,并没有经过科学的推导和统计分析。直到进入 20 世纪 50 年代后,西方财务理论研究才出现了较为重大的变革:数学模型被大量用于公司财务问题的研究,如 Markowitz 的证券组合理论(1952 年),Sharp 的资本资产定价模型(60 年代)与莫迪格莱尼、米勒的 MM 模型(1958 年)。MM 理论的提出,一方面极大地丰富了财务管理理论,另一方面也具有极其重要的方法论意义。在这一理论的诱导下出现了资本结构的权衡理论、不对称信息理论等,使西方资本结构理论研究进入了一个崭新的阶段。

1) MM 理论

MM 理论是莫迪格莱尼和米勒所建立的资本结构模型的简称。该模型作了如下假定。

(1) 公司的经营风险是可以计量的,经营风险相同的公司可以被看做是同类风险的公司。

(2) 所有现在或将来的投资者对公司的利息和税前利润($EBIT$)能够做出明智的评估,即投资者对公司未来的经营利润和取得经营利润的风险有同样的预期。

(3) 公司股票和债券都是在完全市场中交易,没有交易成本,不受任何法律制约,不需要缴纳个人所得税。

(4) 公司和个人负债都是无风险的,负债利率为无风险利率。

(5) 公司每年现金流都是固定不变的，即公司的增长率为零。

根据上述假定，可以得出 MM 模型的两种命题。

命题一：因为企业的价值可以通过用适合于企业风险等级的固定投资收益率对企业的 EBIT 进行资本化来确定，所以，根据 MM 理论，企业的价值独立于其负债率，这意味着，不论企业是否有负债，企业的加权平均资本成本完全独立其资本结构，所有负债企业的加权平均成本等于同一风险等级中任一无负债企业股本成本。这样，可以看出，该命题与净经营收益理论相同，在同一风险等级下，无负债企业的价值与有负债企业价值相同。

命题二：负债企业的股本成本等于同一风险等级中某一无负债企业的股本加上根据无负债企业的股本成本和负债成本之差以及负债率来确定风险补偿。

$$K_{sb} = K_{su} + \frac{B}{S} \times (K_{su} - K_b)$$

式中：K_{sb}——负债公司股东的期望报酬率；

K_{su}——无负债负债公司股东的期望报酬率；

K_b——负债资本成本率；

B/S——负债金额占股本总额的比重。

该命题指出随着企业负债的增加，其股本成本也增加，这样，对于企业来讲，低成本举债的利益正好会被股本成本的上升所抵消，所以更多的负债并不能增加企业的价值。因此，MM 基本理论的结论是：在无赋税条件下，企业的资本结构不会影响企业的价值和资本成本，企业价值与负债多少无关，因此，该理论又简称为无关性定理，如图 5.6 所示。

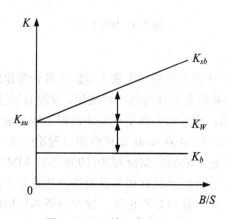

图 5.6　MM 第二命题(无税)

修正的 MM 理论提出，有债务的企业价值等于有相同风险但无债务企业价值加上负债的节税利益。因此，在考虑所得税的情况下，由于存在税收庇护利益，企业价值会随负债程度的提高而增加，股东也可获得更多的收益。于是，负债越多，企业价值也会越大。

2) 权衡理论

由于 MM 理论的假设在现实生活中并不存在，而且百分之百的负债也不可能。MM 理论仅考虑了负债带来的利益，却忽略了利用负债带来的成本和风险。有关学者在 MM 理论基础上进行了研究，并提出了权衡理论。权衡理论是在考虑了负债带来的杠杆利益同时，也考虑了利用负债带来的财务困境成本和代理成本。并在两者之间进行适当平衡的基础上来确定最优资本机构，所以这种理论又称为权衡理论。

权衡理论认为，企业资本结构应权衡负债的节税作用与债务成本才能达到最优。当负债比率不高时，负债代理成本与财务危机成本的增加均不明显，企业可以利用负债的节税作用提高企业的价值；随着负债比率的提高，负债代理成本与财务困境成本会明显增加，当两者之和大于负债的节税利益时，负债率的进一步提高，将导致企业价值的减小。因此，最优资本结构是负债代理成本与财务危机成本之和等于负债的节税利益的负债权益比。此时，企业价值最大如图5.7所示。

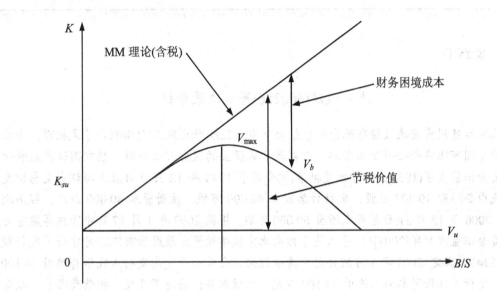

图5.7 权衡理论

本 章 小 结

本章主要讲述了企业的资本成本的计算、杠杆效应问题、最佳资金结构的确定。

资本成本是指企业为筹资和使用资金而发生的代价。资本成本包括筹资费用和使用费用。

个别资金成资本成本是指各种筹资方式的成本。其中包括债券成本、银行借款成本、优先股成本、普通股成本和留存收益成本，前两者可统称负债资本成本，后三者统称为权益资本成本。

加权资本成本是企业筹资资金的加权平均资本成本，它反映企业资本成本的总体水平的高低。加权资本成本又可分为已筹资资金的加权平举资本成本和新增资金的边际资本成本。企业应选择加权资本成本最低的资本结构，而边际资本成本主要用于追加筹资的决策。

杠杆原理及计算。当企业存在固定成本时，就存在经营杠杆原理；在固定成本不变的情况下，经营杠杆系数说明了在销售额增加(或减少)所引起息税前利润增加(或减少)幅度；财务杠杆系数是企业息税前利润增长对每股收益的影响程度；当企业同时存在固定的生产经营成本和利息等财务费用支出时，就存在复合杠杆效应。

最佳资本结构的确定。确定最佳资本结构的方法有：每股收益无差别点法(息税前利润——每股收益分析法)、比较资本成本法和公司价值分析法。

资金结构理论有早期资金结构理论和现代资金结构理论。早期资金结构理论包括净收益理论、净营业收益理论和传统理论3种；现代资金结构理论包括MM理论和平衡理论两种。

案例分析

北京城建(600266)筹资决策分析

北京城建投资发展股份有限公司系经北京市人民政府京政函[1998]57号文批准，由北京城建集团有限责任公司独家发起，以募集方式设立的股份有限公司。经中国证券监督管理委员会证监发字(1998)305号批复批准，该公司于1998年12月9日在上海证券交易所发行人民币普通股10 000万股，发行后总股本40 000万股，注册资本40 000万元。经历次转增，2006年12月31日总股本增至60 000万股。根据2007年1月17日中国证券监督管理委员会证监发行字[2007]11号《关于核准北京城建投资发展股份有限公司非公开发行股票的通知》的规定，2007年1月该公司申请通过向社会非公开定向发行人民币普通股14 100万股，发行后注册资本为人民币74 100万元。主营业务：房地产开发、销售商品房、投资及投资管理、销售金属材料、木材、建筑材料、机械电器设备；信息咨询(不含中介服务)；环保技术开发、技术服务。

筹资情况见表5-10。

表5-10　2006年筹资情况

发行方式	定向	发行数量	14 100万股
增发类型	原有A股增发A股	定向配售数量	14 100万股
增发年度	2006-12-31	预案公告日	2006-5-15
增发价格	8.50元/股	票面利率	10%
每股股利	1元	股利年增长率	5%

讨论：

试根据以上案例所提供的资料回答下列问题。

(1) 该筹资方式下的资本成本为多少？

(2) 该筹资方式下的资本结构是否合理？

(3) 对公司的资本结构进行分析？

(4) 对公司融资偏好进行分析。

分析要点:

(1) 2006年股票资本成本。

普通股资本成本=预期年股利额÷[普通股筹资数额×(1-筹资费率)]+股利年增长率

$$=1÷[8.5×(1-3\%)]+5\%$$

$$=17.13\%$$

(2) 资本结构分析。

(3) 资本结构类别比率分析(数据来自资产负债表)。

负债比率=负债总额÷负债和所有者权益总额×100%

$$=5\ 009\ 226\ 416÷7\ 012\ 103\ 520$$

$$=71.44\%$$

负债比率越高,股东或所有者权益越小,说明债权人对债权的安全性疑虑越大,而对所有者来说,负债比率高有两个好处:一是当资本利润率高于借款利率时,由于财务杠杆的作用,可提高资本利润率,使资本获利能力增强;二是可用较少的资本取得公司的控制权,并且将公司的一部分风险转嫁给债权人。

所有者权益比率=1-负债比率=1-71.44%=28.56%

负债与所有者权益比率=负债总额÷所有者权益×100%

$$=5\ 009\ 226\ 416÷1\ 889\ 662\ 191$$

$$=265\%$$

一般其比率越高,则表明公司的偿债能力越弱,债权人为公司承担了较大的风险,但当负债与所有者权益比率大于100%,并不一定说明公司的资本结构不稳定。

(4) 资本结构项目比率分析。

流动负债对总负债比率=流动负债÷负债总额×100%

$$=4\ 697\ 226\ 416÷5\ 009\ 226\ 416$$

$$=93.77\%$$

对公司的所有者来说,若公司不会遇到因短期债务到期不能还本付息时,公司保持较高的流动负债对总负债比率,可使所有者获得财务杠杆利益,公司靠举债偿还旧债维持长期资产占用就是为了获得财务杠杆利益,但前提是公司不会遇到偿债风险。

(5) 融资偏好分析。

不仅上市公司经理人偏好股权融资,国有股股东亦乐钟于此。在我国资本市场,股权结构复杂,存在着"同股不同权,同股不同价,同股不同利"的问题。流通股股东高市价购买,而非流通股的转让却是以每股净资产为定价基础。由于我国股票市场中市盈率极高,这就使得参照流通股价格定价的配股和增发的要比非流通股的持股价格溢价许多,因此股权融资所带来的每股资产收益增长利益远大于由股权稀释所导致的每股权益损失。

思考与习题

1. 思考题

(1) 资本成本的作用有哪些?

(2) 个别资本成本、加权资本成本如何计算？

(3) 怎样运用边际资本成本对投资项目进行选择？

(4) 经营杠杆系数的含义、经营杠杆系数与经营风险之间存在着什么样的关系？

(5) 财务杠杆系数的含义、财务杠杆系数与财务风险之间存在着什么样的关系？

(6) 复合杠杆系数的含义。

(7) 最优资本结构确定的方法有哪些？

2. 单项选择题

(1) 在个别资金成本的计算中，不必考虑筹资费用影响因素的是(　　)。
  A．长期借款成本　　　　　　　B．债券成本
  C．保留盈余成本　　　　　　　D．普通股成本

(2) 既具有抵税效应，又能带来杠杆利益的筹资方式是(　　)。
  A．发行债券　　　　　　　　　B．发行优先股
  C．发行普通股　　　　　　　　D．使用内部留存

(3) 只要企业存在固定成本，那么经营杠杆系数必定(　　)。
  A．大于1　　　　　　　　　　 B．与销量成反比
  C．与固定成本成反比　　　　　D．与风险成反比

(4) 财务杠杆影响企业的(　　)。
  A．税前利润　　　　　　　　　B．税后利润
  C．息税前利润　　　　　　　　D．财务费用

(5) 某公司全部资本为120万元，负债比例为40%，负债利率为10%，当销售额为100万元时，息税前利润为20万元，则该公司的财务杠杆系数为(　　)。
  A．1.25　　　B．1.32　　　C．1.43　　　D．1.56

(6) 某公司发行总面额为500万元的10年期债券，票面利率12%，发行费用率为5%，公司所得税率为33%。该债券采用溢价发行,发行价格为600万元,该债券的资金成本为(　　)。
  A．8.46%　　　B．7.05%　　　C．10.24%　　　D．9.38%

(7) 某公司发行普通股股票600万元，筹资费用率5%，上年股利率为14%，预计股利每年增长5%，所得税率33%，该公司年末留存50万元，未分配利润用作发展之需，则该笔留存收益的成本为(　　)。
  A．14.74%　　　B．19.7%　　　C．19%　　　D．20.47%

(8) 比较资金成本法是根据(　　)来确定资金结构。
  A．加权平均资金成本的高低
  B．占比重大的个别资金成本的高低
  C．各个别资金成本代数之和的高低
  D．负债资金的个别资金成本代数之和的高低

(9) 最佳资金结构是指(　　)。
  A．每股利润最大时的资金结构
  B．企业风险最小时的资金结构
  C．企业目标资金结构

D. 综合资金成本最低、企业价值最大时的资金结构

(10) 一般来讲，以下4项中(　　)最低。
  A. 长期借款成本 B. 优先股成本
  C. 债券成本 D. 普通股成本

3. 多项选择题

(1) 关于经营杠杆系数，下列说法正确的是(　　)。
  A. 在其他因素一定时，产销量越小，经营杠杆系数越大
  B. 在其他因素一定时，固定成本越大，经营杠杆系数越小
  C. 当固定成本趋近于0时，经营杠杆系数趋近于1
  D. 经营杠杆系数越大，反映企业的风险越大

(2) 总杠杆的作用在于(　　)。
  A. 用来估计销售变动时息税前利润的影响
  B. 用来估计销售额变动对每股盈余的影响
  C. 揭示经营杠杆与财务杠杆之间的相互关系
  D. 揭示企业面临的风险对企业投资的影响
  E. 前一次发行的债券已经全部募足

(3) 企业降低经营风险的途径一般有(　　)。
  A. 增加销售量 B. 增加自有资本
  C. 降低变动成本 D. 提高产品售价

(4) 下列关于资本成本的说法中，正确的有(　　)。
  A. 资本成本的本质是企业为筹集和使用资金而实际付出的代价
  B. 企业的加权平均资本成本由资本市场和企业经营者共同决定
  C. 资本成本的计算主要以年度的相对比率为计量单位
  D. 资本成本可以视为项目投资或使用资金的机会成本

(5) 利用每股盈余无差别点进行企业资本结构分析时(　　)。
  A. 当预计销售额高于每股盈余无差别点时，采用权益筹资方式比负债筹资方式有利
  B. 当预计销售额高于每股盈余无差别点时，采用负债筹资方式比权益筹资方式有利
  C. 当预计销售额低于每股盈余无差别点时，采用权益筹资方式比负债筹资方式有利
  D. 当预计销售额低于每股盈余无差别点时，采用负债筹资方式比权益筹资方式有利

(6) 边际资金成本是(　　)。
  A. 资金每增加一个单位而增加的成本
  B. 追加筹资时所使用的加权平均成本
  C. 保持某资金成本率条件下的资金成本
  D. 各种筹资范围的综合资金成本

(7) 保留盈余是所得税后形成的资本成本，正确的说法是(　　)。
  A. 它不存在成本问题
  B. 其成本是一种机会成本
  C. 它的成本计算不考虑筹资费用

D. 它相当于股东投资于某种股票所要求的收益率

(8) 关于经营杠杆系数，下列说法正确的是(　　)。
A. 安全边际越大，经营杠杆系数越小
B. 在保本图中保本点越向左移动，经营杠杆系数越大
C. 边际贡献与固定成本相等时，经营杠杆系数趋近于无穷大
D. 经营杠杆系数是销量对息税前利润的敏感度

4. 计算分析题

(1) 某建筑公司 2007 年销售产品 10 万件，单价 50 元，单位变动成本 30 元，固定成本总额 100 万元。公司负债 60 万元，年利率为 12%，所得税率为 25%。

要求：① 计算 2007 年边际贡献；
② 计算 2007 年息税前利润总额；
③ 计算该公司 2008 年复合杠杆系数。

(2) 某企业计划筹集资金 100 万元，所得税税率 25%，有关资料如下：①向银行借款 10 万元，借款年利率 7%，手续费 2%；②按溢价发行债券，债券面值 14 万元，溢价发行价格为 15 万元，票面利率 9%，期限为 5 年，每年支付一次利息，其筹资费率为 3%；③发行优先股 25 万元，预计年股利率为 12%，筹资费率为 4%；④发行普通股 40 万元，每股发行价格 10 元，筹资费率为 6%，预计第一年每股股利 1.2 元，以后每年按 8% 递增；⑤其余所需资金通过留存收益取得。

要求：① 计算个别资金成本；
② 计算该企业加权平均资金成本。

(3) 某施工企业施工一栋高层住宅楼，售价为 10 000 元/平方米，变动造价为 5 000 元/平方米，本项目的固定总造价为 2 000 万元，如果本年度销售该住宅楼 5 000 m²。

要求：① 计算公司的经营杠杆系数；
② 如果财务杠杆系数为 1.6，计算复合杠杆系数；
③ 本年每股收益为 8 元，预计明年息税前利润较本年增长 20%，计算明年的每股收益。

(4) 某建筑公司目前发行在外普通股 100 万股(每股 1 元)，已发行 10% 利率的债券 400 万元。该公司打算为一个新的投资项目融资 500 万元，新项目投产后公司每年息税前盈余增加到 200 万元。公司适用所得税率 25%。现有如下两个方案可供选择：

方案 1：按 12% 的利率发行债券。
方案 2：按每股 20 元发行新股。

要求：① 计算两个方案的每股利润；
② 计算两个方案的每股利润无差别点；
③ 计算两个方案的财务杠杆系数；
④ 判断哪个方案更好。

第 6 章 筹资决策

教学目标

通过本章的学习，应达到以下目标：
(1) 了解企业筹集资金的动机和要求；
(2) 熟悉企业筹资的各种来源渠道；
(3) 掌握各种筹资方式的种类、特点、价格确定等问题；
(4) 分析比较各种筹资方式的特点。

教学要求

知识要点	能力要求	相关知识
筹资概述	(1) 熟悉各种筹资渠道； (2) 熟悉各种筹资方式	(1) 筹资渠道、筹资方式； (2) 筹资渠道与筹资方式的合理配合
权益资金的筹集	(1) 熟悉普通股的发行条件和程序、价格等，掌握普通股的种类和优缺点； (2) 了解优先股的特点及种类，掌握优先股筹资的优缺点； (3) 掌握内部筹资的特点	(1) 普通股和优先股区别； (2) 普通股特点； (3) 留存收益
债务资金的筹集	(1) 了解债券的基本要素、发行条件、发行程序，掌握债券的种类、债券筹资的优缺点； (2) 了解银行借款的程序，掌握银行借款筹资的优缺点； (3) 了解和掌握商业信用的形式与筹资的优缺点； (4) 了解租赁筹资的程序和租金的计算，掌握融资租赁筹资的优缺点	(1) 企业债券； (2) 短期借款、长期借款、补偿性余额、信贷额度、周转信贷协定等； (3) 应付账款、预收账款等； (4) 经营性租赁、融资租赁等

基本概念

筹资　筹资渠道　筹资方式　普通股　优先股　债券　补偿性余额　周转信贷协定　应付账款　商业信用　融资租赁

引例

某施工企业目前资金结构见下表。

某施工企业资金结构表

筹资方式	金额/万元
长期债券(年利率8%)	1 000
留存收益	2 000
普通股(4 500万股)	4 500
合　计	7 500

因生产发展需要，该企业年初准备增加资金2 500万元，现有两个筹资方案可供选择：A方案为增加发行1 000万股普通股，每股市价2.5元；B方案为按面值发行每年年末付息、票面利率为10%的公司债券2 500万元。假定股票与债券的发行费用均可忽略不计；适用的企业所得税税率为25%。如果你是财务人员，应该选择哪种筹资方案？

6.1　工程项目筹资概述

6.1.1　筹资方式概述

企业财务活动是以筹集企业必需的资金为前提的，施工企业的生存与发展离不开资金的筹集。筹集资金是企业资金运动的起点，是决定资金运动规模和生产经营发展程度的重要环节，筹集资金是施工企业的基本财务活动，筹资管理是施工企业财务管理的一项重要内容。

1. 筹资的概念

企业筹集资金是指企业向外部有关单位或个人以及从企业内部筹措和集中生产经营所需资金的财务活动。资金是企业进行生产经营活动的必要条件。企业创建、开展日常生产经营业务，购置设备、材料等生产要素，不能没有一定数量的生产经营资金；扩大生产规模，开发新产品，提高技术水平，更要追加投资。筹措资金是企业资金运动的起点，是决定资金运动规模和生产经营发展程度的重要环节。通过一定的资金渠道，采取一定的筹资方式，组织资金的供应，保证企业生产经营活动的需要，是企业财务管理的一项重要内容。

2. 筹资动机

企业筹资要服务于财务管理的总体目标，其筹资的基本目的是为了企业自身正常生产经营与发展，具体表现为以下几种。

(1) 设立性筹资动机，是企业设立时为取得资本金而产生的筹资动机。

(2) 扩张性筹资动机，是企业为扩大生产经营规模或增加对外投资而产生的追加筹资的动机。

(3) 调整性筹资动机，是企业因调整现有资金结构的需要而产生的筹资动机。

(4) 混合性筹资动机，是企业同时既为扩张规模又为调整资金结构而产生的筹资动机。

3．筹资的要求

企业筹资的基本要求是要研究影响筹资的多种因素，讲求资金筹集的综合经济效益，具体要求如下。

(1) 正确预测资金需要量，满足生产经营或投资的需要。不论通过何种渠道，采取何种方式筹资都应该预先确定资金的需要量。因为资金不足会影响生产经营和投资活动的正常进行，资金过剩则会影响资金的使用效果，降低筹资收益。

(2) 合理选择筹资渠道和方式，力求降低资本成本。企业筹资的渠道和方式多种多样，不同筹资渠道和方式的资本成本和财务风险各不一样，因此，企业在筹资时要比较、选择各种筹资渠道和方式，优化资金来源结构，以便降低筹资成本。

(3) 适当安排资金结构，正确运用负债经营。企业资金结构一般是由权益资金和债务资金构成的。企业筹资时，必须使权益资金和债务资金保持合理的结构关系，既要防止负债过多而导致财务风险过大、偿债能力不足，又要有效利用负债经营，提高资金的收益水平。

(4) 遵守国家有关法规，维护各方合法权益。企业的筹资活动影响着社会资金的流向和流量，涉及有关方面的经济权益。企业筹集资金必须接受国家宏观指导与调控，遵守国家有关法律法规，实行公开、公平、公正的原则，履行约定的责任，维护有关各方的合法权益。

6.1.2 筹资渠道与方式

工程项目筹资活动需要通过一定的渠道并采用一定的方式来完成。筹资渠道和筹资方式的正确选择，有利于合理确定资本结构，降低筹资成本和风险。

1．筹资渠道

筹资渠道是指企业筹集资金的来源和通道，体现着资金的源泉与流量。我国现阶段企业的资金筹集渠道主要有如下几种。

1) 国家财政资金

国家财政资金是指国家对企业的直接投资，是国有企业特别是国有独资企业获得资金的主要渠道。现有国有企业的资金来源中，其资本部分大多是由国家财政以直接拨款方式形成的，除此以外，还有些是国家对企业"税前还贷"或减免各种税款而形成的。

2) 银行信贷资金

银行信贷资金是指银行对企业的贷款，也是企业重要的资金来源。商业性银行和政策性银行可分别向企业提供各种短期贷款和长期贷款。

3) 非银行金融机构资金

非银行金融机构是指各种从事金融机构业务的非银行机构，如信托投资公司、租赁公司、保险公司等。非银行金融机构的资金实力虽然较银行要小，但这些金融机构提供的资金比较灵活方便，且可提供其他方面的服务。

4) 其他企业和单位资金

其他企业和单位资金是指企业和某些事业单位在生产经营过程中，往往有部分暂时闲置的资金，并为一定的目的而进行相互投资；另外，企业间的购销业务可以通过商业信用方式来完成，从而形成企业间的债权债务关系，形成债务人对债权人的短期信用资金占用。企业间的相互投资和商业信用的存在，使其他企业资金也成为企业资金的重要来源。

5) 职工和民间资金

职工和民间资金是指本企业职工和城乡居民的投资都属于个人资金渠道。随着我国经济的发展，人民生活水平不断提高，职工和居民的节余货币作为"游离"于银行及非银行金融机构之外的个人资金，可用于对企业进行投资。

6) 企业自留资金

它是企业内部形成的资金，主要包括提取的公积金和未分配利润等。这些资金无须通过一定的方式去筹集，而是直接由企业内部自动生成或转移。

7) 外商资金

外商资金是指外国投资者和我国香港、澳门、台湾地区投资者投入的资金。吸收外资不仅可以满足我国建设资金的需要，而且能够引进先进技术和管理经验，促进我国技术的进步和产品水平的提高。

2. 筹资方式

筹资方式是指企业筹措资金所采用的具体形式。熟悉筹资方式的种类及每种筹资方式的特点，有利于企业选择适宜的筹资方式，有效地进行筹资组合，提高筹资效益。

目前我国企业的筹资方式一般有以下 7 种：①吸收直接投资；②发行股票；③银行借款；④商业信用；⑤发行债券；⑥企业内部积累；⑦融资租赁。

6.1.3 筹资种类

企业从不同筹资渠道和采用不同的筹资方式筹集的资金，可以按不同标志将其划分为各种不同的类型。

(1) 按所筹资金的性质分为权益资金和借入资金。

权益资金又称主权资本或自有资金，是企业依法筹集并长期拥有、自主支配的资金。它属于企业的所有者权益，主要包括实收资本(或股本)和留存收益。权益资金主要通过发行股票、吸收直接投资、内部积累等方式筹集。

借入资金又称负债资金或债务资金，是企业依法筹集并依约使用，需按期偿还的资金。借入资金主要通过发行债券、银行借款、商业信用、融资租赁等方式筹措取得。

(2) 按所筹资金期限分为长期资金和短期资金。

长期资金一般是指供一年以上使用的资金，主要满足购建固定资产、取得无形资产、开展长期对外投资、新产品的开发和推广等方面的需要，长期资金使用期限较长，但风险较大，成本相对较高。

短期资金，一般是指供一年以内使用的资金，主要用于维持日常生产经营活动的开展，如投资于现金、应收账款、存货等短期资产。短期资金使用期限较短，而资金成本较低，有些则是免费资金(如应付账款等)。

(3) 按筹资是否通过金融机构分为直接筹资和间接筹资。

直接筹资是指不经过金融中介机构直接向资金供应者借贷或发行股票、债券等方式进行的筹资。

间接筹资是指通过金融中介机构进行的筹资，其主要形式为银行借款、非银行金融机构借款、融资租赁等，是目前我国企业最为重要的筹资方式。

6.2 工程项目权益性资本的筹集

企业全部资本按其所有权的归属，分为权益成本和债务成本。权益资本一般由投入资本(或股本)和留存收益构成。权益资本的筹资方式，又称股权性筹资，主要有发行普通股筹资、发行优先股筹资和内部筹资。

6.2.1 普通股筹资

股票是股份公司为筹集自有资金而发行的有价证券，是持股人拥有公司股份的凭证。它代表持股人在公司中拥有的所有权，股票持有人即为公司的股东。公司股东作为出资人按其所持股份享有分享利润等权利，并以其所认购的股份为限对公司承担责任。发行股票使得大量社会游资得到集中和运用，并把一部分消费基金转化为生产资金。它是企业筹集长期资金的一个重要途径。

1. 股票的种类

股票的种类很多，各种股票有不同的特点，股份有限公司可根据有关情况选择发行各种不同的股票筹集资金。股票可以从不同的角度进行分类。

(1) 按股东的权利和义务的不同，分为普通股和优先股。

普通股是股份公司依法发行的具有管理权、股利不固定的股票，是股份公司资本的最基本部分。普通股的最大特点是股利不固定，随着公司盈利的多少及股利政策的松紧而变化。

普通股在权利义务方面的特点如下。

① 普通股股东对公司有经营管理权。
② 普通股股利分配在优先股分红之后。
③ 公司解散、破产时，普通股股东的剩余财产求偿权位于最后。
④ 公司增发新股时，有优先认股权。通常情况下，股份公司只发行普通股。

优先股是股份公司依法发行的具有一定优先权的股票。

其优先权利表现在以下几个方面。

① 优先于普通股获得股利，且股利率是固定的。

② 公司解散、破产时，优先于普通股分配剩余财产。优先股虽享有一定的优先权利，但是优先股股东在股东大会无表决权，在公司的经营管理上，仅对涉及优先股权利问题时有表决权。

(2) 按票面是否记名，分为记名股票和无记名股票。

记名股票是在股票票面上记载股东的姓名或名称，并将股东姓名或名称记入公司股东名册的股票。按照我国公司法的规定：公司向发起人、国家授权投资机构、法人发行的股票，应为记名股票；向社会公众发行的股票可以为记名股票，也可以为无记名股票。记名股票的转让、继承需要办理过户手续。

无记名股票是在股票票面上不记载股东的姓名或名称，股东姓名或名称也不记入公司股东名册的股票。公司只记载股票数量、编号及发行日期。无记名股票转让、继承无须办理过户手续。只要将股票交给受让人，就可发生转让效力，移交股权。故这类股票的持有人即股份所有人、具有股东资格。

(3) 按票面是否标明金额，分为面值股票和无面值股票。

面值股票是指在股票的票面上标明每股金额的股票。这种股票可以直接确定每一股份在企业资金总额中所占的份额。持有这种股票的股东，对公司享有的权利和承担义务的大小，依其所持有的股票票面金额之和占公司发行在外股票总面值的比例而定。

无面值股票是指在股票的票面上不标明每股金额，只载明每一股份在公司全部股票中所占有的比例的股票。无面值股票的价值随公司财产的增减而变动，而股东对公司享有的权利和承担义务的大小，直接依股票标明的比例而定。目前，我国公司法规定股票应记载股票的面额，并且其发行价格不得低于票面金额。

(4) 按面值币种和上市地区，分为 A 股、B 股、H 股和 N 股。

在我国深圳、上海上市的，有 A 股和 B 股。其中 A 股是以人民币标明票面金额，并以人民币认购和交易的股票。B 股是以人民币标明票面金额，以外币认购和交易的股票。此外，H 股为在我国香港上市的股票，N 股是在纽约上市的股票。

2. 股票发行的条件

股票的发行是利用股票筹集资金的一个重要问题。为了保护投资者的合法权益，维护社会经济秩序，股票发行者必须具备一定的资格与条件。根据我国有关规定，股票发行者必须是具有股票发行资格的股份有限公司，包括已经成立的股份有限公司和经批准拟成立的股份有限公司。这一规定体现了只有股份有限公司才可以发行股票，同时也说明并非所有的股份有限公司都有资格发行股票。我国股票发行的条件如下。

(1) 新设立的股份有限公司申请公开发行股票，应当符合下列条件。

① 生产经营符合国家产业政策。

② 发行普通股限于一种，同股同权。

③ 发起人认购的股本数额不少于公司拟发行股本总额的 35%。

④ 在公司拟发行的股本总额中，发起人认购的部分不少于人民币 3 000 万元，但国家另有规定的除外。

⑤ 向社会公众发行的部分不少于公司拟发行股本总额的 25%，其中公司职工认购的股本数不得超过拟向社会公众发行股本总额的 10%。公司拟发行股本总额超过人民币 4 亿

元的，证监会按照规定可以酌情降低向社会公众发行部分的比例，但是最低不少于公司拟发行股本总额的 10%。

⑥ 发起人在近 3 年内没有重大违法行为。

⑦ 证监会规定的其他条件。

(2) 原有企业改组设立股份有限公司申请公开发行股票，除应当符合上述情况下的各种条件外，还应当符合下列条件。

① 发行前一年末，净资产在总资产中所占比例不低于 30%，无形资产在净资产中所占比例不高于 20%，但证监会另有规定的除外。

② 近 3 年连续盈利。

国有企业改组设立股份有限公司公开发行股票的，国家拥有的股份在公司拟发行股本总额中所占的比例，由国务院或国务院授权的部门规定。

(3) 股份有限公司增资申请发行股票，除要具备设立发行的条件外，还应当符合下列条件。

① 前一次公开发行股票所得资金的使用与其招股说明书所述的用途相符，并且资金使用效益良好。

② 距前一次公开发行股票的时间不少于 12 个月。

③ 前一次公开发行股票到本次申请期间没有重大违法行为。

④ 证监会规定的其他条件。

3. 股票发行的程序

如果公司决定通过发行股票筹资，就必须掌握股票发行程序。只有经过法定程序发行的股票才是有效的。

股份有限公司在设立时发行股票与增资发行新股在程序上有所不同。

1) 设立时发行股票的程序

(1) 提出募集股份申请。

(2) 公告招股说明书，制作认股书，签订承销协议和代收股款协议。

(3) 招认股份，缴纳股款。

(4) 召开创立大会，选举董事会、监事会。

(5) 办理设立登记，交割股票。

2) 增资发行新股的程序

(1) 股东大会作出发行新股的决议。

(2) 由董事会向国务院授权的部门或省级人民政府申请并经批准。

(3) 公告新股招股说明书和财务会计报表及附属明细表，与证券经营机构签订承销合同，定向募集时向新股认购人发出认购公告或通知。

(4) 招认股份，缴纳股款。

(5) 改组董事会、监事会，办理变更登记并向社会公告。

从上面的发行程序可以看出，股票成功发行的过程漫长而复杂，仅就发行过程而言，各个环节都需要公司投入大量人力、物力，费用相当高。

4. 股票的发行价格

股票的发行价格在整个发行方案中至关重要。发行价定得过低,就不能以较低的成本筹得所需资本;发行价定得过高,又可能吸引不了潜在的投资者。因此,确定股票的发行价格必须考虑多种因素。例如,公司当前的盈利水平和预计的利润增长率、公司的资本结构、同类股票的市场价格及其走势、现行的利率水平及其变化情况等。一般情况下,股票发行价可通过以下几种途径确定。

(1) 通过承销人、包销人的竞争性要价或通过与承销人、包销人的直接谈判来确定发行价。这样做可充分利用承销商的指导性作用合理确定发行价。

(2) 由公司自己确定发行价,然后由投资者按公司确定的发行价订购股票。如果订购量超过发行量,公司则按比例减少投资者的订购数。如果订购量小于发行量,公司可用支付少量佣金的方式把未被订购的股票出售给有关推销机构,这样做可减少由承销人、包销人推销股票引起的成本。但公司自行定价有可能因缺乏经验和指导性意见而发生失误。

公司自行定价有多种方法,如收益资本化法、资产评估法和市盈率法等。其中,市盈率法采用得最为普遍。该方法的具体做法是:预测普通股每股年均收益,根据同类股票的实际情况选择与发行价有关的市盈率,然后,将二者相乘便可得到有关股票的发行价格。

(3) 以招标拍卖的方式确定发行价。当公司对股票发行价的确定难以把握时,可采用招标拍卖的方法确定发行价。具体做法是:先确定最低限度的股票发行价,然后让投资者的代表以高于最低限度发行价的价格投标。这时,最高的报价不一定是股票的发行价,因为按最高报价确定的发行价可能不足以将全部股票推销出去。因此,用这种方法确定股票发行价时,应考虑股票的销售情况。

5. 普通股筹资的优缺点

1) 普通股筹资的优点

(1) 发行股票筹集的是自有资金,是公司最基本的资金来源,它反映了公司的实力,能增强公司的举债能力。

(2) 发行股票筹集的资金是永久性资金,无到期日,不需归还,对维持公司长期稳定发展极为有益。

(3) 发行股票筹资没有固定的股利负担,与债券筹资相比风险较小。

2) 普通股筹资的缺点

(1) 利用普通股筹资,发行新的股票,引进新的股东,容易分散对公司经营活动的控制权。

(2) 股票筹资的成本与债券和其他负债筹资的成本相比要高出许多,企业资金成本负担较大。

6.2.2 优先股筹资

1. 优先股的特征

优先股是公司权益股本之一,也是长期资金来源之一。优先股一方面要求在支付普通股股利之前支付股利,另一方面在公司无力支付优先股股利时,可以暂不支付,从而避免企业破产。优先股具有如下重要特征:

1) 优先权利

相对于普通股,优先股具有如下权利。

(1) 优先获得公司收益分配的权利。

(2) 企业破产清算时,有优先获得清偿的权利。

2) 优先股面值

优先股通常有面值,其面值的意义如下。

(1) 企业清偿时优先股股东获得清偿的价值。

(2) 优先股的股利通常表示为面值的百分比,如某公司发行优先股的面值是 10 元,优先股股利是每年 5%,则优先股股东每持有 1 股,每年可获得股利 0.5 元。

3) 优先股股利

根据股利的支付情况,优先股可分如下为两类。

(1) 累积优先股,是指欠发的股利可以积累到以后的年度一起发放,积欠的股利一般不加利息。公司只有在发放完积欠的全部优先股股利后,才能发放普通股股利。

(2) 非累积优先股,是指欠发的股利不再补发的优先股。某公司某年因故无法支付优先股股利,今后盈利时只需付清当年的优先股股利后即可发放普通股股利,以前积欠的优先股股利不再补发。

4) 表决权

优先股股东能按时收到股利,没有对公司事务的表决权。但是,公司在特定的时间内无法向优先股股东支付股利时,则优先股股东具有一定程度的表决权。这是优先股股东的一种保护性权利。

5) 其他特点

优先股通常是有一定期限的,是可以收回的。企业可以在某一时期按特定价格收回市场上的优先股,收回权利通常在股票发行后一定年限才行使。收回优先股的权利可以使公司解除支付优先股股东股利的义务。有些优先股可以没有回收期,是否有回收期一般在发行优先股时给予说明,也有一些优先股在一定期限内有转换成普通股的权力。

2. 优先股筹资的优点与缺点

1) 优先股筹资的主要优点

(1) 优先股的发行是在不增加投票权和参与经营的股东人数的情况下集资的,它不会导致原有普通股股东控制能力的下降。

(2) 优先股是公司资本权益的增加,不是公司的负债。优先股在付不出股利时,可以拖欠,不至于进一步加剧公司资金周转的困难。

(3) 发行优先股不必以资产作为抵押,使公司可以保留资产,在必要时作为抵押品借债,从而保护了公司的融资能力。

(4) 有些国家对股利收入在税收方面给予一定的优惠。例如,美国的法规规定,公司的全部利润收入要交纳 34% 的公司所得税,而公司的股利收入只需将其中 20% 按 34% 的税率缴纳所得税,其余 80% 免税。因此,公司股利收入的实际纳税率仅为 $0.20 \times 0.34 = 0.068$,远低于利润收入的税率。

(5) 优先股没有固定的到期日,不用偿还本金,事实上使用的是一笔无期限的贷款,无偿还本金义务。但大多数优先股附有收回条款，这就得使用这种资金更有弹性。当财务状况较弱时发行，而财务状况转强时收回，有利于结合资金需求，同时也能控制公司的资本结构。

2) 优先股筹资的缺点

(1) 成本较高。在多数情况下，债券利息支出可作为费用处理，从利润中减去，减少应纳税所得额，从而减少所得税支出。而优先股股利属于资本收益，要从税后利润中支出，得不到税收屏蔽的好处，因而成本较高。

(2) 由于优先股在股利分配、资产清算等方面拥有优先权，使普通股股东在公司经营不稳定时的收益受到影响。

(3) 可能形成较重的财务负担。优先股要求支付固定股利，但又不能在税前扣除，当盈利下降时，优先股的股利可能会成为公司较重的一项财务负担，有时不得不延期支付，这又会影响公司的形象。

(4) 优先股的限制较多。发行优先股，通常由许多限制条款，如对企业保持一定的流动资本或最低流动比率的限制，对公司借债的限制等。

6.2.3 内部筹资

企业留存收益是指企业用税后利润进行分配所形成的公积金。企业的税后利润并不全部分配给投资者，而应按规定的比例提取法定公积金及任意公积金。公积金可用于购建固定资产，进行固定资产更新改造，增加流动资产储备，采取新的生产技术措施和试制新产品，进行科学研究和产品开发等。

占用它们虽然也会发生资金的使用成本(无论如何，对资金则这项使用都使它不能用于其他项目，所以尽管不需要支付现金，使用也有代价)，但是却不需要支付筹资费用。在筹资费用相当高的今天，利用留存收益筹集资金对公司非常有益。此外，公司如果不利用留存收益，将盈余以股利形式分配给股东，股东收到股利要缴纳个人所得税，税率一般很高；但是如果公司少发股利，适当利用自身积累的话，外界会认为公司有了新的投资机会，看好公司，公司股票价格因而上涨，股东可以出售部分股票来代替股利收入，而出售股票的收入所缴纳的资本利得税税率一般较低。还有一点，使用公司自己的资金积累来进行投资，减少负债筹资，公司的债权人就不会怀疑公司的偿债能力，公众也会信任公司的财务状况，可以提高公司的信用。

所以，利用留存收益也是自有资金的一种来源。这种筹资方式比其他权益资金的取得更为主动简便。但是这种筹资方式受制于施工企业保留盈余的多寡及公司的股利政策。

6.3 工程项目负债性资本的筹集

6.3.1 债券筹资

债券是企业依照法定程序发行的，承诺按一定利率定期支付利息，并到期偿还本金的有价证券，是持券人拥有公司债权的债权凭证。持券人可按期取得固定利息，到期收回本金,但无权参与公司经营管理,也不参加分红。持券人对企业的经营盈亏不承担责任。发行债券是企业筹集借入资金来源的一种重要方式。

1. 债券的种类

(1) 按发行主体,分为政府债券、金融债券和企业债券。政府债券是由中央政府或地方政府发行的债券,该债券风险小、流动性强;金融债券是银行或其他金融机构发行的债券,该债券风险不大、流动性较强、利率较高;企业债券是由各类企业发行的债券,企业债券风险较大、利率最高、流动性差别较大。

(2) 按有无抵押担保,分为信用债券和抵押债券。信用债券是以债券发行者自身的信誉发行的债券,政府债券一般均属于信用债券,一个信誉良好的企业也可发行信用债券;抵押债券是以一定抵押品作抵押而发行的债券,抵押债券按抵押物品的不同,又可分为不动产抵押债券、设备抵押债券和证券抵押债券。

(3) 按是否记名,分为记名债券和无记名债券。记名债券是指在债券券面上明确记载债券持有人姓名或名称的债券。偿还本金和支付利息时,企业根据债券名册付款。记名债券的转让、继承须办理过户手续;无记名债券是指在债券券面上不记载债权人的姓名或名称的债券,其还本付息时仅以债券为凭,企业见票即还本或付息。

(4) 按利率的不同,分为固定利率债券和浮动利率债券。固定利率债券是指将利率明确记载于债券上,按这一固定利率向债权人支付利息的债券;浮动利率债券是指债券上不明确记载利率,发放利息的利率水平按某一标准(如政府公债利率、银行储蓄存款利率等)的变化而同方向调整的债券。

(5) 按是否可转换为普通股,分为可转换债券和不可转换债券。可转换债券是指根据发行公司债券募集办法的规定,债券持有人在一定时期内,可以按某一固定的价格或一定的比例将所持债券转换为一定股数普通股的债券;不可转换债券是指不可以转换为普通股股票的债券。一般来说,前种债券的利率要低于后种债券。按照我国公司法的规定,发行可转换债券的主体只限于股份有限公司中的上市公司。

2. 债券的基本要素

债券作为一种有价证券,必须具备以下几个基本要素。

1) 公司名称

公司发行公司债券,必须在债务上注明公司名称,明确债务人以便承担有关法律责任。

2) 债券的票面金额

债券票面金额的大小,直接影响债券的发行成本及发行数量,从而影响筹资的效果。

3) 债券的利率

债券利率的高低是由发行债券的公司来决定的,但要受到银行利率、公司的资信级别、偿还期限、偿还利息的方式以及资本市场资金供求关系等因素的制约。

4) 债券的偿还期限

债券具有固定的偿还期限。偿还期限长短的确定主要受发行公司未来可调配的资金规模、市场利率的状况、证券市场的完善程度等因素的影响。

5) 债券的发行价格

债券的发行价格不一定等于债券的票面金额。债券的发行价格以票面金额为基础,但究竟定位多少还要考虑资本市场的供求状况、市场利率的变化情况等因素。

3. 发行债券的资格与条件

1) 发行债券的资格

我国公司法规定,股份有限公司、国有独资公司和两个以上的国有企业或者其他两个以上的国有投资主体投资设立的有限责任公司,有资格发行公司债券。由于股东只对盈亏承担有限责任,因此法律规定企业的债券发行资格和发行条件,从根本上说是保护债券持有者的权益。

2) 发行债券的条件

我国公司法还规定,有资格发行公司债券的公司,必须具备以下条件。

(1) 股份有限公司的净资产额不低于人民币 3 000 万元,有限责任公司的净资产额不低于人民币 6 000 万元。

(2) 累计债券总额不超过公司净资产额的 40%。

(3) 最近 3 年平均可分配利润足以支付公司债券 1 年的利息。

(4) 筹集的资金投向符合国家产业政策。

(5) 债券的利率不得超过国务院限定的水平。

(6) 国务院规定的其他条件。

另外,发行公司债券所筹集的资金,必须用于审批机关审批的用途,不得用于弥补亏损和非生产性支出,否则会损害债权人的利益。

发行公司凡有下列情形之一的不得再次发行公司债券。

(1) 前一次发行的公司债券尚未募足的。

(2) 对已发行的公司债券或者其债务有违约或延迟支付本息的事实,且仍处于持续状态的。

4. 发行债券的程序

发行债券要经过一定的程序,办理规定的手续,一般有以下步骤。

1) 作出发行债券的决议

发行债券要有董事会制订方案,股东会或其他有关机构作出决议。发行债券的决议中,具体决定公司债券发行总额、票面金额、发行价格、募集办法、债券利率、偿还日期及偿还方式等内容。

2) 报请批准

公司作出发行债券决议后,即应向有关部门提出申请,报请批准。公司发行债券由国务院证券管理部门审批。我国目前由中国人民银行管理债券的发行。公司向国务院证券管理部门申请批准发行公司债券,应当提交下列文件:公司登记证明、公司章程、公司债券募集办法、资产评估报告和验资报告。

3) 公告债券募集办法

发行公司债券的申请被批准后,应由发行公司制定公司债券募集办法。办法中应载明的主要事项有:公司名称、债券总额和票面金额、债券利率、还本付息的期限与方式、债券发行的起止日期、公司净资产额、已发行的尚未到期的债券总额、公司债券的承销机构等。

4) 募集债券数

公司向社会公众公告公司债券募集办法后，在募集办法规定的债券发行起止日期内，募集债券款。

公司债券的发行方式有两种：一种是私募发行；另一种是公募发行。

私募发行是由发行公司直接向特定购投资者发行债券、筹集债券款。

公募发行是由发行公司与承销机构签订承销合同，通过承销机构向社会公众公开发行的债券。承销机构一般是证券经营机构或投资银行。承销又有代销与包销两种方式。代销即由承销机构代为销售公司债券，在约定期限内未售出的公司债券将退还给发行公司，承销机构不承担发行风险。包销是由承销机构先购入发行公司拟发行的全部债券，然后再售给社会上的认购者。如在约定期限内未能将债券全部售出，则未售出的债券由承销机构负责认购。在我国，根据有关法规，公司发行债券必须与证券经营机构签订承销合同，由其承销。

公司发行公司债券，必须在债券上载明公司名称、债券票面金额、票面利率、偿还期限等事项，并由董事长签名，公司签章。

发行记名公司债券的，应当在公司债券存根簿上载明下列事项：债券持有人的姓名或者名称及住所；债券持有人取得债券的日期及债券的编号；债券的总额、债券的票面金额、债券的利率、债券还本付息的期限和方式；债券的发行日期等。

5. 债券的发行价格

债券的发行价格是债券发行时使用的价格，亦即投资者购买债券时所支付的价格。公司债券的发行价格通常有3种：平价、溢价和折价。

平价是指以债券的票面金额为发行价格；溢价是指以高出债券票面金额的价格为发行价格；折价是指以低于债券票面金额的价格为发行价格。在实践中往往要按低于或高于债券票面金额的价格出售，即折价发行或溢价发行。这是因为债券发行价格的形成受诸多因素的影响，其中主要的是票面利率与市场利率的一致程度。债券的票面利率在债券发行前即已参照市场利率和发行公司的具体情况制定下来，并载明于债券之上；而市场利率经常变动，债券利率一经确定就不能改变。在从决定债券发行到债券开印，一直到债券发售的一段时间里，如果市场利率较前有变化，就要依靠调整发行价格(折价或溢价)来调节债券购销双方在债券利息上的利益。具体为：当票面利率高于市场利率时，以溢价发行债券；当票面利率等于市场利率时，以平价发行债券；当票面利率低于市场利率时，以折价发行债券。

债券发行价格的高低，取决于以下4种因素。

1) 债券票面价值即债券面值

债券面值就是债券票面上的标定价值。债券面值是债券到期时发行公司偿还本金的数额，也是在债券期限内据以按票面利率计算利息的本金额。债券售价的高低，从根本上取决于面值大小，面值是企业将来归还的数额，而售价是企业现在收到的数额。在考虑资金时间价值、不考虑利率的情况下，企业应按低于面值的售价出售，即按面值进行贴现收取债券价款。

2) 债券利率

债券利率是指债券持有者定期获取的利息与债券票面价值的比率。债券利息是企业在债券发行期内付给债券购买者的。债券利率越高,则售价也越高。

3) 市场利率

市场利率是衡量债券利率高低的参照指标,与债券售价成反向关系。

4) 债券到期日

债券发行的起止日期越长,则风险越大,售价越低。

债券的发行价格由两部分组成:

(1) 债券到期还本面额;

(2) 债券各期利息。

所以,在考虑资金时间价值的情况下,债券发行价格的计算公式为

$$债券发行价格 = \frac{票面金额}{(1+市场利率)} + \sum_{t=1}^{n}\frac{票面金额 \times 票面利率}{(1+市场利率)} \tag{6-1}$$

式中:n——债券期限;

t——付息期数;

市场利率——债券发行时的市场利率。

【例 6.1】 某建筑公司发行面额为 1 000 元,票面利率 6%,期限 10 年的债券,每年年末付息一次。求市场利率分别为 6%、4%、8%时的发行价格。

解:(1) 若债券发行时的市场利率为 6%,等于票面利率,故等价发行。发行价格可计算如下

$$债券发行价格 = \frac{1\,000}{(1+6\%)^{10}} + 1\,000 \times 6\% \times (P/A, 6\%, 10)$$

$$= \frac{1\,000}{1.791} + 60 \times 7.360$$

$$\approx 1\,000(元)$$

(2) 若债券发行时的市场利率为 4%,低于票面利率,故溢价发行。发行价格可计算如下

$$债券发行价格 = \frac{1\,000}{(1+4\%)^{10}} + 1\,000 \times 6\% \times (P/A, 4\%, 10)$$

$$= \frac{1\,000}{1.480} + 60 \times 8.111$$

$$\approx 1\,162.34(元)$$

(3) 若债券发行时的市场利率为 8%,高于票面利率,故折价发行。发行价格可计算如下

$$债券发行价格 = \frac{1\,000}{(1+8\%)^{10}} + 1\,000 \times 6\% \times (P/A, 8\%, 10)$$

$$= \frac{1\,000}{2.159} + 60 \times 6.710$$

$$\approx 865.78(元)$$

6. 债券筹资的优缺点

1) 债券筹资的优点

(1) 资金成本较低。与股票筹资相比，发行费用较低，且债券利息在税前支付，具有节税功能，所以筹资成本相对较低。

(2) 有财务杠杆作用。由于债券利息固定，不会因企业利润增加而增加持券人的收益额，从而能为股东带来杠杆效益。

(3) 不会分散控制权。债券持有者无权参与企业管理决策，有利于保障股东对公司的控制权。

(4) 便于调整资本结构。公司债券种类很多，公司在决策发行种类时，如果适时选择了可转换债券或可提前赎回债券，则企业可主动调整其资本结构。

2) 债券筹资的缺点

(1) 筹资风险高。利用债券筹集资金，同其他借入资金筹资一样，要承担按期还本付息的义务，风险较大。

(2) 限制条件多。为保障债券持有人的安全，通常发行债券筹要受到一定的限制。

(3) 筹资额有限。发行债券作为一种负债筹资方式，公司的负债比率过高，会影响公司的再筹资能力，所以筹资数量有限。

6.3.2 银行借款

1. 短期借款

在企业的短期资金来源中，从银行取得贷款是主要渠道之一。按偿还期限的长短来划分，银行借款可分为短期借款和中长期借款。

短期借款是指借款期在 1 年以内(含 1 年)的借款，包括经营周转借款和临时借款。

经营周转借款是企业为满足生产经营正常循环周转的需要而向银行取得的借款。企业经营周转借款主要根据财务计划、计划年度需要追加筹集的短期借款额来确定。

为解决资金临时出现的周转困难而向银行取得的借款。企业在生产经营过程中，资金占用量经常会发生波动、出现资金需求的高峰点。为了确保生产经营的正常进行，企业对临时性资金需要一般均通过银行借款来满足。临时借款主要解决的资金问题如下。

(1) 企业的原材料季节性储备、产品的生产和销售以及运输等受季节性影响所引起的超量资金需要。

(2) 企业超计划生产、销售短线产品和市场适销产品所引起的超量资金需要。

(3) 因企业偶然性原因而引起的临时资金需要，如国外进口物资提前或集中到货，产品价格尚未确定或暂时缺少包装材料形成的超计划物资储备，原材料或产品价格变化而引起的资金变化等。

银行向企业发放的临时贷款，期限一般在 3 个月以内，最长不超过 6 个月。

以上所述的经营周转借款和临时借款，与自动生成资金不同，它必须由企业同银行进行协商并签署合同才能取得。这种借款具有自动清偿的特点，即在季节性销售高潮末期，许多存货和应收账款会转化为现金，需要偿还借款的资金将自动地产生。换言之，企业利用短期借款所进行的生产经营活动实质上就是一个偿还该借款的机制。所以，对银行来说，企业短期借款的风险较小。

2. 长期借款

长期借款是指企业向银行或非银行金融机构借入的,偿还期限在一年以上的各种借款。长期借款主要用于购建固定资产和满足长期流动资产资金占用的需要。长期借款是企业长期负债筹资的主要方式之一。

1) 长期借款的种类

长期借款的种类很多,按不同的标准可进行不同的分类。各企业可根据自身的情况和各种借款条件选用。

(1) 按借款担保条件,分为信用借款和抵押借款。信用借款是指以借款人的信誉为依据而获得的借款。企业取得这种借款,无须以财产作抵押;抵押借款是指企业以特定的抵押品作为担保从银行取得的借款。长期借款的抵押品常常是房屋、建筑物、机器设备、股票、债券等。

(2) 按借款用途,分为固定资产投资借款、更新改造借款、科技开发和新产品试制借款。固定资产投资借款,是企业打算用于较长期的固定资产投资的借款。更新改造借款,是企业打算将借款用于企业固定资产的更新改造的长期借款。科技开发和新产品试制借款,是企业打算用于科学研究、生产开发和新产品试制及其配套的长期借款。

(3) 按提供贷款的机构,分为政策性银行借款、商业银行借款和保险公司借款。政策性银行借款是企业从执行同家政策性贷款业务的银行取得的借款,如国家开发银行为满足企业承建国家重点建设项目的资金需要提供的贷款。

商业银行借款是企业从商业银行取得的借款。这类贷款主要是满足企业生产经营和短期资金需要,其长期贷款是为填补企业建设竞争性项目资金的不足。如从工商银行、建设银行和农业银行借入的贷款等。

保险公司借款,是企业从保险公司取得的借款。

此外,企业还可以向信托投资公司、证券公司、企业集团财务公司等非银行金融机构申请得到借款。

2) 长期借款协议的保护性条款

人们都愿意规避风险,而银行家更是把风险规避看作一门艺术。只有经过考虑,确认了公司有足够的能力还款,才会决定向公司贷款。而一旦银行作出长期贷款承诺,就需在一较长时期内将一定量的资金提供给借款人。为了保护其自身权益,保证到期能收回贷款并获得收益,银行要求企业保持良好的财务状况,对企业提出一些有助于保证贷款按时足额偿还的条件。这些条件写进贷款合同中,形成了合同的保护性条款。如果借款企业财务状况恶化,则银行的利益就可能受到损害,银行可据此采取必要的措施。这些保护性条款主要是为了保护债权人债权的安全,而对借款企业而言,它实际上是一种限制性契约条款。归纳起来,保护性条款大致有以下 3 类。

(1) 一般性保护条款。一般性保护条款应用于大多数借款合同,但根据具体情况会有不同的内容,主要包括以下内容。

① 对借款企业流动资金保持量的规定。例如,规定借款企业的流动比率不得低于 150%。其目的在于保持借款企业资产的流动性及偿债能力。

② 对支付现金股利和再购入股票的限制。借款企业支付现金股利和股票的再购入会减少企业的流动资金，从而降低企业的流动比率。限制借款企业的现金支付，目的在于限制现金外流，以保证借款企业的还款能力。

③ 对资本支出规模的限制。这个条款是对借款企业的长期投资项目做出限制，要求企业的长期投资限定在一定的范围之内。其目的在于保证企业资产的流动性，减少借款企业日后不得不变卖固定资产以偿还借款的可能性。

④ 限制其他长期债务。要求借款企业在借入其他长期负债时要限制在约定的额度以内。其目的在于防止其他贷款人取得对借款企业资产的优先求偿权。

(2) 例行性保护条款。例行性保护条款作为例行常规，在大多数借款合同中都会有类似条款，主要包括以下内容。

① 借款企业定期向贷款者提交财务报表，其目的在于便于贷款者及时掌握借款企业的财务状况，以作出相应的对策。

② 不准在正常情况下出售较多资产，以保持借款企业正常的生产经营能力。其目的在于保证借款企业有稳定的经济效益，增强其支付能力。

③ 及时缴纳应缴纳的税金和如期清偿到期债务，以防被罚款而造成现金流失。

④ 不准以任何资产作为其他承诺的担保或抵押，以避免企业过重的负担。

⑤ 限制租赁固定资产的规模。其目的在于防止企业负担巨额租金以致削弱其偿债能力，还在于防止企业以租赁固定资产的办法摆脱其对资本支出和负债的约束。

(3) 特殊性保护条款。特殊性保护条款是针对某些特殊情况而制定的条款，主要包括以下内容。

① 借款专款专用，要求借款企业按借款合同规定的用途使用所借入的款项。

② 不准企业投资于短期内不能收回资金的项目。

③ 限制企业高级职员的薪金和奖金总额。

④ 要求企业主要领导人在合同有效期间担任领导职务。

⑤ 要求企业主要领导人购买人身保险等。

3) 长期借款的偿还方式

长期借款的金额大、期限长。因此，在借款合同中往往规定借款的偿还方式。企业取得长期借款后，要根据借款合同规定的偿还方式，有针对性地作出借款偿还的计划，以确保按期还本付息。

长期借款的偿还方式通常有：定期支付利息、到期一次性偿还本金的方式；定期等额偿还方式；平时逐期偿还小额本金和利息，期末偿还余下的大额部分的方式等。其中第一种偿还方式会加大企业借款到期时的还款压力；而定期等额偿还又会提高企业使用贷款的实际利率。

3. 银行借款筹资的优缺点

1) 银行借款筹资的优点

(1) 筹资速度快。长期借款的手续比发行债券简单得多，得到借款所花费的时间短，筹资速度快。

(2) 借款灵活。企业可以与银行直接接触，协商借款的金额、期限和利率，借款后情况变化还可再次协议,借款灵活性较大。

(3) 借款成本较低。由于借款利率相对较低,且无需支付数量很大的发行费用,故借款资金成本较低。

2) 银行借款筹资的缺点

(1) 筹资数额有限。一般来说,银行都不愿出借巨额的长期借款,因此向银行借款,筹资数额往往不可能很多。

(2) 限制条款较多。在借款合同中银行提出的限制性条款比较多,这不仅约束了企业的生产经营,也在一定程度上影响了借款的作用。

(3) 财务风险大。企业通过向银行借款筹资,必须定期还本付息,在经营不利的情况下,可能会产生不能偿付的风险,甚至会导致破产。因此这种筹资方式,势必加大了企业的财务风险。

6.3.3 商业信用

1. 商业信用的形式

商业信用是指买方以延期付款方式或卖方以预收账款方式而获得的一笔暂时可直接支配的资金的一种直接借贷关系。在制造业和商品流通业,商业信用占流动负债的40%左右(它是公司筹集短期资金的一种重要手段)。施工企业利用商业信用融资,一般有以下几种形式。

1) 应付账款

应付账款是指企业购买货物暂未付款而欠对方的账项,即卖方允许买方在购货后一定时期内支付货款的一种形式。对买方来说延期付款等于向卖方借用资金购进商品,可以满足短期资金的需要。而对卖方来说是利用这种形式进行促销。

应付账款可以分为免费信用、有代价信用和展期信用。免费信用即买方企业在规定的折扣期内享受折扣而获得的信用;有代价信用即买方企业放弃折扣付出代价而获得的信用;展期信用即买方企业超过规定的信用期推迟付款而强制获得的信用。

(1) 应付账款的成本。倘若买方企业购买货物后在卖方规定的折扣期内付款,便可以享受免费信用,这种情况下企业没有因为享受信用而付出代价。

【例6.2】 某施工企业按"2/10,$n/30$"的信用条件购入货物100万元。

如果该企业在10天内付款,便享受了10天的免费信用期,并获得折扣2万元($100 \times 2\%$),免费信用额为98万元(100-2)。如果买方企业放弃折扣,在10天后(不超过30天)付款,该企业便要承受因放弃折扣而造成的隐含利息成本。放弃现金折扣成本的计算公式为

$$放弃现金折扣成本 = \frac{折扣百分比}{1-折扣百分比} \times \frac{360}{信用期限-折扣期限} \times 100\% \tag{6-2}$$

$$该企业放弃折扣多负担的成本 = \frac{2\%}{1-2\%} \times \frac{360}{30-10} \times 100\% = 36.73\%$$

这表明,放弃现金折扣的成本与折扣百分比的大小、折扣期的长短同方向变化,与信用期的长短呈反方向变化。可见如果买方企业放弃折扣而获得信用融资,其代价较高。只要公司筹资成本不超过36.73%,就应当在第10天付款。

然而,企业在放弃折扣的前提下,推迟付款的时间越长,其成本就会越小。如果企业

延至 40 天付款，其成本计算为：

$$该企业延期付款的成本 = \frac{2\%}{1-2\%} \times \frac{360}{40-10} = 24.49\%$$

(2) 利用现金折扣的决策。在附有信用条件的情况下，因为获得不同信用要负担不同的代价，买方企业便要在利用哪种信用之间作出决策，并在决策过程中要考虑以下问题。

① 如果能以低于放弃折扣的隐含利息成本(实质上是一种机会成本)的利率借入资金，便应在现金折扣期内用借入的资金支付货款，享受现金折扣。

② 如果折扣期内将应付账款用于短期投资，所得的投资收益高于放弃折扣的隐含利息成本，则应放弃折扣而去追求更高的收益。

③ 如果企业因缺乏资金而欲展延付款期，则需在降低了的放弃折扣成本与展延付款带来的信用损失之间作出选择。

④ 如果面对两家以上提供不同信用条件的卖方，应通过衡量放弃折扣成本的大小，选择信用成本最小的一家。

2) 应付票据

应付票据是公司根据购销合同进行延期付款的商品交易而签发和承兑的商业汇票，包括商业承兑汇票和银行承兑汇票。对于购货方来讲，应付票据类似于应付账款，不同之处主要在于它将所欠货款以票据形式确定下来。

3) 预收账款

采用预收账款这种信用形式，销货方预先向购货方收取一部分或全部货款，而将商品推迟到以后某个时间交付。销售方利用预收账款购买材料和支付各项开支，实际上这为销货方提供了一笔借款。在商品短缺的卖方市场下，预收货款的交易方式十分普遍。

2. 商业信用融资的优缺点

1) 商业信用融资的优点

(1) 筹资便利。利用商业信用筹资非常方便，这是由于商业信用与商品买卖同时进行，属于一种自然融资，不用做非常正规的安排。

(2) 筹资成本低。如果没有现金折扣，或企业不放弃现金折扣，则利用商业信用集资没有实际成本。

(3) 限制条件少。如果企业利用银行借款筹资，银行往往对贷款的使用规定一些限制条件，而商业信用则限制较少。

2) 商业信用筹资的缺点

商业信用的期限一般较短，如果企业取得现金折扣，则时间会更短，如果放弃现金折扣，则要付出较高的资金成本。

6.3.4 融资租赁

租赁是承租人向出租人交付租金，出租人在契约或合同规定的期限内将资产的使用权让渡给承租人的一种经济行为。租赁活动由来已久，现代租赁行业已发展成为一个有相当规模的综合性行业，成为解决企业资金来源的一种重要筹资方式。按租赁业务性质，租赁分为经营租赁和融资租赁两种。

1. 经营租赁和融资租赁

经营租赁是出租人向承租人提供租赁设备，并提供设备维修和人员培训等服务性业务的租赁形式。从租赁期限看，它大多属于短期租赁；从租赁人的目的看，承租人不在于通过租赁而融资，而在于通过租入设备，取得短期内的使用权和享受出租人提供的专门技术服务。因此，它又称营业租赁或服务租赁，不属于借贷关系的范畴。

经营租赁的特点主要如下。

(1) 出租的设备一般由租赁公司根据市场需要选定，然后再寻找承租企业。

(2) 租赁期较短、短于资产的有效使用期，在合理的限制条件内承租企业可以中途解约，这在有新设备出现或租赁的设备企业不再需用时，对承租人比较有利。

(3) 设备的维修、保养由租赁公司负责。

(4) 租赁期满或合同中止以后，出租资产由租赁公司收回。

融资租赁是由出租人(租赁公司)按照承租人(承租企业)的要求融资购买设备，并在契约或合同规定的较长时期内提供给承租人使用的信用业务。它是以融通资金为目的的租赁，一般借贷的对象是资金；而融资租赁的对象是实物。融资租赁是融资与融物相结合的，带有商品销售性质的借贷活动，是企业筹集资金的一种方式。

融资租赁的特点主要如下。

(1) 一般由承租人向出租人提出正式申请，由出租人融通资金引进用户所需设备，然后再租给用户使用。

(2) 租赁期较长，接近于资产的有效使用期，在租赁期内双方无权取消合同。这样既能保证承租人长期使用资产，又能保证出租人在基本租期内收回投资并获得一定利润。

(3) 在租赁期间内，由承租企业负责设备的维修、保养和保险。

(4)租赁期满后，按事先约定的方法处理设备，包括退还租赁公司；企业留购，即以很少的"名义价格"(相当于设备残值的市场售价)买下设备以及续租等。通常采用企业留购的办法。这样，租赁公司也可免除处理设备的麻烦。

2. 融资租赁的形式

融资租赁按业务的特点，可分为3种类型：直接租赁、售后回租、杠杆租赁。

1) 直接租赁

这种形式是由出租方直接将购入设备租给承租人，并收取租金。它涉及出租人与承租人两个当事人。直接租赁是融资租赁中最普遍的一种，是融资租赁的典型形式。

2) 售后回租

这种形式是指承租人先将拥有所有权的资产出售给出租人，然后再将该项资产租回的租赁。在这种方式下，既能解承租人资金急需之困，得到一大笔相当于资产市价的现金用于其他资产的购置或现金支付，又可在租赁期内用每年支付的租金换取原有设备的使用权。

3) 杠杆租赁

这种形式是由资金出借人为出租人提供部分购买资产的资金，再由出租人购入资产租给承租人的方式。它一般涉及出租人、承租人和资金出借人三方当事人。从承租人的角度看，这种租赁与其他租赁形式并无区别。从出租人的角度看，出租人只垫支购置资产设备所需资金的一部分(如 30%)、其余部分(如 70%)则以该资产为担保向资金出借人借入。因此，在这种情况下，出租人既是资产的出借人，同时又是款项的借入人，通过租赁既要收取租金，又要支付债务。由于租赁收益大于借款成本，出租人借此而获得财务杠杆收益。因此，这种租赁形式被称为杠杆租赁。

3. 融资租赁的特点

融资租赁的主要特点如下。

(1) 承租人必须向出租人提出正式申请，然后由出租人融资购进设备再租给用户使用。

(2) 租期较长。融资租赁的租期一般为租赁财产寿命的一半以上。

(3) 租赁合同比较稳定，不能中途随意取消。这样既能保证承租人长期使用资产，又能保证出租人在基本租期内收回投资并获得一定利润。

(4) 出租人仍然保留租赁资产的所有权，但与租赁资产有关的全部风险和报酬实质上已经转移。承租人需要承担租赁资产的维修保养、折旧和其他费用，但无权自行拆卸改装。

(5) 融资租赁的租金通常包括出租人支付租赁设备的买价、利息费用和手续费用。

(6) 租赁期满，承租人有优先选择廉价购买租赁资产的权利、或采取续租方式、或将租赁资产退还出租人。

4. 融资租赁租金的计算

企业在采用融资租赁方式筹资时，租金的数额及租金的支付方式对承租人来说非常重要。租金的数额和支付方式直接影响着企业未来的财务状况，也是企业进行租赁筹资决策的重要指标。

1) 租金的构成

从出租人的角度，为购置设备需要支付一定的代价，并以此来取得收益。这些代价或收益都需要通过租金收入来补偿或取得。因此，租金的构成主要包括如下几方面。

(1) 设备价款。包括设备买价、运输费、安装调试费、保险费等。

(2) 预计设备残值。指设备租赁期满后，出售可得的市价(它作为租金构成的减项)。

(3) 利息。指出租人为承租企业购置设备垫付资金所应支付的利息。

(4) 租赁手续费。指出租人承办租赁设备所发生的营业费用及出租人的利润。租赁手续费的高低由出租人与承租人协商确定，一般以租赁设备价款的某一百分比收取。

2) 租金的计算

融资租赁租金的计算方法主要有平均分摊法、等额年金法、附加利率法、浮动利率法等。在我国的融资租赁实务中，大多数采用平均分摊法和等额年金法。

(1) 平均分摊法。它是指按事先确定的利息率和手续费率计算出租赁期间的利息和手续费总额，然后连同设备成本按支付次数进行平均。这种方法不考虑资金时间价值因素，计算比较简单，其计算公式为

$$R = \frac{(C-S)+I+F}{N} \tag{6-3}$$

式中：R——每次应付租金数额；

C——租赁设备的购置成本；

S——租赁设备的预计残值；

I——租赁期间利息；
F——租赁期间手续费；
N——租赁期间租金支付次数。

【例 6.3】 某施工企业企业向租赁公司租赁一套设备，设备原价 200 万元，租期 8 年，预计租赁期满的残值为 10 万元，年利率按 9% 计算，手续费为设备原价的 2%，租金每年年末支付一次。则该设备的每次应付租金数额为

$$R = \frac{(200-10) + \left[200 \times (1+9\%)^8 - 200\right] + 200 \times 2\%}{8} = 49.06(万元)$$

(2) 等额年金法。它是将利息率与手续费率综合在一起确定一个租费率，作为贴现率，然后运用年金现值方法计算确定的每年应付租金。这种方法与平均分摊法相比，因为考虑了资金的时间价值，结果更具客观性。因租金有先付租金和后付租金两种支付方式，需分别说明。

后付租金的计算。承租企业与租赁公司商定的租金支付方式，大多为后付等额租金，即普通年金。

根据年资本回收额的计算公式，可确定出后付租金方式下每年年末支付租金数额的计算公式

$$A = P/(P/A, i, n) \tag{6-4}$$

式中：P——租赁设备的现值；
A——每期应付的租金；
i——折现率；
n——支付租金期数。

【例 6.4】 某施工企业采用融资租赁方式于 2009 年 1 月 1 日从某租赁公司租入一台设备，设备价款为 100 000 元，租期为 10 年，到期后设备归企业所有，双方商定采用 15% 的折现率，试计算该企业每年年末应支付的等额租金。

解：
$$A = 100\ 000/(P/A, 15\%, 10)$$
$$= 100\ 000/5.018\ 8$$
$$\approx 1\ 9925.08(元)$$

先付租金的计算。承租企业有时可能会与租赁公司商定，采取先付等额租金的方式支付租金。根据即付年金的现值公式，可得出先付等额租金的计算公式

$$A = P/[(P/A, i, n-1) + 1] \tag{6-5}$$

沿用上例，假如双方商定把租金支付方式改为先付等额租金，则每年年初应支付的租金额可计算如下

$$A = 100\ 000/[(P/A, 15\%, 9) + 1]$$
$$= 100\ 000/(4.771\ 6 + 1)$$
$$\approx 1\ 7326.22(元)$$

5. 融资租赁筹资的优缺点

1) 融资租赁筹资的优点

(1) 融资速度快。融资租赁比借款购置设备更迅速、更灵活，因为租赁是筹资与设备

购置同时进行,可以缩短设备的购进、安装时间,使企业尽快形成生产能力。

(2) 可给承租企业提供追加的资金来源。有些企业由于种种原因,如负债比率过高、资信较弱等,不能向外界筹集大量的长期资金。而融资租赁方式则不必支付大量资金就能得到所需设备,从而可以解决这类企业的筹资困难,并且还可达到全额筹资的效果。

(3) 限制条款少。发行债券、股票和长期借款等筹资方式都有相当多的限制条款,相比之下,融资租赁筹资的限制要少。

(4) 设备淘汰风险小。现代社会科学技术迅速发展,固定资产更新周期日趋缩短,企业设备陈旧时的风险日益增高,但利用融资租赁方式可以减少这一风险。这主要是由于:一是融资租赁的期限虽然一般为资产使用年限的75%,但不会像自己购买设备那样承担整个期间的设备过时风险;二是多数租赁协议都规定由出租人承担设备陈旧过时的风险。

(5) 到期还本负担轻。融资租赁的租金在整个租期内分摊,不用到期归还大量本金,将到期不能偿付的风险均匀分散在整个租赁期,降低了企业到期不能偿付的风险。

(6) 税收负担轻。租赁可在所得税前扣除,具有抵免所得税的效用。

2) 融资租赁筹资的缺点

融资租赁最主要的缺点是资金成本较高。与债券和贷款相比,租赁费通常要高于利息费用。在财务困难时,固定的租金也会构成一项较沉重的负担。其次,租赁筹资这种筹资方式不能享有设备的残值,这也是一种损失。

本 章 小 结

> 企业筹集资金是企业为了生产经营而筹集所需要资金的财务活动,是企业资金运动的起点。企业筹集资金总的要求是要分析评价影响筹资的各种因素,讲求筹资的综合效果。筹集资金的渠道是企业取得资金的来源。筹集资金的方式是企业取得资金的具体形式。目前,我国筹集资金的渠道有国家财政资金、银行信贷资金等7种,筹集资金的方式有吸收直接投资、发行股票等7种。
>
> 权益资金和负债资金的筹集是本章的主要内容。权益资金的筹集方式主要有吸收直接投资、发行股票和留存收益等;负债资金的筹集方式主要有银行借款、发行债券、融资租赁、商业信用等。对每一种筹资方式,都要研究其种类、程序、有关指标的计算和优缺点等问题。

案例分析

我国三峡工程的筹资

三峡工程是中国跨世纪的一项巨大工程,到2009年三峡全部建成时,所需资金共计人民币2 039亿元。三峡工程资金筹措主要由以下几个部分组成:一是国家出台的三峡建设基金,即在全国销售电中提高每度电电价形成的专用资金,1993年每度电增加3厘钱,1994年每度电增加4厘钱,1996年2月10日起部分地区每度电增加7厘钱。这部分资金随着全国电量增加而增长,估计在建设期17年中共可获得1 000亿元;已经划归三峡总公司的葛洲坝电厂,在原上网电价4.2分的基础上再涨4厘钱,17年可获得100亿元;三峡工程自身从2003年开始发电,其收入也投入三峡建设,预计2003~2009年可得发电收益450亿元。以上3项共计1 550亿元,可视为国家投资本金,在建设期无须付利息。二是国家开发银行从1994~2003年连续10年投资30亿元,共计300亿元,这部分资金每年需支付利息。三是国内发行企业债券。经国家计委(现为国家发展改革委员会)、财政部批准,1996年度发行债券10亿元,以后根据工程需要,在国家总计划内继续发行企业债券。此外,还要通过其他融资方式筹措部分资金。

分析要点：

三峡工程是一项巨大的工程,所需资金2 039亿元,其中国家出台的建设基金筹措的1 000亿元,葛洲坝电厂的100亿元,三峡工程自身发电的收入450亿元,均属于国家投入资金,属于自有资金,无须偿还、付息;通过向国家开发银行借款筹集到的300亿元,属于借入资金,需要每年支付利息;还有一部分通过发行企业债券的方式筹集的资金,也需要定期支付利息,到期归还本金。

由上例可以看出,企业可以通过吸收直接投资、银行借款、发行债券、发行股票等多种筹资方式来筹集国家财政资金、银行信贷资金、其他企业和单位资金、企业自留资金等筹资渠道的资金来满足企业在生产经营期间对于资金的需求。

思考与习题

1. 思考题

(1) 简述企业筹资的动机和要求。
(2) 企业筹集资金的渠道和方式有哪些？
(3) 银行借款往往有哪些信用条件？
(4) 商业信用有哪几种形式？利用商业信用筹资有何优缺点？
(5) 股票与债券有哪些主要区别？
(6) 融资租赁筹资的优缺点有哪些？

2. 单项选择题

(1) ( )可以为无记名股票。
　　A. 社会公众股　　B. 国家股　　C. 法人股　　D. 发起人股
(2) 某企业欲向银行借款100万元,年利率10%,银行要求企业按借款余额的20%保持补偿性余额,则该借款的实际利率为( )。
　　A. 10%　　B. 20%　　C. 12.5%　　D. 15%
(3) 吸收直接投资有利于降低财务风险,原因在于( )。
　　A. 主要来源于国家投资
　　B. 向投资者支付的报酬可以根据企业的经营状况决定,比较灵活
　　C. 投资者承担无限责任
　　D. 主要是用现金投资

(4) 当债券发行价格与债券面额一致时，(　　)。
　　A. 市场利率等于债券票面利率　　　B. 市场利率大于债券票面利率
　　C. 市场利率小于债券票面利率　　　D. 市场利率和债券票面利率没有关系
(5) 某企业赊销货物的信用条件是：20日内付款，给予2%的现金折扣，30日内全部付清。这一信用条件可简略表示为(　　)。
　　A. "20/2，n/30"　　　　　　　　B. "2/20，n/30"
　　C. "20/2，30/n"　　　　　　　　D. "n/30，2/20"
(6) 与股票筹资相比，债券筹资的特点是(　　)。
　　A. 筹资风险大　　　　　　　　　　B. 资本成本高
　　C. 限制条件少　　　　　　　　　　D. 分散经营控制权
(7) 某企业周转信贷额为200万元，承诺费率为0.3%，借款企业年度内使用了180万元，余额20万元。则借款企业应向银行支付承诺费的金额为(　　)。
　　A. 1 500元　　B. 6 000元　　C. 5 400元　　D. 600元
(8) 下列各项中属于筹资企业可利用的商业信用是(　　)。
　　A. 预付货款　　B. 赊销商品　　C. 赊购商品　　D. 融资租赁
(9) 下列筹资方式中，常用来筹措短期资金的是(　　)
　　A. 商业信用　　B. 发行股票　　C. 发行债券　　D. 融资租赁
(10) 下列不属于我国企业一般筹资方式的有(　　)。
　　A. 发行股票　　B. 发行债券　　C. 经营租赁　　D. 融资租赁

3. 多项选择题

(1) 企业筹资的渠道包括(　　)。
　　A. 国家资金　　B. 银行资金　　C. 个人资金　　D. 外商资金
(2) 企业的筹资方式有(　　)。
　　A. 吸收投资　　B. 发行股票　　C. 发行债券　　D. 内部资金
(3) 借款筹资的优点是(　　)。
　　A. 成本相对较低　　　　　　　　　B. 借款弹性较大
　　C. 筹资风险小　　　　　　　　　　D. 筹资迅速
(4) 体现债权债务关系的筹资方式有(　　)。
　　A. 商业信用　　　　　　　　　　　B. 发行股票
　　C. 税后留利　　　　　　　　　　　D. 融资租赁
(5) 从筹资角度看，商业信用的具体形式有(　　)。
　　A. 应付账款　　B. 应收账款　　C. 应付票据　　D. 预收账款
(6) 影响债券发行价格的因素包括(　　)。
　　A. 债券面额　　B. 票面利率　　C. 市场利率　　D. 债券期限
(7) 融资租赁的特点有(　　)。
　　A. 租赁期较长　　　　　　　　　　B. 不得任意中止租赁合同或契约
　　C. 租金较高　　　　　　　　　　　D. 出租方提供设备维修和人员培训
(8) 融资租赁的租金构成包括(　　)。

A. 设备价款　　　　　　　　B. 融资成本
C. 租赁手续费　　　　　　　D. 折旧费

(9) 债券筹资的优点包括(　　)。
A. 筹资成本相对股票较低　　B. 财务风险小
C. 不稀释股东控制权　　　　D. 具有财务杠杆作用

(10) 普通股东具有(　　)权利。
A. 公司管理权　　B. 股份出让权　　C. 优先认股权　　D. 盈余分享权

4. 判断题

(1) 一般优先股采用固定股利，但如果公司财务状况不佳，则可暂时不支付优先股股利。(　　)

(2) 当公司增发普通股股票时，原有股东有优先认股权。(　　)

(3) 某企业从银行取得借款100万元，期限1年，名义利率10%，按贴现法付息，则企业该笔借款的实际利率为11.11%。(　　)

(4) 在债券面值和票面利率一定的情况下，市场利率越高，则债券的发行价格越低。(　　)

(5) 信贷额度是借款人与银行在协议中规定的允许借款人借款的最高限额。在这个限额内，不论企业的情况如何，银行都必须将款项借给企业，否则要承担法律责任。(　　)

(6) 与普通股筹资相比，债券筹资的资金成本低但筹资风险高。(　　)

(7) 融资租赁方式下，租赁期满，设备必须作价转让给承租人。(　　)

(8) 如果没有现金折扣，或企业不放弃现金折扣，则利用商业信用筹资没有实际成本。(　　)

(9) 可转换债券在转换权行使之前属于企业的债务资本，权利行使之后则成为发行企业的所有权资本。(　　)

(10) 企业的资本分为债务资本和权益资本。(　　)

5. 计算分析题

(1) 某施工企业准备发行面值1 000元，债券票面年利率为8%，期限5年的债券。每年年末付息一次，到期一次还本。要求：假设债券发行时的市场利率分别为6%、8%、10%，分别计算确定债券的发行价格。

(2) 某公司拟采购一批零件，供应商规定的付款条件如下："2/10, 1/20, $n/30$"，每年按360天计算。

要求：① 假设银行短期贷款利率为15%，计算放弃现金折扣的成本(比率)，并确定对该公司最有利的付款日期和价格。

② 假设目前短期投资报酬率为40%，确定对该公司最有利的付款日期。

(3) 某施工企业采用融资租赁方式，于2007年1月1日从租赁公司租入一台设备，设备价款为160 000元，租期5年，到期后设备归承租方所有。租赁期间贴现率为12%，分别采用后付等额年金和先付等额年金方式支付租金。试计算每年年末应支付的租金数额。

第 7 章 工程项目投资决策

教学目标

本章主要讲述项目投资决策的基本理论和方法。通过本章的学习，应达到以下目标：
(1) 理解项目投资的概念、了解项目投资的种类和程序；
(2) 理解和掌握项目投资决策的基本方法；
(3) 熟悉投资决策基本方法的应用。

教学要求

知识要点	能力要求	相关知识
项目投资概述	(1) 准确理解项目投资的概念、特点； (2) 了解项目投资的种类和程序	(1) 投资、项目投资的含义； (2) 对内投资、对外投资等
现金流量的构成及估算	(1) 熟悉现金流量内容、估算； (2) 掌握现金流量估算	(1) 现金流量的概念； (2) 现金流量的构成内容
项目投资决策的基本方法	(1) 熟悉非贴现评价指标； (2) 理解和掌握贴现评价指标； (3) 熟悉项目投资决策方法的应用	(1) 投资回收期、年投资报酬率； (2) 净现值、现值指数、内部报酬率

基本概念

投资　现金净流量　现金流入量　现金流出量　投资回收期　投资报酬率　净现值　现值指数　内含报酬率　初始现金流量　营业现金流量　终结现金流量

引例

同样用途的建筑产品，结构类型不同，或者施工方法不同抑或是工期不同，那么投资的效果就会不同。怎样选择合适的技术方案，可以获得最佳的经济效果是本章学习的要点。如金鑫建筑公司拟在某高校建一个体育场田径跑道，考虑了两个拟选方案。有位财务总监对这两个方案作了如下的费用估算。一个方案是水泥混凝土跑道方案：其初期投资为600万元，使用年限为90年，年维修费为5.25万元；另一方案是修建聚氨酯塑胶跑道方案：整个工程的初期投资为1 000万元，每隔3年需修补PU颗粒一次，其费用为30万元，跑道将使用90年。试按使用年限为90年，资金折现率等于10%，比较这两个方案经济效果的优劣。作为财务管理人员，你将会向公司管理层提出何种建议？

7.1 项目投资概述

投资活动是施工企业整个生产经营活动的中心环节。从财务活动的进程来看，施工企业筹集到所需资金后，就要进行资金的投放和使用，这不仅对筹资活动提出要求，而且投资成功与否将影响企业资金的收益和分配。投资是指特定经济主体为了在可预见的未来获得收益或使资金增值，在一定时期向一定领域的标的物投放足够数额的资金或实物等货币等价物的经济行为。简单地说，投资是企业为获得收益或为控制其他企业而向一定对象投放资金的过程。投资分为证券投资、营运投资和项目投资等。本章将重点介绍项目投资。

7.1.1 项目投资的含义和种类

1. 项目投资的含义

项目投资是一种以特定建设项目为对象，直接与新建项目或更新改造项目有关的长期投资行为。从性质上看，项目投资是直接的、生产性对内实物投资，项目投资包括固定资产项目投资、无形资产项目投资、开办费投资和流动资金投资等。本章主要介绍固定资产项目投资。

2. 项目投资的种类

企业的固定资产项目投资，可按不同标准进行分类。

1) 新建企业投资、简单再生产投资和扩大再生产投资

根据投资在再生产过程中的作用可把固定资产项目投资分为新建企业投资、简单再生产投资和扩大再生产投资。新建企业投资是指为一个新企业建立生产、经营、生活条件所进行的投资，其特点是投入的资金通过建设形成企业的原始资产。简单再生产投资是指为

了更新生产经营中已经老化的物质资源和人力资源所进行的投资，其特点是把原来生产经营过程中收回的资金再重新投入生产过程。扩大再生产投资是指为扩大企业现有的生产经营规模所进行的投资，其特点是追加资金投入，扩大企业资产数量。

2) 战术性投资和战略性投资

按投资项目对企业未来的影响可把固定资产项目投资分成战术性投资和战略性投资两大类。战术性投资是指不牵涉整个企业前途的投资，如为提高劳动生产率而进行的投资、为改善工作环境而进行的投资等。战略性投资是指对企业全局有重大影响的投资，例如企业转产投资、增加新产品投资等。战略性投资一般所需资金多、回收时间长、风险大、对企业未来发展影响大。

3) 相关性投资和非相关性投资

根据投资项目之间的相互关系，可把企业固定资产项目投资分成相关性投资和非相关性投资两大类。如果采纳或放弃某一项目并不显著地影响另一项目，则可以说这两个项目在经济上是不相关的。如一家建筑公司在专用起重机上的投资和它在某些办公设施上的投资，就是两个不相关的投资项目。如果采纳或放弃某个投资项目，可以显著地影响另外一个投资项目，则可以说这两个项目在经济上是相关的。如对工程项目和施工现场道路的投资便属于相关投资。

4) 扩大收入的投资与降低成本的投资

根据增加利润的途径，可把企业固定资产项目投资分成扩大收入的投资与降低成本的投资两类。扩大收入的投资是指通过扩大企业生产经营规模，以增加利润的投资。降低成本的投资则是指通过降低营业支出，以增加利润的投资。

7.1.2 项目投资的特点

与建筑施工企业其他形式的投资相比，项目投资一般具有如下特点。

1) 投资金额大

项目投资一般涉及固定资产投资(设备购价、建设安装工程成本)和流动资产投资等，所需资金一般都在几千、几万、几十万元甚至更多，所以，项目投资所需资金一般较大。

2) 投资回收期长

项目投资一般会在较长时间内影响企业，固定资产项目所投资金一般都需要几年甚至十几年才能收回。因此，固定资产项目投资对企业今后长期的经济效益，甚至对企业的命运都有着决定性的影响。这就要求企业进行固定资产项目投资时必须进行认真的可行性研究。

3) 投资的变现能力差

项目投资的实物形态主要是厂房和机器设备等固定资产，这些资产不易改变用途，出售困难，变现能力较差。

4) 资金占用额相对稳定

项目投资一经完成，在资金占用数量上便保持相对稳定，而不像流动资产投资那样经常变动。若营业量在一定范围内增加，则往往并不需要立即增加固定资产投资，通过挖掘潜力，提高效率可以完成增加的业务量。而业务量在一定范围内减少，企业为维持一定的生产能力，也不必大量出售固定资产。

5) 投资的实物形态与价值形态可以分离

项目投资一旦完成，投入使用后，随着固定资产的磨损，固定资产价值便有一部分脱离其实物形态，转化为货币准备金(即折旧)，而其余部分仍存在于实物形态中。在使用年限内，保留在固定资产实物形态上的价值逐年减少，而脱离实物形态转化为货币准备金的价值却逐年增加。直到固定资产报废，其价值才得到全部补偿，实物也得到更新。

6) 投资风险大

由于项目投资回收期较长，在长的回收期内不确定因素较多，加之项目投资不容易变现，所以项目投资的风险一般较大。

7.1.3 项目投资的程序

固定资产项目投资的特点决定了其投资具有较大的风险，一旦决策失误，就会严重影响企业的财务状况和现金流量，甚至会使企业走向破产。因此，固定资产项目投资必须按特定的程序，运用科学的方法进行可行性分析，以保证决策的正确有效。固定资产项目投资的一般程序包括以下几个步骤。

1) 提出投资项目

建筑施工企业的各级管理人员都可提出新的投资项目。企业的高级管理人员提出的投资项目一般是大规模的战略性投资，其方案一般由生产、市场、财务等各方面专家组成的专门小组提出。企业中基层人员提出的主要是战术性投资项目，其方案由主管部门组织人员拟定。

2) 评价投资项目的财务可行性

投资项目的财务可行性评价主要是计算有关项目的预计收入和成本，预测投资项目的现金流量，运用科学的投资评价方法，把各项目投资按优劣顺序进行排列，完成评价报告，提请上级批准。

3) 投资项目的决策

投资项目评价后，企业领导者要做出最后决策。投资额较小的项目，一般中层经理就有决策权；投资额较大的投资项目一般由总经理决策；投资额特别大的投资项目，要由董事会甚至股东大会投票表决。投资决策的结论主要有 3 种：①接受项目，进行投资；②拒绝项目，不投资；③重新调查研究后再决定。

4) 投资项目的执行

决定对某项目进行投资后，应积极筹措资金，实施投资。

5) 投资项目的再评价

在投资项目的具体执行过程中，还应注意审查原来的决策是否正确、合理。一旦出现新的情况，就要随时根据变化的情况做出新的评价。如果情况发生重大变化，原来投资决策已变得不合理，那么，就要对投资决策是否中途停止做出决策，以避免更大的损失。

7.1.4 项目投资期

项目投资期是指投资项目从投资建设开始到最终清理结束为止整个过程所需的全部时间，包括建设期和运营期。项目建设期是指项目投资建设开始到项目建成投产为止所需的时间。项目运营期是指从项目建成投产开始到项目报废清理为止所需的时间。项目投资期、

建设期和运营期之间的关系为

$$项目投资期(n)=项目建设期+项目运营期$$

【例 7.1】 天力建筑施工企业拟建一项固定资产,预计使用寿命 12 年,要求根据以下情况分别计算该项目的投资期。

(1) 在建设初投资,当年就完工并投产。

(2) 建设期为 2 年。

解: (1) 项目投资期=0+12=12(年)

(2) 项目投资期=2+12=14(年)

7.2 现金流量的内容及估算

7.2.1 现金流量的内容

现金流量(Cash Flow)也称现金流动量,是指与投资项目有关的各项现金流入和现金流出的数量,或由投资项目引起的现金收入、现金支出增加的数量。这里的"现金"不仅包括各种货币资金,还包括项目投资需要投入的企业现有的非货币资源的变现价值。它是评价投资项目是否可行的一项基础数据。项目投资的现金流量包括现金流入量、现金流出量和现金净流量。

1. 现金流入量

投资项目的现金流入量(Cash Flow-in,CI)是指投资项目引起的现金收入的增加额,简称现金流入,包括以下内容。

1) 营业收入

营业收入是项目建成投产后每年增加的销售收入或劳务收入。营业收入是经营期主要的现金流入项目。

2) 回收的固定资产余值

回收的固定资产余值是指固定资产在终结点报废清理时所回收的残料价值。

3) 回收的流动资金

回收的流动资金是指当投资项目有效期结束后,收回原先垫支在各项流动资产上的运营资金等。

4) 其他现金流入量

其他现金流入量是指凡不属于以上 3 项指标的现金流入量项目。

2. 现金流出量

投资项目的现金流出量(Cash Flow-out,CO)是指投资项目引起的现金支出的增加额,简称现金流出,包括以下内容。

1) 建设投资(包括更改投资)

(1) 固定资产投资。是指项目建设过程中购置设备或生产线的价款、运输成本和安装成本、项目建设工程支出;项目投产前垫支的流动资金;项目投产后,每年增加的付现成本

(材料费、人工费等);项目有效期满支付的清理费等。

(2) 无形资产投资。是指项目建设过程中如职工培训支出、技术购入支出等递延资产和无形资产的增加。

建设投资是建设期发生的主要现金流出量。

2) 垫支的流动资金

垫支的流动资金是指投资项目建成后,为开展正常经营活动而投放在流动资产如存货、应收账款上的营运资金。当工程项目报废时,该流动资金便可自动收回。

建设项目投资与垫支的流动资金统称为工程项目的原始投资。

3) 付现成本

付现成本(又称经营成本)是指在经营期内为满足正常施工生产而需用现金支付的成本。它是施工生产期内最主要的现金流出量。

$$付现成本=变动成本+付现固定成本$$
$$=总成本-折旧额及摊销额 \quad (7\text{-}1)$$

4) 各项税款

各项税款是指项目投产后,向国家依法缴纳单独列示的各项税款,主要有所得税、营业税、消费税等。

5) 其他现金流出量

其他现金流出量是指凡不属于以上 4 项指标的现金流出量项目。

3. 现金净流量

现金净流量(Net Cash Flow,NCF)是指某一项目(一定时期)现金流入量与现金流出量的净额。用公式表示为

$$现金净流量=现金流入量-现金流出量$$
$$NCF=CI-CO \quad (7\text{-}2)$$

当现金流入量大于现金流出量时,现金净流量为正值;反之,现金净流量为负值。

7.2.1 现金流量的估算

1. 现金流量的构成

任一投资项目,从投资的准备阶段到项目结束,投资项目经历了建设期、生产经营期和项目终结期 3 个阶段。项目投资的现金流量也包括初始现金流量、营业现金流量、终结现金流量,其计算公式为

$$现金净流量=现金流入量-现金流出量$$
$$=初始现金净流量+营业现金净流量+终结现金净流量 \quad (7\text{-}3)$$

1) 初始现金净流量

初始现金净流量是指项目建设过程中发生的现金流入量和现金流出量,包括现金流出量如下的几个部分。

(1) 固定资产上的投资。包括固定资产的购入或建造成本、运输成本和安装成本等。

(2) 流动资产上的投资。包括对材料、在产品、成品和现金等流动资产的投资。

(3) 其他投资费用。指与项目投资有关的职工培训费、谈判费、注册费用等。

(4) 原有固定资产的变价收入。指固定资产更新时，旧固定资产的变卖所得的现金收入。

初始现金净流量一般没有现金流入量，所以建设期现金净流量为负值。即

$$现金净流量 = -该年投资额 \tag{7-4}$$

2) 营业现金净流量

营业现金净流量是指投资项目投入使用后，在其有效期内由于生产经营所带来的现金净流量。这种现金流量一般按年度进行计算。这里现金流入一般是指营业现金收入，主要指销售有关的现金收入，现金流出是指营业现金支出(主要指年付现成本)和缴纳的税金。如果一个投资项目的每年销售收入等于营业现金收入，那么付现成本(指不包括折旧的成本)等于营业现金支出。

$$年营业现金净流量(NCF) = 年营业收入 - 年付现成本 - 所得税 \tag{7-5}$$

或

$$年营业现金净流量(NCF) = 净利 + 折旧 \tag{7-6}$$

3) 终结现金净流量

终结现金流量是指投资项目有效期满时所发生的现金流量，主要包括以下几个部分。

(1) 固定资产的残值收入或变价收入。
(2) 原来垫支在各种流动资产上的资金的收回。
(3) 停止使用的土地的变价收入等。
(4) 固定资产的清理支出等。

$$终结现金净流量(NCF) = 回收垫支的流动资金 + 残值或变价收入 \tag{7-7}$$

2. 现金流量的估算

现金流量是投资决策的基础，为了正确地评价投资项目的优劣，必须正确地计算现金流量。

1) 现金流量估算必须注意的问题

要正确计算投资项目的现金流量，首先必须注意以下问题。

(1) 分清相关成本和非相关成本。相关成本指与特定项目有关的，在项目分析评价时必须考虑的成本，如差量成本、重置成本、可避免成本等；非相关成本是指与特定项目无关的，在项目分析评价时无须考虑的成本，如沉没成本、账面成本、不可避免成本等。

(2) 重视机会成本。在项目投资决策中，如果选择了某一项目，往往要放弃其他项目的投资机会，放弃其他项目的预计投资收益即为采纳该项目的机会成本。

(3) 考虑项目对原有项目的影响。投资项目经常会对企业原有的生产经营项目产生有利或不利的影响。如当新项目投资生产的新产品上市后，若新产品与老产品功能相近或新产品功能更全面，可能会使企业原来生产的产品的销售收入下降；反之，若新产品与原老产品功能互补，可以配套销售，则新产品上市后，可能会进一步扩大原有产品的销量和销售收入。在进行新项目投资决策时，必须考虑新项目投资可能会对企业原有经营项目的影响。

(4) 必须重视对净营运资金的影响。当企业新投资项目建成投产后，企业的存货、应收账款等经营性流动资产一般会增加；与此同时，由于企业业务扩大，也会引起应付账款、应付费用等经营性流动负债的增加，从而降低企业流动资金的实际需要。净营运资金即指

增加的经营性流动资产和增加的经营性流动负债的差。当投资项目建成投产时，企业就必须筹措资金以满足净营运资金增加的需求。当投资项目有效期满时，与项目有关的存货、应收账款又可以变现，应付账款、应付费用也随之偿还，项目投产时垫支的净营运资金又可以收回。

2) 投资项目现金流量的估算

为了正确地评价投资项目的优劣，必须正确地估算现金流量。

(1) 现金流入量的估算。

① 营业现金收入的估算。按照项目经营期内有关产品的各年预计单价和预测销售量进行估算。

② 回收固定资产余值的估算。按照主要固定资产原值乘以净残值率估算出终结点回收的固定资产余值。

③ 回收流动资产的估算。在经营期如果不发生提前回收流动资金的情况下，一次在终结点回收的流动资金应等于各年垫支的流动资金投资额的合计数。

(2) 现金流出量的估算。

① 建设期投资的估算。根据项目的规模和投资计划所确定的各项建设工程费用、设备购置费、运输费和安装工程费等来计算。

② 流动资金投资的估算。首先根据确定的本年流动资金需用量，再考虑流动资金占用额来确定本年的流动资金增加额。

③ 经营成本的估算。年经营成本等于当年的总成本费用减去该年的折旧额、无形资产和开办费的摊销额，以及财务费用中的利息支出后的差额。

④ 各项税金的估算。新建项目在进行决策时，一般只估算所得税，更新改造项目还需要估算因变卖固定资产应交纳的营业税。

下面举例说明投资项目现金流量的估算。

【例7.2】 长江公司有一投资项目，原始投资为250万元，其中固定资产投资200万元，开办费投资10万元，流动资金投资40万元，建设期1年，建设期资本化利息20万元。固定资产投资和开办费投资均在建设期点投入，流动资金于完工时(第1年末)投入。该项目固定资产寿命期为10年，按直线法计提折旧，期末有净残值20万元；开办费于投产当年一次摊销完毕。从经营期第1年连续4年每年归还借款21万元；流动资金在期末一次回收。投产后第1~4年每年利润30万元，第5~10年利润为每年40万元，要求：计算项目计算期各年的净现金流量。

解： (1) 项目建设期=建设期+经营期=1+10=11(年)

(2) 固定资产原值=固定资产投资+建设期资本化利息=200+20=220 (万元)

(3) 固定资产年折旧额=(固定资产原值-净残值)/使用年限
$$=(220-20)/10=20 (万元)$$

(4) 寿命终结年回收额=回收固定资产余值+回收流动资金
$$=20+40=60(万元)$$

(5) 建设期各年的净现金流量(NCF)
$$NCF_0=-(200+20)=-220(万元)$$

$NCF_1 = -40(万元)$

$NCF_2 = 30+20+10+21 = 81(万元)$

$NCF_{3\sim5} = 30+20+21 = 71(万元)$

$NCF_{6\sim10} = 40+20 = 60(万元)$

$NCF_{11} = 40+20+60 = 120(万元)$

【例 7.3】 远景公司现有一个投资项目,项目投资总额 1 000 万元,分 5 年在年初等额支付工程款,2 年建成投产,有效期 5 年,投产时垫付流动资金 200 万元,有效期满时收回,项目投产后每年增加销售收入 1 000 万元,付现成本 700 万元,所得税率 25%。

解:该项目在直线折旧法下的各年营业现金净流量、各年现金净流量、各年累计现金净流量分别计算见表 7-1。

$$年折旧 = \frac{1\,000}{5} = 200(万元)$$

年营业现金净流量(NCF) = (1 000−200−700)×(1−25%)+200 = 75+200 = 275(万元)

表 7-1 投资项目现金流量计算表

单位:万元

项 目	0	1	2	3	4	5	6	7	合 计
初始现金流量	−200	−200	−400	−200	−200				−1 200
终结现金流量								200	200
年折旧额				200	200	200	200	200	1 000
各年净利				75	75	75	75	75	375
营业现金流量				275	275	275	275	275	1 375
各年现金流量	−200	−200	−400	75	75	275	275	475	375
累计现金流量	−200	−400	−800	−725	−650	−375	−100	375	

7.3 项目投资决策的评价指标

施工企业投资决策就是运用筹集到的资金,确定最佳的投资项目,以获取投资收益。企业在进行投资决策时,需要特定的指标对投资方案的可行性进行分析和评价。投资决策指标是用于衡量和比较投资项目优劣的标准和尺度。对投资项目评价时使用的指标有两类:一类是没有考虑资金时间价值的指标,即非贴现指标,主要从财务评价的角度介绍投资利润率和静态投资回收期两项指标;另一类是考虑了资金时间价值的指标,即贴现指标,主要包括净现值、获利指数、内部报酬率等指标。

7.3.1 非贴现现金流量指标

非贴现现金流量指标是指不考虑资金的时间价值,直接根据不同时期的现金流量分析项目的经济效益的投资决策指标,又称静态指标。这类指标的优点是计算简单,易于理解和掌握;但由于未考虑资金的时间价值,很难正确地反映投资项目的经济效益,通常只适用于对项目的初选评估,只作为项目投资评价的辅助方法。其主要有以下两个指标。

1. 静态投资回收期

投资回收期(Payback Period,PP)又称静态投资回收期,是指收回全部初始投资所需要的时间。投资回收期一般以年为单位,该指标在 20 世纪 60 年代之前应用较为广泛。

投资回收期的计算因每年的营业净现金流量是否相等而有所不同,主要有以下两种方法。

1) 年金法

初始投资在投产时一次投入,不包括建设期且投资后每年的现金净流量均相等,则投资回收期可按下式计算

$$投资回收期(PP) = \frac{初始投资额(P)}{年营业现金净流量(NCF)} \tag{7-8}$$

【例 7.4】 长城公司有一投资项目,无建设期,需一次投资 200 万元,寿命周期 5 年,每年现金净流量 60 万元,试计算项目的投资回收期。投资回收期计算如下

$$投资回收期(PP) = \frac{200}{60} = 3.33(年)$$

2) 累计法

此法适用于初始投资额分次投入或有建设期或投产后各年的营业现金净流量不相等的情况。首先逐年计算到每年末为止累计的现金净流量。

(1) 假设第 M 年末累计现金净流量等于零,则包含建设期的回收期就等于 M。

(2) 假设从第 M 年末开始累计现金净流量大于零,则投资回收期可按下列公式计算

$$包括建设期投资回收期(PP) = (M-1) + \frac{第M-1年未收回的投资额}{第M年现金净流量(NCF)} \tag{7-9}$$

【例 7.5】 天力公司准备购入一套设备以扩充生产能力。现有甲、乙、丙 3 个方案可供选择,甲方案需投资 10 000 元,使用寿命为 5 年,采用直线法计提折旧,5 年后设备无残值。5 年中每年销售收入为 6 000 元,每年付现成本为 2 000 元。乙方案需投资 11 000 元,使用寿命为 5 年,采用直线法计提折旧,5 年后设备残值 1 000 元。5 年中每年销售收入为 6 000 元,每年付现成本为 2 000 元。丙方案需投资 12 000 元,采用直线折旧法计提折旧,使用寿命也为 5 年,5 年后有残值收入 2 000 元。5 年中每年的销售收入为 8 000 元,付现成本第一年为 3 000 元,以后随着设备陈旧,逐年将增加修理费 400 元,另需垫支营运资金 3 000 元,假设所得税率为 25%,试计算 3 个方案的回收期。

解:据现金流量编制各方案的全部现金流量表,见表 7-2。

表 7-2 投资项目现金流量计算表

单位：元

项目	0	1	2	3	4	5
甲方案						
固定资产投资	−10 000					
营业现金流量		3 500	3 500	3 500	3 500	3 500
现金流量合计	−10 000	3 500	3 500	3 500	3 500	3 500
乙方案						
固定资产投资	−11 000					
营业现金流量		3 500	3 500	3 500	3 500	3 500
固定资产残值						1 000
现金流量合计	−11 000	3 500	3 500	3 500	3 500	4 500
丙方案						
固定资产投资	−12 000					
营运资金垫支	−3 000					
营业现金流量		4 250	3 950	3 650	3 350	3 050
固定资产残值						2 000
营运资金回收						3 000
现金流量合计	−15 000	4 250	3 950	3 650	3 350	8 050

方案的静态投资回收期计算如下

$$甲方案投资回收期(PP) = \frac{10\,000}{3\,500} = 2.857(年)$$

$$乙方案投资回收期(PP) = \frac{11\,000}{3\,500} = 3.143(年)$$

$$丙方案投资回收期(PP) = (5-1) + \frac{200}{8\,050} = 4.025(年)$$

利用投资回收期法进行决策，应事先确定一个要求的回收期，在单方案比较时，若项目的投资回收期小于等于要求的回收期，方案能够接受；反之，方案则不能接受；而在多个项目进行比较时，每个方案自身满足投资回收期小于等于要求的回收期时，投资回收期越短，项目投资额收回的速度越快，投资风险越小，投资方案越优。

投资回收期法的主要优点是计算过程比较简单、易于理解。主要不足是没有考虑项目初始投资额收回后的现金流量状况，也没有考虑资金的时间价值，这会使投资项目评价和决策有片面性。

投资回收期法主要用来测定方案的流动性，不能计量方案的盈利性，只能作为辅助方法使用。

2. 投资报酬率

年均报酬率(Average Rate of Return，ARR)是在投资项目寿命周期内平均每年的投资报酬率，也称平均投资报酬率。年均报酬率有多种计算方法，其计算方法如下方法一：投资报酬率$(ARR) = \dfrac{年均现金流量}{项目初期投资总额} \times 100\%$ (7-10)

方法二：投资报酬率$(ARR) = \dfrac{年均现金流量}{项目年均占用资金额} \times 100\%$ (7-11)

方法三：投资报酬率$(ARR) = \dfrac{年均净利}{项目初期投资总额} \times 100\%$ (7-12)

方法四：投资报酬率$(ARR) = \dfrac{年均净利}{项目年均占用资金额} \times 100\%$ (7-13)

上述式中，项目年均占用资金额一般可用"(初始投资总额+项目终结现金流量)÷2"进行计算。

上面介绍了4种计算年均报酬率的基本方法，在同一次决策中使用的方法应该一致。

【例7.6】 根据【例7.5】中天山公司的资料(见表7-2)，用方法一计算3个方案的年均报酬率。

解： 投资报酬率计算如下

甲方案投资报酬率$(ARR) = \dfrac{3\,500}{10\,000} \times 100\% = 35\%$

乙方案投资报酬率$(ARR) = \dfrac{(3\,500 \times 5 + 1\,000) \div 5}{11\,000} \times 100\% = 34\%$

丙方案投资报酬率$(ARR) = \dfrac{(4\,250 + 3\,950 + 3\,650 + 3\,350 + 8\,050)/5}{15\,000} \times 100\% = 31\%$

从以上3个方案投资报酬率的计算可知，甲方案投资报酬率最大，且达到必要投资报酬率，故甲方案最优。

投资报酬率是反映投资获利能力的相对指标，在进行决策时，应事先确定一个要求达到的投资报酬率，又称必要投资报酬率。单方案比较时，只有高于必要投资报酬率的方案最优；而在多个互斥方案进行决策时，若每个方案均满足投资报酬率大于或等于要求的投资报酬率时，则选用投资报酬率最高的方案为可行。

采用投资报酬率选择方案的主要优点是投资报酬率便于理解、简单易懂，且不受建设期的长短、投资的方式、回收额的有无净现金流量大小等条件的影响，能够说明各投资方案的收益水平。投资报酬率不足之处是：①没有考虑资金的时间价值因素，不能正确反映建设期长短及投资方式不同对项目的影响；②该指标的分子、分母的时间特征不一致(分子是时期指标，分母是时点指标)，因而在计算口径上可比性基础较差；③该指标无法直接利用现金流量信息进行计算，只能作为辅助方法使用，有时会做出错误的决策，需与其他方法结合起来使用。

7.3.2 贴现现金流量指标

贴现现金流量指标又称动态指标，是指考虑了资金时间价值的指标，并把未来各年的现金流量统一折算为现在价值再进行分析评价的指标。这类指标计算全面、精确，并且考虑了投资项目整个寿命周期内的报酬情况，一般适用于对投资项目详细的可行性研究，这类指标主要有净现值、现值指数、内含报酬率等。

第7章 工程项目投资决策

1. 净现值

净现值(Net Present Value，NPV)是指项目投产后未来年现金净流量的现值之和与初始投资额的现值的差额，用公式表示为

$$NPV = \sum_{t=1}^{n} \frac{NCF_t}{(1+K)^t} - C \tag{7-14}$$

式中：NPV——净现值；

NCF_t——第 t 年的现金净流量；

K——贴现率(资本成本率或；企业要求的报酬率)；

n——项目预计使用年限；

C——初始投资总额。

净现值还有另外一种表述方法，即净现值是从投资开始至项目寿命终结时所有净现金流量(包括现金流出和现金流入)的现值之和。其计算公式为

$$NPV = \sum_{t=0}^{n} \frac{NCF_t}{(1+K)^t} \tag{7-15}$$

式中：NCF_t——第 t 年的现金流量；

n——开始投资至项目寿命终结时的年数；

K——为贴现率(资本成本率或企业要求的报酬率)。

1) 计算过程

(1) 计算每年的现金净流量。

(2) 计算项目投产后未来每年营业现金净流量及终结现金净流量的总现值。这又可分成如下3步。

① 将每年的营业净现金流量折算成现值。如果每年的营业现金净流量相等，则按年金法折成现值；如果每年的营业现金净流量不相等，则先对每年的营业现金净流量进行贴现，然后加以合计。

② 将终结现金流量折算成现值。

③ 计算未来现金净流量的总现值。

(3) 计算初始投资额的现值。

① 无建设期，初始投资额在项目投产时一次投入，初始投资额的现值就等于初始投资额。

② 有建设期，初始投资额分次投入。若初始投资分期等额投入，则按年金计算现值；若初始投资分期不等额投入，则先对每年的投资额分别进行贴现，然后加以合计。

(4) 计算净现值。

净现值=投产后未来每年现金净流量的总现值-初始投资额的现值

2) 判别规则

在单一方案采纳与否的决策中，净现值大于零，方案可以接受；净现值小于零，方案不可以接受。在多个方案的选优决策中，净现值为正数且净现值越大，方案越优。

【例7.7】 根据【例7.5】中天力公司的资料(见表7-2)，假设资本成本率为10%，试计算3个方案的净现值。

解：甲方案投产后各年的现金净流量(A)相等，可用公式计算

$$NPV_甲 = A \times (A/P, i, n) - C$$
$$= 3\,500 \times (A/P, 10\%, 5) - 10\,000$$
$$= 3\,500 \times 3.791 - 10\,000$$
$$= 13\,268.5 - 10\,000$$
$$= 3\,268.5(元)$$

乙方案的年营业现金净流量(A)相等，有终结现金流量(S)，可用公式计算

$$NPV_乙 = [A(P/A, 10\%, 5) + S(P/F, 10\%, 5)] - C$$
$$= [3\,500 \times (P/A, 10\%, 5) + 1\,000 \times (P/F, 10\%, 5)] - 11\,000$$
$$= (3\,500 \times 3.791 + 1\,000 \times 0.621) - 11\,000$$
$$= 13\,889.5 - 11\,000$$
$$= 2\,889.5(元)$$

丙方案的各年营业现金净流量不相等。

丙方案净现值 = 未来各年现金净流量的现值之和 − 初始投资额

列表进行计算，详见表7-3。

表7-3 丙方案净现值计算表

单位：元

年度	各年的 NCF ①	现值系数 $(P/F, 10\%, n)$ ②	现值 ③=①×②
1	4 250	0 909	3 863.25
2	3 950	0 826	3 262.7
3	3 650	0 751	2 741.15
4	3 350	0 683	2 288.05
5	8 050	0 621	4 999.05
未来报酬的总现值		17 154.2	
减：初始投资		15 000	
净现值(NPV)		2 154.2	

从以上计算中可以看出，3个方案的净现值均大于零，故都是可行的。但甲方案的净现值最大，若天力公司只能选择一个方案，则应选用甲方案。

净现值法的优点是考虑了资金的时间价值，计算了项目寿命期内全部现金净流量，能够反映各种投资方案的净收益，理论上比投资回收期完善，因而是一种广泛采用的方法。缺点是净现值是一个绝对数指标，不利于原始投资额不同的方案的比较，折现率和现金流量很难准确确定，所以实际应用上受到很大限制。

2. 现值指数

现值指数又称获利指数（Profitability Index，PI），是投资项目投产后未来各年现金流量的现值之和与原始投资额的现值之比。

其计算公式为

$$\text{现值指数}(PI) = \frac{\sum_{t=1}^{n} NCF_t /(1+K)^t}{C} \tag{7-16}$$

式中：PI——现值指数；

NCF_t——第 t 年的现金净流量；

K——贴现率(资本成本率或企业要求的报酬率)；

n——项目预计使用年限；

C——一次投入的初始投资总额。

1) 计算过程

(1) 计算未来的年投资报酬的总现值。与净现值法的计算相同。

(2) 计算初始投资额的现值。

① 无建设期，初始投资额在项目投产时一次投入，初始投资额的现值就等于初始投资额。

② 有建设期，初始投资额分次投入。若初始投资分期等额投入，则按年金计算现值；若初始投资分期不等额投入，则先对每年的投资额分别进行贴现，然后加以合计。

(3) 计算现值指数。

$$\text{现值指数}(PI) = \frac{\sum_{t=1}^{n} NCF_t /(1+K)^t}{C}$$

2) 判别规则

在单一方案采纳与否的决策中，现值指数大于 1，方案可以接受；现值指数小于 1，方案不可以接受。在多个方案的选优决策中，现值指数大于 1 且现值指数越大，方案越优。

【例 7.8】 根据【例 7.5】中天力公司的资料见表 7-2，假设资本成本率为 10%，试计算 3 个方案的现值指数。

解：甲方案投资后各年现金净流量(A)相等，可用公式计算

$$\text{现值指数}(PI_{甲}) = \frac{A \times (A/P, i, n)}{C} = \frac{3\,500 \times (A/P, 10\%, 5)}{10\,000} = \frac{3\,500 \times 3.791}{10\,000} = 1.33$$

乙方案的年营业现金净流量(A)相等，有终结现金流量(S)，可用以下公式计算

$$\text{现值指数}(PI_{乙}) = \frac{A(A/P, i, n) + S(P/F, i, n)}{C}$$

$$= \frac{3\,500 \times (A/P, 10\%, 5) + 1\,000(P/F, 10\%, 5)}{11\,000}$$

$$= \frac{3\,500 \times 3.791 + 1\,000 \times 0.621}{11\,000} = 1.26$$

丙方案的各年 NCF 不相等，列表进行计算，详见表 7-3。

$$\text{现值指数}(PI_{丙}) = \frac{\sum_{t=1}^{n} NCF_t /(1+K)^t}{C} = \frac{17\,154}{15\,000} = 1.14$$

从以上计算中可以看出，3 个方案的现值指数均大于 1，但甲方案的现值指数最大，故应选用甲方案。

现值指数法的优点是考虑了资金的时间价值，能够真实地反映投资项目的盈亏程度。

由于现值指数是用相对数值来表示的,所以能从动态角度反映项目投资的资金投入与产出之间的关系,有利于在初始投资额不同的投资方案之间进行对比;现值指数法的缺点是不能反映投资项目的真实报酬率,指标计算的分子分母口径不一致。

3. 内含报酬率

内含报酬率又称内部收益率(Internal Rate of Return,IRR),是使投资项目的净现值等于零时的贴现率。

内含报酬率实际上反映了投资项目的真实报酬率,目前越来越多的企业运用该项指标对投资项目进行评价。内含报酬率的计算公式为

$$NPV(IRR) = \sum_{t=1}^{n} \frac{NCF_t}{(1+IRR)^t} - C = 0 \tag{7-17}$$

式中:NCF_t——第 t 年的未来现金净流量总现值;

IRR——内含报酬率;

n——项目预计使用年限(项目有效期);

C——初始投资总额。

1) 计算过程

(1) 年金法。无建设期,初始投资额一次投入,并且项目投产后,未来各年的现金净流量(NCF)均相等。

① 计算年金现值系数。

$$年金现值系数 = \frac{初始投资额}{年现金净流量} = \frac{C}{NCF} \tag{7-18}$$

因为 $A \times (P/A, IRR, n) - C = 0$

所以 $(P/A, IRR, n) = \dfrac{C}{A}$ （7-19)

② 查年金现值系数表,在相同的期数(n)内,找出与上述年金现值系数相邻近的较大和较小两个年金现值系数(E_1、E_2)及其对应的贴现率(i_1、i_2)。

③ 根据上述两个邻近的贴现率和已求得的年金现值系数,采用插值法计算出该投资方案的内含报酬率(IRR)。

则 $$IRR = i_1 + (i_2 - i_1) \times \frac{E_1}{E_1 - E_2} \tag{7-20}$$

根据上式,解方程即可求出内含报酬率 IRR。

【例 7.9】 天力公司的详细资料见【例 7.5】,其中甲方案的现金流量的计算见表 7-2。则甲方案的内含报酬率计算如下

$$[3\,500 \times (P/A, IRR_甲, 5)] - 10\,000 = 0$$

$$(P/A, IRR, 5) \approx 2.857$$

查年金现值系数表得

$$(P/A, 20\%, 5) = 2.991$$

$$(P/A, 25\%, 5) = 2.689$$

$$\frac{(20\% - IRR)}{(20\% - 25\%)} = \frac{(2.991 - 2.857)}{(2.991 - 2.689)}$$

则 $IRR_甲 \approx 20.02\%$

甲方案的内含报酬率为20.02%。

(2) 逐次测试法。有建设期或初始投资额分次投入，或项目投产后，未来各年的现金净流量(A)不完全相等。先采用逐次测试法，然后采用插值法计算内含报酬率(IRR)。

① 先预估一个贴现率，并按此贴现率计算净现值。如果计算出的净现值大于零，则表示预估的贴现率小于该项目的实际内含报酬率，应提高贴现率，再进行测算；如果计算出的净现值小于零，则表明预估的贴现率大于该方案的实际内含报酬率，应降低贴现率，再进行测算。经过如此反复测算，找到净现值由正到负并且比较接近于零的两个贴现率。

② 根据上述两个邻近的贴现率再使用式(7-20)中的插值法，计算出方案的实际内含报酬率。插值法求解 IRR 如图7.1所示。

$$IRR = i_1 + (i_2 - i_1) \times \frac{NPV_1}{NPV_1 - NPV_2} \tag{7-21}$$

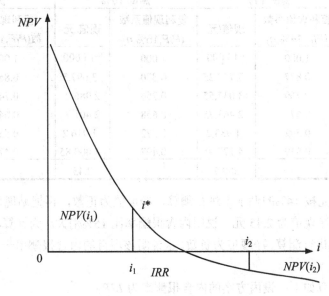

图7.1 插值法求解 IRR

2) 判别规则

在单一方案采纳与否的决策中，内含报酬率大于资金成本率，方案可行；内含报酬率小于资金成本率，方案不可行。如果多个方案的内含报酬率都大于其资金成本率，且各方案的投资额相同，则内含报酬率越大，方案越优；若各方案的投资额不相同，则投资额×(内含报酬率-资金成本率)的最大的方案为最优方案。

【例7.10】 天力公司的详细资料见【例7.5】，其中的乙方案、丙方案的现金流量的计算见表7-2。乙方案、丙方案投产后未来每年的现金流量不完全相等，必须用逐次测算法计算内含报酬率。

解：乙方案内含报酬率计算如下。

当贴现率为20%时，

则 $NPV_Z=3\,500\times(A/P,20\%,5)+1\,000\times(P/F,20\%,5)-11\,000=-129.5(元)$

当贴现率为 19% 时，

则 $NPV_Z=3\,500\times(A/P,19\%,5)+1\,000\times(P/F,19\%,5)-11\,000=122(元)$

现用插值法计算

则
$$\frac{(20\%-IRR_Z)}{(20\%-19\%)}=\frac{(-129.5-0)}{(-129.5-122)}$$

$IRR_Z\approx 19.49\%$

即乙方案内含报酬率为 19.49%。

丙方案内含报酬率的测算过程详见表 7-4。

表 7-4　丙方案内含报酬率测算表

单位：元

年度	NCF/元	测试 14%		测试 15%		测试 16%	
		复利现值系数 (P/F,14%,n)	现值/元	复利现值系数 (P/F,15%,n)	现值/元	复利现值系数 (P/F,15%,n)	现值/元
0	−15 000	1.000	−15 000	1.000	−15 000	1.000	−15 000
1	4 250	0.877	3 727.25	0.870	3 697.5	0.862	3 663.5
2	3 950	0.769	3 037.55	0.756	2 986.2	0.743	2 934.85
3	3 650	0.675	2 463.75	0.658	2 401.7	0.641	2 339.65
4	3 350	0.592	1 983.2	0.572	1 916.2	0.552	1 849.2
5	8 050	0.519	4 177.95	0.497	4 000.85	0.476	3 831.8
NPV/元			389.7		2.45		−381

在表 7-4 中，先按 14% 的贴现率进行测算，净现值为正数，再把贴现率调高到 15%，进行第二次测算，净现值为 2.45 元，说明内含报酬率比 15% 稍大。为计算其精确数，又把贴现率调高到 16% 进行测算，净现值为负数。这说明该项目的内含报酬率一定在 15%~16% 之间。

现用插值法计算如下：设丙方案的内含报酬率为 $IRR_丙$

$$\frac{(15\%-IRR_丙)}{(15\%-16\%)}=\frac{(2.45-0)}{[2.45-(-381)]}$$

$IRR_丙\approx 15.01\%$

即丙方案的内含报酬率为 15.01%。

从以上计算 3 个方案计算的内含报酬率可以看出，甲方案的内含报酬率较高，故甲方案效益最好。

内含报酬率法的优点是考虑了资金的时间价值，能从动态角度直接反映投资项目的真实收益水平，且不受行业基准收益率高低的影响，比较客观，概念也易于理解。但这种方法的缺点是计算过程比较复杂，当经营期大量追加投资时，有可能出现多个 IRR，会偏高或偏低，失去现实意义。

7.3.3 投资决策指标的比较

1. 净现值和现值指数的比较

由于净现值和现值指数使用的是相同的信息，在评价投资项目的优劣时，它们常常是一致的，但当初始投资额不同时，净现值和现值指数也有可能产生差异。由于净现值是用各期现金流量现值减初始投资额，而现值指数是用现金流量现值除以初始投资额的，因而，评价的结果可能会不一致。

最大的净现值符合企业的最大利益，也就是说，净现值越高，企业的收益越大，而现值指数只反映投资回收的程度，不反映投资回收的多少，在没有资本限量的情况下的互斥选择决策中，应选用净现值较大的投资项目；而在资本有限量或独立选优决策中，以现值指数作为评价标准可能更好。

2. 净现值和内含报酬率的比较

在多数情况下，运用净现值和内含报酬率这两种方法得出的结论是相同的。但在如下两种情况下，有时会产生差异：①初始投资不一致，一个项目的初始投资大于另一个项目的初始投资；②现金流入的时间不一致，一个在最初几年流入得较多，另一个在最后几年流入得较多。尽管在这两种情况下二者产生了差异，但引起差异的原因是共同的，即两种方法假定用前期或中期产生的现金流入量再投资时，会产生不同的报酬率。净现值法假定产生的现金流入量重新投资会产生相当于企业资本成本的利润率，而内含报酬率法却假定现金流入量重新投资产生的利润率与此项目的特定的内含报酬率相同。

在无资本限量或互斥选择的情况下，净现值法是一个比较好的方法；而在资本有限量或独立选优决策中，内含报酬率法则比较好。

总之，在无资本限量或互斥选择的情况下，利用净现值法在所有的投资评价中都能做出正确的决策，而利用内部报酬率和现值指数在采纳与否决策中也能做出正确的决策，但在互斥选择决策中有时会做出错误的决策。因而，在这 3 种评价方法中，净现值是最好的评价方法。

7.4 投资决策指标的应用

上节介绍了投资决策的基本指标，本节结合具体实例研究项目投资决策基本指标的应用问题。

7.4.1 使用年限相等的互斥方案决策

若有两个或两个以上的投资项目，各项目可供使用年限(项目经营期)相等，但只能投资其中一个项目。这时要根据各项目每年的生产能力是否相同，分别采用不同的方法。

1. 每年各项目的生产能力无差别

若项目经营期内每年中不同项目的生产能力相同，即投资决策并不影响各年的销售收入,只影响投资额和年付现成本额,这时可通过比较各项目投资期内现金净流出量的总现值进行项目投资决策,即现金净流出量现值法。

【例 7.11】 虹宇公司有一台 3 年前购置的旧设备,现考虑是否进行更新。该公司所得税率为 25%,其他资料见表 7-5。

表7-5 旧设备有关资料表

单位:元

项目	旧设备	新设备
原价	80 000	50 000
税法规定的残值	8 000	5 000
税法规定使用年限/年	6	4
已使用年限	3	0
尚可使用年限	4	4
每年付现成本	8 600	5 000
两年后大修成本	28 000	
最终报废残值	8 500	10 000
目前变现价值	10 000	
年折旧额	(直线法)	(年数总和法)
第 1 年	12 000	18 000
第 2 年	12 000	13 500
第 3 年	12 000	9 000
第 4 年		4 500

继续使用旧设备和购入新设备方案的各年的现金流量及其现值计算见表 7-6。

表7-6 各年的现金流量及其现值计算表

项目	现金流量/元	时间/年次	系数(10%)	现值/元
继续使用旧设备				
旧设备变现价值	-10 000	0	1	-10 000
旧设备更新损失减税	(10 000-44 000)×25%=-8 500	0	1	-8 500
每年付现操作成本	8 600×(1-25%)=-6 450	1~4	3.170	-20 446.5
每年折旧抵税	12 000×25%=3 000	1~3	2.487	7 461
两年后大修成本	28 000×(1-25%)=-21 000	2	0.826	-1 7346
残值变现收入	8 500	4	0.683	5 805.5
残值变现净收入纳税	(8 500-8 000)×25%=-125	4	0.683	-85.38
合计				-43 111.38
更新设备				
购置成本	-50 000	0	1	-50 000
每年付现操作成本	5 000×(1-25%)=-3 750	1~4	3.170	-11 887.5
每年折旧抵税				
第 1 年	18 000×25%=4 500	1	0.909	4 090.5
第 2 年	13 500×25%=3 375	2	0.826	2 787.75
第 3 年	9 000×25%=2 250	3	0.751	1 689.75
第 4 年	4 500×25%=1125	4	0.683	768.38
残值收入	10 000	4	0.683	6 830
残值净收入纳税	(10 000-5 000)×25%=-1 250	4	0.683	-853.75
合计				-46 574.87

继续使用旧设备方案的现金净流出量的总现值为 43 111.38 元，而更新设备方案的现金净流出量的总现值为 46 574.87 元，所以继续使用旧设备较好，虹宇公司应继续使用旧设备。

2. 每年各项目的生产能力有差别

若项目经营期内每年各项目的生产能力不一样，即投资决策不但影响投资额和年付现成本额，而且也影响各年的销售收入，这时可用差量净现值法或净现值法进行投资决策。

【例 7.12】 大华公司现准备用一台新设备来代替旧设备，以减少成本，增加收益。旧设备原购置成本为 40 000 元，预计使用期满后无残值，使用年限为 10 年，已使用 5 年，若现在销售该设备可得价款 20 000 元，若继续使用该设备每年可获收入 50 000 元，每年的付现成本为 30 000 元。该公司现准备用一台新设备来代替该旧设备，新设备的购置成本为 60 000 元，估计可使用 5 年，期满有残值 10 000 元，使用新设备后，每年收入可达 80 000 元，每年付现成本为 40 000 元。假设该公司的资本成本率为 10%，所得税率为 25%，新、旧设备均用直线法计提折旧。试做出大华公司是继续使用旧设备还是对其进行更新的决策。

解： 本案例包含两个投资方案，一个方案是继续使用旧设备(相当于花 20 000 元购置一台旧设备)，另一个方案是出售旧设备而购置新设备。项目经营期均为 5 年，每年各项目的收入和成本费用都不同，可以采用差量净现值法或净现值法进行决策。

(1) 差量净现值法。从设备以旧换新的角度计算两个方案的差量现金流量。

① 差量初始投资额与差量折旧额。

$$\Delta 初始投资 = 60\,000 - 20\,000 = 40\,000(元)$$
$$\Delta 年折旧额 = [(60\,000 - 10\,000)/5] - [40\,000/10] = 6\,000(元)$$

② 利用表 7-7 来计算各年营业现金流量的差量。

表 7-7 各年营业现金流量的差量计算表

单位：元

项　目	第 1～5 年
Δ销售收入①	30 000
Δ付现成本②	10 000
Δ折旧额③	6 000
Δ税前净利④=①-②-③	14 000
Δ所得税⑤=④×25%	3 500
Δ税后净利⑥=④-⑤	10 500
Δ营业现金净流量⑦=⑥+③=①-②-⑤	16 500

③ 利用表 7-8 来计算两个方案现金流量的差量。

表 7-8 现金流量的差量计算表

单位：元

项　目	第 0 年	第 1 年	第 2 年	第 3 年	第 4 年	第 5 年
Δ初始投资	-40 000					
Δ营业净现金流量		16 500	16 500	16 500	16 500	16 500
Δ终结现金流量						10 000
Δ现金流量	-40 000	16 500	16 500	16 500	16 500	26 500

④ 计算差量净现值。

$$\Delta NPV = 16\,500 \times (P/A, 10\%, 4) + 26\,500 \times (P/F, 10\%, 5) - 40\,000$$
$$= 16\,500 \times 3.170 + 26\,500 \times 0.621 - 40\,000$$
$$= 28\,761.50(元)$$

投资项目更新后,有差量净现值 28 761.50 元,故应进行更新。

(2) 净现值法。分别从继续使用旧设备和购置新设备(出售旧设备)的角度计算两个方案的净现值。

① 分别计算继续使用旧设备和购置新设备方案的初始投资额和年折旧额。

继续使用旧设备方案初始投资=20 000(元)

购置新设备方案初始投资=60 000(元)

继续使用旧设备方案年折旧额=40 000/10=4 000(元)

购置新设备方案年折旧额=(60 000-10 000)/5=10 000(元)

② 利用表 7-9 来计算各年营业现金流量。

表 7-9 各年营业现金流量表

单位:元

项 目	继续使用旧设备	购买新设备
销售收入①	50 000	80 000
付现成本②	30 000	40 000
折旧额③	4 000	10 000
税前净利④=①-②-③	16 000	30 000
所得税⑤=④×25%	4 000	7 500
税后净利⑥=④-⑤	12 000	22 500
营业净现金流量⑦=⑥+③=①-②-⑤	16 000	32 500

③ 利用表 7-10 来计算两个方案现金流量。

表 7-10 现金流量计算表

单位:元

项 目	第 0 年	第 1 年	第 2 年	第 3 年	第 4 年	第 5 年
继续使用旧设备 初始投资 营业净现金流量	-20 000	16 000	16 000	16 000	16 000	16 000
现金流量	-20 000	16 000	16 000	16 000	16 000	16 000
购入新设备 初始投资 营业现金净流量 终结现金流量	-60 000	32 500	32 500	32 500	32 500	32 500 10 000
现金流量	-60 000	32 500	32 500	32 500	32 500	42 500

④ 计算净现值。

$$NPV_{旧} = 16\,000 \times PVIFA_{10\%,5} - 20\,000$$
$$= 16\,000 \times 3.791 - 20\,000$$
$$= 40\,656\,(元)$$
$$NPV_{新} = 32\,500 \times PVIFA_{10\%,5} + 10\,000 \times PVIFA_{10\%,5} - 60\,000$$
$$= 32\,500 \times 3.791 + 10\,000 \times 0.621 - 60\,000$$
$$= 69\,417.5\,(元)$$

购入新设备的净现值大于继续使用旧设备的净现值，故应进行更新。

7.4.2 使用年限不等的互斥方案决策

若有两个或两个以上的投资项目，各项目可供使用年限(项目经营期)不同，但只能投资其中一个项目。这时仍要根据各项目每年的生产能力是否相同，分别采用不同的方法进行投资决策。

1. 每年各项目的生产能力相同

若项目经营期内每年中不同项目的生产能力相同，即投资决策没有影响各年的销售收入，只影响投资额、年成本额和项目经营期，这时可通过比较各项目投资期内平均每年的现金净流出量进行项目投资决策，即年均成本法。

$$NAV = \frac{\sum_{t=1}^{n} NCF_t (P/F, i, n)}{(P/A, i, n)} \tag{7-22}$$

某项目年均成本=该项目各年现金净流出量的总现值/(P/A,i,n)

式中：NAV——年均成本；
i——企业的资金成本率或投资者要求的报酬率；
n——项目有效期。

【例 7.13】 承【例 7.11】，虹宇公司旧设备的尚可使用年限为 3 年，其他资料见表 7-8。继续使用旧设备和购入新设备方案的各年的现金流量及其现值计算见表 7-11。

表 7-11 两种方案现金流量及其现值计算

项　　目	现金流量/元	时间/年次	系数(10%)	现值/元
继续使用旧设备				
旧设备变现价值	−10 000)	0	1	−10 000
旧设备更新损失减税	(10 000−44 000)×25%=−8 500	0	1	−8 500
每年付现操作成本	8 600×(1−25%)=−6 450	1～3	2.487	−16 041.15
每年折旧抵税	12 000×25%=3 000	1～3	2.487	7 461
两年后大修成本	28 000×(1−25%)=−21 000	2	0.826	−17 346
残值变现收入	8 500	3	0.751	6 383.5
残值变现净收入纳税	(8 500−8 000)×25%=−125	3	0.751	−93.88
合　　计				−38 136.53

续表

项 目	现金流量/元	时间/年次	系数(10%)	现值/元
更新设备				
购置成本	-50 000	0	1	-50 000
每年付现操作成本	5 000×(1-25%)=-3 750	1~4	3.170	-11 887.5
每年折旧抵税				
第1年	18 000×25%=4 500	1	0.909	4 090.5
第2年	13 500×25%=3 375	2	0.826	2 787.75
第3年	9 000×25%=2 250	3	0.751	1 689.75
第4年	4 500×25%=1 125	4	0.683	768.38
残值收入	10 000	4	0.683	6 830
残值净收入纳税	(10 000-5 000)×25%=-1 250	4	0.683	-853.75
合 计				-46 574.87

继续使用旧设备方案的年均成本=38 136.53/(P/A,10%,3)=15 334.35(元)

更新设备方案的年均成本=46 574.87/(P/A,10%,4)=14 692.39(元)

继续使用旧设备方案的年均成本为 15 334.35 元,更新设备方案的年均成本为 14 692.39 元,所以更新设备方案较好,虹宇公司应购入新设备,出售旧设备。

2. 每年各项目的生产能力不同

若不同投资项目不仅经营期限不同,每年各项目的生产能力也不一样,即投资决策不但影响投资额和年成本额,而且也影响各年的销售收入,这时可用年均净现值法进行投资决策。

$$NAV = \frac{NPV}{(P/A,i,n)} \quad (7\text{-}23)$$

式中:NAV——某项目年均成本;

NPV——该项目净现值该项目净现值;

i——为企业资金成本率或投资者要求的报酬率;

n——为项目有效期。

【例 7.14】 兴旺公司准备上一条生产线,现有两个投资项目可供选择。一是半自动化的 A 项目,需要一次投资 160 000 元,项目投资后每年将产生销售收入 150 000 元,每年需支付付现成本 50 000 元,项目的使用寿命为 4 年,4 年后必须更新且无残值;二是全自动化的 B 项目,需要一次投资 240 000 元,使用寿命为 6 年,项目投产后每年将产生 50 000 元的净利润,6 年后必须更新且无残值。设 A、B 两项目均无建设期,该公司固定资产均采用直线法计提折旧,企业所得税率为 25%,企业的资本成本率为 10%。该公司应如何决策呢?

解:(1) 计算两个项目的年营业现金净流量。

A 项目

NCF=(150 000-50 000-160 000/4)×(1-25%)+160 000/4
　　=85 000(元)

B 项目

NCF=50 000+240 000/6
　　=90 000(元)

(2) 计算两个项目的净现值。

$$NPV_A=85\ 000×(P/A,10\%,4)-160\ 000$$
$$=85\ 000×3.170-160\ 000$$
$$=109\ 450(元)$$
$$NPV_B=90\ 000×(P/A,10\%,6)-240\ 000$$
$$=90\ 000×4.355-240\ 000$$
$$=151\ 950(元)$$

(3) 计算 A、B 两项目的年均净现值。

A 项目年均净现值=109 450/(P/A,10%,4)=34 526.81(元)

B 项目年均净现值=151 950/(P/A,10%,6)=34 890.93(元)

A 项目年均净现值为 34 526.81 元，B 项目年均净现值为 34 890.93 元，所以兴旺公司应投资全自动化的 B 项目。

7.4.3 资本有限量的独立选优决策

资本有限量是指企业资金有一定限度，不能投资于所有可接受的项目。也就是说，有很多财务上可行的项目可供投资，但无法筹集到足够的资金。这种情况是在许多公司都存在的，特别是那些以内部融资为经营策略或外部融资受到限制的企业。

在资金有限量的情况下，为提高企业的投资收益率，应投资于一组使净现值最大的项目。这样的一组项目必须用适当的方法进行选择，常用的有两种方法——加权平均现值指数法和净现值法。

1. 组合的现值指数法

组合的现值指数法是指对可供投资的项目进行不同的投资组合(每一投资组合所需投资总额不能大于可供投资资金总额)，以每一组合中各项目的投资比重为权数，计算各投资组合的加权平均的现值指数，并据此做出投资决策的方法。

组合的现值指数法的决策程序如下。

(1) 计算所有项目的现值指数，并列出每一个项目的初始投资额。

(2) 接受 $PI>1$ 的项目，如果所有可行($PI>1$)的项目所需资金总额小于或等于可供投资资金总额，则说明资本没有限量，所有现值指数大于 1 的项目都可以投资，并可以按照现值指数从大到小的顺序进行投资。

(3) 如果资金不能满足所有 $PI>1$ 的项目，那么就要对所有项目在资本限量内进行各种可能的组合(每一投资组合所需投资总额不能大于可供投资资金总额)，然后计算出各种组合的加权平均现值指数。

注意：若某一投资组合所需资金总额小于可供投资资金总额，则假设剩余资金可以保值，即剩余资金的净现值等于零，现值指数等于 1。

组合的现值指数=∑组合中某项目的现值指数×该项目投资额/可供投资资金总额

(4) 选择加权平均现值指数最大的一组项目进行投资。

2. 组合的净现值法

组合的净现值法是指对可供投资的项目进行不同的投资组合(每一投资组合所需投资总额不能大于可供投资资金总额),将每一投资组合中各项目的净现值分别进行加总,计算各投资组合的净现值总额,并据此做出投资决策的方法。

组合的净现值法的决策步骤如下。

(1) 计算所有项目的净现值,并列出项目的初始投资。

(2) 接受 $NPV>0$ 的项目,如果所有 $NPV>0$ 的项目所需资金总额小于等于可供投资资金总额,则说明资本没有限量,所有净现值大于 0 的项目都可以投资。

(3) 如果资金不能满足所有的 $NPV>0$ 的投资项目,那么就要对所有可行的项目在资本限量内进行各种可能的组合(每一投资组合所需投资总额不能大于可供投资资金总额),然后计算出各种组合的净现值总额。

$$组合的净现值 = \sum 组合中各项目的净现值 \qquad (7-24)$$

(4) 选择净现值总额最大的一组项目进行投资。

【例 7.15】 三环公司有 5 个可供选择的投资项目 A、B、C、D、E,该公司可供投资的资金总额为 400 000 元。各项目的初始投资额、净现值、现值指数见表 7-12。

表 7-12 各项目的初始投资额、现值指数和净现值

投资项目	初始投资额/元	现值指数(PI)	净现值(NPV)/元
A	120 000	1.56	67 000
B	150 000	1.53	79 500
C	300 000	1.37	111 000
D	125 000	1.17	21 000
E	100 000	1.18	18 000

计算所有能使可供投资资金得以充分利用的可能项目组合的加权平均获利指数和净现值合计数,见表 7-13。

表 7-13 所有可能项目组合的加权平均获利指数和净现值

项目组合	初始投资/元	加权平均获利指数	净现值合计/元
ABD	395 000	1.42	167 500
ABE	370 000	1.412	164 500
ADE	345 000	1.129	106 000
BDE	375 000	1.412	164 700
CE	400 000	1.322	129 000

在表 7-13 中,ABE 组合中有 30 000 元资金没有用完,假设这 30 000 元可投资于有价证券,获利指数为 1,净现值为 0(其他组合也如此)。则 ABE 组合的加权平均现值指数可按以下方法计算

(120 000/400 000)×1.56+(150 000/400 000)×1.53+(100 000/400 000)×1.18+(30 000/400 000)×1
≈ 1.412

从表 7-13 中可以看出，三环公司应选用 ABD 组合，其净现值为 167 500 元，加权平均现值指数为 1.42，资金利用率最高。

本 章 小 结

本章主要阐述项目投资及其决策方法，首先介绍了项目投资的概念、特点、种类和决策程序；然后介绍了项目投资的基本决策方法，主要包括非贴现的投资回收期法、年均报酬率法、贴现的净现值法、现值指数法和内含报酬率法；最后简单介绍了投资决策方法的应用。

案例分析

长河模板项目投资决策

长河公司是生产施工模板的中型生产企业，该厂生产的模板质量优良，价格合理，长期以来供不应求。为扩大生产能力准备新建一条生产线。负责这项投资决策工作的总会计师经过调查研究后，得到如下有关资料。

(1) 该生产线的原始投资为 12.5 万元，分两年投入。第一年初投入 10 万元，第二年初投入 2.5 万元。第二年末项目完工可正式投产使用。投产后每年可生产模板 1 000 个，每个销售价格为 300 元，每年可获销售收入 30 万元，投资项目可使用 5 年，5 年后残值 2.5 万元。在投资项目经营期初要垫支流动资金 2.5 万元，这笔资金在项目结束时可全部收回。

(2) 该项目生产的产品总成本构成如下：材料费用 20 万元，制造费用 2 万元，人工费用 3 万元，折旧费用 2 万元。总会计师通过对各种资金来源进行分析，得出该厂加权平均资金成本为 10%。所得税率 33%。

讨论：

(1) 分析确定影响长河模板投资项目决策的各因素。

(2) 假设你是该厂的总会计，如何确定长河模板项目投资决策。

分析要点：

(1) 影响长河模板投资项目决策的因素有：材料费用、人工费用、制造费用、产品销售收入和年折旧费用。

(2) 计算该投资项目的营业现金流量计算表见 7-14，现金流量计算表见表 7-15，净现值量计算表见表 7-16。

表 7-14　投资项目营业现金流量计算表

单位：元

项目	第 1 年	第 2 年	第 3 年	第 4 年	第 5 年
销售收入	300 000	300 000	300 000	300 000	300 000
现付成本	250 000	250 000	250 000	250 000	250 000
其中：材料费用	200 000	200 000	200 000	200 000	200 000
人工费用	30 000	30 000	30 000	30 000	30 000
制造费用	20 000	20 000	20 000	20 000	20 000
折旧费用	20 000	20 000	20 000	20 000	20 000
利润总额	30 000	30 000	30 000	30 000	30 000
所得税(33%)	9 900	9 900	9 900	9 900	9 900
净利润	20 100	20 100	20 100	20 100	20 100
现金流量	40 100	40 100	40 100	40 100	40 100

表 7-15　投资项目现金流量计算表

单位：元

项目	建设期			经营期				
	0	1	2	3	4	5	6	7
初始投资	100 000	25 000						
流动资金投资			25 000					
营业现金流量				40 100	40 100	40 100	40 100	40 100
流动资金回收								25 000
设备残值								25 000
现金流量合计	100 000	25 000	25 000	40 100	40 100	40 100	40 100	90 100

表 7-16　投资项目净现值量计算表

单位：元

时间	现金流量	复利现值系数(10%)	现值
0	−100 000	1.0000	−100 000
1	−25 000	0.9091	−22 727.50
2	−25 000	0.8264	−20 660.00
3	40 100	0.7513	30 127.13
4	40 100	0.6830	27 388.30
5	40 100	0.6209	24 898.09
6	40 100	0.5645	22 636.45
7	90 100	0.5132	46 239.32
		净现值	7 901.79

总会计师经过以上测算后，得出净现值为 7 901.79 大于零，认为该长河模板项目投资是可行的。

思考与习题

1. 思考题

(1) 什么是项目投资？项目投资有什么特征？
(2) 投资决策指标的计算为什么要以现金流量为基础？
(3) 贴现的投资决策方法主要有哪几种？各有什么优缺点？
(4) 互斥选择的投资项目应如何决策？
(5) 独立选优的投资项目应如何决策？

2. 单项选择题

(1) 下列属于企业短期投资的是(　　)。
　　A．厂房　　　B．应收账款　　　C．预收账款　　　D．无形资产
(2) 下列属于企业长期投资的是(　　)。
　　A．现金　　　B．应收账款　　　C．存货　　　D．无形资产
(3) 投资决策方法中，对于互斥方案来说，最好的评价方法是(　　)。
　　A．净现值法　　　　　　　　　　B．获利指数法
　　C．内部报酬率法　　　　　　　　D．平均报酬率法
(4) 某投资项目原始投资为12万元，当年完工投产，有效期3年，每年可获得现金净流量4.6万元，则该项目内部报酬率为(　　)。
　　A．6.68%　　　B．7.33%　　　C．7.68%　　　D．8.32%
(5) 当贴现率与内部报酬率相等时(　　)。
　　A．净现值小于零　　　　　　　　B．净现值等于零
　　C．净现值大于零　　　　　　　　D．净现值不一定
(6) 若净现值为负数，表明该投资项目(　　)。
　　A．它的投资报酬率小于零，不可行
　　B．为亏损项目，不可行
　　C．它的投资报酬率不一定小于零，因此也有可能是可行方案
　　D．它的投资报酬率没有达到预定的贴现率，不可行
(7) 若某投资项目的建设期为零，则直接利用年金现值系数计算该项目内部收益率指标所要求的前提条件是(　　)。
　　A．投产后净现金流量为普通年金形式
　　B．投产后净现金流量为递延年金形式
　　C．投产后各年的净现金流量不相等
　　D．在建设起点没有发生任何投资
(8) 某企业拟进行一项固定资产投资项目决策，设定折现率为12%，有4个方案可供选择。其中甲方案的项目计算期为10年，净现值为1 000万元，$(A/P,12\%,10)=0.177$；乙方案的净现值率为-15%；丙方案的项目计算期为11年，每年等额净回收额为150万元；

丁方案的内部收益率为10%。最优的投资方案是( )。
    A．甲方案   B．乙方案   C．丙方案   D．丁方案

(9) 某投资方案，当贴现率为16%时，其净现值为338元；当贴现率为18%时，其净现值为-22元。该方案的内含报酬率为( )。
    A．15.88%   B．16.88%   C．17.88%   D．18.88%

(10) 运用肯定当量法进行投资风险分析，需要调整的项目是( )。
    A．有风险的贴现率   B．无风险的贴现率
    C．有风险的现金收支   D．无风险的现金收支

3. 多项选择题

(1) 下列各项投资属于短期投资的是( )。
    A．应收账款   B．机器设备
    C．预收账款   D．存货
    E．无形资产

(2) 下列投资属于对外投资的是( )。
    A．股票投资   B．固定资产投资
    C．债券投资   D．联营投资
    E．应收账款

(3) 对于同一投资方案，下列说法正确的是( )。
    A．资本成本越高，净现值越低
    B．资本成本越高，净现值越高
    C．资本成本相当于内部报酬率时，净现值为零
    D．资本成本高于内部报酬率时，净现值小于零
    E．资本成本高于内部报酬率时，净现值大于零

(4) 在投资决策分析中使用的贴现现金流量指标有( )。
    A．净现值   B．内部报酬率
    C．投资回收期   D．获利指数
    E．平均报酬率

(5) 在长期投资决策中，初始现金流量包括( )。
    A．固定资产上的投资   B．流动资产上的投资
    C．原有固定资产的变价收入   D．其他投资费用
    E．营业费用

(6) 在项目计算期不同的情况下，能够应用于多个互斥投资方案比较决策的方法有( )。
    A．差额投资内部收益率法   B．年等额净回收额法
    C．最短计算期法   D．方案重复法

(7) 关于内含报酬率下列说法中正确的是( )。
    A．它是未来现金流出量与现金流入量相等时的贴现率
    B．它是未来现金流入量现值与现金流出量现值相等时的贴现率
    C．它是能使净现值数为零的贴现率

D．它是能使净现值数为 1 的贴现率
   E．它是以资金成本为对比对象的
(8) 与财务会计使用的现金流量相比，项目投资决策所涉及的现金流量的特点有(   )。
   A．只反映特定投资项目的现金流量
   B．在时间上包括整个项目的使用寿命
   C．所依据的数据是实际信息
   D．所依据的数据是预计信息
(9) 下列项目中，属于现金流入项目的有(   )。
   A．建设投资　　　　　　　　　B．营业收入
   C．回收流动资金　　　　　　　D．经营成本的节约额
   E．所得税支出
(10) 用现金流量作为衡量投资项目效益的依据，是因为(   )。
   A．现金流量能准确反映企业未来期间盈利状况
   B．体现了资金的时间价值观念
   C．可以排除主观因素的影响
   D．体现了风险、收益之间的关系
   E．为不同时点的价值折现提供了依据

4．计算分析题

(1) 某公司因业务发展需要，准备购入一套设备。现有甲、乙两个方案可供选择，其中甲方案需投资 20 万元，使用寿命为 5 年，采用直线法计提折旧，5 年后设备无残值。5 年中每年销售收入为 8 万元，每年的付现成本为 3 万元。乙方案需投资 24 万元，也采用直线法计提折旧，使用寿命也为 5 年，5 年后有残值收入 4 万元。5 年中每年的销售收入为 10 万元，付现成本第一年为 4 万元，以后随着设备不断陈旧，逐年将增加日常修理费 2 000 元，另需垫支营运资金 3 万元。假设所得税率为 40%。

要求：① 试计算两个方案的现金流量。
② 如果该公司资本成本为 10%，试用净现值法对两个方案做出取舍。

(2) 某公司决定进行一项投资，投资期为 3 年。每年年初投资 2 000 万元，第 4 年初开始投产，投产时需垫支 500 万元营运资金，项目寿命期为 5 年，5 年中会使企业每年增加销售收入 3 600 万元，每年增加付现成本 1 200 万元，假设该企业所得税率为 30%，资本成本为 10%，固定资产无残值，平均年限法计提折旧。

要求：计算该项目投资回收期、净现值、现值指数。

(3) 大华公司有甲、乙两种固定资产投资方案，甲方案的一次投资额为 100 000 元，有效使用期为 5 年，期末无残值，投产后每年可获税后利润 10 000 元。乙方案的一次性投资额为 80 000 元，有效使用期为 4 年，期末有残值 8 000 元，各年的税后利润分别为 7 000 元、8 000 元、9 000 元、10 000 元。若该企业的资金成本为 10%，平均年限法计提折旧。

要求：计算上述两方案的净现值、内含报酬率、现值指数，并做出投资决策。

(4) 某公司原有设备一套，购置成本为 150 万元，预计使用 10 年，已使用 5 年，预计残值为原值的 10%，该公司用直线法提取折旧，现该公司拟购买新设备替换原设备，以提

高生产率，降低成本。新设备购置成本为 200 万元，使用年限为 5 年，同样用直线法提取折旧，预计残值为购置成本的 10%，使用新设备后公司每年的销售额可以从 1 500 万元上升到 1 650 万元，每年付现成本将从 1 100 万元上升到 1 150 万元，公司如购置新设备，旧设备出售可得收入 100 万元，该企业的所得税税率为 33%，资本成本为 10%。

要求：通过计算说明该设备是否应该更新。

第 8 章　证券投资管理

教学目标

本章主要讲述项目投资决策的基本理论和方法。通过本章的学习，应达到以下目标：
(1) 掌握债券、股票的估价及收益率的计算；
(2) 了解债券投资、股票投资、基金投资、债券组合投资的概念、种类和程序；
(3) 理解证券投资、股票投资、基金投资的优缺点。

教学要求

知识要点	能力要求	相关知识
债券投资概述	(1) 了解证券投资的概念、种类和程序； (2) 准确理解证券投资的目的	(1) 证券投资的概念和分类； (2) 证券投资目的、程序等
债券投资	(1) 了解债券投资的概念和目的； (2) 理解和掌握债券投资的估价方法； (3) 掌握债券投资收益率计算方法； (4) 熟悉债券投资的优缺点	(1) 债券投资的概念； (2) 债券投资估价、收益； (3) 债券投资的风险； (4) 债券投资的评价
股票投资	(1) 了解股票投资的概念和目的； (2) 理解和掌握股票投资的估价方法； (3) 掌握股票投资收益率计算方法； (4) 熟悉股票投资的优缺点	(1) 债券投资的概念； (2) 债券投资估价、收益； (3) 债券投资的风险； (4) 债券投资的评价
基金投资	(1) 了解基金投资的概念、特征和目的； (2) 理解和掌握基金投资的估价方法； (3) 掌握基金投资收益率计算方法； (4) 熟悉基金投资的优缺点	(1) 基金投资的概念、目的； (2) 基金投资估价、收益； (3) 基金投资的评价

证券　证券投资　债券投资　股票投资　基金投资　基金单位　基金净值　债券组合

金融与证券是现代经济的核心，资本市场是施工企业实现融资、投资和资源优化配置功能的重要场所。2008年席卷全球的金融危机，充分暴露了现代金融体系与资本市场一旦失灵，会给整个社会和企业、投资者所带来的巨大风险和灾难。

重庆城建投资发展股份有限公司是经重庆市人民政府京政函[1999]72号文批准，由重庆城建集团有限责任公司独家发起，以募集方式设立的股份有限公司。主营经营业务：房地产开发、销售商品房、投资及投资管理、销售金属材料、木材、建筑材料、机械电器设备；信息咨询(不含中介服务)；环保技术开发、技术服务等。该公司生产施工技术先进，质量过硬，价格合理，市场竞争力强，目前有一定的闲置资金，准备进行证券投资。张涛是该公司的财务处长助理，主要负责企业筹资和投资工作。

试问：2009年股市行情会怎么样?张涛需收集哪些资料进行分析？如何科学地进行证券投资？怎么选择证券投资组合？

8.1　证券投资概述

在市场经济条件下，施工企业财务管理发生了巨大变化，企业投资活动不仅限于固定资产、无形资产等的对内投资，而且更多地转向对股票、债券和基金等的外部投资，企业投资的领域日益广泛，证券投资对企业的影响越来越大，本章重点介绍证券投资、股票投资、基金投资和证券组合投资的内容。

8.1.1　证券和证券投资的基本概念

1. 证券的含义与基本特征

1) 证券的含义

证券是商品经济和社会化大生产发展的产物。从法律意义上说，证券是指各类记载并代表一定权利的法律凭证的统称，用以证明持券人有权依其所持证券记载的内容而取得相应的利益。从一般意义上说，证券是指用以证明或设定权利的书面凭证，它代表证券持有人或第三者有权取得该证券拥有的特定权益。

2) 证券的特征

证券具备以下两个基本特征。

(1) 法律特征。即它反映的是某种法律行为的后果，本身必须具有合法性，同时它所包含的特定内容具有法律效力。

(2) 书面特征。即必须采取书面形式或与书面形式有同等效力的形式，并且必须按照特定的格式进行书写或制作，载明有关法律规定的全部必要事项。

金融市场上的证券很多，其中可供企业投资的证券主要有国债，短期筹资券，可转让存单，企业股票、债券，投资基金以及期权、期货等衍生证券等。国债具有本金安全，流动性好的特点，并且有多种多样的期限。因此，国债是企业进行短期投资的主要对象。短期筹资券可以直接出售，也可由经纪人出售，但通常按折现的办法出售，其到期日一般在一年以内，利率通常比国库券的利率要高。买到手的短期筹资券一般需持有至到期日，因为短期筹资券的流动性较弱，买卖不方便。可转让存单的利率一般比国库券的利率要高。可转让存单有比较活跃的交易市场，流动性很强。企业股票、债券均属于长期证券，但因为股票、债券均可在金融市场上出售，因此，也可用于短期投资。

2. 证券投资的含义与基本特征

1) 证券投资的含义

证券投资是指投资者将资金投资于股票、债券、基金及衍生证券等资产，从而获取收益的一种投资行为。它是企业投资的重要组成部分，科学地进行证券投资管理，能增加企业收益，降低风险，有利于财务管理目标的实现。

2) 证券投资的特征

与实际投资相比，证券投资具有以下特点。

(1) 流动性强。证券投资的流动性明显高于实际资产。一项资产被认为是具有流动性的条件有 3 个：①有明显大规模的投资单位交易，而不引起市场大规模的波动；②在营业时间内存在连续的买价和卖价；③存在"微小"的买卖价差。证券有着十分活跃的二级市场，与实物资产相比，其转让过程快捷、简便得多，实际资产很难找到一个连续的二级市场，变现受到了限制。

(2) 价格不稳定。由于证券相对于实际资产来说，受人为因素的影响较大，且没有相应的实物作保证，其价值受政治、经济等各种环境因素的影响较大，因而具有价值不稳定、投资风险大的特性。

(3) 交易成本较低。证券买卖的交易快速、简捷，成本较低。而实际资产的交易过程复杂、手续繁多，通常还需进行调查、咨询等工作，交易成本较高。

3. 证券投资的类型

证券投资按其投资的对象不同，可分为债券投资、股票投资、基金投资、期货投资、期权投资和证券组合投资 6 类。

1) 债券投资

债券投资是指投资者购买债券，取得资金收益的一种投资活动。企业将资金投向各种各样的债券，如国库券、公司债券和短期筹资券等。与股票投资相比，债券投资能获得稳定收益，投资风险较低。当然，也应看到，投资于一些期限长，信用等级低的债券，也会承担较大的风险。

2) 股票投资

股票投资是指投资者将资金投资于股票，通过股票的买卖获得收益的投资行为。企业将其资金投向其他企业所发行的优先股、普通股都属于股票投资。企业投资于股票，尤其是投资于普通股票,要承担较大风险,但也可能取得较高收益。根据股票的性质不同,股票投资可分为优先股股票投资和普通股股票投资。

3) 基金投资

基金投资是指投资者通过购买投资基金股份或收益凭证来获取收益的投资方式。这种方式可使投资者享受专家服务,有利于分散风险,获得较大投资收益。

4) 期货投资

期货投资是指投资者通过买卖期货合约规避价格风险或赚取利润的一种投资方式。期货合约是指为在将来一定时期以指定价格买卖一定数量和质量的商品而由商品交易所制定的统一的标准合约。期货合约是确定期货交易关系的一种契约,是期货市场的交易对象。期货投资可以分为商品期货投资和金融期货投资。

一般来讲,期货投资有两种方式:一是套期交易,也称套期保值;二是投机型交易。随着商品经济的发展,期货投资已成为一种重要的投资方式,并在许多国家和地区都得到了普遍、迅速的发展。与其他投资方式相比,期货投资具有以下一些特点:①期货投资采取交纳保险金的方式,所需资金少、见效快、方便灵活;②期货投资的对象是期货合约,对于交易商品的质量和数量、交易地点、方式、环境等都有严格的限制;③期货投资在多数情况下根本无需进行商品的实际交割,而是经过"对冲",进行差额结算;④期货投资可以转移价格波动的风险,起到套期保值的作用,并有利于推动市场竞争,形成商品价格;⑤期货投资具有较大的投机性,且易发生欺骗行为,因此受到严格的法律和规则限制。

5) 期权投资

期权是一种金融合约,在指定的时刻(或规定时间内)按合约规定的价格或购买(或出售)某种资产,或不购买(或不出售)某种资产。期权投资是指为了实现盈利的目的或避免风险而进行期权买卖的一种投资方式。根据期权买进卖出的性质,期权投资可分为看涨期权、看跌期权和双向期权;根据期权合同买卖的对象,期权投资又可分为商品期权、股票期权、债券期权、期货期权等。

期权投资与期货投资作为两种投资方式,在交易投资的方法、特点与作用上都有许多相似之处,如两者都有套期交易和投资性交易两种方式;都具有套期保值和价格发现的作用等。然而期权投资同期货投资相比,还具有一些自身的特点,主要表现在:①期权投资买卖的是一种特殊权利,而不必要一定履行合同,投资者在支付期权费、购买期权合同之后,便获得了买或卖的选择权,即可自行决定是否行使该项权利;②期权投资的风险小于期货投资,期权投资者的损失仅限于期权费;③期权投资可在交易所内进行,也可在交易所外进行;④由于期权合同投资者可以放弃权利,因此其需要真正进行商品交割的比率更低;⑤期权投资可以双向操作,因此其规避风险的范围比期货投资更广泛。

6) 证券组合投资

证券组合投资是指企业将资金同时投资于多种证券。证券组合投资可以有效地分散证券投资的风险,是企业进行证券投资时常用的投资方式。

8.1.2 证券投资的目的

企业进行证券投资的目的主要有以下几个方面。

1. 暂时存放闲置资金

企业一般都持有一定量的有价证券，以替代较大量的非盈利的现金余额，并在现金流出超过现金流入时，将持有的有价证券售出，以增加现金。证券投资在多数情况下都是出于预防的动机，由于大多数企业都依赖银行信用来应付短期交易对现金的需要，但银行信用有时是不可靠的或不稳定的，因此必须持有一定量的有价证券以防银行信用短缺。

2. 与筹集长期资金相配合

处于成长期或扩张期的企业一般每隔一段时间就会发行长期证券(股票或公司债券)。但发行长期证券所获得的资金一般并不一次用完，而是逐渐、分次使用。这样，暂时不用的资金可投资于有价证券，以获得一定的收益，而当企业进行投资需要资金时，则可出售有价证券，以获得现金。

3. 满足未来的财务要求

假如企业在不久的将来有一笔现金需求，如建一座厂房或归还到期债务，则将现有现金投资于证券，以便到时售出，满足现金需求。

4. 满足季节性生产对现金的需求

从事季节性生产的企业在一年内的某些月份有剩余现金，而在另几个月会出现现金短缺，这些企业通常在现金有剩余时购入证券，而在现金短缺时出售证券。

5. 获得对相关企业的控制权

有些企业往往从战略上考虑要控制另外一些企业，这可以通过股票投资来实现。例如，一家建筑施工企业欲控制一家钢铁公司以便获得稳定的材料供应，这时便可动用一部分资金来购买此钢铁公司的股票，直到其所拥有的股权能控制这家钢铁公司为止。

8.1.3 证券投资的程序

施工企业进行证券投资，通常要经过选择投资对象、办理投资手续、监督投资对象、评价投资效果4个步骤进行，如图8.1所示。

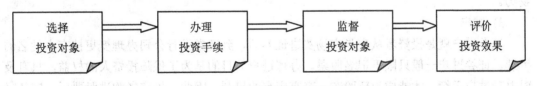

图 8.1 证券投资的步骤示意图

1. 选择投资对象

企业进行证券投资首先要选择合适的投资对象，即选择投资于何种证券、投资于哪家企业的证券。投资对象的选择是证券投资最关键的一步，它关系到投资的成败，投资对象选择得好，可以更好地实现投资目标，投资对象选择得不好，就有可能使投资者蒙受损失。

企业在选择投资对象时一般应遵循3个原则：安全性原则、流动性原则、收益性原则。企业在选择投资对象时必须要结合自己的投资目的进行选择。一般来说，短期投资应特别重视投资的安全性和流动性以便能够随时变现，安全地收回资金，因此，短期投资可以选择信用等级较高、流动性较强的债券进行投资；长期投资则更重视投资的安全性和收益性，以期长期稳定在较长的时间内能够获得更大的投资回报，因此，长期投资大多为股票投资，以求得对某一企业施行控股。

2. 办理投资手续

在施工企业确定了投资对象之后，就应选择适当的时机和方式实施证券投资，在保证企业正常经营的条件下，合理选择股票或债券等金融资产，并按规定步骤办理手续。

1) 开户与委托

投资者在进行证券买卖之前，首先要到证券登记公司开立证券账户。证券账户是用来表明投资者参与证券交易的交易所和用来记载投资者进行证券买卖和拥有证券的数额和品种的情况的。投资者在开户并选择好投资于何种证券后，就可以选择合适的证券经纪人，委托其买卖证券。办理委托也称之为下单，即委托人填写委托单，由证券公司营业部的营业人员将委托单内的内容传递到委托人进行交易的证券交易所中的驻场交易员手中，并由其按客户委托的指令进行证券买卖，投资者委托证券经纪人进行证券买卖，应明确告知经纪人代其买卖何种证券、买卖的价格和数量。证券经纪人在其营业所内接受客户的买卖委托后，应通知其在证券交易所的场内代表进行买卖交易，待交易完成后再向营业所报告交易结果，最后经纪人向客户报告，以便投资者准备办理交割事宜。

2) 交割与清算

投资者在委托证券经纪人买卖各种证券之后，就要及时办理证券交割。证券交割是指买入证券方交付价款领取证券，卖出证券方交出证券收取价款的收交活动。证券交割的时间长短是由证券交易系统的技术先进程度所决定的，目前的证券交易多采用计算机联网系统，所以证券交割的时间都较短，一般在证券成交的第二个工作日即可办理证券交割。投资者在证券交割过程中并不是逐笔进行的，一般均进行清算制度，即将投资者证券买卖的数量、金额相互抵消，然后就其抵消后的净额进行交割。这种抵消买卖金额，只支付其净额的办法就是清算制度。实施清算制度，可以减少实际交割的证券的数量，以节省人力物力。

3) 过户

证券过户就是投资者从交易市场买进证券后，到证券发行公司办理变更持有人姓名的手续。证券过户一般只限于记名股票。办理过户的目的是为了保障投资人的权益，只有及时办理过户手续，才能成为新股东，享有应有的权利。因此，投资者购进股票后，应及时办理证券过户手续。只有在过户以后，证券交易的整个过程才算是最终结束。

3. 监督投资对象

施工企业选择合适的投资对象并实施证券投资之后，必须对投资对象的运动状况进行监督和控制，以便及时发现问题和解决问题。当发现投资对象的生产经营出现问题而面临困境时，作为股东的企业可以积极参与被投资企业的生产经营决策，帮助企业走出困境；或者采取抛售股票的方式，适时抛售股票收回投资或转向其他投资对象。

4. 评价投资效果

投资完成后,需要对投资情况和投资结果进行客观的分析和评价,及时反馈各种信息,发现问题,及时进行弥补。对投资效果的评价主要从流动性、风险性、盈利性等方面进行评价,对比预期效果与实际效果,评价投资绩效的好坏,以便总结经验教训,为今后更好地进行投资组合提供基础和依据。

8.2 债券投资的管理

8.2.1 债券投资的目的、特点和分类

1. 债券投资的目的和特点

施工企业进行短期债券投资的目的主要是为了合理利用暂时闲置资金,调节现金余额,获得收益。当企业现金余额太多时,便投资于债券,使现金余额降低;反之,当现金余额太少时,则出售原来投资的债券,收回现金,使现金余额提高。施工企业进行长期债券投资的目的主要是为了获得稳定的收益。

债券投资具有以下特点。

1) 投资期限方面

不论长期债券投资,还是短期债券投资,都有到期日,债券到期应当收回本金,投资应考虑期限的影响。

2) 权利义务方面

从投资权利来说,在各种投资方式中,债券投资的权利最小,无权参与被投资企业经营管理,只有按约定取得利息,到期收回本金的权利。

3) 收益与风险方面

债券投资收益通常是事前预定的,收益率通常不及股票高,但具有较强的稳定性,投资风险较小。债券是发行者为筹集资金,向债权人发行的,在约定时间支付一定比例的利息,并在到期时偿还本金的一种有价证券。

2. 债券投资的分类

债券投资按时间不同可分为短期债券投资和长期债券投资两种类型。

1) 短期债券投资

短期债券投资是指在一年内到期或准备在一年之内变现的投资。企业进行短期债券投资的目的主要是为了合理利用暂时闲置资金、调节现金余额获得收益。当企业现金余额太多时,便投资于债券,使现金余额降低;反之,当现金余额太少时,则出售原来投资的债券,收回现金,使现金余额提高。

2) 长期债券投资

长期债券投资是指在一年以上才能到期且不准备在一年之内变现的投资。企业进行长期债券投资的目的主要是为了获得稳定的收益。

8.2.2 债券的估价

企业进行债券投资，必须知道债券本身的价值如何，即该债券是否值得投资。现介绍几种最常见的估价模型。

1. 一般情况下的债券估价模型

一般情况下的债券估价模型是指按复利方式计算的，按年付息的债券价格的估价。其计算公式为

$$P = F \times (P/F, K, n) + I \times (P/A, K, n) \tag{8-1}$$

式中：P——债券价格；
$\qquad F$——债券面值；
$\qquad I$——每年利息；
$\qquad K$——市场利率；
$\qquad n$——付息总期数。

【例 8.1】 某建筑施工企业发行的债券面值为 1 000 元，票面利率为 8%，期限为 5 年，市场利率为 10%，则该企业债券价格为多少时才能进行投资？

解：$\quad P = 1\,000 \times (P/F, 10\%, 5) + 1\,000 \times 8\% \times (P/A, 10\%, 5)$
$\qquad\quad = 1\,000\text{元} \times 0.620\,9 + 80 \times 3.790\,8$
$\qquad\quad = 924.16(\text{元})$

只有该债券的价格低于 924.16 元时，投资者才能投资。

2. 一次还本付息且不计复利的债券估价模型

我国有很多债券属于一次还本付息且不计复利的债券，其计算公式为

$$P = \frac{F + F \times i \times n}{(1+K)^n} = F \times (P/F, K, n) \tag{8-2}$$

式中：P——债券价格；
$\qquad F$——债券面值；
$\qquad K$——市场利率；
$\qquad n$——付息总期数；
$\qquad i$——票面利率。

【例 8.2】 某建筑施工企业拟购买甲公司发行的一次还本付息的企业债券，债券面 1 000 元，期限为 5 年，票面利率为 10%，市场利率为 8%，不计复利，则债券发行价格为多少时才能购买？

解：$\quad P = (1\,000 + 1\,000 \times 10\% \times 5)(P/F, 8\%, 5)$
$\qquad\quad = 1\,500 \times 0.680\,6$
$\qquad\quad = 1\,020.9(\text{元})$

则该债券的价格只有低于 1 020.9 元时，企业才能购买。

3. 零票面利率债券的估价模型

有些债券以折现方式发行，没有票面利率，到期按面值偿还。其估价模型为

$$P = \frac{F}{(1+K)^n} = F \times (P/F, K, n) \tag{8-3}$$

【例 8.3】 某公司发行的债券面值为 1 000 元，期限为 5 年，以折价发行，期内不计息，到期按面值偿还，市场利率为 8%，则债券的价格为多少时企业才能进行购买？

解：
$P = 1\,000 \times (P/F, 8\%, 5)$
$\quad = 1\,000 \times 0.680\,6$
$\quad = 680.6(元)$

则该债券的价格只有低于 680.6 元时，企业才能购买。

8.2.3 债券的收益率

1. 债券收益的来源及影响因素

1) 债券收益的来源

债券收益的来源：一是债券的年利息收益，这是债券发行时就决定的；二是资本损益，指债券买入价和卖出价或偿还额之间的差额，由于债券买卖价格受市场利率和供求关系等因素影响，资本损益很难在投资前作出准确预测。

2) 影响债券收益的因素

债券的票面利率、期限、面值、持有时间、购买价格和出售价格都会影响债券收益。这些因素中只要有一个因素发生了变化，债券收益就会随之发生变化。另外，债券的可赎回条款、税收待遇、流动性和违约风险等属性也会不同程度的影响债券的收益。

2. 债券收益率的计算

债券收益率是指在一定时期内所得的收益与投入本金的比率。债券收益率一般以年利率为计算单位。债券收益率有票面收益率、直接收益率、持有期收益率和到期收益率等多种，这些收益率分别反映投资者在不同买卖价格和持有年限下的实际收益水平。

1) 票面收益率

票面收益率是指印制在债券票面上的固定利率，即年利息收入与债券面额之比。投资者如果将按面额发行的债券持有至期满，则所获得的投资收益率与票面收益率是一致的。其计算公式为

$$K = \frac{I}{V} \times 100\% \tag{8-4}$$

式中：K——票面收益率；
　　　I——债券年利息；
　　　V——债券买入价。

【例 8.4】 某建筑施工企业投资购买甲企业发行的债券，债券面值为 1 000 元，年利率为 10%，按面值购入，计算该批债券的投资收益率。

解：
$$K = \frac{1\,000 \times 10\%}{1\,000} \times 100\% = 10\%$$

票面收益率只适用于投资者按票面金额买入债券直至期满并按票面面额收回本金情况，它没有反映债券发行价格与票面金额不一致的可能，也没有考虑投资者中途卖出债券

的可能。

2) 直接收益率

直接收益率又称本期收益率或当前收益率，指债券的年利息收入与买入债券的实际价格之比，债券的买入价格，也称债券全价，可以是发行价格，也可以是流通市场的交易价格，它可能等于债券面额，也可能高于或低于债券面额。其计算公式为

$$K = \frac{I}{S} \times 100\% \tag{8-5}$$

式中：K——直接收益率、本期收益率、当前收益率；
　　　I——债券年利息；
　　　S——债券买入价，即发行价格或流通市场的交易价格。

【例8.5】 某建筑施工企业投资购买甲企业发行的债券，债券面值为1 000元，年利率为10%，按溢价购入，其购买价格为1 100元，计算该批债券的投资收益率。

解：$$K = \frac{1\,000 \times 10\%}{1\,100} \times 100\% = 9.09\%$$

3) 持有期收益率

持有期收益率指买入债券后持有一段时间，在债券到期前将其出售而得到的收益率。它包括持有债券期间的利息收入和资本损益。其计算公式为

$$K = \frac{I + (P - S)/n}{S} \times 100\% \tag{8-6}$$

式中：K——持有期收益率；
　　　I——债券年利息；
　　　P——债券卖出价；
　　　S——债券买入价；
　　　n——持有年限。

【例8.6】 某建筑施工企业于2000年1月1日以1 200元的价格购买了甲公司于1998年发行的面值为1 000元，利率为10%，每年1月1日支付一次利息的10年期公司债券，2005年1月1日到期，以1 400元的价格卖出，计算该企业持有该批债券的收益率。

解：$$K = \frac{1\,000 \times 10\% + (1\,400 - 1\,200) \div 5}{1\,200} \times 100\% = 11.67\%$$

【例8.7】 承【例8.6】，若甲公司该批债券为到期一次还本付息债券，则该公司持有债券的收益率为多少？

解：$$K = \frac{(1\,400 - 1\,200) \div 5}{1\,200} \times 100\% = 3.33\%$$

4) 到期收益率

到期收益率又称最终收益率，一般的债券到期都按面值偿还本金，所以，随着到期日的临近，债券的市场价格会越来越接近面值。

(1) 短期债券到期收益率采取单利计算。其计算原理与持有期收益率的计算原理基本相同。

【例8.8】 某建筑施工企业于2003年1月1日以108元的价格购买了1999年发行的1年

期国库券，2004年1月1日到期，该国库券面值为100元，利率为10%，每年1月1日支付一次利息，计算企业持有该批国库券的到期收益率。

解：$$K = \frac{1\,000 \times 10\% + (100 - 108) \div 1}{108} \times 100\% = 85.19\%$$

【例 8.9】 承【例 8.8】，若该批国库券为到期一次还本付息债券，计算企业持有该批国库券的到期收益率。

解：$$K = \frac{[100 \times (1 + 10\% \times 5) - 108] \div 1}{108} \times 100\% = 38.89\%$$

(2) 长期债券到期收益率的计算。采取复利计算，需要用到第3章资金时间价值部分的利息推算方法。

【例 8.10】 某建筑施工企业于2004年1月1日以1 050元的价格购买了甲公司于2001年1月1日发行的面值为1 000元，票面利率为10%，期限为5年的公司债券，若该批债券为到期一次还本付息债券，计算其到期收益率。

解：由于该债券于2005年12月31日到期，持有期为2年，则有

$$1\,050 = 1\,000 \times (1 + 5 \times 10\%) \times (P/F,i,2)$$
$$= 1\,500 \times (P/F,i,2)$$

得 $(P/F,i,2) = 1\,050/1\,500 = 0.700\,0$

查1元复利现值系数表，有如下结果

当 $i=15\%$ 时，$(P/F,i,2)=0.756\,1 > 0.700\,0$

当 $i=20\%$ 时，$(P/F,i,2)=0.694\,4 < 0.700\,0$

$$i = 15\% + \frac{0.756\,1 - 0.700\,0}{0.756\,1 - 0.694\,4} \times (20\% - 15\%) = 19.55\%$$

该建筑施工企业持有该债券的到期收益率为19.55%。

【例 8.11】 承【例 8.10】，若该债券每年年末付息一次，到期偿还本金，计算其到期收益率。

解：$$1\,050 = 1\,000 \times 10\% \times (P/A,i,2) + 1\,000 \times (P/F,i,2)$$
$$= 100 \times (P/F,i,2) + 1\,000 \times (P/F,i,2)$$
$$NPV = 100 \times (P/A,i,2) + 1\,000 \times (P/F,i,2) - 1\,050$$

查1元复利现值系数表和1元年金现值系数表，有如下结果

当 $i=10\%$ 时，$NPV = 100 \times 1.735\,5 + 1\,000 \times 0.826\,4 - 1\,050 = 50.05 < 0$

当 $i=8\%$ 时，$NPV = 100 \times 1.783\,3 + 1\,000 \times 0.857\,3 - 1\,050 = 14.37 < 0$

当 $i=6\%$ 时，$NPV = 100 \times 1.833\,4 + 1\,000 \times 0.890\,0 - 1\,050 = 23.34 > 0$

$$i = 6\% + \frac{23.34}{14.37 + 23.34} \times (8\% - 6\%) = 7.24\%$$

该建筑施工企业持有该债券的到期收益率为7.24%。

8.2.4 债券投资的优缺点

1. 债券投资的优点

1) 本金安全性高

债券投资与股票相比，债券投资风险比较小。政府发行的债券有国家财力作后盾，其

本金的安全性非常高,通常视为无风险证券。企业债券的持有者拥有优先求偿权,即当企业破产时,优先于股东分得企业资产,因此,其本金损失的可能性小。

2) 收入稳定性强

债券票面一般都标有固定利息率,债券的发行人有按时支付利息的法定义务。因此,在正常情况下,投资于债券都能获得比较稳定的收入。

3) 市场流动性好

许多债券都具有较好的流动性。政府及大企业发行的债券一般都可在金融市场上迅速出售,流动性很好,债券的变现好于股票。

2. 债券投资的缺点

1) 购买力风险较大

债券的面值和利息率在发行时就已确定,如果投资期间的通货膨胀率比较高,则本金和利息的购买力将不同程度地受到侵蚀,在通货膨胀率比较高时,投资者虽然名义上有收益,但实际上却有损失。

2) 没有经营管理权

债券持有人是债权人,其资金投资于债券只是获得收益的一种手段,无权对债券发行单位施以影响和控制,没有管理权和控制权。

8.3 股票投资的管理

8.3.1 股票投资的种类及目的

股票是股份公司发给股东的所有权凭证,是股东借以取得股利的一种有价证券。股票持有者即为公司的股东,对公司财产有要求权。

1. 股票投资的种类

股票投资分为普通股投资和优先股投资。企业投资于普通股,股利收入不稳定,投资于优先股可以获得固定的股利收入,因此,普通股股票价格比优先股股票价格波动大。投资普通股风险相对要大。

2. 股票投资的目的

企业进行股票投资的目的主要有两种:一是获利,即作为一般的证券投资,获取股利收入或股票买卖差价;二是控股,即通过购买某一企业的大量股票达到控制该企业的目的。在第一种情况下企业可将某种股票作为证券组合的一个组成部分,不应冒险将大量资金投资于某一企业的股票上。而在第二种情况下,企业应集中资金投资于被控企业的股票上,这时候考虑更多的不应是目前利益(股票投资收益的高低),而应是长远利益(占有多少股权才能达到控制的目的)。

8.3.2 股票投资估价

同进行债券投资一样,施工企业进行股票投资,也必须知道股票自身价值的大小,现介绍几种最常见的股票估价模型。

1. 股票估价的基本模型

在通常情况下，投资者投资于股票，不仅希望得到股利收入，还希望在未来出售股票时从股票价格的上涨中得到好处。此时的股票估价模型为

$$V = \sum_{t=1}^{n} \frac{d_t}{(1+K)^t} + \frac{V_n}{(1+K)^n} \tag{8-7}$$

式中：V——股票内在价值；

V_n——未来出售时预计的股票价格；

K——投资人要求的必要资金收益率；

d_t——第 t 期的预期股利；

n——预计持有股票的期数。

2. 长期持有、股利稳定不变的股票估价模型

在每年股利稳定不变，投资者持有期间很长的情况下，股票的估价模型可简化为

$$V = \frac{D}{K} \tag{8-8}$$

式中：V——股票内在价值；

D——每年固定股利；

K——投资人要求的必要资金收益率。

3. 长期持有、股利固定增长的股票估价模型

如果一个公司的股利不断增长，投资者的投资期限又非常长，则股票的估价就更难了，只能计算近似数。其计算公式为

$$V = \frac{D_0 \times (1+G)}{(K-G)} \tag{8-9}$$

或

$$V = \frac{D_1}{(K-G)} \tag{8-10}$$

式中：D_0——上年股利；

G——每年股利比上年增长率；

D_1——下一年的预期利润。

【例 8.12】 某建筑施工企业欲购买甲公司的股票，该股票上年每股股利为 0.15 元，预计以后每年以 6%的增长率增长，该企业经分析后，认为必须得到 8%以上(含 8%)的报酬率，才能购买甲公司的股票，则该种股票的价值应为多少？

解：
$$K = \frac{0.15 \times (1+6\%)}{(8\%-6\%)} = 7.95(元)$$

当股票价格在 7.95 元以下时，该建筑施工企业才能购买甲公司的股票。

8.3.3 股票的收益率

1. 股票收益的来源和影响因素

股票的收益是指投资者从购入股票开始到出售股票为止整个持有股票期间的收入,这种收益由股息和资本利得两方面组成。股票收益主要取决于股份公司的经营业绩和股票市场的价格变化及公司的股利政策,但与投资者的经验与技巧也有一定关系。

2. 股票收益率计算

股票收益率主要有本期收益率、持有期收益率和拆股后持有期收益率 3 种。本书只介绍前两种。

1) 本期收益率

本期收益率是指股份公司以现金派发股利与本期股票价格的比率。其计算公式为

$$K = \frac{D}{V} \times 100\% \tag{8-11}$$

式中:K——本期收益率;
　　　D——年现金股利;
　　　V——本期股票的价格。

【例 8.13】 某建筑施工企业在 2002 年 1 月 1 日以 500 万元的价格投资购买某种股票 200 万股,当年每股分得现金股利 0.65 元,2003 年 3 月 1 日该批股票价格为 650 万元,计算该企业投资购买股票本期所取得的收益率。

解:
$$K = \frac{0.65 \times 200}{650} \times 100\% = 20\%$$

2) 持有期收益率

持有期收益率是指投资者买入股票持有一定时期后又卖出该股票,在投资者持有该股票期间的收益率。如投资者持有股票时间不超过 1 年,不用考虑资金时间价值,其持有期收益率计算公式应为

$$K = \frac{\frac{P-S}{n} + d}{V} \times 100\% \tag{8-12}$$

式中:K——持有期收益率;
　　　P——股票出售价格;
　　　S——股票购买价格;
　　　n——持有年限;
　　　d——年现金股利;
　　　V——本期股票价格。

如投资者持有股票时间超过 1 年,则需要考虑资金时间价值。其持有期收益率计算公式应为

$$V = \sum_{t=1}^{n} \frac{D_t}{(1+K)^t} + \frac{P}{(1+K)^n} \tag{8-13}$$

式中：V——股票的购买价格；
P——股票的出售价格；
D_t——股票投资报酬(各年获得的股利)；
n——投资期限；
K——持有期收益率。

【例 8.14】 某建筑施工企业在 2004 年 6 月 1 日投资 550 万元，购买 A 上市公司的股票 100 万股，在以后 3 年中，每年的 5 月 31 日各分得现金股利 0.3 元/股、0.5 元/股、1.3 元/股，在第 3 年 5 月 31 日将股票以每股 5.5 元的价格全部出售，请计算此公司投资股票所取得的投资收益率。

解： 根据题意采用插值法计算，见表 8-1。

表 8-1 插值法计算

年份	股利及出售的现金流量/万元	测试 16%		测试 16%		测试 16%	
		系数	现值/万元	系数	现值/万元	系数	现值/万元
2005 年	30	0.8621	25.863	0.8772	26.316	0.8929	26.787
2006 年	50	0.7432	37.16	0.7695	38.475	0.7972	39.860
2007 年	680	0.6407	435.676	0.6750	459.00	0.7118	484.024
合计			498.70		523.79		550.57

在表 8-1 中，按 16％的收益率进行测算得到 498.70 万元的现值，小于原来 550 万元的投资额，则可知实际收益率要低于 16％；再进行第 2 次测算，将收益率调到 14％，得到 523.79 万元的现值，小于原来 550 万元的投资额，则可知实际收益率要低于 14％；再进行第 3 次测算，将收益率调到 12％，得到 500.57 万元的现值，比原来的投资额 550 万元大，则该项投资的投资收益率应在 12％～14％，由插值法计算可得

$$i = i_1 + \frac{\beta_1 - \alpha}{\beta_1 - \beta_2} \times (i_2 - i_1)$$
$$= 12\% + \frac{550.57 - 550}{550.57 - 523.79} \times (14\% - 12\%)$$
$$= 12.04\%$$

该企业投资 A 上市公司股票所取得的投资收益率为 12.04％。

8.3.4 股票投资的优缺点

1. 股票投资的优点

股票投资是一种具有挑战性的投资，其收益和风险都比较高。股票投资的优点主要有如下几点。

1) 投资收益高

普通股票的价格虽然变动频繁，但从长期看，优质股票的价格总是上涨的居多，只要选择得当，都能取得优厚的投资收益。

2) 购买力风险低

普通股的股利不稳定，在通货膨胀率较高时，由于物价普遍上涨，股份公司盈利增加，股利的支付也随之增加，因此，与利率固定的证券相比，普通股能有效地降低购买力风险。

3) 拥有经营控制权

普通股股东是股份公司的所有者，有权监督和控制企业的生产经营状况，因此，欲控制一家企业，最好是收购这家企业的股票。

2. 股票投资的缺点

股票投资的缺点主要是风险大，主要表现在以下几方面。

1) 求偿权居后

普通股对企业资产和盈利的求偿权均属于最后。企业破产时，股东原来的投资可能得不到全额补偿，甚至全部遭受损失。

2) 股票价格不稳定

普通股的价格受众多因素影响，很不稳定。政治因素、经济因素、投资者心理因素、企业的盈利情况、风险情况都会影响股票价格，这也使股票投资具有较高风险。

3) 股利收入不稳定

普通股股利的多少，视企业经营状况和财务状况而定，其有无、多少均无法律上的保证，其收入的风险也远远大于固定收益证券。

4) 投资风险大

股票投资有可能导致血本无归，因此风险很大，股票投资者的预期收益取决于股票发行公司的经营水平和盈利水平及股票市场的行情，如公司经营状况不好时，股价下跌，股票投资者将会受到很大损失；在企业破产时，因股东的求偿权位于最后，股东可能不能收回部分或全部所投资金。

8.4 基金投资

8.4.1 投资基金的含义与内容

投资基金是一种利益共享、风险共担的集合投资方式，即通过发行基金股份或收益凭证等有价证券聚集众多的不确定投资者的出资，交由专业投资机构经营运作，以回避投资风险并谋取投资收益的证券投资工具。

投资基金的称谓各有不同，美国称为共同基金或互惠基金，也称为投资公司，英国称为单位信托基金，日本称为证券投资信托基金。尽管称谓各异，但投资基金的组成框架及操纵过程基本上是相同的。

一般来说，投资基金的组织与运作包括以下几个方面的内容。

(1) 投资基金是由投资基金的发起人设计，组织各种类型的投资基金。通过向社会发行基金收益凭证或基金股份，将社会上众多投资者的零散资金聚集成一定规模的数额，设立基金。

(2) 基金的份额用"基金单位"来表达，基金单位也称为收益权单位。它是确定投资者在某一投资基金中所持份额的尺度。将初次发行的基金总量分成若干等额的整数份,每一个即为一个基金单位,表明认购基金所要求达到的最低投资金额。例如,某基金发行时要求以 100 元的整数倍认购,表明该基金的单位是 100,投资 2 000 元即拥有 20 个基金单位。一个基金单位与股份公司一股的含义基本上是相同的。

(3) 由指定的信托机构保管和处分基金资产,专款储存以防止基金资产被挪为他用。基金保管机构称为基金保管公司,它接受基金管理人的指令,负责基金的投资操作,处理基金投资的资金拨付、证券交割和过户、利润分配及本金偿付等事项。

(4) 由指定的基金经理公司负责基金的投资运作,基金经理公司负责设计基金品种,制定基金投资计划,确定基金的投资目标和投资策略,以基金的名义购买证券资产或其他资产,向基金保管人发出投资操作指令。

8.4.2 投资基金的种类

1. 按组织形态分类

根据组织形态的不同,可分为契约型基金和公司型基金。

1) 契约型基金

契约型基金又称单位信托基金,是指把收益人、管理人、托管人三者作为基金的当事人,由管理人和托管人通过签订信托契约的形式发行收益凭证而设立的一种基金,契约型基金是基于基金契约原理而组织起来的代办投资行为。通过信托契约来规范三方当事人的行为。基金的管理人负责基金的管理操作;基金托管人作为基金资产的名义持有人,负责基金资产的保管和处置,并对基金管理人的运作实行监督。

2) 公司型基金

公司型基金是按照公司法以公司形态组成的,基金公司以发行股份的方式募集资金,一般投资者购买该公司的股份即为认购基金,也就成为该公司的股东,凭其持有的基金份额依法享有投资收益。公司型基金的特点是:①基金公司的设立程序类似于一般股份公司,基金公司本身依法注册为法人,但不同于一般股份公司的是,它是委托专业的基金管理公司来经营和管理的;②基金公司的组织结构与一般股份公司类似,设有董事会和持有人大会行使权利。

契约型基金与公司型基金的区别如下。

(1) 基金的性质不同,契约型基金的资金是信托资金财产,公司型基金的资金为公司资本。

(2) 投资者的地位不同,契约型基金投资者购买收益凭证后成为基金契约的当事人之一,即收益人;公司型基金的投资者购买基金公司的股票后成为该公司的股东,以股息或红利取得利益。因此,契约型基金的投资者没有管理基金资产的权利,而公司型基金的股东通过持有人大会和董事会享有管理基金公司的权利。

(3) 基金的运作依据不同,契约型基金依据基金契约运营基金,公司型基金依据基金公司章程运营基金。

2. 按变现方式分类

根据变现方式的不同，可分为封闭式基金和开放式基金。

1) 封闭式基金

封闭式基金是指基金的发起人在设立基金时，限定了基金单位的发行总额，筹集到这个总额后，基金即宣告成立，并进行封闭，在一定时期内不再接受新的投资。基金单位的流通采取在交易所上市的办法，投资者以后要买卖基金单位都必须经过证券经纪商，在二级市场上进行竞价交易。封闭式基金的期限是指基金的存续期，即基金从成立之日起到结束之日止的整个时间。

2) 开放式基金

开放式基金是指基金发起人在设立基金时，基金单位的总数是不固定，可视经营策略和发展需要追加发行。投资者也可根据市场情况和各自的投资决策，或者要求发行机构按现期净资产值扣除手续费后赎回股份或收益凭证，或者再买入股份或收益凭证，增加基金单位份额的持有比例。

封闭式基金与开放式基金的区别如下：

(1) 期限不同，封闭式基金通常有固定的封闭期，而开放式基金没有固定期限，投资者可随时向基金管理人赎回。

(2) 基金单位的发行规模要求不同，封闭式基金在招募说明中列明其基金规模，开放式基金没有发行规模限制。

(3) 基金单位的转让方式不同，封闭式基金的基金单位在封闭期限内不能要求基金公司赎回，只能寻求在证券交易场所或柜台市场上出售给第三者，开放式基金的投资者则可以在首次发行结束一段时间后，随时向基金管理人或中介机构提出购买或赎回申请。

(4) 基金单位的交易价格计算标准不同，封闭式基金的买卖价格受市场供求关系的影响，并不必反映公司的净资产值，开放式基金的交易价格则取决于基金的每单位资产净值的大小，其卖出价一般是基金单位资产净值加 5％左右的首次购买费，买入价即赎回价是基金券所代表的资产净值减去一定的赎回费，基本不受市场供求影响。

(5) 投资策略不同，封闭式基金的基金单位数不变，资本不会减少，因此基金可进行长期投资，基金资产的投资组合能有效地在预定计划内进行，开放式基金因基金单位可以随时收回，为应付投资者随时赎回兑现，基金资产不能全部用来投资，更不能把全部资本用来进行长线投资，必须保持基金资产的流动性，在投资组合上需保留一部分现金和可时兑现的金融商品。

3. 按投资标的分类

根据投资标的不同，可分为股票基金、债券基金、货币基金、期货基金、期权基金、认股权证基金和专门基金等。

1) 股票基金

股票基金是所有基金品种中最为流行的一种类型，它是指投资于股票的投资基金，其投资对象通常包括普通股和优先股，其风险程度较个人投资股票市场要低得多，且具有较强的变现性和流动性，因此它也是一种比较受欢迎的基金类型。

2) 债券基金

债券基金是指投资管理公司为稳健型投资者设计的,投资于政府债券、市政公债、企业债券等各类债券品种的投资基金。债券基金一般情况下定期派息,其风险和收益水平通常较股票基金低。

3) 货币基金

货币基金是指货币存款构成投资组合,协助投资者参与外汇市场投资,赚取较高利息的投资基金。其投资工具包括银行短期存款、国库券、政府公债、公司债券、银行承兑票据及商业票据等。这种基金的投资风险小,投资成本低,安全性和流动性都较高,在整个基金市场属于低风险的安全基金。

4) 期货基金

期货基金是指投资于期货市场以获取较高投资回报的投资基金。由于期货市场具有高风险和高回报的特点,因此投资期货基金既可能获得较高的投资收益,同时投资者也面临着较大的投资风险。

5) 期权基金

期权基金就是以期权作为主要投资对象的基金。期权是一种选择权,是买卖期货合同的选择权利。期权交易就是期权购买者向期权出售者支付一定费用后,取得在规定时期内的任何时候,以事先确定好的协定价格,向期权出售者购买或售出一定数量的某种商品合约的权利的一种买卖。

6) 认股权证基金

认股权证基金就是指以认股权证为主要投资对象的基金。认股权证是指由股份公司发行的,能够按照特定的价格,在特定的时间内购买一定数量该公司股票的选择权凭证。由于认股权证的价格是由公司的股价决定的,一般来说,认股权证的投资风险较通常的股票要大得多,因此,认股权证基金也属于高风险基金。

7) 专门基金

专门基金由股票基金发展演化而成,属于分类行业股票基金或次级股票基金,它包括黄金基金、资源基金、科技基金、地产基金等,这类基金的投资风险较大,收益水平容易受市场行情的影响。

8.4.3 投资基金的估价与收益率

1. 基金估价

对投资基金进行财务评价旨在衡量投资基金的经营业绩,为投资者选择合适的基金作为投资对象提供参考。对投资基金财务评价所依据的信息来源主要是公开的基金财务报告信息。

基金也是一种证券,与其他证券一样,基金的内涵价值也是指在基金投资上所能带来的现金流量。但是,基金的内涵价值的具体确定依据与股票、债券等其他证券又有很大区别。债券的价值取决于债券投资所带来的利息收入和收回的本金,股票的价值取决于股份公司净利润的稳定性和增长性。这些利息和股利都是未来收取的,也就是说,未来的而不是现在的现金流量决定着债券和股票的价值。基金的价值取决于目前能给投资者带来的现金流量,这种目前的现金流量用基金的净资产价值来表达。

基金的价值取决于基金净资产的现在价值,其原因在于:股票的未来收益是可以预测的,而投资基金的未来收益是不可预测的。由于投资基金不断变化投资组合对象,再加上资本利得是投资基金收益的主要来源,变化莫测的证券价格波动使得对投资基金未来收益的预计变得不大现实。既然未来不可预测,投资者把握的就是现在,即基金资产的现有市场价值,因此基金单位净值是评价基金业绩最基本、最直观的指标,也就是开放式基金申购价格、赎回价格以及封闭式基金上市交易价格确定的重要依据。

在基金净资产价值的计算中,基金的负债除了以基金名义对外的融资借款以外,还包括应付投资者分红、基金应付给基金经理公司的首次认购费、经理费用等各项基金费用。相对来说,基金的负债金额是固定的,基金的净资产的价值主要取决于基金总资产的价值。这里,基金总资产的价值并不是指资产总额的账面价值,而是指资产总额的市场价值。

2. 基金收益率

基金收益率用以反映基金增值的情况,它通过基金净资产的价值变化来衡量。基金净资产的价值是以市价计量的,基金资产的市场价值增加,意味着基金的投资收益增加,基金投资者的权益也随之增加。

8.4.4 基金投资的优缺点

1. 投资基金的优点

投资基金的最大优点是能够在不承担太大风险的情况下获得较高收益。原因有以下几方面。

1) 投资基金具有专家理财优势

投资基金的管理人都是投资方面的专家,他们在投资前均进行多种研究,这能够降低风险,提高收益。

2) 投资基金具有资金规模优势

我国的投资基金一般拥有的资金规模在 20 亿元以上,西方大型投资基金一般拥有的资金规模在百亿美元以上,这种资金优势可以进行充分的投资组合,能够降低风险,提高收益。

2. 投资基金的缺点

1) 无法获得较高的投资收益

投资基金在投资组合过程中,在降低风险的同时也丧失了获得巨大收益的机会。

2) 受大盘影响大

在大盘整体大幅度下跌的情况下,进行基金投资也可能会造成较大损失。

8.5 证券投资组合

8.5.1 证券投资组合概述

1. 证券投资组合的含义

证券投资组合又称证券组合,是指在进行证券投资时,不是将所有的资金都全部投向单一的某种证券,而是有选择地投向一组证券。

2. 证券投资组合的目的

通过证券投资组合,既可以抓住投资机会,又可以降低投资风险。

证券投资盈利与风险并存,如何在两者之间寻求平衡,选择若干种债券加以搭配,科学地进行债券的组合就是一种比较不错的方法。理论上,如果不考虑证券投资组合的交易成本,规模最大的投资组合就是市场上所有债券所构成的投资组合;而在实践中,通过有效的债券投资组合,便可消减证券风险,达到降低风险的目的。

3. 证券投资组合的优点

1) 降低风险

每种证券投资都具有一定的风险,由于每种证券投资特征不同,所以风险也不相同,投资者把资金分散开来投资于不同证券,当一种投资损失时,会由于其他投资收益的存在而减少损失。

2) 提高收益

收益最大化是每一个投资者所追求的最终目标。如果投资者把其资金投放到单一资产上,则只有有限种选择;而使用证券投资组合方法,投资者就会有无限多种选择,这就为投资者在给定的风险条件下尽量提高收益提供了机会。

8.5.2 证券投资组合的风险与风险收益

1. 证券投资组合的风险

证券投资组合的风险是指投资者在证券投资过程中遭受损失或达不到预期收益率的可能性。证券投资组合的风险按性质分为系统性风险和非系统性风险两大类。

1) 系统性风险

系统性风险也称不可分散风险,是对市场上所有证券都产生影响的共同性风险。影响系统性风险的因素包括:国家政策的走向,金融机构受管制程度,货币政策等。这些因素对市场上的所有证券的影响程度是相同的,无法消除。系统性风险主要包括以下几种。

(1) 利息率风险。利息率风险是由于利息率的变动而引起金融资产的价格波动,使投资人遭受损失的风险。利息率受市场影响,市场瞬息万变,导致利率升降不定。

(2) 再投资风险。再投资风险是由于市场利率下降而造成的无法通过再投资而实现预期收益的风险。

(3) 购买力风险。购买力风险是由于通货膨胀而使证券到期或出售时所获得的货币资金的购买力降低的风险。证券在公平市场上自由买卖,投资者意志会影响证券的交易价格,从而使证券价格呈现波浪式移动。

2) 非系统性风险

非系统性风险也称可分散风险,是由于特定经营环境或特定事件变化引起的不确定性,从而对个别证券产生影响的特有性风险,如公司在市场竞争中失败等。这种风险可通过证券持有的多样化来抵消,如多购买几家公司的股票,当其中某支股票收益上升,另一些股票的收益下降,二者相抵从而将风险降低。这种风险主要包括以下几种。

(1) 违约风险。违约风险是指证券发行人无法按期支付利息或偿还本金的风险。证券发行机构的资信状况不同，违约情形的发生也不同。

(2) 流动性风险。流动性风险是指在投资者想出售持有的证券获得现金时，证券不能立即出售的风险。

(3) 破产风险。破产风险是在证券发行者破产清算时，投资者无法收回应得权益的风险。

2. 证券投资组合的风险收益

投资者进行证券投资组合与进行单项投资一样，都要求对承担的风险进行补偿，证券投资组合要求补偿的风险只是系统风险，而不要求对非系统风险进行补偿。因此证券投资组合的风险收益是投资者因承担系统风险而要求的，超过时间价值的那部分额外收益。可用以下公式计算

$$R_p = \beta_p \times (K_m - R_F) \tag{8-14}$$

式中：R_p——证券投资组合的风险收益；

β_p——证券组合的 β 系数；

K_m——市场所有股票的平均收益率；

R_F——无风险收益率。

【例 8.15】 某建筑施工企业持有甲、乙、丙 3 种股票，他们的 β 系数分别是 2.0、0.5、1.0，它们在证券组合中所占的比重分别为 60%、10%、30%，股票的市场收益率为 14%，无风险收益率为 10%，计算证券组合的风险收益率。

解：(1) 确定证券组合的 β 系数

$$\beta = 2.0\% \times 60\% + 0.5\% \times 10\% + 1.0 \times 30\% = 1.55$$

(2) 计算该证券投资组合的风险收益率

$$R_p = 1.55 \times (14\% - 10\%) = 6.2\%$$

【例 8.16】 承【例 8.15】，该企业为降低风险，出售部分甲股票，买进乙股票，使甲、乙、丙 3 种股票在证券组合中所占的比重分别为 10%、60%、30%，计算此时证券组合的风险收益率。

解：(1) 确定证券组合的 β 系数

$$\beta = 2.0 \times 10\% + 0.5 \times 60\% + 1.0 \times 30\% = 0.8$$

(2) 计算该证券投资组合的风险收益率

$$R_p = 0.8 \times (14\% - 10\%) = 3.2\%$$

3. 风险与风险收益率的关系

风险与风险收益率关系的最重要的模型为资本资产定价模型，这一模型的计算公式为

$$K_i = R_F + \beta_i \times (K_m - R_F) \tag{8-15}$$

式中：K_i——第 i 种股票或第 i 种证券投资组合的必要收益率；

R_F——无风险收益率；

β_i——第 i 种股票或第 i 种证券组合的 β 系数；

K_m——市场所有股票的平均收益率。

【例 8.17】 某公司无风险收益率为 5%，股票的系数为 1.2，市场所有股票的平均收益率

为 9%，求该公司股票的收益率。

解： $K_i = 5\% + 1.2 \times (9\% - 5\%) = 9.8\%$

8.5.3 证券投资组合的方法

1. 选择足够数量的证券进行组合

采用此方法时，是随机选择证券，而不是有目的的组合，证券数量越多，可分散风险就会减少，当数量足够多时，大部分可分散风险都会被分散掉。据投资专家估计，在美国纽约市场上，随机地购买 40 种股票，其大多数可分散风险能被有效分散掉。为了有效地分散风险，每个投资者拥有股票的数量最好不少于 14 种。我国股票种类还不多，只要投资 10 种股票，就能达到分散风险的目的。

2. 把风险大、风险中等、风险小的证券放在一起进行组合

如把全部资金的 1/3 投资于风险大的证券，1/3 投资于风险中等的证券，1/3 投资于风险小的证券。这种投资组合法，是一种进可攻、退可守的组合法，虽不会获得太高的收益，但也不会承担太大的风险。

3. 把投资收益成负相关的证券放在一起进行组合

一种股票的收益上升而另一种股票的收益下降的两种股票，称负相关股票。把收益成负相关的股票组合在一起，能有效地分散风险。例如，某建筑公司同时持有一家房地汽车制造公司的股票和一家石油公司的股票，当石油价格上涨时，这两种股票呈负相关。因为油价上升，石油公司的收益增加，但油价的上涨，会影响汽车的销量，使汽车公司的收益下降。因此，只要选择得当，这样的组合对降低风险有十分重要的意义。

本 章 小 结

证券是指用以证明或设定权利所做成的书面凭证，它代表证券持有人或第三者有权取得该证券拥有的特定权益。证券必须具备两个基本特征：一是法律特征，二是书面特征。

证券投资是指投资者将资金投资于股票、债券、基金及衍生证券等资产，从而获取收益的一种投资行为，它是企业投资的重要组成部分。证券投资可分为债券投资、股票投资、期货投资、基金投资、组合投资等。

企业进行证券投资，首先必须进行证券投资的收益评价，评价证券收益水平主要有两个指标，即证券的价值和收益率。债券的价值是指进行债券投资时投资者预期可获得的现金流入现值。只有债券的内在价值大于其市场价值时才值得投资。股票的内在价值由一系列的股利和将来出售股票时售价的现值所构成，通常当股票的市场价格低于股票内在价值才值得投资。证券收益率是指证券投资收益与证券投资本金的比率，具体包括票面收益率、持有期收益率和到期收益率。

风险性是证券投资的基本特征之一。风险按是否可以通过投资组合加以回避及消除

分为系统性风险(或称不可分散风险)和非系统性风险。系统性风险是某些因素给市场上所有证券都带来经济损失的可能性。非系统性风险可通过投资组合加以抵消，而系统性风险无法消除。证券投资组合的风险通常用 β 系数来计量。β 值是用来测定一种证券的收益随整个证券市场平均收益水平变化程度的指标。证券投资组合的风险收益公式为：$R_p = \beta_p \times (K_m - R_F)$。证券投资必要收益率，即：$K_i = R_F + \beta_i (K_m - R_F)$，就是资本资产计价模型。

万方公司的股票投资决策

王刚是万方公司的一名财务分析师，应邀评估利都商业集团建设新商场对公司股票价值的影响。王刚根据公司情况做了如下估计。

(1) 公司本年净收益为 200 万元，每股支付现金股利 2 元，新建商场开业后，净收益第 1 年、第 2 年均增长 15%，第 3 年增长 8%，第 4 年及以后将保持这一净收益水平。

(2) 该公司一直采用固定支付率的股利政策，并打算今后继续实行该政策。

(3) 公司的 β 系数为 1，如果将新项目考虑进去，β 系数将提高到 1.5。

(4) 无风险收益率(国库券)为 4%，市场要求的收益率为 8%。

(5) 公司股票目前市价为 23.6 元。

王刚打算利用股利贴现模型，同时考虑风险因素进行股票价值的评估。利都集团公司的一位董事提出，如果采用股利贴现模型，则股利越高，股价越高。所以公司应改变原有的股利政策提高股利支付率。

讨论：

(1) 参考固定股利增长贴现模型，分析这位董事的观点是否正确。

(2) 分析股利增加对可持续增长率的股票的账面价值有何影响。

(3) 评估公司股票的价值。

(4) 假设你是一个投资者是否购买其股票？

分析要点：

(1) 该董事的观点是错误的。在固定股利增长模型中 "$P_0 = D_1/(K - G)$"，当股利较高时，在其他条件不变的情况下，价格的确也会较高。但是其他条件不是不变的。如果提高了股利支付率，增长率 G 就会下降，股票价格不一定会提高。事实上，如果股权收益率 $R > K$，价格反而会下降。

(2) 股利支付率的提高将减少可持续增长率，因为用于再投资企业的资金减少了。股利支付率的上升会减少股票账面价值，原因也是一样。

(3) $K = 4\% + (8\% - 4\%) \times 1.5 = 10\%$

股利价值计算见表 8-2。

表 8-2 股利价值计算

年份	0	1	2	3	合计
每股股利(元)	2.000 0	2.300 0	2.650 0	2.860 0	
现值系数(i=10%)		0.909 1	0.826 4	0.751 3	
股利现值(元/股)		2.090 0	2.190 0	2.150 0	6.430 0
第 3 年股价(元/股)				28.600 0	
第 3 年年末股价现值(元/股)				21.490 0	21.490 0
股票价值					27.920 0

公司股票的内在价值将高于其市价,这一分析表明:采用新项目,公司股价将会上升,它的 β 系数和风险溢价也会上升。

(4) 由于公司股票的内在价值将高于其市价,所以作为一个投资者可以购买该股票。

思考与习题

1. 思考题

(1) 证券投资的目的及分类有哪些?
(2) 简述债券投资和股票投资的优缺点。
(3) 如何确定债券到期收益率?
(4) 简述基金投资的含义和分类。
(5) 如何确定债券和股票的价值?
(6) 简述证券投资组合的策略和方法。

2. 单项选择题

(1) 在证券投资中,因通货膨胀带来的风险是( )。
　　A. 违约风险　　B. 利息率风险　　C. 系统风险　　D. 非系统风险
(2) 影响证券投资的主要因素是( )。
　　A. 安全性和流动性　　　　　　B. 收益性和风险性
　　C. 流动性和风险性　　　　　　D. 期限性和收益性
(3) 在基金的存续时间内,允许证券持有人申购后购回的基金属于( )。
　　A. 公司型投资基金　　　　　　B. 契约型投资基金
　　C. 封闭式投资基金　　　　　　D. 开放式投资基金
(4) 证券投资中,证券发行人无法按期支付利息或本金的风险称为( )。
　　A. 利率风险　　B. 违约风险　　C. 购买风险　　D. 流动性风险
(5) 证券投资组合的非系统性风险具有的特征是( )。
　　A. 对各个投资者的影响相同　　B. 可以用 β 系数衡量其大小
　　C. 可以通过证券投资组合来削减　　D. 只能回避而不能消除

(6) 证券投资的收益不包括( )。
　　A．证券购买价格　　　　　　　B．债券利息
　　C．股票股利　　　　　　　　　D．现价与原价的价差
(7) 下列有关封闭式证券投资基金的表述正确的是( )。
　　A．没有固定期限，投资人可随时向基金管理人赎回
　　B．在招募说明书中要列明其基金规模
　　C．交易价格基本不受市场供求影响
　　D．基金资金必须保持流动性，不可进行长期投资
(8) 进行长期债券投资的主要目的是( )。
　　A．安全性　　B．稳定收益性　　C．流动性　　D．期限性
(9) 按照投资基金的组织结构不同，可以分为( )。
　　A．契约型和公司型　　　　　　B．封闭型和开放型
　　C．股权式和证券式　　　　　　D．股权式和债权式
(10) 在证券投资中通过随机选择足够数量的证券进行组合可以分散掉的风险是( )。
　　A．所有风险　　B．市场风险　　C．系统风险　　D．非系统风险
(11) 在投资风险中，非系统风险的特征是( )。
　　A．不能被投资多样化所稀释　　　B．不能消除只能回避
　　C．通过投资组合可以稀释　　　　D．对各个投资者的影响程度相同
(12) 某股票的未来股利不变，当股票市价低于股票价格时，则股票的投资收益率比投资人要求的最低要求报酬率( )。
　　A．高　　　　　　　　　　　　　B．低
　　C．相等　　　　　　　　　　　　D．可能高于也可能低于

3. 多项选择题

(1) 契约型基金相对于公司型基金的特点是( )。
　　A．契约型基金的投资是公司法人的资本
　　B．契约型基金的投资人是受益人
　　C．契约型基金的投资人不享有管理基金公司的权利
　　D．基金运营依据是基金公司章程
(2) 下列对系统性风险表述正确的选项有( )。
　　A．系统风险又称为市场风险
　　B．系统风险可通过证券组合来削减
　　C．某种股票的系统风险程度可用 β 系数来计量
　　D．某种股票 β 系数越大，则该股票的实际投资收益率越大
(3) 下列选项中，能通过证券组合分散的风险是( )。
　　A．非系统性风险　　　　　　　　B．公司特别风险
　　C．可分散风险　　　　　　　　　D．市场风险
(4) 与股票投资相比，债券投资的优点有( )。
　　A．本金安全性好　　　　　　　　B．投资收益高

C. 购买力风险低 　　　　　　　　D. 收入稳定性强

(5) 影响债券发行价格的因素有( )。
　　A. 债券面值　　B. 债券期限　　C. 票面利率　　D. 市场利率

(6) 进行证券投资，应考虑的风险有( )。
　　A. 违约风险　　B. 利率风险　　C. 购买力风险　　D. 流动性风险

(7) 证券投资的收益包括( )。
　　A. 资本利得　　B. 股利　　C. 售价　　D. 债券利息

(8) 股票投资的缺点有( )。
　　A. 购买力风险低　　　　　　B. 求偿权居后
　　C. 价格不稳定　　　　　　　D. 收入稳定性强

(9) 下列哪些因素会影响债券的投资收益率( )。
　　A. 票面价值与票面利率　　　B. 市场利率
　　C. 持有期限　　　　　　　　D. 购买价格

(10) 股票价格的影响因素有( )。
　　A. 预期股利报酬　　　　　　B. 金融市场利率
　　C. 宏观经济环境　　　　　　D. 投资者心理

4. 判断题

(1) 开放式基金买卖价格取决于市场供求关系。　　　　　　　　　　　(　)
(2) 证券组合的风险报酬是指投资者因承担非系统性风险而要求的额外报酬。(　)
(3) 基金净资产价值=基金资产总额-基金负债总额，相对来说基金的负债金额是相对固定的，所以基金净资产的价值主要决定于基金总资产的账面价值。　　　　(　)
(4) 投资基金在投资组合过程中，在分散风险的同时也丧失了获得巨大收益的机会。
　　　　　　　　　　　　　　　　　　　　　　　　　　　　　　　　　(　)
(5) 投资基金的风险小于股票投资，大于债券投资。　　　　　　　　　(　)
(6) 基金价值与股票价值一样，都是指能够给投资者带来的未来现金流量的现值。
　　　　　　　　　　　　　　　　　　　　　　　　　　　　　　　　　(　)
(7) 投资于长短期债券均需要承担期限性风险。　　　　　　　　　　　(　)
(8) 一般而言，利率下降，证券价格下降，利率上升，证券价格上升。　(　)
(9) 在通货膨胀期间，一般来说，变动收益债券的购买力风险会高于固定收益债券。
　　　　　　　　　　　　　　　　　　　　　　　　　　　　　　　　　(　)
(10) 如果一项资产能在短期内按市价大量出售，则该资产流动性较好。　(　)

5. 计算分析题

(1) 甲公司欲投资购买债券，目前有3家公司债券可供选择：
① A 公司债券，债券面值为 1 000 元，5 年期，票面利率为 8%，每年付息一次，到期还本，债券的发行价格为 1 105 元，若投资人要求的必要收益率为 6%，则 A 公司债券的价值为多少?若甲公司欲投资 A 公司债券，并一直持有至到期日，其投资到期收益率为多少？是否购买？

② B 公司债券，债券面值为 1 000 元，5 年期，票面利率为 8%，单利计息，到期一次还本付息，债券的发行价格为 1 105 元。若投资人要求的必要收益率为 6%，那么 B 公司债券的价值为多少?若甲公司欲投资 B 公司债券，并一直持有至到期日，其到期收益为多少?是否可以购买?

③ C 公司债券，债券面值为 1 000 元，5 年期，C 公司采用贴现法付息，发行价格为 600 元，期内不付息，到期还本，若投资人要求的必要收益率为 6%，则 C 公司债券的价值为多少?若甲公司欲投资 A 公司债券，并一直持有至到期日，其投资收益率为多少?是否可以购买?

④ 若甲公司持有 B 公司债券 1 年后，将其以 1 200 元的价格出售，则持有期收益率为多少?

(2) 2006 年 2 月 9 日，某施工企业购买蒙通公司每股市价为 66 元的股票，2007 年 1 月，某施工企业每股获现金股利 3.90 元，2007 年 2 月 9 日，该施工企业将该股票以每股 68.50 元的价格出售。则投资收益率为多少?

(3) 某施工企业于 2006 年 6 月 6 日投资 900 元购进一张面值 1 000 元，票面利息率 7.3%，每年付息一次的债券，并于 2007 年 6 月 6 日以 950 元的市价出售。则投资收益率为多少?

(4) 大华公司于 2003 年 2 月 1 日以 924.28 元购进一张面值为 1 000 元的债券，其票面利率为 8%，每年 2 月 1 日计算并支付一次利息，该债券于 2008 年 1 月 31 日到期，按面值收回本金，试计算该债券的收益率。

第9章 工程营运资本管理

教学目标

本章主要讲述营运资本的构成及各种营运资本的管理。通过本章的学习,应达到以下目标:
(1) 理解营运资本的概念和特征;
(2) 了解现金、应收账款和存货日常管理;
(3) 掌握最佳现金持有量的确定;
(4) 熟悉应收账款的各种成本、信用政策;
(5) 掌握存货的经济批量及扩展式的确定。

教学要求

知识要点	能力要求	相关知识
营运资本	(1) 准确理解营运资本的概念及特征; (2) 了解营运资本的必要性	(1) 流动资产; (2) 流动负债等
现金管理	(1) 理解企业持有现金的动机; (2) 掌握最佳现金持有量的确定; (3) 熟练掌握存货模式最佳现金持有量的确定	(1) 现金管理规定; (2) 最佳现金持有量、现金持有成本、转换成本
应收账款管理	(1) 理解和掌握应收账款的成本; (2) 掌握信用政策; (3) 理解应收账款的日常管理	(1) 应收账款成本; (2) 机会成本、坏账损失等; (3) 信用标准、信用条件、收账政策等
存货管理	(1) 掌握存货的成本; (2) 掌握存货经济批量的确定	(1) 订货成本、采购成本、储存成本、缺货成本; (2) 经济批量

基本概念

营运资本 现金持有量 应收账款 存货 经济批量 存货模式 信用政策 信用标准 信用条件 成本分析模式 再订货点 ABC 分类法

引例

某施工企业施工质量优良,价格合理,在市场上颇受欢迎,因此该企业迅速发展壮大起来,由起初只有几十万元资产的企业发展成为拥有上亿元资产的企业。但近两年,企业问题开始呈现出来,主要表现为:企业过去为了扩大销售、占领市场,一直采用比较宽松的信用政策,客户拖欠的款项数额越来越大,时间越来越长,严重影响了资金周转,企业再投资不得不依靠长期负债及短期负债筹集资金。2008 年年末,伴随企业负债率越来越高,主要贷款人开始不同意进一步扩大债务,由于缺乏流动资金,企业陷入了进退两难的境地,为此企业经理非常忧虑。情急之下,企业聘请相关人员,经过分析并采取行动改变企业的信用条件。

企业原有的信用条件为 2/10、n/90,约半数的顾客享受折扣,但有许多未享受折扣的客户延期付款,平均收账期约为 60 天。2008 年的坏账损失为 500 万元,信贷部门的成本分析及收账费用为 50 万元。

如果改变信用条件为 2/10、n/30,那么很可能引起下列变化:

(1) 销售额由原来的 1 亿元降为 9 000 万元。
(2) 坏账损失减少为 90 万元。
(3) 信贷部门成本减少至 40 万元。
(4) 享受折扣的客户由 50%增加到 70%(假设未享受折扣的客户也能在信用期内付款)。
(5) 变动成本率为 60%。
(6) 资金成本率为 10%。

假如你是企业的财务顾问,你认为企业是否采用新的信用政策?

9.1 营运资本概述

9.1.1 营运资本的概念

1. 营运资本的概念

营运资本是指流动资产减去流动负债后的余额。如果流动资产等于流动负债,则占用在流动资产上的资金是由流动负债融资;如果流动资产大于流动负债,则与此相对应的"净流动资产"要以长期负债或所有者权益的一定份额为其资金来源。

2. 流动资产的特征

流动资产投资又称经营性投资,与固定资产投资相比,有如下特征。

1) 投资回收期短

投资于流动资产的资金一般可在一年或一个营业周期内收回,对企业影响的时间比较短。

2) 较强的流动性

流动资产相对于固定资产等长期资产来说,比较容易变现,这对于财务上满足临时性资金需求具有重要意义。

3) 占用形态的并存性

流动资产在循环周转过程中,各种不同形态的流动资产在空间上同时并存,在时间上依次继起。因此,合理地配置流动资产各项目的比例,是保证流动资产得以顺利周转的必要条件。

4) 占用量的波动性

流动资产易受到企业内外环境的影响,其资金占用量的波动往往很大,财务人员应有效地预测和控制这种波动,以防止其影响企业正常的生产经营活动。

3. 流动负债的特征

与长期负债筹资相比,流动负债筹资具有如下特征。

1) 获得资金的速度快

申请短期借款往往比申请长期借款更容易、更便捷,通常在较短时间内就可获得。

2) 获得资金后企业弹性大

与长期债务相比,短期贷款给债务人更大的灵活性。

3) 资金成本相对较低

在正常情况下,短期负债筹资所发生的利息支出低于长期负债筹资的利息支出。

4) 偿还风险相对较大

尽管短期债务的成本低于长期债务,但其风险却高于长期债务。

9.1.2 营运资本管理的必要性

营运资本管理的必要性主要表现在以下几个方面。

(1) 营运资本周转是整个企业资本周转的依托,是企业生存与发展的基础。只有营运资本能够正常周转,企业供产销各个环节才能得以相继,进而通过实现销售收入来补偿生产经营中的耗费,并赚取一定的利润用于未来的发展。

(2) 营运资本在企业资本总额中所占比重很高。流动资产占企业资产总额的比重一般在50%以上,流动负债的比重也较高,因此,如果营运资本管理不善,会导致企业资本周转不灵,乃至破产倒闭。因此,企业的财务经理常常把大量的时间用于营运资本管理,中小企业尤为如此。一个企业的经营失败及陷入财务危机往往也都首先表现为营运资本管理的失败。

(3) 营运资本成为企业生产经营活动的重要组成部分。企业现金流量预测上的不准确性以及现金流入和现金流出的非同步性使营运资本成为企业生产经营活动的重要组成部分。另外,营运资本的持有额越多,其偿还到期债务的能力越强,这也要求企业保持一定数量的营运资本。

(4) 营运资本管理水平决定着财务报表所披露的企业形象。如现金管理水平直接影响着现金流量表；应收账款、存货管理水平直接影响着销售收入、销售成本，进而影响损益表；流动资产、流动负债管理水平直接影响着资产负债表等。

9.2 现金管理

9.2.1 现金概述

现金是指随时可投入流通的交换媒介，是企业资产中流动性最强的资产。狭义的现金仅指企业的库存现金，但财务上讲的现金还包括银行存款和其他货币资金。

1. 企业持有现金的目的

1) 交易性动机

交易性动机又称为支付动机，是指企业满足生产经营活动中的各种现金支付需要。例如，用于购买固定资产和原材料、支付工资、缴纳税金等。由于企业的现金流入与现金流出在时间上和数量上通常有一定的差异，因此，必须保持一定的现金余额以应付频繁的支出需要，满足交易性动机的现金数额受很多因素的制约。不同性质的企业对现金数额的要求并不相同，一般来讲，企业的业务量越大，所要保持的现金余额也越大。

2) 预防性动机

预防性动机是指企业保持一定的现金余额以应付意外的现金需求。企业生产经营活动中正常现金需要可通过资金预测和计划来估算，但许多意外事件的发生将会影响和改变企业的正常现金需要量。比如，自然灾害、生产事故、客户款项不能如期支付以及国家政策的某些突然变化等，这些都会打破企业原先预计的现金收支平衡。因此，企业需要保持一定的额外现金余额来应付可能发生的意外情况。一般而言，追加的现金持有量取决于以下3个方面：①企业的临时举债能力；②企业承担风险的程度；③企业现金预算的可靠性。

3) 投机性动机

企业持有现金的另一个可能的动机是投机，即通过在证券市场上的炒作，或物资供应市场上的投机买卖来获取投机收益。比如，当市场上股票价格下跌时购入，当股票价格上扬时抛出，以获取资本利得；当企业预计原材料价格将有较大幅度的上升时，可利用手中多余的现金以目前较低的价格购入原材料，以便将来价格上升时少受影响。

企业持有的现金总额应小于满足上述3种动机的总和。对一般企业来说，最重要的是满足交易性动机的现金持有，而对于预防性动机和投机性动机，除了一部分金融企业和投资公司外，专门持有的企业是很少的，只要企业保持良好的财务状况和融资能力，对于偶发性的资金需求都可以通过临时的融资来解决。

2. 现金管理目标

企业现金管理中最重要的目标之一就是保证企业良好的支付能力。如果企业不能支付到期的款项，将大大地损害企业的商业信誉，造成企业的信用损失，甚至导致企业陷入财务危机。显然，保持一定的现金余额将有助于防止上述现象的发生。但另一方面由于现金不能为企业带来投资收益,过多地持有现金将降低企业的资金使用效率,从而降低企业的价值。因此,现金管理的目的是在满足企业正常生产经营活动现金需求的基础上,尽量节约资金使用,降低资金成本,提高资金使用效益,在流动性与盈利性之间做出最佳选择。

9.2.2 现金管理模型

现金是一种流动性最强的资产,又是一种盈利性最差的资产。现金过多会使企业盈利水平下降;而现金太少又可能出现现金不足,影响正常生产经营。在确定现金余额(即最佳现金持有量)时,也存在风险与报酬的权衡问题。在西方财务管理中,确定最佳现金余额的方法很多,比较常见的有现金周转模式、成本分析模式、存货模式和随机模式4种。

1. 现金周转模式

现金周转与营业过程有关。现金周转期是指从现金投入生产经营开始,到最终转化为现金的过程。现金周转期大致会受到以下3个因素影响。

(1) 存货周转期。存货周转期是指将原材料转化成产成品并出售所需要的时间。

(2) 应收账款周转期。应收账款周转期是指将应收账款转换为现金所需要的时间,即从产品销售到收回现金的时间。

(3) 应付账款周转期。应付账款周转期是指从收到尚未付款的材料到支付欠款的时间。

现金周转期与以上3个周转期之间的关系,可以用公式表示为

$$现金周转期=存货周转期+应收账款周转期-应付账款周转期 \qquad (9\text{-}1)$$

现金周转期确定后,便可以计算出最佳现金余额。其计算公式为

$$最佳现金余额=\frac{企业全年现金需求总量}{360}\times 现金周转期 \qquad (9\text{-}2)$$

【例9.1】某企业预计存货周转天数为130天,应收账款周转天数为40天,应付账款周转天数为50天,预计全年需要现金1 080万元,求最佳现金余额。

解:现金周转期=130+40-50=120(天)

最佳现金持有量=1 080÷360×120=360(万元)

现金周转模式的操作虽然比较简单,但该模式要求有一定的前提条件:首先,未来年度的现金总需求量应该能够根据产销计划比较准确地加以预计;其次,必须能够根据以往年度的历史资料测算出未来年度的现金周转期。

2. 成本分析模式

成本分析模式是指寻求持有现金的相关总成本最低的现金余额。企业持有现金的相关成本主要有持有成本、管理成本和短缺成本。

1) 持有成本

持有成本也称机会成本,是指因持有现金而放弃投资其他方面获得的收益。在实际工作中可以用企业的资金成本替代。机会成本的确定可以通过公式表示

$$机会成本=现金持有量\times 机会成本率(有价证券利率或市场收益率) \qquad (9\text{-}3)$$

假如某施工企业的资金成本为10%,每年平均持有现金150万元,则该企业每年持有现金的机会成本为15万元(150×10%)。持有现金越多,持有成本越高。企业为了满足交易

动机、预防动机和投机动机的需要而持有一定量的现金,付出相应的机会成本是必要的,但一定要权衡得失,不能让机会成本代价太大而影响最佳收益的取得。

2) 管理成本

企业持有现金将会发生管理费用,如管理人员的工资、福利费和安全措施费用等,这些费用是现金的管理成本。管理成本是一种固定成本,与现金持有量之间无明显的数量关系。

3) 短缺成本

短缺成本是指因缺乏必要的现金,不能应付业务开支所需,而使企业蒙受损失或为此付出的代价。现金的短缺成本与企业现金持有量成反比。现金持有量增加,短缺成本下降;现金持有量减少,短缺成本上升。

上述 3 项成本之和最小的现金持有量,就是最佳现金持有量。

以上 3 种成本曲线如图 9.1 所示,从图中能找出总成本最低的最佳现金持有量。

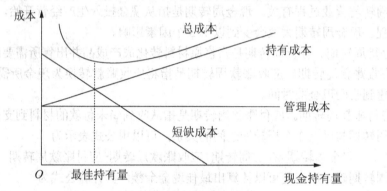

图 9.1 最佳现金持有量的成本分析模式

在图 9.1 中,现金持有成本是向右上方倾斜的;持有现金不足的短缺成本是向右下方倾斜的;持有现金的管理成本为一水平线。由此,持有现金的总成本线便是一条向下凹的抛物线,该抛物线的最低点即为持有现金的最低总成本点。超过这一点,持有成本上升的代价就会大于短缺成本下降的好处;在这一点之前,短缺本上升的代价又会大于持有成本下降的好处。这一点在横轴上的量,即是最佳现金持有量。

【例 9.2】 某施工企业有 A、B、C 这 3 种现金持有方案,各方案的成本情况见表 9-1。

表 9-1 企业现金持有方案的成本情况

单位:元

项目\方案	A	B	C
现金持有量	30 000	60 000	80 000
管理成本	4 000	4 000	4 000
短缺成本	3 300	1 000	0
持有成本(资金成本为 7%)	2 100	4 200	5 600
总成本	9 400	9 200	9 600

将以上各方案的总成本进行比较,即可确定 B 方案的总成本最低,即当企业持有 60 000 元现金时,其总成本最低,故应选择 B 方案。

3. 存货模式

存货模式是美国经济学家鲍莫(W.J.Baumol)首先提出来的,故又称为鲍莫模式,他认为企业的现金管理在很多方面接近存货管理,可以借用存货管理的经济批量模型来确定最佳现金持有量。

这一模式的应用要以如下假设为前提。

(1) 一定时期内现金的需要总量稳定且可以预测。

(2) 现金的支出过程比较均匀,且每当企业现金余额不足时,可以可靠地通过抛售所持有的有价证券取得。

在存货模式中,假设收入是每隔一段时间发生的,而支出则是在一定时期内平均发生的。在此时期内,企业可通过销售有价证券获得现金,如图 9.2 所示。

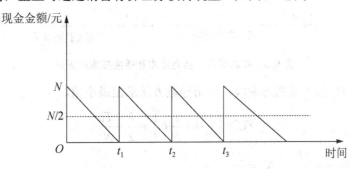

图 9.2 确定现金持有量的存货模式

在图 9.2 中,假定企业的现金支出需要在某一时期(如 1 个月)内是稳定的,企业原有 N 元现金,当此笔现金在 t_1 时用完之后,出售 N 元有价证券补充现金;随后当这笔现金到 t_2 时又使用完了,再出售 N 元有价证券补充现金,如此不断重复。

(3) 短期有价证券的利率或报酬率可知,每次将有价证券变现的交易费用可知。存货模式的目的是求出使总成本最小的 N 值。现金余额总成本包括如下两个方面。

① 现金持有成本。即持有现金所放弃的报酬,是持有现金的机会成本。这种成本通常为有价证券的利息率,它与现金余额成正比例变化。

② 现金转换成本。即现金与有价证券转换的固定成本,如经纪人费用、税金及其他管理成本。这种成本只与交易的次数有关,而与持有现金的金额无关。

这种模式假设需用现金时,可以转换有价证券,所以不会出现现金短缺,因而不需要考虑现金的短缺成本。如果现金持有量大,则持有现金的机会成本高,但转换成本可减少;如果现金持有量小,则持有现金的机会成本低,但转换成本要上升。两种成本合计最低时的现金余额即为最佳现金持有量。总成本、持有成本和转换成本的关系用公式表示为

$$TC = \frac{N}{2}i + \frac{T}{N}b \tag{9-4}$$

式中:TC——总成本;

b——现金与有价证券的转换成本;

T——特定时间内的现金需求总额；

N——理想的现金转换数量(最佳现金持有量)；

i——短期有价证券利息率。

年总成本、持有成本和转换成本的关系如图9.3所示。

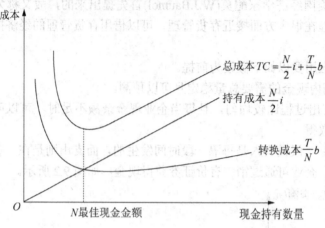

图9.3 年总成本、持有成本和转换成本的关系

图9.3中，TC是一条凹形曲线，可用导数方法求出最小值。

$$TC' = \left(\frac{N}{2}i + \frac{T}{N}b\right)' = \frac{i}{2} - \frac{Tb}{N^2}$$

令$TC'=0$，则$\frac{i}{2} = \frac{Tb}{N^2}$，$N^2 = \frac{2Tb}{i}$

最佳现金持有量
$$N = \sqrt{\frac{2Tb}{i}} \tag{9-5}$$

【例9.3】 某施工企业预计全年需要现金16 000元，现金与有价证券的转换成本为每次800元，有价证券的利息率为10%。则最佳现金持有量为

$$\hat{N} = \sqrt{\frac{2 \times 16\ 000 \times 800}{10\%}} = 1\ 600(元)$$

有价证券的转换次数 $= \frac{T}{N} = \frac{16\ 000}{1\ 600} = 10(次)$

当最佳现金持有量为1 600元，这就意味着该企业从有价证券转换现金的次数为10次。

存货模式可以精确地测算出最佳现金余额和变现次数，表述了现金管理中基本的成本结构，它对加强企业的现金管理有一定作用。但是这种模式以货币支出均匀发生、现金持有成本和转换成本易于预测为前提条件。因此，只有在上述因素比较确定的情况下才能使用此种方法。

9.2.3 现金管理方法

现金日常管理的内容很多，从财务的角度讲，主要是如何管理现金以提高企业收益的问题。其基本的做法主要有以下方面。

1) 尽量使现金流量同步

由于企业现金流入和流出的时间不一致，企业需要保留交易性余额。如果企业能尽量使其现金流入和流出的时间趋于一致，就可使其交易性余额降至较低水平，这就是现金流量同步。所以，企业应尽量合理安排现金收付的时间，尽量使现金流量趋于相同，从而降低现金余额，减少银行借款，减少利息和增加利润。

2) 充分利用现金"浮游量"

"浮游量"是指企业存款账户的余额和银行账簿中本企业存款余额之间的差异。它的大小取决于企业对收到的支票加速收款和延迟支付所签发支票款的能力。企业如果能准确估计浮游量并加以利用，可以节约大量资金，因为它可能使企业存款账户的余额为负数，而银行记录中的余额为正数。不过，一定要控制好使用时间，否则易发生透支行为。利用浮游量可使企业适当地减少现金余额，但一个企业的利益正好是另一个企业的损失，因而利用浮游量对供应商不利。

3) 加速款项的收回

为了提高资金的使用效率，加速现金的周转，企业应尽量加速收款，即在不影响销售的情况下尽可能加快现金的回收。货款的收回往往要经过 4 个时间段：首先是客户开出付款票据到票据抵达收款企业，其次是企业收到票据到将票据送达开户银行，再次是开户银行受理票据到办妥货款的转账手续，最后是银行将收到款项的证明通知到收款企业。这个过程如图 9.4 所示。

图 9.4 现金回收流程图

加速收款的任务不仅是使客户尽早付款，而且要尽早使这些付款转化为现金。为此，企业应做到：①减少客户付款的邮寄时间；②减少企业收到支票与存入的时间；③加速资金划转到账户的时间。

4) 现金支出的控制

延迟现金流出或减少现金闲置时间对于有效的现金管理是十分关键的。企业在不影响信誉的前提下应尽可能推迟应付款的支付期，充分运用供应商提供的信用优惠，即在折扣期末或付款期末付款。

9.3 应收账款管理

应收账款是指由各类经济事项引起的企业对未来资产增加所具有的要求权。简单地讲，应收账款是企业因对外销售货物、供应劳务及其他原因，应向购货单位或接受劳务的单位及其他单位收取的款项，一般包括应收账款、应收票据和其他应收款等。

9.3.1 应收账款的作用与成本

1. 应收账款的作用

应收账款的作用是指它在生产经营中的作用,主要包括以下两个方面。

1) 增加销售

企业销售产品可以采用现销方式或赊销方式。现销方式最大的优点是预计现金流入量与实际现金流入量完全吻合,既能避免坏账损失,又能及时地将收回的款项投入再生产过程,是企业最期望的一种销售结算方式。然而,在激烈的市场竞争条件下,单纯地依赖现销方式往往使企业处于不利境地。而采用赊销方式,意味着企业在销售产品的同时,向买方提供了可以在一定期限内无偿使用资金的优惠条件(即商业信用),这对于购买方而言具有极大的吸引力。因此,赊销是一种重要的促销手段,对于企业扩大产品销售、开拓市场、增强企业竞争力都具有重要意义。

2) 减少存货

赊销可以加速产品销售的实现,加快产成品向销售收入的转化速度,从而对降低存货中的产成品数额有着积极的影响。这有利于缩短产成品的库存时间,降低产成品存货的管理费用、仓储费用和保险费用等各方面的支出。因此,尽快地实现产成品存货向销售收入的转化,变持有产成品存货为持有应收账款,以节约各项存货支出。

2. 应收账款的成本

1) 机会成本

应收账款的机会成本是指因为资金投放在应收账款上而丧失的其他收入,如投资于有价证券便会有利息收入。这一成本的大小通常与企业维持赊销业务所需要的资金数量(即应收账款投资额)、资金成本率有关。其计算公式

$$应收账款机会成本 = 维持赊销业务所需要的资金 \times 资金成本率 \tag{9-6}$$

式中资金成本率一般可按有价证券利息率计算;维持赊销业务所需要的资金数量可按下列步骤计算。

(1) 计算应收账款平均余额。

$$应收账款平均余额 = \frac{年赊销额}{360} \times 平均收账天数$$

$$= 平均每日赊销额 \times 平均收账天数 \tag{9-7}$$

式中平均收帐天数一般按客户各自赊销额占总赊销额比重为权数的所有客户收账天数的加权平均数计算。

(2) 计算维持赊销业务所需要的资金。

$$维持赊销业务所需的资金 = 平均余额应收账款 \times \frac{变动成本}{销售收入}$$

$$= 平均余额应收账款 \times 变动成本率 \tag{9-8}$$

上式假设企业的成本水平保持不变(即单位变动成本不变,固定成本总额不变),因此随着赊销业务的扩大,只有变动成本随之上升。

【例9.4】 某施工企业预测的年度赊销额为 120 000 元,应收账款平均收账天数为 30 天,

变动成本率为 60%，资金成本率为 8%，则应收账款机会成本可计算如下

$$应收账款平均余额 = \frac{120\,000}{360} \times 30 = 10\,000(元)$$

维持赊销业务所需要的资金 = 10 000×60% = 6 000(元)

应收账款的机会成本 = 6 000×8% = 480(元)

2) 管理成本

应收账款的管理成本是指企业对应收账款进行管理而耗费的开支，是应收账款成本的重要组成部分，主要包括对客户的资信调查费用、应收账款账簿记录费用、收账费用以及其他费用。

3) 坏账成本

应收账款的坏账成本是指应收账款因某些原因无法收回而给应收账款持有企业带来的损失。应收账款的坏账成本一般同应收账款数额呈正比，即应收账款越多，坏账成本也越多。因此，为规避坏账给企业生产经营活动的稳定性带来的不利影响，企业应按应收账款余额的一定比例提取坏账准备。

9.3.2 信用政策

制定合理的信用政策是加强应收账款管理，提高应收账款投资效益的重要前提。信用政策又称应收账款的管理政策，是指企业为对应收账款投资进行规划与控制而确立的基本原则与行为规范，包括信用标准、信用条件和收账方针 3 部分内容。

1. 信用标准

信用标准是指客户获得建立交易信用所应具备的最低条件，通常以预期的坏账损失率表示。如果客户达不到信用标准条件，便不能享受企业的信用或只能享受较低的信用优惠。若企业的信用标准过高，将使许多客户因信用品质达不到所设定的标准而被企业拒之门外，其结果尽管有利于降低应收账款机会成本、管理成本及坏账成本，但却会影响企业市场竞争能力的提高和销售收入的扩大。相反，若企业采取较低的信用标准，虽然有利于扩大销售，提高市场竞争力和占有率，但同时也会导致应收账款机会成本、管理成本和坏账成本的增加。

2. 信用条件

信用条件是指企业要求客户偿还赊销款项的条件。信用标准确定的是哪些潜在的客户可以成为企业真正的客户，而信用条件明确的是企业接受客户信用订单时向客户提出的具体付款要求。

信用条件包括信用期限、折扣期限和现金折扣率等因素，其基本表现形式如"2/10，n/30"，含义是客户在 10 天内偿还货款，可以享受 2%的现金折扣，超过 10 天付款，则不能享受现金折扣，客户的最迟付款时间为 30 天。其中，信用期限为 30 天，折扣期限为 10 天，现金折扣率为 2%。还有一种阶段性的信用条件，在不同的付款时间段给予不同现金折扣率，如"2/10，1/20，n/30"。

1) 信用期限

信用期限是指企业允许客户从购货到付款之间的时间间隔。信用期限与企业的商品销售量、应收账款的信用成本间存在相关关系，信用期限过短，限制了销售额，但是企业占用在应收账款上的资金减少，降低了应收账款的机会成本、收账费用以及坏账成本；信用期限过长，可以扩大企业的销售额，但是占用在应收账款上的资金增加，提高了应收账款的机会成本、收账费用以及坏账成本。信用期限决策的标准是：判断调整信用期限所增加的收益是否超过相应增加的信用成本，扣除信用成本后收益最高的方案为最佳方案。

2) 折扣期限

现金折扣是企业为鼓励客户早日偿还货款而给予客户的优惠条件，其折扣金额与赊销金额、货款的偿还时间、现金折扣率紧密相关。现金折扣可以鼓励客户早日还款，减少应收账款的机会成本、坏账成本和收账费用，但是由于提供了这种优惠条件，同时相应地增加了企业的折扣成本，减少了商品销售的净收益。因此，企业是否采用现金折扣方式、应当核定多长的现金折扣期限、该给予客户多大的现金折扣优惠，必须综合考虑采用现金折扣方式增加的收益与增加的折扣成本之间的关系。现金折扣应用条件决策的标准是：因采用现金折扣方式而增加的收益是否能弥补甚至超过由此而增加的现金折扣成本。

3) 现金折扣

为了更好地招揽客户，扩大销售，加速账款收回，减少应收账款的机会成本与坏账损失，施工企业在制定了信用期限后，通常会对客户提前付款给予一定的现金优惠。如"2/10, n/30"表示如果客户在 10 天内还款，可享受 2%的现金折扣，如果超过 10 天，并在 30 天内付款，则不再享受任何折扣。企业给予客户现金折扣虽然可获得迅速收款的好处，但它付出的资金成本的代价也是较大的。所以，企业在决定是否给予折扣以及折扣率大小时，应从所带来的收益与成本方面进行比较，权衡利弊，择优决断。

4) 信用条件备选方案的评价

一旦企业决定给予客户信用优惠时，就需要考虑具体的信用条件。信用条件的基本表达方式如"2/10, n/30"，表示信用期为 30 天，折扣期 10 天内付款可享受 2%的现金折扣。

施工企业执行较为宽松的信用政策通常会使销售额增加，但成本也会随之增加：①为了生产更多的产品必须投入更多的人工和材料；②应收账款可能增加，从而导致公司必须负担更多的机会成本；③公司所负担的坏账损失或现金折扣费用也会随之增加。因此，在决定是否放宽公司的信用政策时，必须先进行信用政策改变的分析，以估算销售收入的增加是否足以弥补成本的增加。

信用决策的基本原理是，当企业为了实现销售计划改变信用政策时，应该对不同的信用政策加以分析，计算各种信用政策下扣除信用成本后的收益的差异，而各种方案的信用成本是应收账款的机会成本、坏账损失和收账费用 3 项之和。

【例 9.5】 某施工企业有两种信用政策可供选择：甲方案，信用政策为"n/60"，预计销售收入为 5 000 万元，货款将于第 60 天收到，其信用成本为 140 万元；乙方案，信用政策为"2/10, 1/20, n/90"，预计销售收入为 5 400 万元，将有 30%的货款于第 10 天收到，20%的货款于第 20 天收到，其余 50%的货款于第 90 天收到(前两部分货款不会产生坏账，后一部分货款的坏账损失率为该部分货款的 4%)，收账费用为 50 万元。该企业的资金成本率为 8%，变动成本率 60%。问：该企业应采取何种信用政策？

解：先计算乙方案的信用成本

应收账款平均收账天数=10×30%+20×20%+90×50%=52(天)

应收账款平均余额=5 400× $\frac{52}{360}$ =780(万元)

维持应收账款所需资金=780×60%=468(万元)

应收账款的机会成本=468×8%=37.44(万元)

坏账成本=5 400×50%×4%=108(万元)

采用乙方案的信用成本=37.44+108+50=195.44(万元)

此外，甲方案的现金折扣=0

乙方案的现金折扣=5 400×30%×2%+5 400×20%×1%=43.2(万元)

则甲、乙两方案扣除信用成本前收益之差=5 000×(1-60%)-[5 400×(1-60%)-43.2]=-116.8(万元)

甲、乙两方案扣除信用成本后收益之差=-116.8-(140-195.44)=-61.36(万元)

所以，乙方案扣除信用成本后收益大于甲方案，乙方案为佳。

3. 收账政策

收账政策是指客户违反信用条件时，企业采取的收账策略。在市场经济条件下，商业信用已经成为一种重要的信用手段，账款被拖欠甚至成为坏账也成了一种不可避免的现象，当客户拖欠或者拒付货款时，企业应采取有效的措施予以解决。

(1) 企业应分析现行的信用标准是否合适、客户资格审批是否严格。确定合适的信用标准、进行严格的客户资格审批是企业减少货款被拖欠或拒付的第一道关，当账款被客户拖欠或者拒付时，既要重新审视现行的信用标准是否偏低，也要对已认定的客户资格进行再审核，剔除信用品质差的客户。

(2) 要加大收账力度。企业要投入一定的收账费用以加快货款的回收，尽量减少坏账。增加收账费用能减少机会成本和坏账成本，但两者并不存在线性关系，当收账费用增加到一定程度后，坏账损失无法再降低了，因为在市场经济条件下坏账的存在是客观的。

(3) 采用灵活的方式收账。实际上，客户拖欠或者拒付货款并不一定完全是恶意的，信誉再好的客户也可能有现金周转困难的时候，对于这种情况，企业应主动与客户协商，寻求较理想的解决问题的办法；如果证实了客户是蓄意赖账，则要加强催收力度，甚至采用法律武器来保护自己的利益。

一般而言，企业加强收账管理，及早收回款项，可以减少坏账损失，减少应收账款的机会成本，但是会增加收账费用，两者之间是一种反方向的变动关系。因此，企业是否调整收账政策，则要比较调整前与调整后的收账总成本。

9.3.3 应收账款的日常管理

信用政策建立以后，企业要做好应收账款的日常控制工作，进行信用调查和信用评价，以确定是否同意顾客赊欠货款。当顾客违反信用条件时，还要做好账款催收工作。

1. 客户的信用调查

对顾客的信用进行评价是应收账款日常管理的重要内容。只有正确地评价顾客的信用状况，才能合理地执行企业的信用政策。要想合理地评价顾客的信用，必须对顾客信用进行调查，收集有关的信息资料。信息调查有直接调查和间接调查两类。

1) 直接调查

直接调查是指调查人员与被调查单位接触，通过当面采访、询问、观看、记录等方式获取信用资料的一种方法。直接调查能保证收集资料的准确性和及时性，但若不能得到被调查单位的合作，则会使调查资料不完整。

2) 间接调查

间接调查是指以被调查单位及其他单位保存的有关原始记录和核算资料为基础，通过加工整理获得被调查单位信用资料的一种方法。这些资料主要来自如下几个方面。

(1) 财务报表。有关单位的财务报表是信用资料的重要来源。通过财务报表分析，基本上能掌握一个企业的财务状况和盈利状况。

(2) 信用评估机构。许多国家都有信用评估的专门机构，定期发布有关企业的信用等级报告。例如，杜恩和布瑞德思特公司就是美国一家著名的信用评估机构。

我国的信用评估机构目前有 3 种形式：①独立的社会评估机构，它们只根据自身的业务吸收有关专家参加，不受行政干预和集团利益的牵制，独立自主地开办信用评估业务；②行政银行组织的评估机构；③商业银行组织的机构，由商业银行组织专家对其客户进行评估。

在评估等级方面，目前主要有两种：①采用三类九级制(即把企业的信用情况分为 AAA、AA、A，BBB、BB、B，CCC、CC、C 三类九级，AAA 为最优等级，C 为最差等级；②采用三级制(即分成 AAA、AA、A)。专门的信用评估机构通常评估方法专业，评估调查细致，评估程序合理，可信度较高。

(3) 银行。银行是信用资料的一个重要来源，因为许多银行都设有信用部门，为其顾客提供服务。但银行的资料一般仅愿意在同业之间交流，而不愿向其他单位提供。因此，如外地有一笔金额较大的交易，需要了解顾客的信用状况，最好通过当地开户银行向其征询有关客户信用资料。

(4) 其他。如财税部门、消费者协会、工商管理部门、企业的上级主管部门、证券交易部门等。另外，书籍、报刊、杂志等也可提供有关顾客的信用情况。

2. 顾客的信用评估

搜集好信用资料后，要对这些资料进行分析，并对顾客信用状况进行评估。评估的方法很多，常见的方法主要有"5C 评估法"和信用评分法。

1) "5C 评估法"

"5C 评估法"是指重点分析影响信用的 5 个方面来评价顾客信用的一种方法。这 5 个方面英文的第一字母都是 C，故称为"5C 评估法"。这 5 个方面是：品德(Character)、能力(Capacity)、资本(Capital)、抵押品(Collateral)和情况(Conditions)。

(1) 品德。品德是指顾客愿意履行付款义务的可能性。顾客是否愿意尽自己最大努力来归还货款，直接决定着账款的回收速度和数量。品德因素在信用评估中是最重要的因素。

(2) 能力。能力是指顾客偿还货款的能力。这主要根据顾客的经营规模和经营状况来判断。

(3) 资本。资本是指一个企业的财务实力状况,这主要根据有关的财务比率进行判断。

(4) 抵押品。抵押品是指顾客能否为获取商业信用提供担保资产。如有担保资产,则对顺利收回货款比较有利。

(5) 情况。情况是指一般的经济情况对企业的影响,或某一地区的一些特殊情况对顾客偿债能力的影响。

通过以上 5 个方面的分析,便基本上可以判断顾客的信用状况,为最后决定是否向顾客提供商业信用做好准备。

2) 信用评分法

信用评分法是指先对一系列财务比率和信用情况指标进行评分,然后进行加权平均,得出顾客综合的信用得分,并以此进行信用评估的一种方法。进行信用评分的基本公式为

$$Y = a_1X_1 + a_2X_2 + \cdots a_nX_n = \sum_{i=1}^{n} a_iX_i \tag{9-9}$$

式中:Y——某企业的信用评分;

a_i——事先拟定的对第 i 种财务比率和信用品质进行加权的权数($\sum a_i = 1$);

X_i——第 i 种财务比率或信用品质的评分。

现以某施工企业的相关资料来说明这种方法,见表 9-2。

表 9-2 某施工企业信用品质等有关资料

项目	财务比率和信用品质 ①	分数 X_i ②	预计权数 a_i ③	加权平均分数 a_iX_i ④
流动比率	1.9	90	0.2	18
资产负债率	50%	90	0.1	9
销售净利率	10%	85	0.1	8.5
信用评估等级	AA	85	0.25	21.25
付款历史	好	85	0.25	21.25
企业未来预计	尚好	75	0.05	3.75
其他因素	好	85	0.05	4.25
合　　计			100%	86.00

表 9-2 中,第①栏是根据收集来的资料对其分析后确定的;第②栏是根据第①栏的资料确定的;第③栏是根据财务比率和信用品质的重要程度确定的。使用信用评分法进行信用评估时,得分 80 分以上者,说明其信用状况良好;得分在 60~80 分之间,信用状况一般;得分在 60 分以下,则说明信用状况较差。

3. 收账管理

收账是企业应收账款管理的一项重要工作。收账管理应包括如下两个方面的内容。

1) 确定合理的收账程序

催收账款的程序一般是:信函通知,电话催收,派员面谈,法律行动。当顾客拖欠账款时,一般先给顾客一封有礼貌的付款通知函;接着,可寄出一封措辞较直率的信件;进

一步则可通过电话催收；若再无效，企业的收账员可直接与顾客面谈，协商解决；如果谈判不成，就只好交给企业的律师采取法律行动。

2) 确定合理的收账方法

顾客拖欠的原因可能比较多，但可概括为无力偿还和故意拖欠两类。

(1) 无力偿还。无力偿还是指顾客因经营不善，财务出现困境，没有资金偿付到期债务。对这种情况要进行具体分析，如果顾客确实遇到暂时困难，经过努力可以东山再起，企业应帮助顾客渡过难关，以便收回较多欠款。如果顾客遇到严重困难，已达到破产界限，不可能起死回生，则应及时向法院起诉，以期在破产清算时得到债权较多的清偿。

(2) 故意拖欠。故意拖欠是指顾客虽有能力付款，但为了其利益，想方设法拖延付款。遇到这种情况，则需要确定合理的收账方法，如讲理法、恻隐战术、激将法等以便收回欠款。

4. 应收账款账龄分析

企业已发生的应收账款时间长短不一，有的尚未超过信用期，有的则已逾期拖欠。一般来讲，逾期拖欠时间越长，账款催收的难度越大，成为坏账的可能性就越高。因此，进行账龄分析，密切注意应收账款的回收情况，是提高应收账款收现率的重要环节。

应收账款账龄分析就是考察研究应收账款的账龄结构，即各账龄应收账款的余额占应收账款总计余额的比重。

【例9.6】 某施工企业的账龄分析表见表9-3。

表9-3 某施工企业应收账款账龄分析表

应收账款账龄	账户数量	金额/万元	比重/%
信用期内(设平均为3个月)	100	60	60
超过信用期1个月内	50	10	10
超过信用期2个月内	20	6	6
超过信用期3个月内	10	4	4
超过信用期4个月内	15	7	7
超过信用期5个月内	12	5	5
超过信用期6个月内	8	2	2
超过信用期6个月以上	16	6	6
应收账款余额总计		100	100

表9-3表明，该公司应收账款余额中，有60万元尚在信用期内，占全部应收账款的60%。过期数额40万元，占全部应收账款的40%，其中逾期在1、2、3、4、5、6个月内的，分别为10%、6%、4%、7%、5%、2%。另外有6%的应收账款已经逾期6个月以上。此时，企业应分析逾期账款具体属于哪些客户，这些客户是否经常发生拖欠情况，发生拖欠的原因何在。一般而言，账款的逾期时间越短，收回的可能性越大，即发生坏账损失的程度相对越小；反之，收账的难度及发生坏账损失的可能性也就越大。因此，对不同拖欠时间的账款及不同信用品质的客户，企业应采取不同的收账方法，制定出经济可行的不同收账政策、收账方案；对可能发生的坏账损失，需提前有所准备，充分估计这一因素对企业损益

的影响。对尚未过期的应收账款,应适当地管理与监督,以防发生新的拖欠。

通过应收账款账龄分析,不仅能提示财务管理人员应把过期款项视为工作重点,而且有助于促进企业进一步研究与制定新的信用政策。

5. 应收账款收现保证率分析

由于企业当期现金支付需要量与当期应收账款收现额之间存在着非对称性矛盾,并呈现出预付性与滞后性的差异特征,这就决定了企业必须对应收账款收现水平制定一个必要的控制标准,即应收账款收现保证率。

应收账款收现保证率是为适应企业现金收支匹配关系的需要所确定出的有效收现账款应占全部应收账款的百分比,是两者应当保持的最低比例。其计算公式为

$$\text{应收账款收现保证金率} = \frac{\text{当期必要现金支付总额} - \text{当期其他稳定可靠的现金流入总额}}{\text{当期应收账款总计金额}} \quad (9\text{-}10)$$

式中的其他稳定可靠现金流入总额是指从应收账款收现以外的途径可以取得的各种稳定可靠的现金流入数额,包括短期有价证券变现净额、可随时取得的银行贷款额等。

6. 建立应收账款坏账准备金制度

无论企业采取怎样严格的信用政策,只要存在着商业信用行为,坏账损失的发生总是不可避免的。一般来说,确定坏账损失的标准主要有如下两条。

(1) 因债务人破产或死亡,以其破产财产或遗产清偿后,仍不能收回的应收款项。

(2) 债务人逾期未履行偿债义务,但有明显特征表明无法收回。

企业的应收账款只要符合上述任何一个条件,均可作为坏账损失处理。需要注意的是,当企业的应收账款按照第二个条件已经作为坏账损失处理后,并非意味着企业放弃了对该项应收账款的索取权。实际上,企业仍然拥有继续收款的法定权利,企业与欠款人之间的债权债务关系不会因为企业已作坏账处理而解除。既然应收账款的坏账损失无法避免,因此,遵循谨慎性原则,对坏账损失的可能性预先进行估计,并建立弥补坏账损失的准备金制度,即提取坏账准备金就显得极为必要。

9.4 存货管理

9.4.1 存货概述

1. 存货的概念与分类

存货是指企业在日常活动中持有以备出售的产成品或商品,处在生产过程中的在产品、在生产过程或提供劳务过程中耗用的材料和物料等。

存货的种类繁多,不同行业存货的内容和分类有所不同。建筑施工企业的存货,按其用途可分为以下几类。

(1) 库存材料。是指施工企业购入的用于施工生产经营的各种材料,包括主要材料、结构件、机械配件、其他材料等。

(2) 在途材料。是指施工企业已经支付货款,但尚未运到企业,正在运输途中的各种

材料,以及虽已运到企业,但尚未办理验收入库手续的各种材料。

(3) 周转材料。是指施工企业在施工生产工程中能够多次使用,并且基本保持原来的物质形态,但价值逐渐转移的各种材料,主要包括钢模板、木模板、脚手架和其他周转材料等。

(4) 低值易耗品。是指企业购入的,单位价值较低,容易损坏,未达到固定资产标准的各种用具及物品等劳动资料。

(5) 委托加工物资。是指企业因技术和经济原因而委托外单位代为加工的各种物资。

(6) 在建施工产品。是指已经进行施工生产,但月末尚未完成预算定额规定的全部工序和工作内容的工程。

(7) 施工产品。是指企业已经完成预算定额规定的全部工序并验收合格,可以按照合同规定的条件移交建设单位或发包单位的工程。

存货属于企业的流动资产,在其中占有很大的比重,一般可达 40%～60%,因此存货的管理水平与利用程度对企业的财务状况和经营成果影响很大。如何加强存货的规划与控制,使其保持在最优水平,是企业财务管理的一项重要工作。

企业持有足够的存货,不仅有利于保持正常的生产经营,满足加工制造中的耗用,随时提供客户所需要的商品、产品,而且还能够节约一定的采购费用,避免因为缺货而带来不必要的损失;但是过多持有存货会使企业因为占用大量资金而增加机会成本,影响企业总量资金在各个环节的平衡分布,还会增加存货在企业的管理费用,如仓储人员的人工费用、仓库的变动管理费用以及可能发生的仓储损失等。因此,存货管理的目标是:在存货的功能与成本之间进行利弊权衡,在充分发挥存货功能的同时,尽可能降低存货成本,增加收益。

2. 存货的功能与成本

1) 存货的功能

存货的功能是指存货在企业生产经营过程中所能发挥的作用。主要表现为以下两个方面。

(1) 满足生产、销售的正常需要。

由于企业的采购、销售受市场环境的影响,不以自己的意志为转移,因此储存适量的材料物资能保证产品生产加工的需要,防止停工待料,储存适量的库存商品能及时地供应市场,保证客户的正常以及临时需要,不至于丧失销售良机。

(2) 降低进货成本。

采购足够的存货可以从两方面降低进货成本,一是减少进货费用,进货费用包括因采购而发生的差旅费、运杂费、办公费以及入库前的整理挑选费等,它与企业的采购次数有关,属于决策相关成本,二是批量的采购还可以享受销售企业的商业折扣。

2) 存货的成本

要发挥存货的功能,就必须持有一定数量的存货,由此也要发生一定的支出与费用,这就是存货的成本。

(1) 进货成本。

进货成本是指取得存货时发生的成本,包括存货的进价成本与进货费用。进价成本是存货本身的价值,是采购数量与单位进价的乘积,在一定时期内总进货量确定的情况下,如果不考虑存货的通货膨胀因素和商业折扣，则其成本总额与采购次数无关，属于决策无关成本，不予考虑。进货费用指在每次采购过程中发生的差旅费、运杂费、办公费以及入库前的整理挑选费等，在一定时期内总进货量确定的情况下，进货费用发生的总额取决于该时期内的进货次数，进货次数越多，则进货费用就越高，两者呈正向关系，除了采购中的专设采购机构经费支出等固定性支出外，进货费用属于决策相关成本。

(2) 储存成本。

储存成本是指储存存货时发生的支出，包括存货资金占用费(以借入资金购买存货应支付的利息费用)或机会成本(以自有资金购入存货而丧失的再投资收益)、存货的仓储费用(如仓库管理人员的人工费用、仓库的折旧费用等)、保险费用以及存货储存中的毁损霉变损失等。储存成本可以分为固定性储存成本与变动性储存成本两类，其中固定性储存成本(如仓库管理人员的固定月工资、仓库的折旧费用等)与存货的储存数量没有直接关系，属于决策无关成本；变动性储存成本与存货的储存数量呈正向关系，属于决策相关成本。

(3) 缺货成本。

缺货成本是指因存货短缺而给企业带来的损失，包括因存料供应不及时而造成的停工损失、库存商品不足而造成的丧失销售机会损失等。缺货成本不易计量，只能大致估计，若企业允许缺货，则缺货成本随平均存货的减少而增加，与存货数量呈反向关系，属于决策相关成本；若企业不允许缺货，则缺货成本为零。

9.4.2 经济批量模型及其扩展

通过对存货成本的分析可以看出，在一定时期内，当存货需求总量确定时，增加进货批量(即每次进货的进货数量)，就会减少进货次数，相应地降低了进货费用与缺货成本，但是提高了储存成本；减少进货批量，就会增加进货次数，相应地提高了进货费用与缺货成本，但是降低了储存成本。因此，如何合理安排进货批量和进货次数，使存货的决策相关总成本最低，是存货管理中极其重要的问题。经济批量模型通过确定存货的经济进货批量就很好地解决了这一问题。

经济进货批量是指能够使一定时期内存货的决策相关总成本最低的进货数量。经济进货批量的模型主要有基本模型和考虑数量折扣的应用模型两种情况。

1. 确定经济进货批量的基本模型

在经济批量基本模型下，存货的决策相关成本包括进货费用和变动性储存成本两项，而进货成本、固定性储存成本和短缺成本不予考虑。经济进货批量就是指使存货的进货费用和储存成本之和最低的进货数量。这一模式的应用要以如下假设为前提。

(1) 一定时期内需要的进货总量可以预测。

(2) 存货的耗用或销售过程比较均匀，且每当企业存货余额不足时，下一批存货可以马上到位，不允许缺货。

(3) 市场上存货的价格稳定。

则有如下的计算公式

$$存货管理决策相关总成本=进货费用+储存成本$$

$$TC=(A/Q) \cdot B+(Q/2) \cdot C \tag{9-11}$$

式中：TC——存货管理相关总成本；
A——一定时期需要的存货总量；
B——平均每次进货费用；
C——单位存货的储存成本；
Q——经济进货批量。

存货管理相关总成本与进货费用、储存成本的关系如图9.5所示。

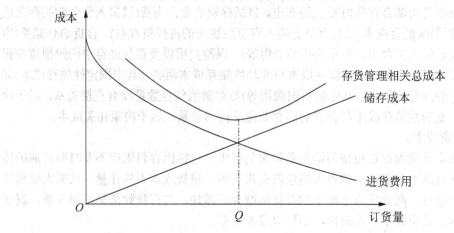

图9.5 存货管理相关总成本与进货费用、储存成本的关系

从图9.5可以看出，当存货的储存成本和进货费用相等时，存货管理相关总成本最低，此时的存货进货批量为经济进货批量。

运用数学方法可以求得

$$Q=\sqrt{\frac{2AB}{C}} \tag{9-12}$$

经济进货批量下的存货总成本为最低存货管理相关总成本

$$TC\sqrt{2ABC} \tag{9-13}$$

【例9.7】 某施工企业预计2009年需要A类材料总量为80 000kg，单位进价为10元。若该材料的平均每次进货费用为100元，单位存货年储存成本为4元，计算：

(1) 经济进货批量；
(2) 最低存货管理相关总成本。

解：(1) $Q=\sqrt{2\times 80\,000\times 100/4}=2\,000(\text{kg})$

(2) $Q=\sqrt{2\times 80\,000\times 100\times 4}=8\,000(元)$

2. 考虑数量折扣的经济进货批量模型

商业折扣是在市场经济条件下销售企业鼓励客户多购买商品的一种促销手段，企业购买商品越多，所能获得的优惠条件就越多，因此，即使是在提倡零库存管理的今天，也有不少企业为了得到这种优惠而大批量购买存货。

在考虑数量折扣的进货批量决策中，除了存货的进货费用和储存成本外，还要考虑存货的进价成本，因为此时的存货进价成本已经与存货的购进数量有了直接的关系，属于决策相关成本。具体决策过程可以分为以下 4 个步骤。

(1) 计算基本模型下的经济进货批量。
(2) 计算经济进货批量下的存货相关总成本。
(3) 计算考虑数量折扣条件下的存货相关总成本。
(4) 进行决策，即比较各相关总成本，最低的为最优方案。

【例 9.8】 接上例，若企业一次采购 10 000kg，可以享受 2%的价格折扣。请进行采购量决策。

解： 按经济批量计算的年总成本=80 000×10+2 000/2×4+80 000/2 000×100
$$=808\ 000(元)$$
按享受折扣计算的年总成本=80 000×10×(1-2%)+10 000/2×4+80 000/10 000×100
$$=804\ 800(元)$$

计算结果表明，按享受商业折扣采购的存货年总成本要比按经济批量采购的存货年总成本低，企业应该选择每次采购 10 000kg 的进货方案。

3. 订货点的确定

为了保证企业生产和销售正常进行，企业不能等到存货用完后再去订货，而应适当提前订货。那么，究竟在上一批购入的存货还有多少时，必须订购下一批存货呢？这就是订货点的确定问题。所谓订货点，也称为再订货点。就是在订购下一批存货时本批存货的储存量。确定订货点，必须考虑下列因素：①平均每天的正常耗用量(n)；②预计每天的最大耗用量(m)；③提前时间，即从发出订单到货物到达验收完毕所需的时间(t)；④预计最长提前时间(r)；⑤保险储备量，是指为了防止耗用量突然增加或交货误期等进行的储备(S)。

保险储备量 S 可用下列公式计算

$$S = \frac{1}{2}(mr - nt) \tag{9-14}$$

订货点 R 可用下列公式计算

$$R = nt + s$$
$$= nt + \frac{1}{2}(mr - nt)$$
$$= \frac{1}{2}(mr + nt) \tag{9-15}$$

【例 9.9】 某施工企业每天正常耗用乙存货 80 件，订货的提前期为 15 天，预定最大耗用量为每天 100 件，预计最长提前期为 20 天。则

保险储备量
$$S = \frac{1}{2}(mr - nt)$$
$$= \frac{1}{2}(100×20-80×15)$$
$$=400(件)$$

订货点
$$R = \frac{1}{2}(mr + nt)$$

$$= \frac{1}{2}(100 \times 20 + 80 \times 15)$$
$$= 1\ 600(件)$$

假设该公司的经济订货量为 4 000 件，最佳订货周期为 50 天，那么，该企业存货最低储存量为 400 件，即为保险储备量；最高储备量为 4 400 件，即为经济订货量加保险储备量；当储备量降至 1 600 件时，须提出再订货申请，这比最佳订货周期提前 15 天。

9.4.3 其他存货的控制方法

存货日常管理的目的是在保证企业正常经营的条件下，尽量减少库存积压，保持科学合理的存货量。在大中型企业中往往会有成千上万种存货，有的存货数量很少，但是价值昂贵，有的存货数量很多，但占用的资金比较少，如果企业在管理过程中，不分主次、面面俱到，不仅管理成本高，而且会因为人力物力的过度分散使管理效率低下。

存货日常管理最常用的方法是 ABC 分类管理法。ABC 分类管理法由 19 世纪意大利经济学家 Pareto 首创，后经不断发展和完善，现在已经被广泛应用于生产管理、成本管理和存货管理等方面。

ABC 分类管理法的要点是把企业的存货按其金额、品种数量标准划分为 A、B、C 这 3 类，然后根据其重要性在日常管理中分别对待处理。一般情况是，A 类存货品种、数量少，但是单位价值高，其资金占存货资金总额的比重大，如高档家具、电器、摩托车等；C 类存货品种、数量多，但是单位价值低，其资金占存货资金总额的比重小，如针线、纽扣等；B 类存货则介于 A 类与 C 类存货之间，品种数量比较多，单位价值也不高。一般而言，企业中 3 类存货的金额比重大致为 A：B：C＝7：2：1，而品种数量比重为 A：B：C＝1：2：7。各类存货的分布状态如图 9.6 所示。

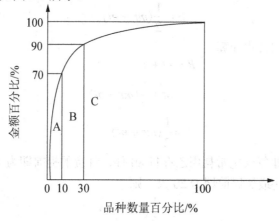

图 9.6 存货 ABC 分类管理

从图 9.6 可以看出，A 类存货虽然品种数量较少，但是占用了大部分存货资金，只要控制好了 A 类存货，基本上就不会有大的问题，而且，由于 A 类存货的品种数量少，企业完全有能力按每一品种实行重点管理；B 类存货价值相对较低，占用存货资金的比重也相对较小，企业只要分类别进行一般控制就可以了；C 类存货虽然品种数量多，但是单位价值更低，所占存货资金的比重更小，企业只要把握一个总金额就可以了。

本章小结

营运资本是指流动资产减流动负债后的净额。企业持有现金出于交易性、预防性和投机性的需要,现金管理的目的是在资金的流动性和盈利性之间做出最佳选择,确定合理的现金持有量,使资金效益实现最大化。企业现金日常管理策略有:力争现金流量同步;加速收款,提高收现效率;合理使用现金浮游量;合理延缓应付款的支付。确定最佳现金持有量的方式有因素分析模式、现金周转模式、现金存货模式。应收账款的产生有其必然性,应收账款的回收直接影响企业资金流转顺畅与否,因此,需通过制定合理的信用政策对其进行有效的管理,信用政策包括信用期间、信用标准和现金折扣政策。存货管理要求明确存货投资的目的和成本,掌握存货经济批量的模型。根据经济订货量基本模型确定的最佳订货量、最佳订货周期,与存货数量有关的总成本。

案例分析

某施工企业预计 2007 年度赊销收入为 2 000 万元,信用条件为(n/30),变动成本率为 60%,资金成本率为 8%。该企业为扩大市场份额,提高市场占有率,拟订了 A、B 两个信用条件方案。A 方案:将信用条件放宽到(n/60),预计坏账损失率为 3%,收账费用 15 万元。B 方案:将信用条件改为(2/10,1/20,n/30),估计约有 80%的客户(按赊销额计算)会利用 2%的现金折扣,10%的客户会利用 1%的现金折扣,坏账损失率为 2%,收账费用 20 万元。以上两方案均使销售收入增长 10%。

讨论:

你认为该企业应选择何种方案?

分析要点:

当信用条件发生改变时,如何在多个备选方案中进行选择?这是我们需要考虑的一个问题。上例中各种备选方案估计的赊销水平、坏账百分比和收账费用等有关数据见表 9-4。

表 9-4 信用条件备选方案表

单位:万元

方案 项目	A 方案(n/60)	B 方案(2/10,1/20,n/30)
年赊销额	2 200(2 000+2 000×10%)	2 200(2 000+2 000×10%)
应收账款平均收账天数	60	13(80%×10+10%×20+10%×30)
应收账款平均余额	2 200÷360×60=366.67	2 200÷360×13=79.44
维持赊销业务所需资金	366.67×60%=220	79.44×60%=47.67
坏账损失率	3%	2%
坏账损失	66	44
收账费用	15	20

根据以上资料，可计算表9-5中的指标。

表9-5 信用条件分析评价表

单位：万元

方案 项目	A方案 (n/60)	B方案 (2/10,1/20,n/30)
年赊销额	2 200	2 200
减：现金折扣	—	37.4[2 200×(2%×80%+1%×10%)]
年赊销净额	2 200	2 162.6
减：变动成本	1 320	1320
信用成本前收益	880	842.6
减：信用成本		
应收账款机会成本	17.6	3.81
坏账损失	66	44
收账费用	15	20
小计	98.6	67.81
信用成本后收益	781.4	774.79

根据以上资料，在这两个备选方案中，A方案(n/60)的收益比B方案(2/10,1/20,n/30)要多6.61万元。因此，在其他条件不变的情况下，应选择B方案。

思考与习题

1. 思考题

(1) 简述企业持有现金的动机。
(2) 简述现金管理的目的和内容。
(3) 简述现金收入与现金支出包含的内容。
(4) 简述应收账款的功能和成本。
(5) 简述如何制定应收账款政策。
(6) 简述存货的功能和成本。

2. 单项选择题

(1) 现金作为一种资产，它的(　　)。
　　A. 流动性差，盈利性差　　　　B. 流动性强，盈利性强
　　C. 流动性差，盈利性强　　　　D. 流动性强，盈利性差

(2) 在成本分析模式和存货模式下确定最佳现金持有量时，都需考虑的成本是(　　)。
　　A. 机会成本　　B. 转换成本　　C. 管理成本　　D. 短缺成本

(3) 如果现金持有量_____，现金的机会成本就_____，转换成本就_____。应选择

的正确答案为( )。

  A．小　低　低   B．大　高　高
  C．大　低　低   D．大　高　低

(4) 下列各项中，不属于商业信用的是( )。
  A．应付票据   B．预付账款   C．应付账款   D．应付职工薪酬

(5) 企业的信用标准一般以预计的( )指标作为判断标准。
  A．应收账款周转率   B．资产负债率
  C．存货周转率   D．坏账损失率

(6) 对存货进行ABC类划分的最基本的标准是( )。
  A．数量和金额   B．金额   C．数量   D．重量

(7) 实行数量折扣的存货经济批量模型所应考虑的成本是( )。
  A．进货成本和储存成本   B．进货费用和储存成本
  C．进价成本和缺货成本   D．进价成本和储存成本

(8) 某企业每月现金需要量为250 000元，现金与有价证券的每次转换金额和转换成本分别为50 000元和40元，则每月现金的转换成本为( )。
  A．1 250元   B．7 400元   C．40元   D．200元

(9) 某企业购入原材料50 000元，供货方规定的信用条件为"3/10，1/20，n/30"，若在第18天付款，则该企业实际支付的货款为( )。
  A．49 500元   B．50 000元   C．48 500元   D．49 000元

(10) 某企业全年耗用某材料8 000公斤，该材料单价为40元，一次订货成本为50元，年单位储存成本为5元，则全年最佳订货次数为( )。
  A．16次   B．8次   C．10次   D．20次

3．多项选择题

(1) 利用成本分析模式确定最佳现金持有量时，不予考虑的成本费用项目有( )。
  A．管理成本   B．机会成本   C．转换成本   D．短缺成本

(2) 企业应持有的现金通常小于因交易动机、预防动机和投机动机所需要的现金之和，其原因是( )。
  A．各种动机下所需要的现金并不要求必须保存在现金状态
  B．变现质量好的有价证券可以随时变现
  C．现金在不同时点上可以灵活使用
  D．各种动机下所需要的现金可以调剂使用

(3) 确定最佳现金持有量的存货模式下涉及的成本有( )。
  A．机会成本   B．转换成本   C．管理成本   D．短缺成本

(4) 应收账款的信用成本主要有( )。
  A．机会成本   B．管理成本   C．坏账成本   D．折扣成本

(5) 影响应收账款机会成本的主要因素有( )。
  A．变动成本率   B．应收账款平均收账期
  C．资金成本率   D．赊销收入

(6) 企业的信用条件包括( )。
  A. 折扣期限　　B. 商业折扣　　C. 现金折扣　　D. 信用期限
(7) 一般情况下，企业提供比较优惠的信用条件，可以增加商品的销售量，但也会付出一定代价，主要有( )。
  A. 应收账款机会成本　　　　B. 坏账成本
  C. 收账费用　　　　　　　　D. 现金折扣成本
(8) 下列属于经济批量决策相关成本的是( )。
  A. 存货每次订购费用　　　　B. 存货买价
  C. 变动的储存成本　　　　　D. 变动成本
(9) 下列属于企业在进行经济批量决策时的假设条件的是( )。
  A. 无缺货现象　　　　　　　B. 企业现金充足
  C. 存货流转比较均衡　　　　D. 存货价格稳定
(10) 存货的成本包括有( )。
  A. 进货成本　　B. 缺货成本　　C. 储存成本　　D. 管理成本

4. 判断题

(1) 营运资本就是流动资产。　　　　　　　　　　　　　　　　　　( )
(2) 将有价证券转化为现金时，支付给经纪人的委托买卖佣金、委托手续费等交易费用不属于决策相关成本。　　　　　　　　　　　　　　　　　　　　　　　　( )
(3) 存货模式中，最佳现金持有量就是使现金的机会成本、转换成本与短缺成本之和最低的现金持有量。　　　　　　　　　　　　　　　　　　　　　　　　　　　( )
(4) 制定信用标准时，若企业承担违约风险的能力较强，则可以制定比较低的信用标准。　　　　　　　　　　　　　　　　　　　　　　　　　　　　　　　　　( )
(5) 企业给客户提供现金折扣的主要目的是为了扩大销售，及时收回现金。　( )
(6) 合理利用现金"浮游量"是加强现金日常支出管理的重要方法。现金"浮游量"包括企业已认定为收入但尚未收回的现金。　　　　　　　　　　　　　　　( )
(7) 存货资金占用费或机会成本、仓储费用、保险费用以及存货的残损霉变损失等都属于存货的储存成本，都属于决策相关成本。　　　　　　　　　　　　　( )
(8) 存货的进价成本与存货的采购次数无关，只与采购的总数量以及单位进价相关，所以属于决策无关成本。　　　　　　　　　　　　　　　　　　　　　　　( )
(9) 收账费用与坏账损失呈反方向变动，发生的收账费用越多，坏账损失就越小。因此企业应该加大收账费用，使坏账损失降到最低。　　　　　　　　　　　　( )
(10) 一般讲，当某种存货数量比重达到 70% 时，可将其划为 A 类存货，进行重点管理和控制。　　　　　　　　　　　　　　　　　　　　　　　　　　　　　( )

5. 计算分析题

(1) 某企业预计全年现金需求量为 20 000 元，其收支情况比较稳定。现金与有价证券的转换成本每次为 400 元，有价证券利率为 10%。试计算最佳现金持有量、最低现金管理成本及证券变现次数。

(2) 某企业计划年度销售收入为 3 600 万元,全部采用商业信用方式销售。现金折扣条件为 "2/10,1/20,n/30"。预计客户在 10 天内付款的比率为 50%,20 天内付款的比率为 30%,超过 20 天但在 30 天内付款的比率为 20%。同期有价证券年利率为 8%,变动成本率为 60%。要求根据资料计算:
① 企业收款平均间隔天数;
② 每日信用销售额;
③ 应收账款平均余额;
④ 应收账款机会成本。

(3) 假设某企业应收账款原有的收账政策和拟改变的收账政策见表 9-6。

表 9-6 某企业的收账政策

项目	现行收账政策	拟改变的收账政策
年收账费用/万元	8	10
平均收账期/天	45	32
坏账损失率/%	3	2
赊销额/万元	200	200
变动成本率/%	60	60

假设资金利润率为 8%,要求:计算原收账政策和拟改变的收账政策的有关指标并进行决策。

(4) 某企业年需用甲材料 250 000kg,单价 10 元/千克,每次进货费用为 320 元/次,单位存货的年储存成本为 0.1 元/千克。试计算:
① 该企业的经济订货量;
② 经济进货量平均占用资金;
③ 经济进货量的存货相关总成本。

第10章 工程固定资产和其他资产管理

教学目标

通过本章的学习，应达到以下目标：
(1) 掌握固定资产需求量的预测、固定资产折旧的计提范围和固定资产折旧的计算；
(2) 了解固定资产管理的相关知识；
(3) 了解无形资产的计价、摊销和减值准备；
(4) 理解如何加强长期待摊费用和临时设施的管理。

教学要求

知识要点	能力要求	相关知识
固定资产概述	(1) 理解固定资产概念、特点； (2) 掌握固定资产分类	(1) 固定资产含义； (2) 按用途、使用情况分类
固定资产折旧的计算	(1) 熟悉固定资产折旧的计提范围； (2) 熟练掌握固定资产折旧方法	(1) 年限平均法； (2) 工作量法； (3) 双倍余额递减法； (4) 年数总和法
无形资产	(1) 熟悉无形资产的计价； (2) 了解无形资产、其他资产的特点、摊销和减值准备； (3) 理解无形资产、长期待摊费用和临时设施的概念	(1) 不同来源的计价； (2) 无形资产的特征、摊销； (3) 长期待摊费用与临时设施各内容

第10章 工程固定资产和其他资产管理

基本概念

固定资产　固定资产折旧　固定资产原值　净残值　残值率　折旧率　折余价值　有形损耗　无形损耗　固定资产寿命　平均年限法　工作量法　双倍余额递减法　年数总和法

引例

某企业固定资产原值为 200 000 元,预计使用年限为 5 年,预计净残值为 4%,该企业年利润(含折旧)见表 10-1。该企业所得税适用 33%的比例税率。

下面分别运用直线法和加速折旧的双倍余额递减法和年数总和法,计算企业每年的应纳所得税额。

表 10-1　企业每年的应纳所得税额计算

年度	未扣除折旧的利润	按直线法计提折旧	按双倍余额递减法计提折旧	按年数总和法计提折旧
第 1 年	90 000 元	17 028 元	13 860 元	12 804 元
第 2 年	90 000 元	17 028 元	20 196 元	17 028 元
第 3 年	80 000 元	13 729 元	20 592 元	17 952 元
第 4 年	70 000 元	10 428 元	17 292 元	18 876 元
第 5 年	73 590 元	73 590 元	73 590 元	73 590 元
合计	85 000 元	15 378 元	1 650 元	6 930 元

由本表可见,虽然 3 种不同方法计算出来的累计应纳所得税额的量是一致的,均为 73 590 元。但是,在第 1 年,运用年数总和法计算折旧时应纳税额最少,双倍余额递减法次之,而运用直线法计算折旧时应纳税额最多。总之,运用加速折旧法,开头两三年可以少纳税,把较多税款延迟到以后年份缴纳,相当于从政府那里取得一笔无息贷款。这对一些新办企业初期缓解资金较为紧张的情况是很有利的。

10.1　固定资产管理概述

建筑施工企业的固定资产是从事工程施工生产经营的重要物质条件。加强固定资产的管理,可以提高固定资产使用效率。

10.1.1　固定资产的含义

1. 固定资产的含义

固定资产是指为生产商品、提供劳务、出租或经营管理而持有的且使用寿命超过一个会计年度的有形资产,包括房屋及建筑物、机器设备、运输设备、工具器具等。其中使用寿命是指企业使用固定资产的预计期间,或者该固定资产所能生产产品或提供劳务的数量。

固定资产具有以下基本特征。

(1) 固定资产的使用期限超过一年,或长于一年的一个经营周期,且在使用过程中保持原来的物质形态不变。

(2) 固定资产的使用寿命是有限的(土地除外)。

(3) 固定资产是用于生产经营活动,而不是为了出售。

判断固定资产的标准,主要有两个方面,一是时间标准,二是价值标准。根据企业会计制度规定,企业使用期限超过一年的房屋、建筑物、机器、机械、运输工具以及其他与生产经营有关的设备、器具、工具等资产均应作为固定资产;不属于生产经营主要设备的物品,单位价值在 2 000 元以上,并且使用期限超过两年的,也作为固定资产。企业中不符合上述固定资产条件的劳动资料,应作为低值易耗品管理和核算。

虽然企业会计制度中对固定资产的标准作了具体的规定,但由于企业的经营内容、经营规模等各不相同,固定资产的标准也不可能绝对一致。各企业应根据企业会计制度中规定的固定资产标准,结合各自的具体情况,制定适合本企业实际情况的固定资产目录、分类方法、每类或每项固定资产的折旧年限、折旧方法、预计残值率,作为固定资产核算的依据。

企业制定的固定资产目录、分类方法、每类或每项固定资产的使用年限、预计残值率、折旧方法等,应当编制成册,并按照管理权限,经股东大会或董事会、或经理(厂长)会议或类似机构批准,按照法律、行政法规的规定报送有关各方备案,同时备置于企业所在地,以供投资者等有关各方查阅。企业已经确定并对外报送,或备置于企业所在地的有关固定资产目录、分类方法、估计残值率、预计使用年限、折旧方法等,一经确定不得随意变更,如需变更,仍然应当按照上述程序,经批准后报送有关各方备案,并在会计报表附注中予以说明。

2. 固定资产的分类

建筑施工企业的固定资产种类繁多,规格不一。为加强管理,企业有必要对固定资产进行合理的分类。根据不同的管理需要和不同的分类标准,可以对固定资产进行不同的分类,常见的固定资产分类方法有如下几种。

1) 按固定资产的经济用途分类

按固定资产的经济用途分类,可分为生产经营用固定资产和非生产经营用固定资产。

(1) 生产经营用固定资产。是指直接服务于企业生产、经营过程的各种固定资产,如生产经营用的房屋、建筑物、机器、设备、器具、工具等。

(2) 非生产经营用固定资产。是指不直接服务于生产、经营过程的各种固定资产,如职工宿舍、食堂、浴室、理发室、医院、疗养院等使用的房屋、设备和其他固定资产等。

按照固定资产的经济用途分类,可以归类反映和监督企业经营用固定资产和非经营用固定资产之间,以及经营用各类固定资产之间的组成和变化情况,借以考核和分析企业固定资产的利用情况,促使企业合理地配备固定资产,充分发挥其效用。

2) 按固定资产使用情况分类

按固定资产使用情况分类,可分为使用中固定资产、未使用固定资产和不需用固定资产。

(1) 使用中固定资产。使用中固定资产是指正在使用中的生产经营用和非生产经营用固定资产。由于季节性经营或大修理等原因,暂时停止使用的固定资产仍属于企业使用中的固定资产;企业出租(指经营性租赁)给其他单位使用的固定资产和内部替换使用的固定资产也属于使用中的固定资产。

(2) 未使用固定资产。未使用固定资产是指已完工或已购建的尚未交付使用的新增固定资产以及因进行改建、扩建等原因暂停使用的固定资产,如企业购建的尚待安装的固定资产、经营任务变更停止使用的固定资产等。

(3) 不需用固定资产。不需用固定资产是指本企业多余或不适用,需要调配处理的固定资产。

按照固定资产使用情况分类,有利于反映企业固定资产的使用情况及其比例关系,便于分析固定资产的利用效率,挖掘固定资产的使用潜力,促使企业合理地使用固定资产。

3) 按固定资产的所有权分类

按固定资产的所有权分类,可分为自有固定资产和租入固定资产。

(1) 自有固定资产。自有固定资产是指企业拥有的可供企业自由地支配使用的固定资产。

(2) 租入固定资产。租入固定资产是指企业采用租赁方式从其他单位租入的固定资产。企业对租入的固定资产依照租赁合同拥有使用权,同时负有支付租金的义务,但资产的所有权属于出租单位。租入固定资产可分为经营性租入固定资产和融资租入固定资产。

4) 综合分类

按固定资产的经济用途和使用情况等综合分类,可把企业的固定资产分为7大类。

(1) 生产经营用固定资产。

(2) 非生产经营用固定资产。

(3) 租出固定资产。租出固定资产是指在经营租赁方式下出租给外单位使用的固定资产。

(4) 不需用固定资产。

(5) 未使用固定资产。

(6) 土地。土地指过去已经估价单独入账的土地。因征地而支付的补偿费,应计入与土地有关的房屋、建筑物的价值内,不单独作为土地价值入账。企业取得的土地使用权,不作为固定资产管理,而是作为企业的无形资产管理。

(7) 融资租入固定资产。融资租入固定资产是指企业以融资租赁方式租入的固定资产,在租赁期内,应视同自有固定资产进行管理。

3. 固定资产投资的特点

1) 回收期较长

由于固定资产投入使用后能在多个生产周期内发挥作用,所以其价值是分次逐渐转移和补偿的,即固定资产投资的收回是分次逐渐完成的,往往需要较长的时间。固定资产投资的回收期较长,决定了在进行固定资产投资时,要注意投资的回收期,优先考虑投资少、见效快、回收期短的项目。同时,对固定资产计提折旧时,既要考虑有形损耗,又要考虑技术进步等原因造成的无形损耗。

2) 变现能力较差

固定资产投资具有不可逆转性,相对于流动资产而言,固定资产的流通性极弱,变现能力较差。这就要求固定资产投资决策必须科学谨慎，否则当资产闲置时，由于盘活困难，会增加建筑施工企业整体资金运营的难度。

3) 风险较大

固定资产投资数额巨大，回收期长，固定资产变现能力较弱，这使固定资产投资的风险较大。建筑施工企业在进行固定资产投资时，必须进行科学周密的研究，除了论证投资的必要性以外，还要考虑技术上的先进性和经济上的合理性，要对各种投资方案的经济效益进行预测分析。

4) 资金占用数量相对稳定

企业的固定资产投资一般是一次性投资逐渐收回，固定资产需求量相对稳定，固定资产投资次数相对较少，这使固定资产投资的资金占用数量相对稳定。

5) 实物形态和价值形态可以分离

固定资产投资往往是一次进行的，需要垫支相当数额的资金。其价值是随着固定资产的损耗分次逐渐转移和补偿的，具有投资的一次性和回收的分次性。同时，固定资产的价值补偿和实物更新在时间上是分离的。固定资产的价值是逐渐转移的，随着产品的销售逐渐补偿。而固定资产的实物更新，则是在原有固定资产不能或不宜使用时才进行的。固定资产价值运动的这一特点要求企业必须正确计提固定资产折旧，合理确定固定资产的补偿数额，加强固定资产的保管和更新管理。

10.1.2 固定资产管理的要点

在市场经济体制下，企业面临着复杂的理财环境。企业如何正确地进行固定资产筹资和投资决策，节约固定资产投资，提高固定资产利用效果，加速固定资产更新改造，增强企业经济实力，是企业财务管理工作的一项重要任务。企业的固定资产管理，应遵循以下基本要求。

1. 合理地进行固定资产需要量预测

固定资产预测是指根据已经掌握的信息和有关资料，采用科学的方法，对企业未来时期的固定资产需要量和固定资产投资所做出的合乎规律的测算分析工作。固定资产预测主要是固定资产需要量的预测和固定资产投资效益的预测。

随着企业生产经营的不断发展，企业所需固定资产的数量、结构、效能也随之发生变化。正确预测固定资产需要量是固定资产管理的一项基础工作，也是固定资产管理的首要环节。企业应根据生产经营的任务、生产规模、生产能力等因素，采用科学的方法预测各类固定资产的需用量，并合理加以配置，以尽可能少的固定资产满足企业生产经营的需要。预测固定资产需用量，不仅有助于企业摸清固定资产存量，平衡生产任务和生产能力，挖掘固定资产潜力，提高固定资产的利用效果，还可以为企业进行固定资产投资决策提供重要依据。

2. 科学地进行固定资产投资的预测分析

固定资产使用时间长，投资数额大，一旦投资决策失误，不仅会造成投资本身的巨大浪费，而且会因"先天不足"而导致企业"后天"经营上的困难。企业在固定资产投资时，必须根据企业的具体情况和投资环境，认真研究投资项目的必要性，分析技术上的可行性，对各种投资方案的经济效益进行预测，在各种投资方案中，选择投资少、效益高、回收期短的最佳方案，在此基础上，再对固定资产的投资支出、投资来源和投资效果做出合理的计划安排，使固定资产投资建立在科学的基础上。

3. 正确确定固定资产价值

固定资产的计量属性主要包括历史成本、重置成本、可变现净值、现值、公允价值等。对固定资产的计价，一般应当采用历史成本。

1) 历史成本

在历史成本计量下，固定资产按照购置时支付的现金或者现金的等价物的金额，或者按照购置时所付出的对价的公允价值计量。《企业会计准则第 4 号——固定资产》规定：外购固定资产的成本，包括购买价款、相关税费、使固定资产达到预定可使用状态前所发生的可归属于该项资产的运输费、装卸费、安装费和专业人员服务费等；自行建造固定资产的成本，由建造该项资产达到预定可使用状态前所发生的必要支出构成。

2) 重置成本

在重置成本计量下，固定资产按照现在购买相同或相似资产所需支付的现金或者现金等价物的金额计量。

3) 可变现净值

在可变现净值计量下，固定资产按照其正常对外销售所能收到现金或者现金等价物的金额扣减该资产至完工时估计将要发生的成本、估计的销售费用以及相关税费后的金额计量。

4) 现值

在现值计量下，固定资产按照预计从其持续使用和最终处置中所产生的未来净现金流入量的折现金额计量。

5) 公允价值

在公允价值计量下，固定资产按照在公平交易中，熟悉情况的交易双方自愿进行资产交换的金额计量。

4. 正确地计提固定资产折旧

固定资产在使用过程中发生的价值损耗，是通过计提折旧的方式加以合理补偿的。企业提取的折旧，是固定资产更新的资金来源。只有正确编制固定资产折旧计划，及时提取固定资产折旧，使固定资产在生产中的损耗足额得到补偿，才能保证固定资产再生产的顺利进行。对于固定资产折旧形成的这一部分资金来源，应加以有效地使用和管理。

5. 切实做好固定资产的保全

固定资产是企业的重要资源，保证固定资产的完整无缺，是固定资产管理的基本要求。为此，企业必须做好固定资产管理的各项基础工作，包括：制定固定资产目录，明确固定资产的管理范围；建立固定资产登记账、卡，及时准确地反映各种固定资产的增减变动、使用和节余情况；定期进行清查盘点，切实做到账、卡、物三相符。在做好以上各项基础工作的同时，还要建立、健全固定资产竣工验收、调拨转移、清理报废等各项管理制度，这是实现固定资产完整无缺的保证。

6. 不断提高固定资产的利用效果

企业通过有效的固定资产管理工作，可以节省固定资产的投资，最大限度地发挥固定资产的效能，降低产品成本中的折旧费用，为企业提供更多的盈利。企业在固定资产的投资决策、固定资产的购建、固定资产的使用及固定资产的更新改造等各环节的管理工作中均应注意提高固定资产的利用效果。

10.1.3 固定资产需要量的查定

1. 固定资产需要量查定的意义

建筑施工企业要搞好固定资产管理，提高固定资产的利用效果，必须根据生产任务查定企业所需的固定资产。通过固定资产的查定，及时补充所需固定资产的不足，同时对多余固定资产及时处理，减少企业资金的占用量，促使施工生产单位充分利用现有固定资产。

要查定固定资产的需要量，必须先进行以下清查工作。

(1) 查清固定资产的实有数量，做到账实相符。

(2) 查清固定资产的质量，对机械设备逐个进行性能检查。

(3) 查清固定资产的生产能力，分别查明单台机械设备的生产能力，或完成某项工种工程(或某种产品)有关机械设备的综合生产能力，并计算机械设备的利用率。

2. 固定资产需要量预测的方法

固定资产需要量的预测是指建筑施工企业根据经营任务、经营能力和经营方向，对计划期内企业各类固定资产所需数量所进行的测算和分析工作。常用的预测方法有直接查定法和产值资金率法。

1) 直接查定法

直接查定法是指在查定固定资产实物量的基础上，通过企业预测期生产任务与各种固定资产生产能力相平衡，直接确定固定资产需要量的方法。

生产设备是进行生产经营的主要物质技术基础，是决定产品产量和质量的关键，应作为预测固定资产需求量的重点，通常按其实物量逐项测定。在正确计算生产设备需要量的基础上，其他种类设备可以根据生产设备配套的需要确定其合理的需要量。至于其他非生产用固定资产，可以根据企业实际需要和可能条件来确定。

确定生产设备需要量的基本方法是：根据预测期生产任务和单台设备生产能力测算某项生产设备需要量。计算公式为

$$某项生产设备需要量 = \frac{预测期生产任务}{单台设备生产能力} \tag{10-1}$$

直接查定法具体步骤如下。

(1) 清查生产设备数量。

(2) 测算预测年度生产任务。

(3) 测算生产设备需要量。

(4) 确定需追加设备量。根据生产设备需要量和实有生产设备数量、变动情况等，确

定需追加设备量。

运用直接查定法测算比较准确,但需要占用大量信息资料,计算过程比较复杂。

2) 产值资金率法

产值资金率法是以某一正常生产年度按不变价格计算的产值固定资产率来综合测算固定资产的需要量的方法。计算公式如下

$$固定资产需要量 = 计划年度总产值 \times 正常年度产值固定资产率 \times$$
$$(1 - 计划年度固定资产利用率提高百分比) \tag{10-2}$$

$$正常年度产值固定资产率 = \frac{正常年度固定资产平均总值}{正常年度实际总产值} \times 100\% \tag{10-3}$$

采用产值资金率法预测固定资产需要量,计算工作量小,容易掌握,但测算结果较为粗略,只适用于生产条件变化不大的企业。

对于生产能力不足的设备,应首先立足于充分挖掘内部潜力,采取措施,进一步压缩单位产品台时定额,或把一部分任务委托外单位加工,使之在不增加设备的前提下,保证完成生产任务。只有在采取措施后,设备仍然不足时,才考虑进行固定资产投资,以购置设备,满足企业生产和发展的需要。

【例 10.1】 某施工企业根据承担的工程任务和过去的历史资料,测算得土方工程量 160 000 m³,土方运输量为 768 000 t/km,1 立方米斗容量单斗挖土机的平均单位能力年产量定额为 48 000m³/m³,自卸汽车的单位能力年产量定额 10 000 t·km/t,

要求:(1) 计算挖土、运土所需的施工机械和运输设备数量。

(2) 如该企业有 1 台 1 立方米斗容量、4 台 0.5 立方米斗容量单斗挖土机,有 12 辆 3.5t、4 辆 7 t 的自卸汽车,计算该企业需增加的机械设备。

解:(1) 完成 120 000 m³ 挖土工程量所需单斗挖土机为

$$\frac{120\ 000}{48\ 000} = 2.5(立方米斗容量)$$

完成 768 000 吨公里土方运输量所需自卸汽车为

$$\frac{768\ 000}{10\ 000} = 76.8(t)$$

(2) 单斗挖土机的合计工作能力为

$$1 \times 1 + 0.5 \times 4 = 3(立方米斗容量)$$

自卸汽车的合计工作能力为

$$3.5 \times 12 + 7 \times 4 = 70(t)$$

则挖土机不但已能满足挖土工程任务的需要,而且还多 0.5 立方米斗容量单斗挖土机 1 台(3 立方米斗容量-2.5 立方米斗容量)。自卸汽车尚缺 6.8 t(76.8 t-70 t),即需要增加 3.5 t 自卸汽车 2 辆或 7 t 自卸汽车 1 辆,才能满足运土任务的需要。

【例 10.2】 某施工企业下属的设备制造厂有铸锻、机械加工和装配 3 个基本生产车间,还有动力、机修两个辅助生产车间。测算机械加工车间设备需要量。该车间现有车床 60 台、铣床 30 台、钻床 10 台;其单台生产设备全年计划工作总台时经测算为 4 204.8 台时,其计划年度生产任务见表 10-2。

要求:根据上述资料,预测机械加工车间计划期设备需要量。

表 10-2　生产任务表

机床名称	甲产品 计划产量 450 件		乙产品 计划产量 240 件		丙产品 计划产量 210 件		总需工时	定额改进系数	定额总工时
	单位工时	计划总工时	单位工时	计划总工时	单位工时	计划总工时			
①	②	③=②×产量	④	⑤=④×产量	⑥	⑦=⑥×产量	⑧=③+⑤+⑦	⑨	⑩=⑧×⑨
车床	300	135 000	280	67 200	310	65 100	267 300	90%	240 570
铣床	160	72 000	150	36 000	170	35 700	143 700	90%	129 330
钻床	50	22 500	60	14 400	70	14 700	51 600	90%	46 440
合计		229 500		117 600		115 500	462 600	90%	416 340

解：根据上述资料，预测机械加工车间计划期设备需要量见表 10-3。

表 10-3　计划期设备需要量表

机床名称	现有设备	计划生产任务定额台时总数	单台设备计划台时数	预计设备需要量	多余(+)或不足(-)	设备负荷系数(%)
	①	②	③	④=②÷③	⑤=①-④	⑥
车床	60	240 570	4 204.8	57	+3	95
铣床	30	129 330	4 204.8	31	-1	103
钻床	10	46 440	4 204.8	11	-1	110
合计		416 340				

机械加工车间根据计划生产任务，预计车床需要 57 台，原有 60 台，多余 3 台；需铣床 31 台，原有 30 台，缺 1 台；需钻床 11 台，原有 10 台，缺 1 台。

【例 10.3】　某施工企业现有生产能力为 $50m^3/h$ 的混凝土搅拌机 3 台，$40m^3/h$ 的挖掘机 6 台，计划年度工作日 306 天，检修停机 12 天，每班平均工作 8 h，计划期生产任务见表 10-4。

要求：计算混凝土搅拌机、挖掘机的余缺数。

表 10-4　计划期生产任务表

工程项目	定额工程量/m^3		定额改进系数/%
	混凝土搅拌机	挖掘机	
101	200 000	160 000	90
202	140 000	120 000	85
301	120 000	100 000	80
401	250 000	180 000	95

解: (1) 混凝土搅拌机计划任务量=200 000×90%+140 000×85%+120 000×80%+ 250 000×95%=632 500(m^3)

单台混凝土搅拌机工作能力=(306-12)×8×50=117 600(m^3)

混凝土搅拌机需要量=632 500÷117 600=5.38(台)

混凝土搅拌机短缺量=5.38-3=2.38(台)

(2) 挖掘机计划任务量=160 000×90%+120 000×85%+100 000×80%+180 000×95%
=497 000(m^3)

单台挖掘机工作能力=(306-12)×8×40=94 080(m^3)

挖掘机需要量=497 000÷94 080=5.28(台)

挖掘机多余量=6-5.28=0.72(台)

10.2 固定资产折旧的计算

10.2.1 固定资产折旧的意义和范围

1. 固定资产折旧的意义

建筑施工企业的固定资产在使用过程中虽然保持其原有的实物形态,但由于不断发生损耗,使其价值逐渐减少,固定资产因磨损而逐渐地转移到产品成本中去的那部分价值,就称为固定资产折旧。固定资产在一定时期内转移到工程成本中去的那部分价值,随着工程点交结算便转化为货币资金收回来,这部分货币资金是固定资产损耗价值的补偿基金,是固定资产再生产的重要资金来源。

建筑施工企业的固定资产可以长期参加生产经营而仍保持其原有的实物形态,但其在使用过程中,会不断发生损耗,固定资产的损耗分为有形损耗和无形损耗。

1) 固定资产的有形损耗

固定资产有形损耗是指由于使用而发生的机械磨损以及由于自然力作用所引起的自然损耗,称为固定资产的有形损耗。如房屋、机器设备等随着使用年限的增加而逐渐陈旧,它与固定资产使用年限成正比。

固定资产自全新投入使用起,直到完全报废为止的使用年限就称为固定资产的物理使用年限。固定资产物理使用年限的长短取决于固定资产本身的质量和使用条件。正确确定固定资产的物理使用年限,是正确计提折旧的前提。

2) 固定资产的无形损耗

固定资产的无形损耗是指在科学技术进步和劳动生产率不断提高的条件下引起的固定资产价值损失。如新构件、新材料代替旧构件、旧材料而引起机械设备提前报废等。固定资产的无形损耗有两种形式:一种是由于劳动生产率提高,生产同样效能的设备花费的社会必要劳动量减少,成本降低,同样效能的设备价格便宜,使原有设备的价值相应降低所造成的损失。另一种是由于科学技术进步,出现新的效能更高的设备,使原有设备不得不提前报废所造成的损失,这种损耗只有通过缩短固定资产的使用期限才能避免。企业必须在固定资产使用年限内计提一定数额的折旧费，以正确反映期间损益和保证有能力重置固定资产。

考虑无形损耗后确定的折旧年限，称为固定资产的经济折旧年限。固定资产的经济折旧年限比物理折旧年限短。建筑施工企业在确定固定资产的使用寿命时，主要应当考虑下列因素。

(1) 该资产的预计生产能力或实物产量。
(2) 该资产的有形损耗，如设备使用中发生磨损、房屋建筑物受到自然侵蚀等。
(3) 该资产的无形损耗，如因新技术的出现而使现有的资产技术水平相对陈旧、市场需求变化使产品过时等。
(4) 法律或者类似规定对资产使用的限制。

2. 固定资产折旧的影响因素

施工企业计算固定资产各期折旧额的依据或者说影响折旧的因素主要有以下3个方面。

1) 固定资产的原始价值

计算固定资产折旧的基数一般为取得固定资产的原始成本，即固定资产的账面原值。企业已经入账的固定资产，除发生下列情况外，不得任意变动：① 根据国家规定对固定资产进行重新估价；② 增加补充设备或改良设备；③ 将固定资产的一部分拆除；④ 根据实际价值调整原来的暂估价值；⑤ 发现原记固定资产价值有错误。

2) 固定资产的净残值

固定资产的净残值是指预计的固定资产报废时可以收回的残余价值扣除预计清理费用后的数额。由于在计算折旧时，对固定资产的残余价值和清理费用只能人为估计，就不可避免存在主观性。为了避免人为调整净残值的数额从而人为地调整计提折旧额，国家有关所得税暂行条例及其细则规定，残值比例在原价的5%以内，由施工企业自行确定；由于情况特殊需调整残值的比例的，应报主管税务机关备案。

3) 固定资产使用年限

固定资产使用年限的长短直接影响各期应提的折旧额。在确定固定资产使用年限时，不仅要考虑固定资产的有形损耗，还要考虑固定资产的无形损耗。由于固定资产的有形损耗和无形损耗也很难估计准确，因此，固定资产的使用年限也只能预计，同样具有主观随意性。企业应根据国家的有关规定，结合本企业的具体情况，合理地确定固定资产的折旧年限。

企业应当根据固定资产的性质和使用方式，合理确定固定资产的使用寿命和预计净残值，并根据科技发展、环境及其他因素，选择合理的固定资产折旧方法，按照管理权限，经股东大会或董事会，或经理（厂长）会议或类似机构批准，作为计提折旧的依据。同时，按照法律、行政法规的规定报送有关各方备案，同时备置于企业所在地，以供股东等有关各方查阅。企业已经确定并对外报送，或备置于企业所在地的有关固定资产预计使用寿命和预计净残值、折旧方法等，一经确定不得随意变更，如需变更，仍然应当按照上述程序，经批准后报送有关各方备案，并在会计报表附注中予以说明。

3. 固定资产折旧计提的范围

1) 计提折旧的固定资产

按照财务制度规定，除以下情况外，企业应对所有固定资产计提折旧。

(1) 已提足折旧仍继续使用的固定资产。

(2) 按照规定单独估价作为固定资产入账的土地。

计提固定资产折旧应注意以下情况。

(1) 按月计提折旧。固定资产应当按月计提折旧，并根据用途分别计入相关资产的成本或当期费用。企业在实际计提固定资产折旧时，当月增加的固定资产，当月不提折旧，从下月起计提折旧；当月减少的固定资产，当月仍提折旧，从下月起停止计提折旧。

(2) 不使用、不需要用、大修理停用的固定资产应计提折旧。不使用、不需用、大修理停用的固定资产仍存在无形损耗或有形损耗，应计提固定资产折旧。

(3) 已达到预定可使用状态的固定资产，在年度内办理竣工决算手续的，按照实际成本调整原来的暂估价值，并调整已计提的折旧额，作为调整当月的成本、费用处理。如果在年度内尚未办理竣工决算的，应当按照估计价值暂估入账，并计提折旧；待办了竣工决算手续后，再按照实际成本调整原来的暂估价值，调整原已计提的折旧。

(4) 企业对固定资产进行更新改造时，应将更新改造的固定资产的账面价值转入在建工程，并在此基础上确定更新改造后的固定资产原价。处于更新改造过程而停止使用的固定资产，因已转入在建工程，因此不计提折旧，待更新改造项目达到预定可使用状态转为固定资产后，再按重新确定的折旧方法和该项固定资产尚可使用年限计提折旧。

(5) 对于接受捐赠的旧固定资产，企业应当按照规定的固定资产入账价值、预计尚可使用年限、预计净残值，以及企业所选用的折旧方法计提折旧。

(6) 融资租入的固定资产，应当采用与自有应计提折旧资产相一致的折旧政策。能够合理确定租赁期届满时将会取得租赁资产所有权的，应当在租赁资产尚可使用年限内计提折旧；无法合理确定租赁期届满时能够取得租赁资产所有权的，应当在租赁期与租赁资产尚可使用年限两者中较短的期间内计提折旧。

2) 不提折旧的固定资产

(1) 已提足折旧继续使用的固定资产。固定资产提足折旧后，不论能否继续使用，均不再提取折旧。所谓提足折旧，是指已经提足该项固定资产应提的折旧总额。应提的折旧总额为固定资产原价减去预计残值。

(2) 提前报废的固定资产。固定资产提前报废，即使该项固定资产没有提足折旧，也不再补提折旧。

(3) 按规定单独估价作为固定资产入账的土地。

(4) 以经营租赁方式租入的固定资产。

(5) 已全额计提固定资产减值准备的固定资产。

10.2.2 固定资产折旧计算的方法

建筑施工企业可选用的固定资产的折旧方法包括平均年限法、工作量法、双倍余额递减法和年数总和法。由于固定资产折旧方法的选用直接影响到企业成本、费用的计算，也影响到企业的利润和国家的财政收入。因此，固定资产折旧方法一经选定，不得随意调整。施工企业应当根据固定资产的性质和使用情况，合理确定固定资产的使用寿命和预计净残值。固定资产的使用寿命、预计净残值一经选定，一般不得随意调整。

1. 平均年限法

1) 平均年限法的计算

平均年限法又称直线法，是将固定资产的折旧均衡地分摊到各期的方法。采用这种方法计算的每期折旧额均是等额的。计算公式如下：

$$年折旧率 = \frac{1-预计净残值率}{预计使用年限} \times 100\% \tag{10-4}$$

$$月折旧率 = 年折旧率 \div 12 \tag{10-5}$$

$$月折旧额 = 固定资产原值 \times 月折旧率 \tag{10-6}$$

或者

$$年折旧率 = \frac{固定资产原值 - 预计净残值}{预计使用年限} \times 100\% \tag{10-7}$$

$$月折旧率 = 年折旧率 \div 12 \tag{10-8}$$

【例 10.4】 某施工企业新购一台设备，原价为 200 000 元，预计可使用 10 年，按照有关规定该设备报废时的净残值率为 2%。

要求：计算该设备的折旧率和折旧额。

解：

$$年折旧率 = \frac{1-2\%}{10} \times 100\% = 9.8\%$$

$$月折旧率 = \frac{9.8\%}{12} = 0.82\%$$

$$月折旧额 = 20\,000 \times 0.82\% = 164(元)$$

2) 折旧率的分类

折旧率包括个别折旧率、分类折旧率和综合折旧率。

(1) 个别折旧率是指某项固定资产在一定期间的折旧额与该项固定资产原价的比率，是按个别固定资产单独计算的。

(2) 分类折旧率是指固定资产分类折旧额与该类固定资产原价的比率。采用这种方法，应先把性质、结构和使用年限接近的固定资产归为一类，再按类计算平均折旧率，用该类折旧率对该类固定资产计提折旧。如将房屋建筑物划分为一类，将机械设备划分为一类等。分类折旧率的计算公式如下：

$$某类固定资产年分类折旧率 = \frac{该类固定资产年折旧额之和}{该类固定资产原价之和} \times 100\% \tag{10-9}$$

采用分类折旧率计算固定资产折旧，其优点是计算方法简单，但准确性不如个别折旧率。

(3) 综合折旧率是指某一期间企业全部固定资产折旧额与全部固定资产原价的比率。计算公式如下：

$$固定资产综合折旧率 = \frac{各项固定资产年折旧额之和}{各项固定资产原价之和} \times 100\% \tag{10-10}$$

与采用个别折旧率和分类折旧率计算固定资产折旧相比，采用综合折旧率计算固定资产折旧，其计算结果的准确性较差。

3) 平均年限法的缺陷

采用平均年限法计算固定资产折旧虽然比较简便，但它也存在着一些明显的局限性。

(1) 固定资产在不同使用年限提供的经济效益是不同的。一般来讲，固定资产在其使用前期工作效率相对较高，所带来的经济利益也就多；而在其使用后期，工作效率一般呈下降趋势，因而，所带来的经济利益也就逐渐减少。平均年限法不考虑这一事实，明显是不合理的。

(2) 固定资产在不同的使用年限发生的维修费用也不一样。固定资产的维修费用将随着其使用时间的延长而不断增大，而平均年限法也没有考虑这一因素。

当固定资产各期的负荷程度相同，各期应分摊相同的折旧费，这时采用平均年限计算折旧是合理的。但是，若固定资产各期负荷程度不同，采用平均年限法计算折旧时，则不能反映固定资产的实际使用情况，提取的折旧数与固定资产的损耗程度也不相符。

2. 工作量法

工作量法是根据实际工作量计提折旧额的一种方法。这种方法弥补平均年限法只重使用时间，不考虑使用强度的缺点，其计算公式为

$$单位工作量折旧额 = \frac{固定资产原价 \times (1-残值率)}{预计总工作量} \quad (10-11)$$

$$某项固定资产月折旧额 = 该项固定资产当月工作量 \times 单位工作量折旧额 \quad (10-12)$$

【例 10.5】 某企业的一台机器的原价为 250 000 元，预计该机器使用 10 年，运转 8 万个小时，其报废时的残值率为 3%。本月满负荷运转，共运转 720 个小时。

要求：计算该机器的月折旧额。

解：
$$每小时折旧额 = \frac{250\,000 \times (1-3\%)}{80\,000} \approx 3.03$$

$$本月折旧额 = 720 \times 3.03 = 2\,181.6(元)$$

3. 加速折旧法

加速折旧法也称为快速折旧法或递减折旧法。其特点是在固定资产有效使用年限的前期多提折旧，后期则少提折旧，从而相对加快折旧的速度，以使固定资产成本在有效使用年限中加快得到补偿。

加速折旧的计提方法有多种，常用的有以下两种。

1) 双倍余额递减法

双倍余额递减法是在不考虑固定资产残值的情况下，根据每期期初固定资产账面余额和双倍的直线法折旧率计算固定资产折旧的一种方法。计算公式为

$$年折旧率 = \frac{2}{预计的折旧年限} \times 100\% \quad (10-13)$$

$$月折旧率 = \frac{年折旧率}{12} \quad (10-14)$$

$$月折旧额 = 固定资产帐面净值 \times 月折旧率 \quad (10-15)$$

由于双倍余额递减法不考虑固定资产的残值收入，因此，在应用这种方法时必须注意不能使固定资产的账面折余价值降低到它的预计残值收入以下，即实行双倍余额递减法计提折旧的固定资产，应当在其固定资产折旧年限到期以前两年内，将固定资产净值扣除预计净残值后的余额平均摊销。

【例 10.6】某施工单位有一台空气压缩机，原值为 40 000 元，预计残值为 1 000 元，规定的折旧年限为 5 年。

要求：按双倍余额递减法计算每年的折旧额。

解：(1) 年折旧率 $=\dfrac{2}{预计的折旧年限}=\dfrac{2}{5}=40\%$

(2) 第1年折旧额 $= 40\,000 \times 40\% = 16\,000(元)$

第2年折旧额 $= (40\,000 - 16\,000) \times 40\% = 9\,600(元)$

第3年折旧额 $= (40\,000 - 16\,000 - 9\,600) \times 40\% = 5\,760(元)$

第4年、第5年每年折旧额 $= \dfrac{40\,000 - 16\,000 - 9\,600 - 5\,760 - 1\,000}{2} = 3\,820(元)$

(3) 年折旧额的计算见表 10-5。

表 10-5　固定资产折旧计算表

年次	年初账面余额	折旧率	折旧额	累计折旧额	年末账面余额
1	40 000	40	16 000	16 000	24 000
2	24 000	40	9 600	25 600	14 400
3	14 400	40	5 760	31 360	8 640
4	8 640	—	3 820	35 180	4 820
5	4 820	—	3 820	39 000	1 000

2) 年数总和法

年数总和法又称合计年限法，是将固定资产的原值减去净残值后的净额乘以一个逐年递减的分数来计算每年的折旧额，这个分数的分子代表固定资产尚可使用的年数，分母代表使用年数的逐年数字总和。计算公式如下

$$年折旧率 = \dfrac{尚可使用年限}{预计使用年限的年数总和} \times 100\% \qquad (10\text{-}16)$$

或者

$$年折旧率 = \dfrac{预计使用年限 - 已使用年限}{预计使用年限 \times (预计使用年限 + 1) \div 2} \times 100\% \qquad (10\text{-}17)$$

$$月折旧率 = \dfrac{年折旧率}{12} \qquad (10\text{-}18)$$

$$月折旧额 = (固定资产原值 - 预计净残值) \times 月折旧率 \qquad (10\text{-}19)$$

【例 10.7】某施工单位有一台空气压缩机，原值为 40 000 元，预计残值为 1 000 元，规定的折旧年限为 5 年。

要求：采用年数总和法计算各年折旧额。

解：(1) 第1年年折旧率 $= \dfrac{5}{5+4+3+2+1} = \dfrac{5}{15}$

$$第2年年折旧率 = \frac{4}{5+4+3+2+1} = \frac{4}{15}$$

$$第3年年折旧率 = \frac{3}{5+4+3+2+1} = \frac{3}{15}$$

$$第4年年折旧率 = \frac{2}{5+4+3+2+1} = \frac{2}{15}$$

$$第5年年折旧率 = \frac{1}{5+4+3+2+1} = \frac{1}{15}$$

(2) 第1年年折旧额 $= (40\,000 - 1\,000) \times \frac{5}{15} = 13\,000(元)$

第2年年折旧额 $= (40\,000 - 1\,000) \times \frac{4}{15} = 10\,400(元)$

第3年年折旧额 $= (40\,000 - 1\,000) \times \frac{3}{15} = 7\,800(元)$

第4年年折旧额 $= (40\,000 - 1\,000) \times \frac{2}{15} = 5\,200(元)$

第5年年折旧额 $= (40\,000 - 1\,000) \times \frac{1}{15} = 2\,600(元)$

(3) 年折旧额的计算见表 10-6。

采用加速折旧法后,在固定资产使用的早期多提折旧,后期少提折旧,其递减的速度逐年加快。加快折旧速度的目的是使固定资产成本在估计耐用年限内加快得到补偿。

表 10-6 固定资产折旧计算表

年次	原值-残值	尚可使用年数	折旧率	折旧额	累计折旧额
1	39 000	5	5/15	13 000	13 000
2	39 000	4	4/15	10 400	23 400
3	39 000	3	3/15	7 800	31 200
4	39 000	2	2/15	5 200	36 400
5	39 000	1	1/15	2 600	39 000

10.2.3 固定资产折旧政策

1. 折旧政策及其种类

固定资产折旧政策是指企业根据自身的财务状况及其变动趋势,对固定资产折旧方法和折旧年限所作的选择。因为固定资产的折旧方法和折旧年限直接关系企业提取的折旧,不仅影响工程和产品成本,而且影响企业利润和利润分配,影响固定资产更新资金的现金流量和应纳所得税等,从而影响企业的财务状况,所以产生了财务管理中的折旧政策。建筑施工企业的折旧政策,主要可归纳为如下 3 种。

1) 快速折旧政策

快速折旧政策要求固定资产的折旧在较短年限内平均提取完毕,使固定资产投资的回收均匀分布在较短折旧年限内。

2) 递减折旧政策

递减折旧政策要求固定资产折旧的提取在折旧年限内依时间的顺序先多后少,使固定资产投资的回收在前期较多、后期逐步递减。

3) 慢速折旧政策

慢速折旧政策要求固定资产的折旧在较长年限内平均提取完毕,使固定资产投资的回收均匀分布在较长折旧年限内。

2. 折旧政策对企业财务的影响

固定资产折旧政策对企业筹资、投资和分配都会产生较大的影响。

1) 对筹资的影响

对企业某一具体会计年度而言,固定资产提取折旧越多,意味着企业可用于以后年度的固定资产更新资金越多,这笔资金在没有用于固定资产更新以前,企业可用资金就越多,就可相应减少对外筹集资金。反之,固定资产提取折旧越少,意味着企业可用于以后年度的固定资产更新资金越少,企业可用资金就越少,就会相应增加对外筹集资金。

2) 对投资的影响

固定资产折旧政策对投资的影响主要表现在以下两个方面。

(1) 折旧政策的选择。它会影响固定资产投资的规模。因为折旧政策影响提取的折旧和固定资产更新资金的多少。采用快速折旧政策,企业留用固定资产更新资金较多,有利于扩大企业固定资产投资规模,采用慢速折旧政策,企业留用固定资产更新资金较少,不利于扩大企业固定资产投资规模。

(2) 折旧政策的选择。它会影响固定资产的更新速度。采用快速和递减折旧政策,折旧年限短,固定资产更新速度快;采用慢速折旧政策,折旧年限长,固定资产更新速度慢。固定资产折旧政策,还能对固定资产投资风险产生影响。

3) 对分配的影响

固定资产折旧政策的选择,直接影响计入工程、产品成本和管理费用中的折旧费。采用快速折旧政策,提取的固定资产折旧费多,在其他条件不变的情况下,企业的利润和可分配利润就会减少;采用慢速折旧政策,企业的利润和可分配利润就会相应增加。

3. 选择折旧政策需要考虑的因素

折旧政策的选择宏观上受企业会计原则的约束,微观上受建筑施工企业财务目标、会计目标的支配,要为企业管理提供正确的信息。不同的企业应根据自身及外部环境的不同特点,从多个角度依据不同的标准进行分析。

归纳起来,制定固定资产折旧政策应考虑以下几个因素。

1) 固定资产投资的回收

选择折旧政策,首先要考虑固定资产投资的回收,要充分考虑固定资产的无形损耗。

2) 财务、税法规定各类固定资产折旧年限的弹性

企业的折旧政策,可以在行业财务制度规定的各类折旧年限的弹性范围内做出选择。

3) 企业现金流量状况

当企业出现现金盈余时,可以选择慢速折旧政策;当企业出现现金短缺时,可以选择

快速或递减折旧政策,以增加企业留用固定资产更新资金的现金流入量。

4) 企业盈利水平

当需要提高盈利水平时,可以采用慢速折旧政策;当需要降低盈利水平时,可以采用快速折旧政策。

10.2.4 固定资产日常管理

1. 实行固定资产归口分级管理

企业的固定资产种类繁多,其使用单位和地点又很分散。为此,要建立各职能部门、各级单位在固定资产管理方面的责任制,实行固定资产的归口分级管理。

归口管理就是把固定资产按不同类别交相应职能部门负责管理。具体做法是:生产设备归生产部门管理;动力设备归动力部门管理;运输设备归运输部门管理;房屋、家具用具归总务部门管理;各种科研开发设备由技术部门管理。各归口管理部门要对所分管的固定资产负责,保证固定资产的安全完整。

分级管理就是按固定资产的使用地点,由各级使用单位负责具体管理,并进一步落实到部门、落实到个人。做到层层有人负责,物物有人管理,保证固定资产的安全管理和有效利用。

2. 编制固定资产目录

为了加强固定资产的管理,企业财务部门要会同固定资产的使用和管理部门,按照国家规定的固定资产划分标准,分类详细编制"固定资产目录"。在编制固定资产目录时,要统一固定资产的分类编号,各管理部门和各使用部门的账、卡、物要统一用此编号。

3. 建立固定资产卡片或登记簿

固定资产卡片实际上是以每一独立的固定资产项目为对象开设的明细账,企业在收入固定资产时设立卡片,登记固定资产的名称、类别、编写、预计使用年限、原始价值、建造单位等原始资料,还要登记有关验收、启用、大修、内部转移、调出及报废清理等内容。实行这种办法有利于保护企业固定资产的完整无缺,促进使用单位关心对设备的保养和维护,提高设备的完好程度,有利于做到账账、账实相符,为提高固定资产的利用效果打下良好的基础。

4. 正确地核算和提取折旧

固定资产的价值是在再生产过程中逐渐地损耗、并转移到产品中去的。为了保证固定资产在报废时能够得到更新,在其正常使用过程中,要正确计算固定资产的折旧,以便合理地计入相关成本和费用中,并以折旧的形式收回,以保证再生产活动的持续进行。

5. 合理安排固定资产的修理

为了保持固定资产经常处于良好的使用状态和充分发挥作用,必须经常对其进行维修和保养。固定资产修理费一般直接计入有关费用。

6. 科学地进行固定资产更新

财务管理的一项重要内容是根据企业折旧积累的程度和企业发展的需要,建立起企业固定资产适时更新规划，满足企业周期性固定资产更新改造的要求。

1) 制订分阶段固定资产更新改造的规划

必须尽可能地确定具体更新改造固定资产的种类、数量和质量标准。根据不同的更新种类和数量，确定预计要达到的经济合理的经营规模；然后再根据不同的质量要求，选择先进的技术装备。

2) 提出合理的固定资产更新的预算资金

企业应根据分阶段固定资产更新改造的规划，制订出各期所需资金量。企业内部资金积累包括一定时期的累计折旧、企业的盈余公积及未分配利润等。若企业现有资金不足，则再考虑对外筹措。

3) 正确估计配套流动资金的需要量

固定资产的更新改造要结合流动资产的投入一并预算和规划，同时必须考虑各更新项目工程完工后将要配套发生的流动资金数。这样，固定资产的更新改造才能为企业形成预定的生产能力。

7. 建立固定资产清查盘点制度

为了保证固定资产的完整无缺，必须定期对固定资产进行清查盘点，每年至少一次。清查时，除了点清固定资产数量外，还要检查固定资产的使用情况和维护情况，检查有无长期闲置的不适用或多余不需要用的固定资产，有无使用不当、保管不妥、维护保养不善的固定资产。对存在的问题要提出措施，及时加以改进。

10.3 无形资产和其他资产的管理

10.3.1 无形资产的管理

无形资产是相对于有形资产而言的，是指不具有实物形态，但能长期使用并为建筑施工企业创造效益的非货币性资产。它通常代表施工企业所拥有的一种法定权或优先权，或者是企业具有的高于一般水平的获利能力，如专利、专有技术和土地使用权等。

1. 无形资产特点

无形资产的特征表现在以下 5 个方面。

1) 没有实物形态

无形资产所体现的是一种权利或获得超额利润的能力，它没有实物形态，但却具有价值，或者能使企业获得高于同行业一般水平的盈利能力。不具有实物形态是无形资产区别于其他资产的显著标志。

2) 能在较长的时期内使企业获得经济效益

无形资产能在多个生产经营期内使用，使企业长期受益，因而属于一项长期资产，企业为取得无形资产所发生的支出，属于资本性支出。

3) 持有的目的是使用而不是出售

企业持有无形资产的目的是用于生产商品或提供劳务、出租给他人，或为了管理目的，而不是为了对外销售。脱离了生产经营活动，无形资产就失去其经济价值。

4) 能够给企业提供未来经济效益的大小具有较大的不确定性

无形资产的经济价值在很大程度上受企业外部因素的影响，其预期的获利能力不能准确地加以确定。无形资产的取得成本不能代表其经济价值，一项取得成本较高的无形资产可能为企业带来较少的经济效益，而取得成本较低的无形资产也可能给企业带来较大的利益。

5) 通常是企业有偿取得的

只有花费了支出的无形资产，才能作为无形资产入账；否则，不能作为无形资产入账。

2. 无形资产的分类

(1) 按照经济内容划分，可以分为专利权、非专利技术、著作权、商标权、租赁权和土地使用权等。

① 专利权是指权利人在法定期限内对某一发明创造所拥有的独占权和专有权。

② 商标权是指企业专门在某种指定的商品上使用特定的名称、图案、标记的权利。

③ 著作权是指对著述或出版的某一专门著作或者创作的某一艺术品所提供的专属权利。著作权是一种知识产权，是国家通过法律规定，赋予书籍作者、艺术品的创造者以及出版者对其作品拥有的独占权。

④ 土地使用权是指国家准许某一企业在一定期间对国有土地享有开发、利用、经营的权利。

⑤ 经营特许权也称专营权，是指在某一地区经营或销售某种特定商品的权利或是一家企业接受另一家企业使用其商标、商号、技术秘密等的权利。

⑥ 专有技术也称非专利技术，是指发明人垄断的、不公开的、具有实用价值的先进技术、资料、技能、知识等。

(2) 按照取得方式划分，可以分为自行开发的无形资产、购入的无形资产、投资人投入的无形资产和接受捐赠的无形资产等。

(3) 按照确认方式划分，可以分为法律确认的无形资产和合同确认的无形资产。

3. 无形资产的计价与摊销

1) 无形资产的计价

无形资产凝聚着人们创造性的脑力劳动和一些辅助性的体力劳动，以及实验研究材料、设备消耗等物化劳动，它同其他商品一样，具有价值和使用价值。因此在转让无形资产时，必须合理计价、有偿转让、等价交换。无形资产按取得时的实际成本计价。

(1) 自行开发的并且按照法律程序申请取得的无形资产，按照依法取得时发生的注册费、聘请律师费等费用计价。在研究与开发过程中发生的材料费用、直接参与开发人员的工资及福利费、开发过程中发生的租金、借款费用等，直接计入当期损益。

(2) 自行开发的没有经过法律程序申请取得的无形资产，按照法定评估机构评估确认的价值计价。比如，非专利技术一般是在生产经营中，经过长期的经验积累逐步形成的，而且无法预知是否会形成非专利技术；即使是有意要形成非专利技术，也无法辨认哪些支出与将来的非专利技术有关。所以，按照现行财务制度的规定，非专利技术的计价应当经法定评估机构评估确认。

(3) 购入的无形资产，按照实际支付的价款计价。

(4) 以接受债务人抵偿债务方式取得的无形资产，按照应收债权的账面价值加上应支付的相关税费计价。

(5) 以接受债务人抵偿债务方式取得的无形资产，收到补价的，按照应收债权的账面价值减去收到的补价，再加上应支付的相关税费计价。

(6) 以接受债务人抵偿债务方式取得的无形资产，支付补价的，按照应收债权的账面价值加上支付的补价，再加上应支付的相关税费计价。

(7) 投资人投入的无形资产，按照投资各方确认的价值作为实际成本。但是，股份制企业首次发行股票，为了发行股票而接受投资人投入的无形资产，应当按照该无形资产在投资方的账面价值计价。

(8) 接受捐赠的无形资产，捐赠方提供了有关凭据的，按照凭据上标明的金额加上应支付的相关税费计价。

(9) 接受捐赠的无形资产，捐赠方没有提供有关凭据的，如果同类或类似无形资产存在于活跃市场，按照同类或类似无形资产的市场价格估计的金额，加上应支付的相关税费计价；如果同类或类似无形资产不存在于活跃市场，按照该无形资产的预计未来现金流量现值计价。

2) 无形资产的摊销

无形资产应从开始使用之日起，在有效使用期内平均摊入管理费用。在应摊销的无形资产原始价值确定后，影响其摊销额大小的主要是两个因素，即无形资产摊销的期限和方法。

(1) 无形资产摊销的期限。

无形资产摊销的期限即无形资产的有效使用期限，可按下列情况确定。

对于企业自用的无形资产，应当自取得无形资产的当月起在预计使用年限内分期平均摊销，计入损益。

如果预计使用年限超过了相关合同规定的受益年限或法律规定的有效年限，按照以下原则确定无形资产的摊销年限。

① 合同规定了受益年限，但法律没有规定有效年限的，摊销年限不应当超过合同规定的受益年限；

② 合同没有规定受益年限，但法律规定了有效年限的，摊销年限不应当超过法律规定的有效年限；目前法律规定有效期限的无形资产主要有两种：①专利权，发明专利权的法定有效期限为15年，实用新型和外观设计专利权的法定有效期限为5年，自申请之日起计算，期满前专利权人可以申请续展3年；②商标权，注册商标法定有效期限为10年。

③ 合同规定了受益年限，法律也规定了有效年限的，摊销年限不应超过受益年限和有效年限两者之中较短者；

④ 如果合同没有规定受益年限，法律也没有规定有效年限的，摊销年限不应当超过10年。

(2) 无形资产摊销的方法。

无形资产摊销的方法，一般应采用直线法，即根据无形资产原价和规定摊销期限平均计算各期的摊销额。这种方法简便易行，能均衡各期费用，保持企业财务指标的可比性。

其计算公式为

$$无形资产年摊销额 = \frac{无形资产原始价值}{摊销年限}$$

$$无形资产月摊销额 = \frac{年摊销额}{12}$$

4. 无形资产减值

如果无形资产将来为企业创造的经济利益还不足以补偿无形资产的成本(摊余成本)，则说明无形资产发生了减值，具体表现为无形资产的账面价值超过了其可收回金额。

1) 检查账面价值

企业应定期对无形资产的账面价值进行检查，至少每年年末检查一次。在检查中，如果发现以下情况，则应对无形资产的可收回金额进行估计，并将该无形资产的账面价值超过可收回金额的部分确认为减值准备。

(1) 该无形资产已被其他新技术等所替代，使其为企业创造经济利益的能力受到重大不利影响。

(2) 该无形资产的市价在当期大幅下跌，在剩余摊销年限内预期不会恢复。

(3) 某项无形资产已超过法律保护期限，但仍然具有部分使用价值。

(4) 其他足以表明该无形资产实质上已经发生了减值的情形。

2) 确定可收回金额

无形资产的可收回金额指以下两项金额中较大者。

(1) 无形资产的销售净价，即该无形资产的销售价格减去因出售该无形资产所发生的律师费和其他相关税费后的余额。

(2) 预计从无形资产的持续使用和使用年限结束时的处置中产生的预计未来现金流量的现值。

3) 计提减值准备

如果无形资产的账面价值超过其可收回金额，则应按超过部分确认无形资产减值准备。企业计提的无形资产减值准备计入当期的"营业外支出"科目。

4) 已确认减值损失的转回

无形资产的价值受许多因素的影响。以前期间导致无形资产发生减值的迹象，可能已经全部消失或部分消失。企业会计制度规定，只有在这种情况出现时，企业才能将以前年度已确认的减值损失予以全部或部分转回；同时，转回的金额不得超过已计提的减值准备的账面余额。

5. 无形资产日常管理

无形资产能为企业带来巨大的超额利润，是企业资产的重要组成部分，企业必须加强管理。

1) 正确评估无形资产的价值

无形资产作为一项资产列入企业的资产负债表，企业必须对无形资产做出正确的估价，以价值形式对无形资产进行核算和管理。在对无形资产进行价值评估时，要以成本计价原则为基础，同时还要考虑无形资产的经济效益、社会影响效果、技术寿命等因素的影响。

2) 按照规定期限分期摊销已使用的无形资产

企业取得的无形资产投入使用后,可使企业长期受益。因此,按照收入与费用的配比原则,企业应将已使用的无形资产在其有效期限内进行摊销,而不能将无形资产的成本一次全部计入当期费用。

3) 充分发挥无形资产的效能并不断提高其使用效益

无形资产是企业重要的经济资源,充分发挥现有无形资产的效能,开阔经营理财业务,提高无形资产的利用效果,对于促进企业发展,提高企业经济效益具有十分重要的作用。因此,企业首先应当树立对无形资产的正确观念,明确无形资产对企业成败的利害关系,积极创立和积累无形资产,保证企业无形资产的安全完整。再次,要生动开拓各项业务,充分利用企业的商誉等无形资产在材料购进、价格、结算方式等方面取得优惠,充分利用商标权、专利权等发展横向联合,或对现有无形资产实行有偿转让等,以充分发挥无形资产的使用效益。

10.3.2 其他资产的管理

建筑施工企业的其他资产包括长期待摊费用和临时设施等。

1. 长期待摊费用

长期待摊费用是指企业已经支出,但摊销期限在 1 年以上(不含 1 年)的各项费用,包括固定资产大修理支出、租入固定资产的改良支出等。应当由本期负担的借款利息、租金等,不得作为长期待摊费用处理。

1) 长期待摊费用的种类

建筑施工企业的长期待摊费用主要包括固定资产大修理支出、租入固定资产的改良支出、发行股票大额费用逆差、企业筹建费用和其他长期待摊费用。

(1) 固定资产大修理支出是指修理周期超过 1 年的大修理工程支出。

(2) 租入固定资产的改良支出是指对以经营租赁方式租入的固定资产进行的改装、改造发生的各项支出。

(3) 发行股票大额费用逆差是指股份有限公司因委托其他单位发行股票支付的手续费或佣金等相关费用,减去股票发行冻结期间的利息收入后的余额,不足以抵消股票溢价(即股票价格超过股票面值的差额)的差额。即

发行股票费用逆差=支付的手续费或佣金等相关费用-股票发行冻结期间的利息收入-股票溢价

(4) 企业筹建费用是指在企业自开始筹备到正式运营为止这段期间发生的,除了应当计入固定资产价值以外的各项费用,比如筹建人员工资、差旅费、注册登记费、培训费、办公费等。

(5) 其他长期待摊费用是指除上述各类长期待摊费用以外的长期待摊费用。

2) 长期待摊费用的摊销

(1) 长期待摊费用的摊销原则。对于长期待摊费用,应当在费用项目的受益期限内分期平均摊销。

(2) 长期待摊费用的摊销期限。

① 对于固定资产大修理支出,应当在下一次大修理前平均摊销。

② 对于租入固定资产改良支出，应当在租赁期限与租赁资产尚可使用年限两者中较短的期限内平均摊销。

③ 对于发行股票大额费用逆差，在不超过 2 年的期限内平均摊销。

④ 对于企业筹建期间所发生的费用，先在长期待摊费用中归集，等企业开始生产经营，一次计入开始生产经营当月的损益。

⑤ 对于其他长期待摊费用应当在受益期内平均摊销。

⑥ 对于已经不能使以后会计期间受益的长期待摊费用项目，应当将该项目的尚未摊销的摊余价值全部转入当期损益。

3) 长期待摊费用计划

长期待摊费用计划是企业控制长期待摊费用的发生、摊销和结转的计划。它根据计划期期初长期待摊费用结存状况、固定资产调整计划、筹资计划，由财务管理机构会同相关管理机构编制。编制和实施长期待摊费用计划是有效控制成本费用的重要保证。

长期待摊费用计划的主要内容包括计划年度长期待摊费用项目名称、摊余价值或计划发生额、剩余摊销期限或摊销期限、计划年度内的摊销起止月份、摊销计划摊销额和备注事项等。长期待摊费用计划中的计划期内新发生的长期待摊费用项目名称、计划发生额、摊销期限等指标，应当分别与固定资产调整计划、筹资计划的相关指标钩稽相符。

长期待摊费用计划由财务管理机构会同相关管理机构组织实施。对于长期投资计划的执行情况，应当按照企业制度的规定，由审定或者批准计划的机构进行考核。

2. 临时设施的概念

临时设施是建筑施工企业为进行工程施工而建造的生活和生产所必需的设施，它包括：临时宿舍、文化福利公用事业房屋、构筑物、仓库、办公室、加工厂、塔式起重机基础、小型临时设施以及规定范围内的现场施工道路，水、电管线，为保证文明施工现场安全和环境保护所采取的必要措施。

1) 临时设施管理职责

(1) 施工企业(公司)生产管理部负责临时设施的搭建、验收、拆除管理工作。

(2) 项目部技术部门负责现场临时设施平面布置和设计。

(3) 项目部生产部门负责办理临时设施搭建手续，组织搭建、拆除工作。

(4) 项目部财务部门负责建立临时设施台账，负责摊销工作，临时设施拆除时协助办理清账手续。

2) 临时设施购置搭建

(1) 项目部根据预算定额中所计取的临时设施费，本着量入为出，节约适用的原则，按照合法的平面布置购置搭建临时设施。

(2) 临时设施的结构、性能、用途要符合消防、安全、场容达标的要求，做到规范化、标准化，树立企业良好的形象。

(3) 临时设施在购置搭建前，项目部要编制分项工料，费用预算，将搭设临时设施申请表、临时设施搭建验收表、临时设施拆除审批表报公司生产管理部批准后实施。临时设施申请表、临时设施搭建验收表和临时设施拆除审批表见表 10-7、表 10-8 和表 10-9。

(4) 临时设购置、搭建、拆除所发生的材料、人工、机械等费用进行会计核算,设置"专项工程支出"科目,核算实际成本。公司生产管理部和财务部共同办理临时设施验收交付使用手续,将所完成的临时设施的实际成本,转作其他财产——临时设施管理。

(5) 对于购置搭建的临时设施,项目部生产和财务部门要建立台账,做好动态管理。

表 10-7　大型临时设施搭建申请表

建设单位名称:

设施搭建地点:　　　　　　　　　　　　　　　　　　填报日期:　年　月　日

序号	设施名称	单位	数量	单价	合价	结构及做法简要说明	审批意见
1							
2							
3							
合　计							

项目部备注:　　　　　　　　　　　　　　公司备注:

申请单位:　　　　项目负责人:　　　　制表:　　　　公司生产管理部:

表 10-8　大型临时设施搭建验收表

建设单位名称:

设施搭建地点:　　　　　　　　　　　　　　　　　　填报日期:　年　月　日

序号	设施名称	栋数	单位	数量	单价	设施价值	备注
1							
2							
3							

项目部备注:　　　　　　　　　　　　　　公司备注:

申请单位:　　　　项目负责人:　　　　制表:　　　　公司生产管理部:

表 10-9　大型临时设施拆除审批表

建设单位名称:

设施搭建地点:　　　　　　　　　　　　　　　　　　填报日期:　年　月　日

序号	设施名称	栋数	单位	数量	合计	原值	摊销	净值
1								
2								
3								
4								

申请单位:　　　　项目负责人:　　　　制表:　　　　公司生产管理部:

第 10 章
工程固定资产和其他资产管理

本 章 小 结

固定资产是指为生产商品、提供劳务、出租或经营管理而持有的且使用寿命超过一个会计年度的有形资产,包括房屋及建筑物、机器设备、运输设备、工具器具等。

固定资产投资具有投资的回收期较长、固定资产的变现能力较差、风险较大、资金占用数量相对稳定、实物形态和价值形态可以分离等特点。

固定资产折旧方法包括平均年限法、工作量法、双倍余额递减法和年数总和法。

无形资产一般包括专利权、商标权、著作权、土地使用权、特许权、非专利技术和商誉等。无形资产能为企业带来巨大的超额利润,是企业资产的重要组成部分,企业必须加强管理。要重视无形资产的计价、对取得的无形资产要在一定期限内进行摊销,对发生、减值的无形资产,要计提减值准备。

建筑施工企业的其他资产主要包括长期待摊费用和临时设施。加强企业其他资产的管理,要对长期待摊费用合理摊销,要有长期待摊费用计划;明确临时设施的管理职责,做好临时设施购置搭建的申请、验收、审批等程序工作。

案例分析

A 航空公司飞机折旧引发的争议

0.78 亿元、4.36 亿元,这是厦门建发、南方航空对 A 航空公司 2002 年净利润分别的描述。那么 A 航空公司的真实会计数据到底如何呢?很多投资者昨日致电本报以及厦门建发询问此事。记者昨日采访了厦门建发相关人士,据了解,对 A 航空公司净利润的争议很可能是对飞机折旧年限的看法存在差异。

南方航空与厦门建发(2003 年 5 月份,厦门建发已将其持有 A 航空公司股权转让给大股东)分别持有 A 航空公司 60%和 40%的股权。在采访中记者得知,A 航空公司自身经审计的会计报表中,飞机的折旧年限是 10 年。而按照 10 年的折旧期,A 航空公司 2002 年净利润为 0.78 亿元。而厦门建发在编制自身会计报表时即认同了 A 航空公司的这一折旧年限。

该人士同时表示,国家有关部门对于民航飞机折旧年限问题,自 2002 年起有所调整,其中规定,小飞机从 8 年至 15 年延长到 10 年至 15 年,大飞机从 10 年至 15 年延长到 10 年至 20 年。这也就是说,对于飞机折旧年限存在一定的弹性空间。考虑到飞机折旧年限对于航空公司利润核算的重大影响,如果对航空公司飞机的折旧年限做出一定调整,其年度利润的差别会相当大。

据了解,飞机折旧在航空公司每年的运营成本中所占的比例较大,是诸多成本费用中最高的支出之一。相当一批航空公司的飞机折旧成本超过了航油支出。从目前情况分析,南方航空在合并 A 航空公司经审计的会计报表时有可能不认同 A 航空公司的飞机折旧年限。

分析要点:

通过本章的学习,我们知道固定资产的年折旧额跟固定资产原值、折旧年限和预计净残值有关，同一个固定资产，如果选择了不同的折旧年限，年折旧额肯定不一样。本案例中，由于国家有关部门对于民航飞机折旧年限规定，小飞机从8年至15年延长到10年至15年，大飞机从10年至15年延长到10年至20年。这也就是说，对于飞机折旧年限存在一定的弹性空间，厦门建发在编制自身会计报表时即认同了A航空公司的这一折旧年限，而南方航空却对A公司的飞机折旧年限想当然的按照自己的想法计算。案例中已经说，飞机折旧额对于航空公司的年利润具有非常大的影响，当然出现案例开头的"0.78亿元、4.36亿元"的巨大差距。

思考与习题

1. 思考题

(1) 固定资产投资的特点是什么？
(2) 如何理解固定资产的损耗包括有形损耗和无形损耗？
(3) 固定资产管理的要点是什么？
(4) 为什么要对固定资产计提折旧？
(5) 无形资产的特征有哪些？
(6) 无形资产的摊销年限应当如何确定？
(7) 如何做好无形资产的管理？
(8) 长期待摊费用与临时设施各包括哪些内容？如何进行管理？

2. 判断题

(1) 固定资产持有的目的是用于生产经营而不是为了出售。 (   )
(2) 提前报废的固定资产照提折旧。 (   )
(3) 双倍余额递减法和年数总和法属于加速折旧法。 (   )
(4) 固定资产的折旧方法一经选定，不得随意变更。 (   )
(5) 相对于流动资产，固定资产投资的风险较小。 (   )

3. 多项选择题

(1) 固定资产的折旧方法包括(   )。
   A. 工作量法   B. 平均年限法
   C. 年数总和法   D. 双倍余额递减法
(2) 属于固定资产投资特点的是(   )。
   A. 回收期长   B. 投资风险大
   C. 变现能力差   D. 资金占用相对稳定
(3) 不应计提折旧的是(   )。
   A. 当月增加的固定资产   B. 当月减少的固定资产
   C. 提足折旧继续使用的固定资产 D. 提前报废的固定资产

4. 计算分析题

(1) 某建筑施工企业一机械设备原价 100 000 元，预计净残值 1 000 元，预计使用 5 年。
要求：采用年限平均法、双倍余额递减法、年数总和法计算其每年折旧额。

(2) 某建筑施工企业一机械设备原价 80 000 元，预计净残值率 4%，规定折旧年限为 5 年。
要求：采用年限平均法、双倍余额递减法、年数总和法计算其每年折旧额。

(3) 某建筑施工企业下属制造厂现有设备台数为车床 500 台、刨床 280 台、铣床 100 台，其他有关资料见表 10-10。

表 10-10 计划期生产任务表

产品名称	计划产量/台	单位定额台时			定额改进系数/%
		车床	刨床	铣床	
A	8 000	160	120	50	90
B	5 000	150	80	40	85
C	2 000	100	50	30	80

计划年度工作日 306 天，检修停机 12 天，该厂实行两班制，每班平均工作 7.5 h。
要求：分别计算车床、刨床、铣床的余缺数。

第 11 章 工程成本费用管理

教学目标

本章主要讲述建筑施工企业成本费用的构成及其成本费用管理的内容和要求、成本控制的有关理论及目标成本的基础知识。通过本章的学习，应达到以下目标：

(1) 了解建筑施工企业成本费用的构成及其成本费用管理的内容和要求；
(2) 了解企业目标成本法的基础知识；
(3) 掌握建筑施工企业成本控制的有关知识。

教学要求

知识要点	能力要求	相关知识
成本费用管理	(1) 掌握成本费用管理的主要内容； (2) 了解成本费用管理的基本要求	(1) 成本费用管理的基本要求：加强成本管理的基础工作，正确划清不同成本之间的界限； (2) 成本费用管理的主要内容：成本费用预算、成本费用计划、成本费用控制、成本费用分析
目标成本管理	(1) 理解目标成本、目标成本管理的概念； (2) 掌握目标成本管理的基本方法	(1) 目标成本，目标成本管理； (2) 目标成本管理原则：价格引导的成本管理，关注顾客，关注产品和流程设计，跨职能合作，生命周期成本消减，价值链参与
成本控制	(1) 了解成本控制原则； (2) 掌握成本控制的程序； (3) 掌握标准成本的制定	(1) 成本控制原则； (2) 成本控制的程序； (3) 标准成本的制定

第 11 章 工程成本费用管理

基本概念

成本费用预算　成本费用计划　成本费用控制　成本费用分析　目标成本　目标成本管理　成本费用

引例

成本控制永远是企业日常经营的一个重要环节。在跑马圈地的冲锋时代，圈下市场是首要目的，但在销售的数字一泻千里，市场严重低迷的时候，更好地控制成本就变得更加引人关注。中建八局财务管理应用 ERP，项目施工成本显著下降，创造了总成本领先战略在市场上的神话。中建八局始建于 1952 年，是国家房屋建筑工程总承包特级资质企业，下辖 7 个具有国家一级资质的全资子公司，8 个直属总部的建筑分公司。全局拥有总资产 81 亿元，建筑施工产值 61 亿元，施工区域遍及国内 20 多个省、市，并成功开拓了东南亚、中东、北非等国际建筑市场。中建八局在海内外的建筑市场上赢得了良好的美誉。

由于建筑行业的特殊性，工程醒目大都分散，管理难以集中。在目前竞争激烈的建筑市场中，八局制定了"外抓市场，内抓现场，以质量求生存，靠成本管理求发展"的经营方针。充分挖掘企业内部潜力，降低消耗，减少了费用支出，工程成本管理贯穿从投标到竣工结算和保修服务期的全过程。中建八局成功的秘诀在于：从战略高度出发，进行战略成本管理，从而保持公司的长久竞争力。

作为公司财务人员，所面临的最大压力就是你的成本如何可以持续降低？

11.1　工程成本费用管理概述

11.1.1　成本费用及构成

1．成本费用的含义

成本费用就是指企业在开发经营过程中所发生的各项耗费。成本有广义和狭义之分，广义的成本泛指取得资金的代价，狭义的成本仅指开发产品的成本。与成本一样，费用也有广义和狭义两种解释，广义的费用包括企业各种耗费和损失，而狭义的费用只包括为获取营业收入提供商品和劳务而发生的耗费。

在实际工作中，成本和费用是有区别的，具体表现在以下方面。

1) 计算范围不同

从企业经济活动过程来看，一般是费用发生在先，成本计算在后；费用是按整个企业计算的，而成本是企业为生产一定种类、一定数量的产品所发生的耗费，即成本是对象化的耗费，根据不同情况和管理需要，可以分别计算所含内容不同的成本。

2) 计算期间不同

费用是按会计期间计算的，一般是指企业一定时期内在生产经营活动中所发生的耗费；而成本是按一定对象的生产经营活动是否完成划分的。

2. 费用的分类

1) 费用按经济内容分类

(1) 外购材料，指施工过程中耗用的外购主要材料、半成品、结构件、机械配件和其他材料的价值，以及低值易耗品和周转材料。

(2) 外购燃料，指施工企业为进行工程施工而从外部购入的各种燃料，包括固体燃料、液体燃料和气体燃料。

(3) 外购动力，指施工企业为进行工程施工而耗用的从外部购入的各种动力，包括热力、电力和蒸汽等。

(4) 职工薪酬，指企业为获得职工提供的服务而给予的各种形式的报酬以及其他相关支出，包括职工在职期间和离职后提供给职工的全部货币性薪酬和非货币性薪酬。企业提供给职工配偶、子女或其他赡养人的福利等，也属于职工薪酬。

(5) 折旧费，指施工企业对所拥有或控制的固定资产按照使用情况计提的折旧费用。

(6) 利息支出，指应计入施工企业费用的各种负债的利息支出扣除存款利息收入的净额，外币业务发生的汇兑损失扣除汇兑收益的净额，以及商业汇票的贴现利息支出。

(7) 税金，指计入施工企业成本费用的各种税金，包括房产税、车船使用税、印花税、土地使用税等。

(8) 其他支出，指不属于以上各要素的费用支出，如劳动保护费、保险费、设备租赁费等。

将费用按照经济内容分类，可以反映企业在一定时期内发生的施工费用，便于分析各期施工费用的构成情况，进而分析企业各个时期各种费用要素的支出水平，有利于考核费用计划的执行情况。但不能说明施工费用的用途，无法对生产耗费的合理性进行反映与分析。

2) 施工费用按经济用途分类

(1) 直接人工，指施工过程中直接从事建筑安装工程施工工人以及在施工现场直接为工程制作构件或运料、配料等工人的工资、及按规定比例计算的职工福利费。

(2) 直接材料，指在施工过程中耗用的、构成工程实体的材料、结构件的费用、修理用备件、有助于工程形成的其他材料费用以及低值易耗品和周转材料的摊销。

(3) 机械使用费，指企业在施工过程中使用自有施工机械所发生的机械使用费和租用外单位施工机械的租赁费，以及按规定支付的施工机械安装、拆卸和进出场费。

(4) 其他直接费，指在施工过程中发生的，除上述直接人工、直接材料、机械使用费以外的其他直接费用，如施工现场的二次搬运费、场地清理费和水电费等。

(5) 间接费用，指企业下属各施工单位为组织和管理施工生产活动所发生的费用，包括施工、生产单位管理人员的工资、奖金、职工福利费和劳动保护费等。

(6) 期间费用，指与具体工程没有直接联系，仅与当期实现的收入相关，因而不应计入工程成本，而应直接计入当期损益的期间费用。主要包括行政管理部门为组织和管理施工生产活动而发生的管理费用；为筹集资金而发生的财务费用；为销售建筑产品而发生的营业费用。

费用按经济用途分类，能够明确反映直接用于施工生产中的材料费用、人工费用，用于组织和管理生产活动的各项支出，从而有利于施工企业了解费用计划、定额、预算等的执行情况，加强成本管理，控制成本费用支出，提高施工企业的经济效益。

3) 按施工费用与施工工程的关系分类

(1) 变动费用，指与完成施工工程量的多少有直接联系的费用，完成工作量越多，费用应越多；反之，则越少。如工程施工耗用的材料费、直接人工的计件工资等。

(2) 固定费用，指与完成施工工程量的多少没有直接联系的费用。即在一定的工程量范围和一定的时间内，费用不随工程量的变化而变化的费用。如固定资产折旧、计时工资、办公费用等。

生产费用划分为变动费用和固定费用，便于企业根据费用的不同习性，进行成本预测、分析和考核，有助于企业加强成本管理。降低固定成本应提高生产量，达到降低单位固定成本的目的；降低变动成本，则应从降低单位工程量的消耗着手。

4) 按照成本费用是否可控

按照成本费用是否可控，分为可控耗费和不可控耗费。

(1) 可控耗费，是指在某一单位的权责范围以内，能够直接控制并影响其发生数额的耗费。

(2) 不可控耗费，是指企业的管理者和经营者对成本费用的发生是无法控制的，如材料价格差异。

11.1.2 工程成本管理的基本要求

1. 加强成本管理的基础工作

加强成本管理的基础工作，是成本核算资料真实、完整、准确和及时的重要保证，应从以下几方面开展。

1) 建立健全原始记录

原始记录是反映施工生产经营活动的原始资料，是工程成本核算和管理的基础，施工单位应建立健全原始记录。涉及工程成本核算的原始记录主要有：领(退)料单、限额领料单等材料耗用记录；工程任务单、考勤表等人工耗用记录；施工机械使用记录、未完施工盘点单和其他费用支出记录。施工单位要认真制定原始记录制度，做好原始记录凭证的填制、传递、审核和保管工作，为工程成本核算提供准确的第一手资料。

2) 建立健全定额管理制度

定额是对工程施工过程中人力、物力和财力消耗所规定的数量标准。施工企业的定额一般有预算定额和施工定额两种。预算定额一般是由国家或各省、市、自治区建设主管部门统一制定，是建筑行业的平均定额，是施工企业编制工程预算、计算工程造价的依据；施工定额一般是由施工企业自行制定的，它既是编制单位工程施工预算和成本计划的依据，又是衡量和控制工程施工过程中人工、材料、机械耗费和费用支出等的标准。施工定额主要包括劳动定额、材料消耗定额、机械设备利用定额、工具消耗定额和费用定额等。实行定额管理，对于合理利用劳动力、节约材料消耗、提高机械设备利用率和降低费用支出，从而降低工程成本都有重要的意义。施工企业必须严格执行国家、地区和主管部门制定的施工定额和预算定额，同时根据本企业的实际情况，制定内部管理定额，例如，各种物资的储备和消耗定额、资金占用及费用开支定额，严格按照定额进行管理。

3) 建立健全物资管理制度

物资是工程成本中的一个重要组成部分，要正确计算工程成本，必须建立健全物资管理制度，凡涉及物资材料的收发、低值易耗品和周转材料的领用、保管、转移和退库，都要办理相关的凭证手续，对库存材料物资要进行定期清查和盘点工作，发生废料应及时回收处理，在物资的发放、转移时，还要做好计量工作，保证数量的准确。

4) 建立健全内部结算价格

为明确企业内部各部门的经济责任，考核各部门的经济成果，企业应建立和健全内部价格制度。企业内部价格是指企业内部独立核算部门之间相互提供材料、劳务的内部结算价格。施工企业的内部结算价格有：材料结算价格、结构件结算价格、机械作业结算价格、劳动力结算价格和劳务结算价格等。企业可以按计划价格作为内部结算价格，也可按市场价格作为内部结算价格，还可按计划成本加成(一定比例的利润)作为内部结算价格，但无论采用什么方法，内部结算价格应保持相对稳定，但要定期根据各时期的变化进行调整。

5) 建立健全企业内部成本管理责任制

工程成本是施工企业经济管理的集中表现，进行工程成本管理不仅仅是企业财会部门的职责，而且也是企业内部各施工单位和职能部门以及全体职工的共同责任。因而，施工企业应根据内部组织分工和岗位责任，建立和健全上下衔接、左右结合的全面成本管理责任制，对工程成本实行分级归口管理。把工程成本管理的职责和降低成本指标横向分解落实到各职能部门，纵向层层分解落实到项目经理部、施工单位、施工班组和职工个人，只有这样才能调动全体职工的积极性，促使全体职工关心工程成本，降低工程成本。

2. 正确划清不同成本之间的界限

为正确计算工程成本，在进行工程成本核算时，应正确划清以下几个方面的界限。

1) 划清不同成本计算期的成本界限

根据企业会计准则的规定，企业按月计算成本。按权责发生制原则的要求，成本是按其所属期进行归集的，凡属当期的成本，不论支付与否，都是当期成本；凡不属当期的成本，即使支付了，也不能计入当期成本。

2) 划清工程成本和期间费用的界限

施工企业在施工过程中发生的消耗，有些可以归集到一定的工程项目上，则这些消耗就是该工程项目的成本，但有些消耗是没有工程项目为对象进行归集的，则这些消耗就是期间费用。

企业在组织工程成本核算中，各部门要严格按照成本对象归集成本，填写原始的记录，不能相互混淆。

3) 划清成本、费用支出和非成本、费用支出的成本界限

即划清不同性质的支出，包括划清资本性支出和收益性支出的界限以及营业性支出和营业外支出的界限。企业当期发生的资本性支出，形成企业的资产，只有按受益原则由当期分摊的部分才能形成当期的成本、费用，而不能全部计入当期成本、费用。企业为取得当期收益而发生的各项支出，应全部作为当期的成本、费用。企业发生的营业外支出，是

与企业施工生产经营活动没有直接关系的支出,因而不构成企业的成本、费用。

4) 划清完工工程和未完工工程的成本界限

将施工费用归集和分配到各成本对象后,某一成本对象若有部分完工,则还应在完工和未完工工程之间进行成本分配,正确计算已经完工工程成本和未完工工程成本,不得随意调整,以便与工程结算收入相配比,为计算工程利润提供可靠的依据。

5) 划清不同成本核算对象之间的成本界限

计算工程成本,必须分别计算各单位工程的实际成本,才能更好地分析和考核各单位工程成本计划的执行情况,从而满足成本管理的需要。因此,每期发生的施工费用,都要在各成本核算对象之间共同按照一定的原则、程序和方法进行分配。凡能直接确定应由某工程负担的成本,应直接计入该工程成本;不能直接确认应由某项工程负担的成本,应选择合理的分配方法进行分配,计入各项工程成本。

11.1.3 成本费用管理的主要内容

成本费用管理是指对建筑施工企业在开发经营过程中各项费用的发生和开发产品成本的形成所进行的预算、计划、控制、分析评价等一系列的科学管理工作,其目的在于挖掘企业内部潜力,厉行节约,不断降低开发产品成本和其他耗费,提高企业竞争力。成本费用管理的主要内容包括以下几方面。

1. 成本费用预算

成本费用预算就是根据成本费用的特性及有关数据和情况,结合发展的前景和趋势,采用科学的方法,对一定时期、一定产品或某个项目、方案的成本费用水平、目标进行预计和测算。成本费用预算既是成本费用管理工作的起点,也是成本费用事前控制成败的关键。搞好成本费用预算,对于加强成本费用管理,促使房地产开发企业有计划地降低开发产品成本和其他耗费,提高经济效益以及正确进行经营决策,都具有十分重要的意义。

2. 成本费用计划

成本费用计划是对房地产开发企业成本费用实行计划管理的重要环节。成本费用计划是在成本费用预算的基础上,根据计划期的开发经营任务、降低成本费用的要求以及有关资料,通过一定的程序,运用一定的方法,以货币形式规定计划期的开发产品成本和其他耗费,并用书面文件的形式规定下来,作为计划执行和考验检查的依据。

3. 成本费用控制

成本费用控制是指企业在开发经营过程中,按照既定的成本费用目标,对构成成本费用的一切耗费进行严格的计算、调节和监督,及时揭示偏差,并采取有效措施纠正不利差异,发展有利差异,使企业实际的成本费用被限制在预定的目标范围之内。科学地组织成本费用控制,可以用较少的物质消耗和劳动消耗,取得较大的经济效果。

4. 成本费用分析

成本费用分析是对企业成本费用水平和成本费用管理工作的总结和鉴定。成本费用分析是在成本费用计划及其他有关资料的基础上,运用一定的方法,揭示企业成本费用的变动情况，进一步查明影响企业成本费用变动的各种因素、产生的原因，以及应负责任的单位和个人，并提出积极建议，采取有效措施，进一步降低企业的成本费用。正确进行成本费用分析，可以促进企业改善经营管理，加强经济核算，提高企业经济效益。

成本费用预算和计划是成本费用管理的设计阶段，成本费用控制是成本费用管理的执行阶段，成本费用分析是成本费用管理的总结阶段。这几个环节依次循环、紧密相连，共同推进成本费用管理工作不断前进。

11.1.4 成本费用管理的要求

根据成本费用的经济性质和施工企业自身发展的需要，成本费用管理的基本要求主要如下。

(1) 按施工企业的特点和管理要求，确定成本计算对象和成本计算方法。成本计算对象是指施工企业在进行成本计算时所确定的、归集和分配成本的承担者。在确定成本计算对象和成本计算方法时，应根据施工企业的特点和管理要求，例如建筑产品单一、施工周期长、协作关系复杂，确定成本对象。

① 建筑安装工程是按设计图纸在指定的地点建造的，设计图纸一般按单位工程编制，所以建筑安装工程以每一独立编制施工图预算的单位工程为成本核算对象。

② 一个单位工程由几个施工单位共同施工，各施工单位都应以同一单位工程为成本核算对象，各自核算自行施工的部分。如果该工程总、分包单位是同一企业的，总部在汇总工程成本时，应按该单位工程予以归并。

③ 规模大、工期长的单位工程，可以将工程划分为若干个部分，以分部的工程作为成本核算对象。

④ 同一建设项目、同一施工地点、同一结构类型、同一施工单位、开竣工时间相接近的若干个单位工程，可以合并为一个成本核算对象；但若选定其中某个工号为样板的，则应想办法划清该样板工程，以该样板工程为单独成本核算对象进行核算。

⑤ 改建、扩建的零星工程，可以将开竣工时间相接近、属于同一建设单位的一批单位工程，合并为一个成本对象进行核算。

⑥ 石方工程、打桩工程可以根据实际情况和管理需要，以一个单项工程为成本核算对象，或将同一施工地点的若干个工程量较小的单项工程合并为一个成本核算对象。

⑦ 独立施工的装饰工程的成本核算对象，应与土建工程成本核算一致。

⑧ 工业设备安装工程可按单位工程或专业项目，如机械设备、管道、通风设备的安装、工业筑炉等作为工程成本核算对象。成本对象一旦确定后，各有关部门应共同遵守执行，不得随意改变，所有原始记录、核算资料都统一按规定的成本对象填写和编制，以保证成本核算对象的真实性和准确性。

(2) 将施工费用按经济用途分类，确定成本项目。成本项目是指房地产开发企业在组织成本核算时，将开发产品成本按经济用途进行分类所确定的费用项目。具体包括6个方面：土地征用及拆迁补偿费、前期工程费、建筑安装工程费、基础设施建设费、公共配套设施费以及开发间接费用。企业在计算开发产品成本时，应当按照成本项目来归集企业在开发产品过程中所发生的应计入开发产品成本的各项费用，加强开发产品成本的管理。

(3) 正确区分各种支出的性质，严格遵守成本费用的开支范围，正确计算开发项目成本。施工企业的经济活动是多方面的，所发生的费用支出也是多种多样的。这些费用支出的用途不同，性质也不一样，应当明确界限，分别加以管理。

① 划清计入成本费用和不计入成本费用的界限。
② 划清各月成本费用的界限。
③ 划清各种成本的界限。
④ 划清已完工开发产品成本与未完工开发产品成本的界限。
⑤ 划清施工成本和期间费用的界限。

遵守成本费用的开支范围，就是要在划清各项费用支出界限的基础上，一切属于成本费用开支范围的支出均应计入，不得少计、漏计；一切不属于成本费用开支范围的支出均不应计入，不得多计、重计。

(4) 加强成本费用管理的基础工作。成本费用管理的基础工作主要包括如下几点。
① 建立和健全成本核算体系。
② 建立和健全原始记录，包括材料物资方面、劳动方面、设备使用方面、费用开支等方面的原始记录。
③ 建立和健全各种财产物资的计量、收发、领用、清查、盘点和报废等制度。

11.2 工程目标成本管理

11.2.1 目标成本管理的相关概念及其原则

1. 目标成本管理的相关概念

1) 目标成本的概念

目标成本是指在保证一项产品获得要求利润的条件下允许该产品所发生的最高成本数，即产品市场价格与公司所要求的利润之间的差额。

2) 目标成本管理的概念

目标成本管理是关于利润规划与成本管理的战略体系，要求由价格引导、关注顾客、以产品和流程设计为中心，并依赖跨职能团队。目标成本管理从产品开发的最初阶段开始，贯穿产品生命周期始终，并将整个价值链纳入其中。

2. 目标成本管理的原则

6 条关键原则构成了目标成本管理的概念框架，以下将对这些原则作具体说明。

1) 价格引导的成本管理

目标成本管理体系通过竞争性的市场价格减去期望利润来确定成本目标，可以概括为如下等式

$$目标成本=竞争性市场价格-目标利润 \tag{11-1}$$

价格通常由市场上的竞争情况决定，而目标利润则由公司及其所在行业财务状况决定。例如，如果一个产品的竞争性市场价格为 100 元，并且该公司需要达到 15%的利润率才能保证在行业中生存下去，那么这个产品的目标成本即为 85 元(100-15)。价格引导的成本管

理包括如下两个重要的子原则。

(1) 市场价格决定产品和利润计划。产品和利润计划需要根据市场状况进行调整，以确保产品组合能够提供持续、可靠的利润。

(2) 目标成本管理过程有竞争者情报和分析活动驱动。了解市场价格背后的竞争状况可以用来应对竞争者的威胁及挑战，甚至先发制人，取得竞争优势。

2) 关注顾客

目标成本管理体系由市场驱动。顾客对质量、成本、时间的要求在产品及流程设计决策中应同时考虑，并一次引导成本分析。通过省略顾客要求的产品特性，降低产品的性能及可靠性，或者推迟产品的上市时间来实现目标成本都不可行。产品的设计开发过程应该由对顾客的关注来驱动。

3) 关注产品和流程设计

在目标成本管理体系下，产品与流程设计是进行成本管理的关键。在设计阶段投入更多的时间，消除那些昂贵而不费时的暂时不必要的改动，可以缩短产品投放市场的时间。关注设计原则包含以下 4 个子原则。

(1) 目标成本管理体系在成本发生前而不是成本发生后进行控制。图 11.1 表示了已承诺产品成本和实际发生的产品成本之间的典型关系。由图示可以看出，大部分已承诺成本发生在设计阶段，而大部分实际成本发生在生产阶段，这就解释了为什么目标成本管理将焦点放在设计上。目标成本管理体系关注设计对从研发到处置阶段全部成本产生的影响，从而保证在产品的整个生命周期内有效地进行成本消减。

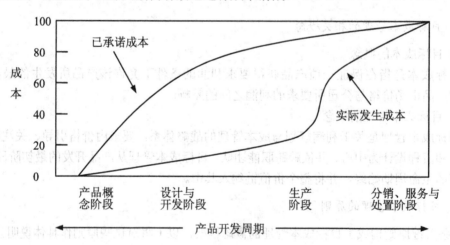

图 11.1 已承诺成本与实际发生成本比较

(2) 目标成本管理体系要求工程人员考虑到产品、技术以及流程设计对成本的影响。一切设计决策在正式成为产品设计的一部分之前，都必须经过顾客价值影响测评。

(3) 目标成本管理体系鼓励公司所有参与部门共同评价产品设计，以保证产品设计改动在正式投入生产前作出。在传统成本管理体系下，许多设计改动经常发生在生产过程开始之后。图 11.2 比较了两种成本管理体系下设计改动时间上的差异。

第11章 工程成本费用管理

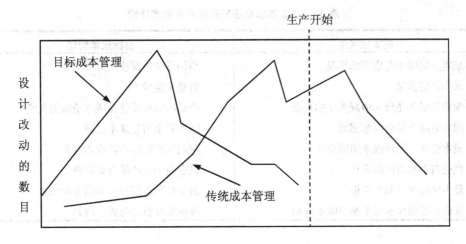

图 11.2　目标成本管理与传统成本管理在设计改动时间上的比较

(4) 目标成本管理体系鼓励产品设计与流程设计同时进行而非先后进行。这样可以通过尽早发现并解决问题，以缩短开发时间并降低开发成本。

4) 跨职能合作

在目标成本管理体系下，产品与流程团队由来自各个职能部门的成员组成，包括设计与制造部门、生产部门、销售部门、原材料采购部门、成本会计部门，以及客户服务与支持部门。这个跨职能的团队还包括公司外部的参与者，如供应商、顾客、批发商、零售商和服务提供商等。跨职能团队要对整个产品负责，而不是各职能专家各司其职。

5) 生命周期成本消减

目标成本管理关注产品整个生命周期的成本，包括购买价格、使用成本、维护与修理成本以及处置成本。例如，一个顾客拥有一台电冰箱所付出的成本不仅仅是最初的购买价格，还要支付电费(使用成本)、修理费，以及在该电冰箱使用寿命结束后的处置成本。从生产者的角度来考虑，生命周期成本意味着从出生(研发阶段)到死亡(产品处置或再循环)的全部成本。生命周期成本消减的目标是最小化顾客以及生产者双方的产品生命周期成本。

6) 价值链参与

目标成本管理过程有赖于价值链上全部成员的参与，包括供应商、批发商、零售商以及服务提供商。所有成员之间建立合作关系，构成"扩展的企业"，共同为成本消减做出努力。目标成本管理体系建立在价值链各成员长期的互惠关系之上。

3. 目标成本管理与传统成本管理的区别

许多公司采用的传统利润规划方法是成本加成法。成本加成法通常先估计成本，之后在成本上加上一定的利润率来得到产品价格。如果市场不能接受这一价格，公司便会试图进行成本消减。而目标成本管理则从市场价格出发，结合目标利润率为特定产品确定可接受的最高成本，之后的产品与流程设计都是为了保证成本控制在可接受范围之内。表 11-1 对传统的成本加成法与目标成本管理方法进行了具体的比较。

表 11-1　成本加成法与目标成本管理比较

成本加成法	目标成本管理
成本规划时不考虑市场状况	市场竞争情况驱动成本规划
成本决定价格	价格决定成本
浪费与低效是成本消减关注的重点	产品与流程设计是成本消减的关键
成本消减不是由顾客驱动	顾客需求引导成本消减
成本会计人员对成本消减负责	跨职能团队对产品成本负责
供应商不参与产品设计	供应商参与产品设计阶段
最小化顾客的购买价格	最小化顾客拥有产品的全部成本
价值链成员极少或不参与成本规划	价值链成员参与成本规划

11.2.2　施工企业目标成本规划的基本环节

目标成本管理分为目标成本的确立与达成两个阶段。目标成本管理与新产品开发紧密联系。典型的产品开发循环包括产品规划与利润规划阶段、产品概念与可行性阶段、产品设计与开发阶段、生产与物流阶段。确立阶段发生在产品开发循环的产品规划以及产品概念阶段,主要在于设立目标成本。达成阶段发生在产品开发循环的产品设计以及生产阶段,主要为了实现目标成本。生产阶段开始后,目标成本管理便退到幕后,而由持续改进(也称为改善成本法)承担起成本管理的任务。目标成本管理的这两个阶段与产品开发循环的关系如图 11.3 所示。

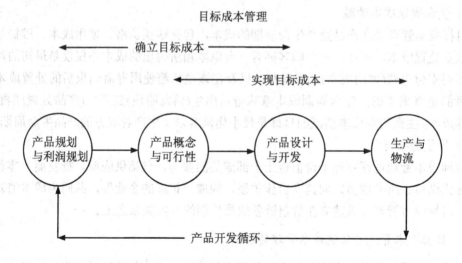

图 11.3　目标成本管理与产品开发循环

1. 确立目标成本

目标成本是根据公司产品战略以及长期利润规划等参数确定的。这些计划明确了公司的目标市场、目标顾客以及相应的产品或产品系列。确立目标成本主要经过 7 项活动,如图 11.4 所示。

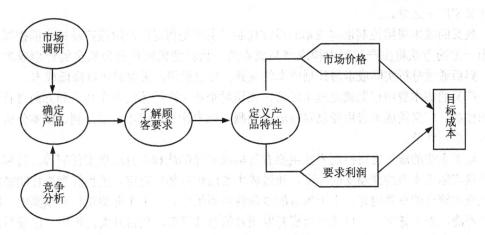

图 11.4 目标成本的确立阶段

2. 实现目标成本

确立阶段关注的是宏观规划过程,而达成阶段则处理成本计划与产品设计方面的具体问题,以保证实现目标成本。实现目标成本的过程包括计算成本差距、基于产品成本的设计、产品设计投入生产并实行持续改进 3 个步骤,如图 11.5 所示。

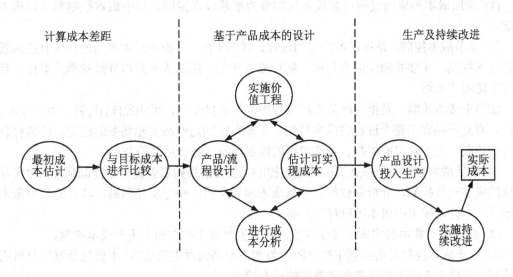

图 11.5 目标成本管理的达成阶段

11.3 工程成本费用的控制

11.3.1 成本费用控制的含义及内容

1. 成本费用控制的含义

成本费用控制就是指对企业生产经营过程中发生的各种耗费进行控制。成本费用控制有狭义和广义之分。

狭义的成本费用控制也称成本的日常控制,主要是指对生产阶段产品成本的控制。即运用一定的方法将生产过程中构成产品成本的一切耗费限制在预先确定的计划成本范围内,然后通过分析实际成本与计划成本的差异,找出原因,采取对策以降低成本。

广义的成本费用控制就是成本经营,强调对企业生产经营的各个环节和方面进行全过程的控制。广义的成本费用控制包括成本预测、成本计划、成本日常控制、成本分析和考核等一系列环节。

施工企业的成本费用控制方法主要有目标成本控制法和项目经理责任制等。目标成本是衡量实际成本节约或超支的标准,通过成本费用预算加以确定。项目经理责任制是施工企业成本管理的重要内容。由于项目的复杂性和系统性,施工企业决策权必须集中,防止职责不清、效率低下。项目经理负责开发项目的总体管理,项目开发过程中,由项目经理定期总结项目的总体财务状况,检查成本费用计划的执行情况。促使参与项目开发的每一个成员加强成本费用控制,力求所有工作的完成均未超过事先确定的成本费用预算。

成本费用控制对企业的经营管理有着重要作用,实施成本费用控制可以保证费用预算和成本计划的完成,同时也是加强经济核算、降低损耗、增加盈利的有效途径。

2. 成本控制的类型和内容

(1) 按照成本形成的过程可将成本控制分为事前成本控制、事中成本控制和事后成本控制。

① 事前成本控制,是指在投产前的设计、试制阶段,对影响成本费用的各项有关因素进行事前控制。主要是确定成本目标,制订成本计划,明确成本归口分级管理及责任,目的在于防患于未然。

② 事中成本控制,是指在产品生产过程中,从安排生产、采购原(辅)材料、生产准备、生产,直到产品完工整个过程的成本控制。主要是对制造产品实际耗费的控制,包括材料耗费的控制、人工耗费的控制、制造费用的控制以及其他费用的控制。

③ 事后成本控制,是指完工后的成本控制。主要是根据事先确定的控制标准,对实际形成的成本进行控制、分析和评价,包括成本差异分析、确定责任归属。其目的是为未来的事前成本控制和事中成本控制打下基础。

(2) 按照成本费用的构成可将成本控制分为生产成本控制和非生产成本控制。

① 生产成本控制是指控制生产过程中为制造产品而发生的成本。主要包括直接材料成本控制、直接人工成本控制和制造费用的成本控制。

② 非生产成本控制是指控制生产成本以外的非生产成本。主要包括销售费用的控制、管理费用的控制和财务费用的控制。

11.3.2 施工企业成本费用控制系统的组成

一个企业的成本控制系统包括组织系统、信息系统、考核制度和奖励制度等内容。

1. 组织系统

组织是指人们为了一个共同目标而从事活动的一种方式。在企业组织中,通常将目标划分为几个子目标,并分别指定一个下级单位负责完成。

成本控制系统必须与企业组织机构相适应,即企业预算是由若干分级的小预算组成的。每个小预算代表一个分部、车间、科室或其他单位的财务计划。与此有关的成本控制,如记录实际数据、提出控制报告等,也都是分小单位进行的。这些小单位作为责任中心,必须有十分明确的、由其控制的行动范围。按其所负责任和控制范围不同,分为成本中心、利润中心和投资中心。成本中心是以达到最低成本为经营目标的一个组织单位;利润中心是以获得最大净利为目标的一个组织单位;投资中心是以获得最大的投资收益率为经营目标的一个组织单位。按企业的组织结构合理划分责任中心是进行成本控制的必要前提。

2. 信息系统

信息系统,也就是责任会计系统,是企业会计系统的一部分,负责计量、传送和报告成本控制使用的信息。

责任会计系统主要包括编制责任预算、核算预算的执行情况、分析评价和报告业绩 3 个部分。

3. 考核制度

考核制度是控制系统发挥作用的重要因素。考核制度的主要内容有如下。

(1) 规定代表责任中心目标的一般尺度。它因责任中心的类别而异,可能是销售额、可控成本、净利润或投资收益率。必要时还要确定若干次级目标的尺度,如市场份额、次品率、占用资金的限额等。

(2) 规定责任中心目标尺度的唯一解释方法。例如,什么是销售额,是总销售额还是扣除折让和折扣后的销售净额。作为考核标准,对它们必须事先规定正式的解释。

(3) 规定业绩考核标准的计量方法。例如,成本如何分摊,相互提供劳务和产品使用的内部转移价格,使用历史成本还是使用重置成本计量等,都应做出明确规定。

(4) 规定采用的预算标准。例如,使用固定预算还是弹性预算,是宽松的预算还是严格的预算,编制预算时使用的各种常数是多少等。

(5) 规定业绩报告的内容、时间、详细程度等。

4. 奖励制度

奖励制度是维持控制系统长期有效运行的重要因素。人的工作努力程度受业绩评价和奖励办法的影响。经理人员往往把注意力集中到与业绩评价有关的工作上面,尤其是业绩中能够影响奖励的部分。

11.3.3 成本费用控制的原则

成本费用控制的原则可以概括为以下几点。

1. 经济原则

经济原则是指因推行成本费用控制而发生的成本,不应超过因缺少控制而丧失的收益。

通常,增加控制环节发生的成本费用比较容易计量,而控制的收益比较难于确定,但不能因此否定这条原则。在一般情况下,控制的收益会明显大于其成本,人们可以做出定性的判断。经济原则在很大程度上决定了人们只在重要领域中选择关键因素加以控制，而不对所有成本都进行同样周密的控制。经济原则要求成本费用控制要能起到降低成本、纠正偏差的作用，具有实用性。经济原则要求在成本费用控制中贯彻"例外管理"原则、重要性原则，要求成本费用控制系统应具有灵活性。

2. 责权结合原则

在成本费用控制的一定层次上，控制主体必须拥有在其责任范围内采取管理措施、对该范围内发生的资金耗费及有关开发经营活动实施控制的权利。同时，成本费用控制主体也必须承担因管理失误或不力导致成本费用失控而造成损失的经济责任。贯彻责权结合原则，应明确划分不同层次的成本费用控制范围，理顺各层次之间的责权关系。同时要充分发挥利益机制的激励作用，对于在成本费用控制中取得成效的单位或个人予以肯定和奖励，以调动有关人员的积极性。

3. 全面性原则

成本费用是一项综合性价值指标，它既受到企业开发经营活动中众多复杂、相互制约的经济技术因素的影响，同时也涉及企业管理工作的方方面面。因而，必须树立统筹兼顾的全面观点，才能使成本费用得到有效控制，达到整体经济效益最优。全面性原则要求如下。

(1) 要处理好成本费用与工程量、工程质量、利润等指标之间的关系，在瞬息万变、竞争激烈的市场经济中，切不可因注重经营规模而忽视成本费用管理，也不可为降低成本费用而粗制滥造。

(2) 要重视全过程的成本费用控制，凡是与资金耗费有关的经营活动，都必须实行严格的成本费用控制。

(3) 要动员全体员工增强意识，参与成本费用控制，将成本费用控制工作渗透到全体员工的日常经营活动中。

(4) 要对影响成本费用变动的所有经济技术因素实施综合管理、全面控制，防止一切可能发生的经济损失。

4. 及时性原则

成本费用控制的及时性原则是指在成本费用控制系统中，能及时揭示成本费用控制过程中产生的实际与控制标准之间的偏差，使之能在较短的时间里恢复正常，及时消除偏差。当成本费用控制系统出现偏差而未被及时揭示出来，因而没有采取有效措施予以纠正时，如果这段期间间隔越长，企业受到的经济损失就越大。

成本费用控制的及时性体现在应及时提供成本费用控制中所产生的各种信息资源，当成本费用控制的某一个阶段需要提供成本费用控制信息时，系统的各个方面都能及时计算出来并以确定的形式报出。要尽量缩短成本费用控制偏差滞留的间隔周期，使生产经营活动中出现的实际指标与控制标准之间的偏差能及时得到纠正，以减少失控期间的损失。

5. 因地制宜原则

因地制宜原则是指成本费用控制系统必须个别设计，适合特定企业、部门、岗位和成本项目的实际情况,不可照搬别人的做法。

适合特定企业的特点是指大型企业和小型企业,老企业和新企业,发展快和相对稳定的企业,同一企业的不同发展阶段,其管理重点、组织结构、管理风格、成本控制方法和奖金形式都应当有区别。例如,新建企业的管理重点是销售和制造,而不是成本;正常营业后的管理重点是经营效率,要开始控制费用并建立成本标准;扩大规模后管理重点转为扩充市场,要建立收入中心和正式的业绩报告系统;规模庞大的老企业,管理的重点是组织的巩固,需要周密的计划和建立投资中心。不存在适用所有企业的成本控制模式。

6. 领导推动原则

由于成本控制涉及全体员工,并且不是一件令人欢迎的事情,因此必须由最高当局来推动。成本控制对企业领导层的要求如下。

(1) 重视并全力支持成本控制。各级人员对于成本控制是否认真办理,往往视最高当局是否全力支持而定。

(2) 具有完成成本目标的决心和信心。管理当局必须认定成本控制的目标或限额可以完成。成本控制的成败也就是他们自己的成败。

(3) 具有实事求是的精神。实施成本控制,不可好高骛远,更不宜急功近利,操之过急。只有脚踏实地,按部就班,才能逐渐取得成效。

(4) 以身作则,严格控制自身的责任成本。

11.3.4 成本费用控制的程序

成本费用控制一般包括以下基本程序。

1. 制定成本费用控制标准并据以确定各项节约措施

成本费用控制标准是对各项费用开支和资源消耗规定的数量界限,是成本费用控制和考核的依据。成本费用控制标准可以根据成本费用形成的不同阶段和成本费用控制的不同对象确定。主要有以下几种。

1) 目标成本

在产品的设计阶段,通常以目标成本为控制标准。目标成本是在预测价格的基础上,以实现目标利润为前提而确定的。把设计成本控制在目标成本范围以内,从而保证企业在正式开发经营后能够取得预期的经济效益。

2) 计划指标

在编制成本费用计划后,可以将成本费用计划指标作为成本费用控制标准。同时还应根据需要将计划指标进行必要的分解,然后下达到企业内部各成本费用管理单位。以分解后的更加具体的小指标进行控制,可使成本费用控制工作落实到每个责任单位和各有关具体人员,并把成本费用控制与成本费用计划、核算紧密结合起来。

3) 消耗定额

消耗定额是在一定的生产技术条件下,为生产某种产品或零部件而需要耗费人力、物力、财力的数量标准。它包括材料物资消耗定额、工时定额和费用定额等。用这些定额或标准控制企业开发经营过程中的物质消耗和人力消耗,是保证降低成本费用的必要手段。

4) 费用预算

对企业经营管理费用的开支,一般采用费用预算作为控制标准。通过预算控制支出是促进各部门精打细算、节省开支的有效办法。

2. 执行标准

即对成本费用的形成过程进行具体的监督,根据成本费用指标审核各项费用开支和各种资源的消耗,实施增产节约措施,保证成本费用计划的实现。

3. 确定差异

核算实际消耗脱离成本费用指标的差异,分析差异的程度和性质,确定造成差异的原因和责任归属。

4. 消除差异

组织群众挖掘潜力,提出降低成本费用的新措施或修订成本费用标准的建议。

5. 考核奖惩

考核成本费用指标执行结果,把成本费用指标纳入经济责任制,实行物质奖励。

11.3.5 施工企业成本控制标准

成本控制中控制标准的制定是实施成本控制的重要内容,它对于完成被控指标,调动各责任单位的积极性,减少经济活动偏差的发生,从而最终达到成本控制的目的都是至关重要的。

1. 制定成本控制标准的原则

在制定成本控制标准时应遵循的基本原则归纳起来主要有如下几个方面。

1) 标准的先进性和合理性

标准的先进性是指其在全国同行业内处于上等水平,同本企业历年的资料相对比也是最好的。标准的合理性是指标准经过努力后是能够达到的。

2) 要同企业计划期内应当完成的指标相结合

企业实施成本控制主要是为了完成企业各项成本指标从而保证利润指标的完成。因此,在制定各项成本控制目标时,应考虑其能否完成各项计划指标,若完不成,就应进行测算,并对控制标准进行修订,使其最终能够完成各项指标。

企业在一定时期内需要完成的各项指标较多,其中主要的是利润指标。在进行成本控制时,应根据企业计划期内应完成的利润指标为依据,以此倒推出成本费用指标,作为成本控制的标准。当然,在进行成本控制时,还需要完成其他一些控制指标,例如材料消耗指标、工时消耗指标等,这些也需要通过成本控制活动来进行控制。

3) 控制标准的可考核性

控制标准的可考核性是指制定的控制标准经过实施成本控制后,能够计算出其结果,并能够用控制标准与实际结果进行比较。如果控制标准不具备可考核性,标准制定得再详细也是毫无用处的。

4) 控制标准应简便易行

成本控制是一项较复杂的工作，控制标准制定的繁简程度决定了成本控制的质量。因此，为了简化企业的成本控制工作，使会计人员有足够的时间和精力进行调查研究，在保证成本控制质量的前提下，应使成本控制标准尽量简化，能用一项的就不要分为多项，使控制标准既能满足成本控制的需要，又能简化成本控制的工作量。

2. 制定成本控制标准的程序

成本控制标准制定的程序在不同类型的企业及不同管理水平的企业是不一样的。根据一些企业的实践，可采用如下的程序。

1) 确定成本控制标准的种类

在成本控制中，究竟应设置哪些成本控制标准，应结合企业的具体情况来定，成本控制标准可按产品、部件、零件分别确定，也可按生产工序或生产单位(车间、工段、工序、班组)等制定。标准的种类确定后，可编制成本控制标准种类目录，使之清晰明了，并同时标明该由哪个部门负责。

2) 制定成本控制标准

控制标准的种类确定后，就应着手制定每一个控制标准的具体指标，这些指标既应有总量指标，又应有单项指标，既应有产量、单耗等数量指标，又应有单位成本等质量指标。成本控制标准制定出来后，一般是通过编制成本控制"标准成本卡"的形式进行的。在成本控制标准成本卡中，应将成本控制标准的各个项目列明，便于查阅和修改。

3) 标准的修订

成本控制标准同实际执行的结果必然会产生偏差，对于成本控制系统所计量出来的偏差应进行具体的分析。若是由于执行者工作不当等原因所造成的，则应采取相应的措施予以解决；若是由于成本控制标准制定得不尽合理，则应考虑对标准进行修订。值得注意的是，控制标准在一般情况下应保持相对稳定，只有在标准与实际相差较大时，才进行修改。

3. 制定成本控制标准的方法

制定成本控制标准是实施成本控制的前提，采用什么方法来确定成本控制的标准，没有统一固定的模式，一般可采用下列方法。

1) 以企业历史最高水平成本作为成本控制的标准

这种方式一般可用于企业已生产多年、各项指标已经基本定型的产品标准成本的制定。在采用历史最高水平作为成本控制标准时，应根据当前的生产条件等进行必要的调整，将一些不可比的因素剔除，用调整后的历史最高水平成本作为成本控制的标准。

2) 以本行业其他企业的先进指标作为标准

在生产条件、产品等其他外部条件基本相同的情况下，可以将其他企业已达到的先进水平作为本企业的考核指标，从而起到推动本企业工作的作用。但不能完全照搬其他企业的资料，可根据本企业的具体情况进行一些修改。

3) 目标确定法

根据企业生产等方面的实际情况，结合企业在本期所应完成的各项计划指标来确定成本控制的标准。例如企业的总成本指标就可以采用这种方法来确定。采用目标确定法来制定成本控制标准的优点是通过实施控制,能确保既定的计划指标顺利完成。当所确定的标准经测算不能完成计划指标时,就应对控制标准进行修订。

4) 技术测定法

通过对实际生产情况的调查,运用某些技术方法来确定成本控制的标准。例如对产品单位成本控制标准的制定,可根据产品的特点将其划分为若干组成部分,按零件计算其成本作为控制标准,也可以根据产品的重量、体积等特征来测定其消耗量、单位成本标准。

4. 标准成本系统的构成

标准成本系统包括制定标准成本、差异分析和差异处理3个组成部分,标准成本系统的业务流程如图11.6所示。

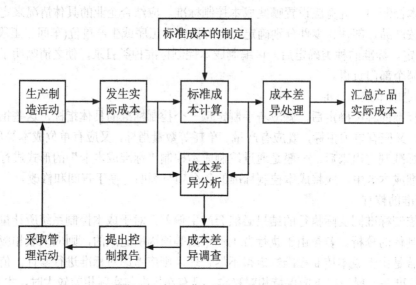

图11.6 标准成本系统的业务流程图

本 章 小 结

成本费用管理的主要内容包括成本费用预算、成本费用计划、成本费用控制、成本费用分析。成本费用管理的要求:按建筑施工企业开发经营的特点和管理要求,确定成本计算对象和成本计算方法;将各项费用按经济用途分类,确定成本项目;正确区分各种支出的性质,严格遵守成本费用的开支范围,正确计算成本;加强成本费用管理的基础工作。

成本费用预算和成本费用计划都是建筑施工企业在开发经营活动之前,对开发经营过程中可能要发生的各项费用与消耗进行测算和规划的过程,是成本费用管理的重要环节。

成本控制是指运用以成本会计为主的各种方法,预定成本限额,按限额开支成本和费用,以实际成本和成本限额比较,衡量经营活动的成绩和效果,并以例外管理原则纠正不利差异,以提高工作效率,实现以至超过预期的成本限额。成本控制要遵循经济原则、责权结合原则、全面性原则、及时性原则、因地制宜原则、领导推动原则等。成本费用控制的基本程序是：制定成本费用控制标准，并据以确定各项节约措施；执行标准；确定差异；消除差异；考核奖惩。

目标成本管理是关于利润规划与成本管理的战略体系，要求由价格引导、关注顾客、以产品和流程设计为中心，并依赖跨职能团队。目标成本管理从产品开发的最初阶段开始，贯穿产品生命周期始终，并将整个价值链纳入其中。

案例分析

"抠门"与"成本控制"

百安居(B.&Q)隶属于世界500强企业之一、拥有30多年历史的大型国际装饰建材零售集团——英国翠丰集团，从1999年进入中国内地，至今已开设了23家分店。中国公司2004年的营业额约为32亿人民币，利润达7 000万人民币，如此财大气粗的公司却将节俭发展为一种生存哲学，在日常的运营中阐释了什么叫"细者为王"。

1. 客户不会为你的奢侈买单

北京四季青桥百安居一楼卖场，偏僻的西南角摆了张小桌子，来访者在有些破旧的登记簿上签字后，通过狭窄的楼道，华北区的百安居总部就借居在此，与明亮宽敞的卖场相比，办公区显得寒碜。

华北区总经理办公室照样简陋，一张能容6人的会议桌，毫无档次可言的普通灰白色文件柜。没有老板桌，总经理文东坐的椅子(用"凳子"这个词也可以)和普通员工一样，连扶手都没有，就这几件物品，办公室已不宽裕。

总经理手中的签字笔只要1.5元，由行政部门按不高于公司的指导价去统一采购——这听上去有些令人惊讶。而他们选用廉价笔的理由是，既然都能写字，为什么要用贵的呢？

这就是百安居的节俭哲学：企业的所有支出，都是建立在可以给客户提供更多价值的基础之上。换句话说，企业所有的投入都应该为客户服务，以提供以客户更多的让渡价值为本。

于是有没有老板桌不成为问题，选择廉价笔也理所当然！对于那些对客户没有直接价值的支持部门进行照明控制，以及对空调温度的控制同样如此。因为客户不会为你的奢侈买单！

正是这种节约的意识，百安居的营运费用占销售额的百分比远低于同行。以百安居北京金四季店为例，京城另一家营业面积同样为2万平方米的建材超市，销售额只有金四季的1/2，营运费用却比金四季店多出1倍。

2. 价值分析的全球坐标

价值分析的要义就是从客户的角度评估企业的所有支出，百安居的数据库不会让客户多花一分冤枉钱，这就是最好的选择。

通过多年来在全球范围内的经营活动，百安居随时注意收集各地数据，并据此形成各种费用在不同情况下的不同标准，它包括核心城市、二类城市；单层店、二层店等不同参考体系。而且在已有的控制体系中，当标准同实际实施情况比较时，任何有助于降低成本的差异都能够被用来作为及时更正的依据。

以百安居营运成本中的人事成本为例，他们对人事的成本控制，控制的是总量，特别是员工数量，而对员工的个人收入不加限制，简单地说，人力配置项目与人均利润息息相关。

2万多平方米的卖场，只有230多名员工，平均100 m^2配置1名。顾客所看到的店员由3部分人组成，固定员工、供应商所派过来的促销员、配送和收银中的部分小时工，在衣着的颜色和标识上会有区别。

此外，临时工占员工总数的20%~30%，目前主要只在部分配送和收银工作中使用。人员配置的调整，主要从部门、全店、全国人力效率(每小时的销售额)的对比为主来考虑，其次再考虑商店的具体情况(如卖场形状、面积、现货比例等)。人员的配置主要包括与销售相关的部门以及支持部门。

在此后的运营过程中，会根据实际情况继续对人员配置进行调整，如对销售相关的部门员工配置，他们会设置以各部门为纵向坐标，"标准配置、实际配置、建议配置、销售达成、员工效率"等项为横向坐标的表格进行分析汇总(商店部门员工效率=部门销售实际/部门人时；前后台部门员工效率=商店销售实际/部门人时)。而对防损、物业、行政、团购等支持部门，主要采取定岗编制，调整原因则以事实描述为主。

3. 精细化管理的立体行动

有了价值分析，有了全球数据库对比，有了标准，唯一难的就是如何确保实施。一个人节俭比较容易，而要让超过6 000名员工，在超过300 000 m^2的营业区内将节俭发展成一种组织行为，则难上加难。但百安居办到了！

4. 没有数字衡量，就无从谈及节俭和控制

对于一些直接的、显性的成本项目，"每一项费用都有年度预算和月度计划，财务预算是一项制度，每一笔支出都要有据可依，执行情况会与考核挂钩"，卫哲说。

"员工工资、电费、电工安全鞋、推车修理费、神秘顾客购物……"5月份的营运报表上记录着137类费用单项。其中，可控费用(人事、水电、包装、耗材等)84项，不可控费用(固定资产折旧、店租金、利息、开办费摊销)53项。尽管单店日销售额曾突破千万元，营运费用仍被细化到几乎不能再细化的地步，有的甚至单月费用不及100元。

每个月、每个季度、每一年都会由财务汇总后发到管理者的手中，超支和异常的数据会用红色特别标识，管理者会对报告中的红色部分相当留意，在会议中，相关部门需要对超支的部分做出解释。

预算只能对金额可以量化的部分进行明确的控制，但是如何实施，以及那些难以金额化的部分怎么降低成本呢？百安居的标准操作规范(SOP)，将如何节俭用制度固化下来取得了良好的效果。

一套成型的操作流程和控制手册在百安居被使用，该手册从电能、水、印刷用品、劳保用品、电话、办公用品、设备和商店易耗品8个方面提出控制成本的方法。比如将用电的节俭规定到了以分钟为单位，如用电时间控制点从7：00到23：30，依据营业、配送、春夏秋冬季和当地的日照情况划分为18个时间段，相隔最长的7 h，相隔最短的仅有2min。

分析要点：

"我们希望所有员工不要混淆'抠门'与'成本控制'的关系，原则上，'要花该花的钱，少花甚至不花不该花的钱'，我们要讲究花钱的效益。"《营运控制手册》的前言部

分如此写道。而且"降低损耗，人人有责"的口号随处可见。这种文化的灌输从新员工入职培训时就已经开始，并且常常在每天晨会中不断灌输、强化。

思考与习题

1. 思考题

(1) 建筑施工企业成本费用按经济内容可分为几种？

(2) 成本费用管理的主要内容是什么？

(3) 成本费用控制的原则有哪些？

(4) 成本费用控制的内容有哪些？

(5) 什么是目标成本管理？

2. 单项选择题

(1) 目标成本管理从(　　)的最初阶段开始。
　　A．产品开发　　B．产品生产　　C．产品销售　　D．项目开发

(2) (　　)是成本费用管理工作的起点。
　　A．成本费用预算　　　　　　B．成本费用计划
　　C．成本费用控制　　　　　　D．成本费用分析

(3) 目标成本是指在保证一项产品获得要求利润的条件下允许该产品所发生的(　　)。
　　A．最高成本数　　B．最高价格　　C．最低价格　　D．最低成本数

(4) 目标成本管理是关于利润规划与成本管理的战略体系，要求由(　　)关注顾客、以产品和流程设计为中心，并依赖跨职能团队。
　　A．成本引导　　B．价格引导　　C．利润引导　　D．顾客引导

3. 多项选择题

(1) 标准成本系统包括(　　)3个组成部分。
　　A．制定标准成本　　　　　　B．差异分析
　　C．差异处理　　　　　　　　D．差异预测

(2) 成本费用管理的主要内容有(　　)。
　　A．成本费用预算　　　　　　B．成本费用计划
　　C．成本费用控制　　　　　　D．成本费用分析

(3) 成本费用控制的基本程序是(　　)考核奖惩。
　　A．制定标准　　B．执行标准　　C．确定差异　　D．消除差异

(4) 按照成本费用是否可控，分为(　　)。
　　A．可控耗费　　B．不可控耗费　　C．固定费用　　D．变动费用

4. 计算分析题

(1) 甲产品的竞争性市场价格为300元，该公司需要达到13%的利润率才能保证在行业中生存下去，计算该产品的目标成本。

(2) 资料：某施工企业历史完成的工作量与成本费用的统计资料见表 11-2。

11-2　工作量与成本费用的统计表

年份	工程量	成本费用
2003	12 000	14 200
2004	15 000	16 500
2005	18 500	19 600
2006	24 000	23 200

如果该开发公司 2009 年度确定的开发工程量为 26 000 万元，假定固定耗费与上年度相同，要求计算该企业 2009 年的目标成本。

第12章 利润分配管理

教学目标

本章主要讲述利润分配的基本理论和方法。通过本章的学习，应达到以下目标：
(1) 掌握施工企业利润分配的原则和确定利润分配政策时应考虑的因素；
(2) 熟悉施工企业股利政策；
(3) 了解施工企业股利分配程序；
(4) 了解施工企业股票分割和股票回购。

教学要求

知识要点	能力要求	相关知识
利润分配的原则	(1) 准确理解利润分配的原则； (2) 了解确定利润分配政策应考虑的因素	(1) 利润分配应遵循依法分配原则、资本保全原则、兼顾各方面利益原则、分配与积累并重原则、投资与收益对等原则等原则； (2) 确定利润分配政策时应考虑的法律因素、公司因素、股东因素、债务契约与通货膨胀等因素
股利理论和股利政策	(1) 理解和掌握股利理论； (2) 掌握股利政策	(1) 股利理论存在3大流派：股利重要论、股利无关论和股利分配的税收效应理论； (2) 股利政策主要有剩余股利政策、固定或稳定增长的股利政策、固定股利支付率政策、低正常股利加额外股利政策4种

基本概念

股利重要论　股利无关理论　股票分割　余股利政策　固定或稳定增长的股利政策　固定股利支付率政策　低正常股利　加额外股利政策

引例

收益分配相对于企业的筹资、投资管理而言，具有特殊重要的地位，这是因为收益分配直接涉及各利益集团的切身利益，分配合理与否，直接影响企业的生存与发展。如 2008 年华强建筑股份有限公司实现利润总额为 2.47 亿元，没有纳税调整，所得税率为 33%，实现净利为 1.60 亿元，年初可供分配利润为 1.15 亿元。2008 年公司股份总数为 12.27 亿股(已上市流通股份合计 5.18 亿股，未上市流通股份合计 7.09 亿股；普通股每股市价 6 元。由于公司经营业绩好，施工质量高，经公司股东大会讨论决定 2008 年度利润分配方案如下：

(1) 公司 2008 年度净利润为 1.60 亿元，计提法定盈余公积金 1 685.51 万元，计提法定公益金 1 685.51 万元，提取职工奖励和福利基金 130 万元，提取储备基金 4 386 万元，提取企业发展基金 2 295 万元，可供股东分配的利润按规定经境内会计师审计的利润表的数额作为公司利润分配的标准，为 1.61 亿元(含期初未分配利润 1.15 亿元)，按每 10 股派发现金 0.6 元(含税)向全体股东分配红利共计 7 360 万元，尚余未分配利润 8 773.51 万元结转下一年度。

(2) 投资所需资金公司决定举债 20%，募集新股 1 000 万股，发行价为 6.5 元，不足部分由留存收益解决。

作为公司财务总监应建议该公司采用何种股利分配政策？该股利分配政策对公司的可持续发展会产生何种影响？

本章将对利润分配的原则、应考虑的因素、股利理论和股利政策等进行详细的介绍。

12.1　利润分配概述

利润分配是财务管理的重要内容，有广义的利润分配和狭义的利润分配两种。广义的利润分配是指对建筑施工企业的收入和利润进行分配的过程；狭义的利润分配则是指对建筑施工企业净利润的分配。本书所讨论的利润分配是指净利润的分配，即狭义的利润分配概念。

12.1.1　利润的概念及组成

利润是指企业在一定会计期间的经营成果，包括营业利润、利润总额和净利润。对利润进行核算，可以及时反映企业在一定会计期间的经营业绩和获利能力，反映企业的投入产出效果和经济效益，有助于企业投资者和债权人据此进行盈利预测，做出正确的判断。

1. 营业利润

营业利润是企业利润的主要来源，用公式表示如下

$$营业利润=营业收入-营业成本-营业税金及附加-销售费用-管理费用-财务费用-$$
$$资产减值损失+公允价值变动+投资收益 \tag{12-1}$$

营业收入是指企业经营业务所确认的收入总额,包括主营业务收入和其他业务收入。营业成本是指企业经营业务所发生的实际成本总额,包括主营业务成本和其他业务成本。资产减值损失是指企业计提各项资产减值准备所形成的损失。

2. 利润总额

企业的利润总额是指营业利润加上投资收益、补贴收入、营业外收入,减去营业外支出后的金额。用公式表示如下

$$利润总额=营业利润+投资收益+补贴收入+营业外收入-营业外支出 \tag{12-2}$$

营业外收入和营业外支出是指企业发生的与其生产经营活动没有直接关系的各项收入和各项支出。

3. 净利润

净利润是指企业当期利润总额减去所得税后的金额,即企业的税后利润。用公式表示如下

$$净利润 = 利润总额 - 所得税 \tag{12-3}$$

所得税是指企业应计入当期损益的所得税费用。

12.1.2 利润分配的基本原则

一个建筑施工企业的利润分配不仅会影响建筑施工企业的筹资和投资决策,而且还涉及国家、企业、投资者、职工等多方面的利益关系,涉及建筑施工企业长远利益和近期利益、整体利益与局部利益等关系的处理与协调。为合理组织建筑施工企业财务活动和正确处理财务关系,建筑施工企业在进行利润分配时应遵循以下原则。

1. 依法分配原则

建筑施工企业的利润分配必须依法进行,这是正确处理各方面利益关系的关键。建筑施工企业应认真执行国家制定的关于利润分配的基本要求、一般程序和重大比例等法规,不得违反。

2. 资本保全原则

建筑施工企业的收益分配必须以资本的保全为前提。建筑施工企业的收益分配是对投资者投入资本的增值部分所进行的分配,不是投资者资本金的返还。以建筑施工企业的资本金进行分配,属于一种清算行为,而不是收益的分配。建筑施工企业必须在有可供分配留存收益的情况下进行收益分配,只有这样才能充分保护投资者的利益。

3. 兼顾各方面利益原则

收益分配是利用价值形式对社会产品的分配,直接关系到有关各方的切身利益。除依法纳税以外,投资者作为资本投入者、建筑施工企业所有者,依法享有收益分配权。职工作为利润的直接创造者,除了获得工资及奖金等劳动报酬外,还要以适当方式参与净利润

的分配，如提取公益金，用于职工集体福利设施的购建开支。建筑施工企业进行收益分配时，应统筹兼顾，合理安排，维护投资者、建筑施工企业与职工的合法权益。

4. 分配与积累并重原则

建筑施工企业进行收益分配，应正确处理长远利益和近期利益的辩证关系，将二者有机结合起来，坚持分配与积累并重。考虑未来发展需要，增强建筑施工企业后劲，建筑施工企业除按规定提取法定盈余公积金以外，可适当留存一部分利润作为积累。这部分积累不仅为建筑施工企业扩大再生产筹措了资金，同时也增强了建筑施工企业抵抗风险的能力，提高了建筑施工企业经营的安全系数和稳定性，这也有利于增加所有者的回报。还可以达到以丰补欠，平抑收益分配数额波动幅度，稳定投资报酬率的效果。因而建筑施工企业在进行收益分配过程时应当正确处理分配与积累的关系。

5. 投资与收益对等原则

建筑施工企业分配收益应当体现"谁投资谁受益"、受益大小与投资比例相适应，即投资与受益对等原则，这是正确处理投资者利益关系的关键。投资者因其投资行为而享有收益权，并且其投资收益应同其投资比例相等。这就要求建筑施工企业在向投资者分配利益时，应本着平等一致的原则，按照各方投入资本的多少来进行。

12.1.3 确定利润分配政策时应考虑的因素

收益分配政策的确定受到各方面因素的影响，一般说来，应考虑的主要因素有以下几方面。

1. 法律因素

为了保护债权人和股东的利益，我国公司法对企业收益分配予以一定的硬性限制。这些限制主要体现为以下几个方面。

1) 资本保全约束

资本保全是企业财务管理应遵循的一项重要原则。它要求建筑施工企业发放的股利或投资分红不得来源于原始投资(或股本)，而只能来源于建筑施工企业当期利润或留存收益。资本保全的目的是为了防止建筑施工企业任意减少资本结构中所有者权益(股东权益)的比例，以维护债权人利益。

2) 资本积累约束

资本积累约束要求建筑施工企业在分配收益时，必须按一定的比例和基数提取各种公积金。另外，它要求在具体的分配政策上，贯彻"无利不分"原则，即当建筑施工企业出现年度亏损时，一般不得分配利润。

3) 偿债能力约束

偿债能力是指建筑施工企业按时足额偿付各种到期债务的能力。现金股利需用建筑施工企业现金支付，而大量的现金支出必然影响公司的偿债能力。因此，公司在确定股利分配数量时，一定要考虑现金股利分配对公司偿债能力的影响，保证在支付现金股利后仍能保持较强的偿债能力，以维护公司的信誉和借贷能力，从而保证公司的正常资金周转。

第12章 利润分配管理

4) 超额累积利润约束

因为资本利得与股利收入的税率不一致，投资者接受股利交纳的所得税要高于进行股票交易的资本利得所缴纳的税金，公司通过保留利润来提高其股票价格，则可使股东避税。有些国家的法律禁止公司过度积累盈余，如果一个公司的盈余积累大大超过公司目前及未来投资的需要，则可看做是过度保留，将被加征额外的税款。我国法律目前对此尚未做出规定。

2. 公司因素

公司出于长期发展和短期经营的考虑，需要考虑以下因素，来确定收益分配政策。

1) 现金流量

公司资金的正常周转是公司生产经营得以有序进行的必要条件。因此，保证建筑施工企业正常的经营活动对现金的需求是确定收益分配政策的最重要的限制因素。建筑施工企业在进行收益分配时，必须充分考虑建筑施工企业的现金流量，而不仅仅是建筑施工企业的净收益。

2) 投资需求

建筑施工企业的收益分配政策应当考虑未来投资需求的影响。如果一个公司有较多的投资机会，那么，它更适合采用低股利支付水平的分配政策；相反，如果一个公司的投资机会较少，那么就有可能倾向于采用较高的股利支付水平。

3) 筹资能力

建筑施工企业收益分配政策受其筹资能力的限制。如果公司具有较强的筹资能力，随时能筹集到所需资金，那么公司具有较强的股利支付能力；而对于一个筹资能力较弱的公司而言，则其股利支付能力较弱，宜保留较多的盈余。

4) 资产的流动性

建筑施工企业现金股利的支付能力在很大程度上受其资产变现能力的限制。较多地支付现金股利，会减少建筑施工企业的现金持有量，使资产的流动性降低，而保持一定的资产流动性是建筑施工企业正常运转的基础和必备条件。如果一个公司的资产有较强的变现能力，现金的来源较充裕，则它的股利支付能力也比较强。

5) 盈利的稳定性

建筑施工企业的收益分配政策在很大程度上会受其盈利稳定性的影响。一般来讲，一个公司的盈利越稳定，则其股利支付水平也就越高。

6) 筹资成本

留存收益是建筑施工企业内部筹资的一种重要方式，它同发行新股或举债相比，具有成本低的优点。因此，很多建筑施工企业在确定收益分配政策时，往往将建筑施工企业的净收益作为首选的筹资渠道，特别是在负债资金较多、资本结构欠佳的时期。

7) 股利政策惯性

一般情况下，建筑施工企业不宜经常改变其收益分配政策。建筑施工企业在确定收益分配政策时，应当充分考虑股利政策调整有可能带来的负面影响。如果建筑施工企业历年采取的股利政策具有一定的连续性和稳定性，那么重大的股利政策调整有可能对建筑施工企业的声誉、股票价格、负债能力、信用等多方面产生影响。另外，靠股利来生活和消费的股东不愿意投资于股利波动频繁的股票。

8) 其他因素

建筑施工企业收益分配政策的确定还会受其他因素的影响，如上市公司所处行业也会影响到它的股利政策；建筑施工企业可能有意地多发股利使股价上升，使已发行的可转换债券尽快地实现转换，从而达到调整资本结构的目的或达到兼并、反收购的目的等。

3. 股东因素

股东在收入、控制权、税赋、风险及投资机会等方面的考虑也会对建筑施工企业的收益分配政策产生影响。

1) 稳定的收入

有的股东依赖公司发放的现金股利维持生活，他们往往要求公司能够支付稳定的股利，反对公司留存过多的收益。另外，有些股东认为留存利润使公司股票价格上升而获得资本利得具有较大的不确定性，取得现实的股利比较可靠，因此，这些股东也会倾向于多分配股利。

2) 控制权

收益分配政策也会受到现有股东对控制权要求的影响。以现有股东为基础组成的董事会，在长期的经营中可能形成了一定的有效控制格局，他们往往会将股利政策作为维持其控制地位的工具。当公司为有利可图的投资机会筹集所需资金，而外部又无适当的筹资渠道可以利用时，为避免由于增发新股，可能会有新的股东加入公司中来，而打破目前已经形成的控制格局，股东就会倾向于较低的股利支付水平，以便从内部的留存收益中取得所需资金。

3) 税赋

公司的股利政策会受股东对税赋因素考虑的影响。一般来讲，股利收入的税率要高于资本利得的税率，很多股东会由于对税赋因素的考虑而偏好于低股利支付水平。因此，低股利政策会使他们获得更多纳税上的好处。

4) 投资机会

股东的外部投资机会也是公司制定分配政策必须考虑的一个因素。如果公司将留存收益用于再投资的所得报酬低于股东个人单独将股利收入投资于其他投资机会所得的报酬，则股东倾向于公司不应多留存收益，而应多发放股利给股东，因为这样做将对股东更为有利。

4. 债务契约与通货膨胀

1) 债务契约

一般来说，股利支付水平越高，留存收益越少，公司的破产风险加大，就越有可能损害到债权人的利益。因此，为了保证自己的利益不受损害，债权人通常都会在公司借款合同、债券契约，以及租赁合约中加入关于借款公司股利政策的条款，以限制公司股利的发放。这些限制条款经常包括以下几个方面。

(1) 未来的股利只能以签订合同之后的收益来发放，即不能以过去的留存收益来发放股利。

(2) 营运资金低于某一特定金额时不得发放股利。

(3) 将利润的一部分以偿债基金的形式留存下来。
(4) 利息保障倍数低于一定水平时不得发放股利。

2) 通货膨胀

通货膨胀会带来货币购买力水平下降、固定资产重置资金来源不足，此时，建筑施工企业往往不得不考虑留用一定的利润，以便弥补由于货币购买力水平下降而造成的固定资产重置资金缺口。因此，在通货膨胀时期，建筑施工企业一般会采取偏紧的收益分配政策。

12.1.4 股利理论

股利政策理论存在3大流派：股利重要论、股利无关论和股利分配的税收效应理论。

1. 股利重要论

股利重要论认为，股利对于投资者非常重要，投资者一般期望公司多分配股利。支持股利重要的学术派别及其观点有如下几种。

1) "在手之鸟"理论

"在手之鸟"理论认为，用留存收益再投资带给投资者的收益具有很大的不确定性，并且投资风险随着时间的推移将进一步增大。因此，投资者更喜欢现金股利，而不大喜欢将利润留给公司。这是因为，对投资者来说，现金股利是"抓在手中的鸟"，而公司留存收益则是"躲在林中的鸟"，随时都可能飞走。在投资者的眼里，股利收入要比由留存收益带来的资本收益更可靠。所以投资者宁愿现在收到较少的股利，也不愿意等未来再收回风险较大的较多的股利。公司分配的股利越多，公司的市场价值也就越大。

2) 股利分配的信号传递理论

信号传递理论认为，在信息不对称的情况下，公司可以通过股利政策向市场传递有关公司未来盈利能力的信息。一般说来，预期未来盈利能力强的公司往往愿意通过以相对较高的股利支付率，把自己同预期盈利能力差的公司区别开来，以吸引更多的投资者。对市场上的投资者来说，股利政策的差异或许是反映公司预期盈利能力差异的极有价值的信号。如果公司连续保持较为稳定的股利支付率，投资者就可能对公司未来的盈利能力与现金流量抱有较为乐观的预期。不过，公司以支付现金股利的方式向市场传递信息，通常也要付出较为高昂的代价。

3) 股利分配的代理理论

代理理论认为，股利政策有助于减缓管理者与股东之间，以及股东与债权人之间的代理冲突，也就是说，股利政策相当于是协调股东与管理者之间代理关系的一种约束机制。股利政策对管理者的这种约束体现在如下两个方面。

(1) 从投资角度看，当建筑施工企业存在大量自由现金时，管理者通过股利发放不仅减少了因过度投资而浪费资源，而且有助于减少管理者潜在的代理成本，从而增加建筑施工企业的价值(这样可解释股利增加宣告与股价变动正相关的现象)。

(2) 从融资角度看，建筑施工企业发放股利减少了内部融资，导致进入资本市场寻求外部融资，从而可以经常接受资本市场的有效监督，这样通过加强资本市场的监督而减少代理成本(这一分析有助于解释公司保持稳定股利政策的现象)。

因此，高水平股利支付政策将有助于降低建筑施工企业的代理成本，但同时也增加了建筑施工企业的外部融资成本,最优的股利政策应使两种成本之和最小化。

2. 股利无关论

股利无关论是由美国财务专家米勒(Miller)和莫迪格莱尼(Modigllani)首先提出的,因此被称为 MM 理论。股利无关论认为,在一定假设条件限定下,股利政策不会对公司的价值或股票的价格产生影响。"股利无关论"是建立在"完美且完全的资本市场"这一严格假设前提基础上的,这一假设包括如下内容。

(1) 完善的竞争假设,任何一位证券交易者都没有足够的力量通过其交易活动对股票的现行价格产生明显的影响。

(2) 信息完备假设,所有的投资者都可以平等地免费获取影响股票价格的任何信息。

(3) 交易成本为零假设,证券的发行和买卖等交易活动不存在经纪人费用、交易税和其他交易成本,在利润分配与不分配或资本利得与股利之间均不存在税负差异。

(4) 理性投资者假设,每个投资者都是财富最大化的追求者。

3. 股利分配的税收效应理论

在考虑税赋因素,并且是在对股利和资本收益征收不同税率的假设下,布伦南创立了股份与股利关系的静态模型。由该模型得出,股利支付水平高的股票要比支付水平低的股票有更高的税前效益。在存在差别税赋的前提下,公司选择不同的股利支付方式,不仅会对公司的市场价值产生不同的影响,而且也会使公司(及个人)的税收负担出现差异。此外,继续持有股票可延缓资本收益的获得而推迟资本收益的纳税时间。考虑到纳税的影响,投资者对具有较高收益的股票要求的税前收益要高于低股利收益的股票。即股利政策不仅与股价相关,而且由于税赋的影响,建筑施工企业应采用低股利政策。

奥尔巴克经过严密的数学推导,进一步提出了"税赋资本化假设"。这种观点的主要前提是,公司将现金分配给股东的唯一途径是支付应税股利,公司的市场价值等于公司预期支付的税后股利的现值,因此,未来股利所承担的税赋被资本化入股票价值,股东对于公司留存收益或支付股利是不加区分的。按这种观点,提高股利税负将导致公司权益的市场价值的直接下降。为此,公司采用低股利政策,以实现其资本成本最小化和价值最大化。

【例 12.1】 不同税收对投资者的投资决策影响。

假定处于 28%纳税级的某一投资者考虑购买以下两种股票:股票 X,资本收益率为 10%,股利收益率为 5%;股票 Y,资本收益率为 5%,股利收益率为 10%。两种股票售价皆为 10 元,风险相同,且都是固定增长型股票。因而税前收益率=股利收益率+资本收益率=15%。表 12-1 概括了两支股票的收益特性。

表 12-1 股票 X 与股票 Y 的收益特性

		资本收益率	股利收益率
股票 X	成长型股票	10%	5%
股票 Y	收益型股票	5%	10%

如果一投资者所适用的资本税率为 28%,而股利收益税为 40%,则两只股票的税后收益见表 12-2。

表 12-2　股票 X 与股票 Y 的税后收益

		资本收益率+股利收益率=总收益率		
股票 X	税前收益	10.0%	5.0%	15.0%
	税(28%和 40%)	−2.8%	−2.0%	−4.8%
	税后收益	7.2%	3.0%	10.2%
股票 Y	税前收益	5.0%	10.0%	15.0%
	税(28%和 40%)	−1.4%	−4.0%	−5.4%
	税后收益	3.6%	6.0%	9.6%

由此可见，成长型股票 X 的税后收益高于收益型股票 Y，另外值得注意的是，随着股票持有期的增加，这两种股票的税后收益的差额将增加。一个极端的状况是，当永远持有股票，那么资本收益税不用支付，二者的税收差可达 2 个百分点。具体情况见表 12-3。

表 12-3　期限永远的税后收益

	税后股利收益+税后资本收益=税后总收益		
股票 X	3.0%	10.0%	13.0%
股票 Y	6.0%	5.0%	11.0%
		差异：2.0%	

所以，股票 X 的税后收益高于股票 Y 的税后收益，这样对这两只股票的价格的影响将会使得股票 X 的价格上升，股票 Y 的价格下降，从而使边际投资者的税后收益相等。

12.2　股利政策

12.2.1　股利政策的意义

1. 股利政策的含义

股利政策是指在法律允许的范围内，建筑施工企业是否发放股利、发放多少股利以及何时发放股利的方针政策。

2. 股利政策的意义

(1) 分配政策在一定程度上决定建筑施工企业对外再筹资能力。如果建筑施工企业分配政策得当，除了能直接增加建筑施工企业的积累能力外，还能够吸引投资者(包括潜在投资者)对建筑施工企业的投资，增强其投资信心，从而为筹资提供基础。从这一角度看，分配政策也是再筹资政策。

(2) 分配政策在一定程度上决定建筑施工企业市场价值的大小。确定较好的分配政策，并保持一定程度的连续性，有利于提高建筑施工企业的财务形象，从而提高建筑施工企业发行在外股票的价格和建筑施工企业的市场价值。

12.2.2 股利政策的类型

在理财实践中,建筑施工企业经常采用的收益分配政策主要有剩余股利政策、固定或稳定增长的股利政策、固定股利支付率政策、低正常股利加额外股利政策4种。

1. 剩余股利政策

1) 剩余股利政策的概念

剩余股利政策是指建筑施工企业生产经营所获得的净收益首先应满足公司的资金需求,如果还有剩余,则派发股利;如果没有剩余,则不派发股利。剩余股利政策的理论依据是 MM 股利无关理论。剩余股利一般适用于公司初创阶段。

2) 剩余股利政策的基本步骤

剩余股利政策的基本步骤如下。

(1) 根据公司的投资计划确定公司的最佳资本预算。

(2) 根据公司的目标资本结构及最佳资本预算预计公司资金需求中所需要的权益资本数额。

(3) 尽可能用留存收益来满足资金需求中所需增加的股东权益数额。

(4) 留存收益在满足公司股东权益增加需求后,如果有剩余再用来发放股利。

在这种分配政策下,投资分红额(股利)成为建筑施工企业新的投资机会的函数,随着投资资金的需求变化而变化。只要存在有利的投资机会,就应当首先考虑其资金需要,然后再考虑建筑施工企业剩余收益的分配需要。

3) 剩余股利政策的优点

剩余股利政策的优点是:留存收益优先保证再投资的需要,从而有助于降低再投资的资金成本,保持最佳的资本结构,实现建筑施工企业价值的长期最大化。

4) 剩余股利政策的缺陷

剩余股利政策的缺陷表现在:如果完全遵照执行剩余股利政策,股利发放额就会每年随投资机会和盈利水平的波动而波动。即使在盈利水平不变的情况下,股利也将与投资机会的多寡呈反方向变动:投资机会越多,股利越少;反之,投资机会越少,股利发放越多。而在投资机会维持不变的情况下,股利发放额将因公司每年盈利的波动而同方向波动。剩余股利政策不利于投资者安排收入与支出,也不利于公司树立良好的形象。

【例 12.2】 某公司 2008 年度提取了公积金、公益金后的净利润为 800 万元,2009 年度投资计划所需资金 700 万元,公司的目标资金结构为自有资金占 60%,借入资金占 40%。则按照目标资金结构的要求,公司投资方案所需的自有资金数额为

$$700 \times 60\% = 420 (万元)$$

按照剩余政策的要求,该公司 2008 年度可向投资者分红数额为

$$800 - 420 = 380 (万元)$$

假设该公司当年流通在外的普通股为 1 000 万股,那么,每股股利为

$$380 \div 1\,000 = 0.38 (元/股)$$

2. 固定或稳定增长的股利政策

1) 固定或稳定增长的股利政策的概念

固定或稳定增长的股利政策是指公司将每年派发的股利额固定在某一特定水平或是在此基础上维持某一固定比率逐年稳定增长。只有在确信公司未来的盈利增长不会发生逆转时，才会宣布实施固定或稳定增长的股利政策。在固定或稳定增长的股利政策下，首先应确定的是股利分配额，而且该分配额一般不随资金需求的波动而波动。

近年来，为了避免通货膨胀对股东收益的影响，最终达到吸引投资的目的，很多公司开始实行稳定增长的股利政策。即为了避免股利的实际波动，公司在支付某一固定股利的基础上，还制定了一个目标股利增长率，依据公司的盈利水平按目标股利增长率逐步提高公司的股利支付水平。

采用该政策的依据是股利重要理论。这种股利政策的基本特征如图 12.1 所示。

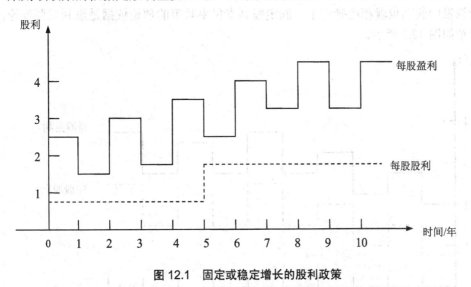

图 12.1 固定或稳定增长的股利政策

2) 固定或稳定增长股利政策的优点

(1) 由于股利政策本身的信息含量，它能将公司未来的获利能力、财务状况以及管理层对公司经营的信心等信息传递出去。固定或稳定增长的股利政策可以传递给股票市场和投资者一个公司经营状况稳定、管理层对未来充满信心的信号，这有利于公司在资本市场上树立良好的形象、增强投资者信心，进而有利于稳定公司股价。

(2) 固定或稳定增长股利政策有利于吸引那些打算作长期投资的股东，这部分股东希望其投资的获利能够成为其稳定的收入来源，以便安排各种经常性的消费和其他支出。

3) 固定或稳定增长股利政策的缺点

(1) 在固定或稳定增长股利政策下的股利分配只升不降，股利支付与公司盈利相脱离，即不论公司盈利多少，均要按固定的乃至固定增长的比率派发股利。

(2) 在公司的发展过程中，难免会出现经营状况不好或短暂的困难时期，如果这时仍执行固定或稳定增长的股利政策，那么派发的股利金额大于公司实现的盈利，必将侵蚀公司的留存收益，影响公司的后续发展，甚至侵蚀公司现有的资本，给公司的财务运作带来很大压力，最终影响公司正常的生产经营活动。

因此，采用固定或稳定增长的股利政策，要求公司对未来的盈利和支付能力能做出较准确的判断。一般来说，公司确定的固定股利额不应太高，要留有余地，以免陷入公司无力支付的被动局面。

固定或稳定增长的股利政策一般适用于经营比较稳定或正处于成长期的建筑施工企业，且很难被长期采用。

3. 固定股利支付率政策

1) 固定股利支付率政策的概念

固定股利支付率政策是指公司将每年净收益的某一固定百分比作为股利分派给股东。这一百分比通常称为股利支付率，股利支付率一经确定，一般不得随意变更。固定股利支付率越高，公司留存的净收益越少。在这一股利政策下，只要公司的税后利润一经计算确定，所派发的股利也就相应确定了。固定股利支付率政策的理论依据是股利重要理论。其基本特征如图 12.2 所示。

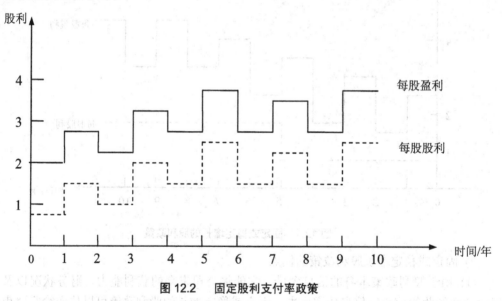

图 12.2　固定股利支付率政策

2) 固定股利支付率政策的优点

(1) 采用固定股利支付率政策，股利与公司盈余紧密地配合，体现了多盈多分、少盈少分、无盈不分的股利分配原则。

(2) 由于公司的获利能力在年度间是经常变动的，因此，每年的股利也应当随着公司收益的变动而变动，并保持分配与留存收益间的一定比例关系。采用固定股利支付率政策，公司每年按固定的比例从税后利润中支付现金股利，从建筑施工企业支付能力的角度看，这是一种稳定的股利政策。

3) 固定股利支付率政策的缺点

(1) 传递的信息容易成为公司的不利因素。大多数公司每年的收益很难保持稳定不变，如果公司每年收益状况不同，固定支付率的股利政策将导致公司每年股利分配额的频繁变化。而波动的股利向市场传递的信息就是公司未来收益前景不明确、不可靠等,很容易给投资者带来公司经营状况不稳定、投资风险较大的不良印象。

(2) 容易使公司面临较大的财务压力。因为公司实现的盈利越多,一定支付比率下派发的股利就越多,但公司实现的盈利多,并不代表公司有充足的现金派发股利,只能表明公司盈利状况较好而已。如果公司的现金流量状况并不好,却还要按固定比率派发股利的话,就很容易给公司造成较大的财务压力。

(3) 缺乏财务弹性。股利支付率是公司股利政策的主要内容,模式的选择、政策的制定是公司的财务手段和方法。在不同阶段,根据财务状况制定不同的股利政策,会更有效地实现公司的财务目标。但在固定股利支付率政策下,公司丧失了利用股利政策的财务方法,缺乏财务弹性。

(4) 合适的固定股利支付率的确定难度大。固定股利支付率政策只是比较适用于那些处于稳定发展且财务状况也较稳定的公司。

【例12.3】 某公司长期以来采用固定股利支付率政策进行股利分配,确定的股利支付率为40%。2008年可供分配的税后利润为1 000万元,如果仍然继续执行固定股利支付率政策,公司本年度将要支付的股利为

$$1\ 000×40\%=400(万元)$$

但公司下一年度有较大的投资需求,因此,准备在本年度采用剩余股利政策。如果公司下一年度的投资预算为1 200万元,目标资本结构为权益资本占60%,债务资本占40%。按照目标资本结构的要求,公司投资方案所需的权益资本额为

$$1\ 200×60\%=720(万元)$$

2008年可以发放的股利额为

$$1\ 000-720=280(万元)$$

4. 低正常股利加额外股利政策

1) 低正常股利加额外股利政策的概念

低正常股利加额外股利政策是指建筑施工企业事先设定一个较低的正常股利额,每年除了按正常股利额向股东发放现金股利外,还在建筑施工企业盈利情况较好、资金较为充裕的年度向股东发放高于每年度正常股利的额外股利。低正常股利加额外股利政策的依据是股利重要理论。这种股利政策的基本特征如图12.3所示。

2) 低正常股利加额外股利政策的优点

(1) 低正常股利加额外股利政策赋予公司一定的灵活性,使公司在股利发放上留有余地和具有较大的财务弹性,同时,每年可以根据公司的具体情况,选择不同的股利发放水平,以完善公司的资本结构,进而实现公司的财务目标。

(2) 低正常股利加额外股利政策有助于稳定股价,增强投资者信息。低正常股利加额外股利政策既吸收了固定股利政策对股东投资收益的保障的优点,同时又摒弃其对公司所造成的财务压力方面的不足,所以在资本市场上颇受投资者和公司的欢迎。

3) 低正常股利加额外股利政策的缺点

(1) 由于年份之间公司的盈利波动使得额外股利不断变化,或时有时无,造成分派的股利不同,容易给投资者以公司收益不稳定的感觉。

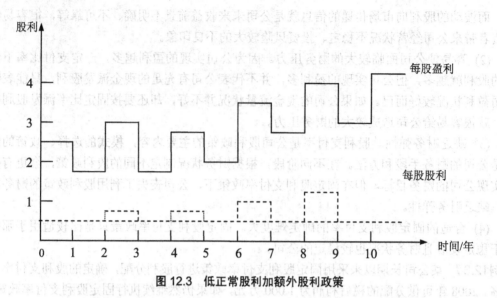

图 12.3 低正常股利加额外股利政策

(2) 当公司在较长时期持续发放额外股利后,可能会被股东误认为是"正常股利",而一旦取消了这部分额外股利,传递出去的信号可能会使股东认为这是公司财务状况恶化的表现,进而可能会引起公司股价下跌的不良后果。所以相对来说,对那些盈利水平随着经济周期波动较大的公司或行业,这种股利政策也许是一种不错的选择。

12.3 利润分配程序与方案

12.3.1 股份有限公司的利润分配程序

按照公司法等法律、法规的规定,股份有限公司当年实现的利润总额,应按照国家有关规定作相应调整后,依法交纳所得税,然后按下列顺序分配。

1. 弥补以前年度亏损

以前年度亏损是指超过用所得税前的利润抵补亏损的法定期限后,仍未补足的亏损。公司的法定公积金不足以弥补以前年度亏损的,在提取法定公积金之前,应当先用当年利润弥补亏损。

2. 提取法定公积金

根据公司法的规定,法定公积金的提取比例为当年税后利润(弥补以前年度亏损后)的10%,法定公积金达到注册资本的50%时,可不再提取。

3. 提取法定公益金

法定公益金按当年净利润的5%~10%提取,主要用于职工宿舍等集体福利设施支出。

4. 提取任意公积金

根据公司法的规定,公司从税后利润中提取法定公积金后,经股东会或者股东大会决议，还可以从税后利润中提取任意公积金。

5. 向投资者分配利润或股利

净利润扣除上述项目后，再加上以前年度的未分配利润，即为可供普通股分配的利润，公司应按同股同权、同股同利的原则，向普通股股东支付股利。

12.3.2 股利分配方案的确定

股利分配方案的确定，主要是考虑确定以下 4 个方面的内容。

1. 选择股利政策类型

股利政策不仅会影响股东的利益，也会影响公司的正常运营以及未来的发展。建筑施工企业选择股利政策类型通常需要考虑以下几个因素。

(1) 建筑施工企业所处的成长与发展阶段。
(2) 建筑施工企业支付能力的稳定情况。
(3) 建筑施工企业获利能力的稳定情况。
(4) 目前的投资机会。
(5) 投资者的态度。
(6) 建筑施工企业的信誉状况。

公司在不同成长与发展阶段所采用的股利政策一般可用表 12-4 来描述。

表 12-4 公司股利分配政策的选择

公司发展阶段	特点	适应的股利政策
公司初创阶段	公司经营风险高，有投资需求且融资能力差	剩余股利政策
公司快速发展阶段	公司快速发展，投资需求大	低正常股利加额外股利政策
公司稳定增长阶段	公司业务稳定增长，投资需求减少，净现金流入量稳步增长，每股净收益呈上升态势	固定或稳定增长股利政策
公司成熟阶段	公司盈利水平稳定，公司通常已积累了一定的留存收益和资金	固定股利支付率政策
公司衰退阶段	公司业务锐减，获利能力和现金获得能力下降	剩余股利政策

2. 确定股利支付水平

股利支付水平通常用股利支付率来衡量。股利支付率是当年发放股利与当年净利润之比，或每股股利除以每股收益。股利支付率的制定往往使公司处于两难境地。低股利支付率政策虽然有利于公司对收益的留存，有利于扩大投资规模和未来持续发展，但显然在资本市场上对投资者的吸引力大大降低，进而影响公司未来的增资扩股。而高股利支付率有利于增强公司股票的吸引力，有助于公司在公开市场上筹措资金，但过高的股利分配率政策也会产生不利效果，使公司的留存收益减少，给建筑施工企业资金周转带来影响，加重公司财务负担。

是否对股东派发股利以及比率高低,取决于施工企业对下列因素的权衡。

(1) 建筑施工企业所处的成长周期。
(2) 建筑施工企业的投资机会。
(3) 建筑施工企业的筹资能力及筹资成本。
(4) 建筑施工企业的资本结构。
(5) 股利信号传递功能。
(6) 贷款协议以及法律限制。
(7) 股东偏好。
(8) 通货膨胀等因素。

3. 确定股利支付形式

股份有限公司支付股利的基本形式主要有现金股利和股票股利。

1) 现金股利形式

现金股利是股份公司以现金的形式发放给股东的股利。发放现金股利的多少主要取决于公司的股利政策和经营业绩。上市公司发放现金股利主要出于 3 个原因:投资者偏好、减少代理成本和传递公司的未来信息。

公司采用现金股利形式时,必须具备两个基本条件。

(1) 公司要有足够的未指明用途的留存收益(未分配利润)。
(2) 公司要有足够的现金。

2) 财产股利

财产股利是以现金以外的其他资产支付的股利,主要是以公司所拥有的其他公司的有价证券,如公司债券、公司股票等,作为股利发放给股东。

3) 负债股利

负债股利是以负债方式支付的股利,通常以公司的应付票据支付给股东,有时也以发行公司债券的方式支付股利。

4) 股票股利形式

股票股利是公司以增发股票的方式所支付的股利,我国实务中通常也称其为"红股"。股票股利对公司来说,并没有现金流出建筑施工企业,也不会导致公司的财产减少,而只是将公司的留存收益转化为股本。但股票股利会增加流通在外的股票数量,同时降低股票的每股价值。它不会改变公司股东权益总额,但会改变股东权益的构成。

【例 12.4】 某上市公司在 2008 年发放股票股利前,其资产负债表上的股东权益账户情况如下(单位:万元)。

股东权益:	
普通股(面值 1 元,流通在外 2 000 万股)	2 000
资本公积	4 000
盈余公积	2 000
未分配利润	3 000
股东权益合计	11 000

假设该公司宣布发放 30%的股票股利,现有股东每持有 10 股,即可获得赠送的 3 股普通股。该公司发放的股票股利为 600 万股,随着股票股利的发放。未分配利润中有 600 万元的资金要转移到普通股的股本账户上去,因而普通股股本由原来的 2 000 万元增加到 2 600 万元,而未分配利润的余额由 3 000 万元减少至 2 400 万元,但该公司的股东权益总额并未发生改变,仍是 11 000 万元,股票股利发放之后的资产负债表上股东权益部分如下。

股东权益:
  普通股(面额 1 元,流通在外 2 600 万股) 2 600
  资本公积 4 000
  盈余公积 2 000
  未分配利润 2 400
  股东权益合计 11 000

假设一位股东派发股票股利之前持有公司的普通股 3 000 股,那么,他拥有的股权比例为

$$3\ 000\ 股 \div 2\ 000\ 万股 = 0.015\%$$

派发股利之后,他拥有的股票数量和股份比例为

$$3\ 000\ 股 + 900\ 股 = 3\ 900\ 股$$

$$3\ 900\ 股 \div 2\ 600\ 万股 = 0.015\%$$

通过上例可以说明,由于公司的净资产不变,而股票股利派发前后每一位股东的持股比例也不发生变化,那么他们各自持股所代表的净资产也不会改变。

表面上看来,除了所持股数同比例增加之外,股票股利好像并没有给股东带来直接收益,事实上并非如此。理论上,派发股票股利之后的每股价格会成比例降低,保持股东的持有价值不变,但实务中这并非必然的结果。因为市场和投资者普遍认为,公司发放股票股利往往预示着公司会有较大的发展和成长,这样的信息传递不仅会稳定股票价格甚至可能使股价不降反升。另外,如果股东把股票股利出售,变成现金收入,还会给他带来资本利得的纳税上的好处。所以股票股利对股东来说并非像表面上看到的那样毫无意义。

对公司来讲,股票股利的优点主要有如下几点。

(1) 发放股票股利既不需要向股东支付现金,又可以在心理上给股东以从公司取得投资回报的感觉。

(2) 发放股票股利可以降低公司股票的市场价格,一些公司在其股票价格较高,不利于股票交易和流通时,通过发放股票股利来适当降低股价水平,促进公司股票的交易和流通。

(3) 发放股票股利可以降低股价水平,如果日后公司将要以发行股票的方式筹资,则可以降低发行价格,有利于吸引投资者。

(4) 发放股票股利可以传递公司未来发展前景良好的信息,增强投资者的信心。

(5) 股票股利降低每股市价的时候,会吸引更多的投资者成为公司的股东,从而可以使股权更为分散,有效地防止公司被恶意控制。

4. 确定股利发放日期

公司在选择了股利政策、确定了股利支付水平和方式后,应当进行股利的发放。公司

股利的发放必须遵循相关的要求，按照日程安排来进行。一般情况下，股利的支付需要按照下列日程来进行。

1) 预案公布日

上市公司分派股利时，首先要由公司董事会制定分红预案，包括本次分红的数量、分红的方式，股东大会召开的时间、地点及表决方式等，以上内容由公司董事会向社会公开发布。

2) 宣布日

股票宣布日即公司董事会将股利支付情况予以公告的日期。董事会制定的分红预案必须经过股东大会讨论。只有讨论通过之后，才能公布每股股利、股权登记日、除息日和股利支付日等正式分红方案及实施的时间。我国的股份公司通常一年派发一次股利，也有在年中派发中期股利的。

3) 股权登记日

股权登记日即有权领取股利的股东资格登记截止日期。凡是在此指定日期收盘之前取得了公司股票，成为公司在册股东的投资者都可以作为股东享受公司分派的股利。在此日之后取得股票的股东则无权享受已宣布的股利。

4) 除息日

除息日即指领取股利的权利与股票相互分离的日期。在除息日前，股利权从属于股票，持有股票者即享有领取股利的权利；从除息日开始，股利权与股票相分离，新购入股票的人不能分享股利。通常在除息日之前进行交易的股票，其价格高于在除息日之后进行交易的股票价格，其原因就主要在于前种股票的价格包含应得的股利收入在内。

5) 股利支付日

股利支付日即向股东发放股利的日期。在这一天，公司按公布的分红方案向股权登记日在册的股东实际支付股利。

【例 12.5】 实例分析：海化公司股利支付程序。

一般来说，分配股息首先要由公司董事会向公众发布分红预案，在分红预案的公告中称："2008 年 4 月 5 日，海化公司召开董事会会议，通过每股普通股分派股息 0.82 元的 2009 年分红预案，此分红方案须经公司股东大会通过后实施，特此公告。"如果分红预案经股东大会通过后，再次正式公告分红方案，确认每股股息，股权登记日，除息除权日以及股息支付日，例如 2008 年 4 月 15 日，海化公司公布最后分红方案的公告称："在 2009 年 4 月 14 日在上海召开的股东大会上，通过了董事会关于每股普通股分派股息 0.82 元的 2009 年股息分配方案。股权登记日是 4 月 26 日，除息日是 2008 年 4 月 27 日，股东可在 2008 年 5 月 10 日至 5 月 25 日期间通过上海证券交易所按交易方式领取股息。特此公告。"股利支付程序如图 12.4 所示。

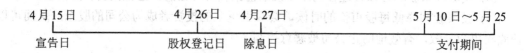

图 12.4 股利支付程序

12.4 股票分割与股票回购

12.4.1 股票分割

1. 股票分割的含义

股票分割又称拆股,即将一张较大面值的股票拆成几张较小面值的股票。如果上市公司认为自己公司的股票市场价格太高,不利于其具有良好的流动性,有必要将其降低,就可能进行股票分割。如将其一分为二,即在外流通的股数翻番,每股收益和每股净资产减半,以推动股价下调。

股票分割对公司的资本结构和股东权益不会产生任何影响,一般只会使发行在外的股票总数增加,资产负债表中股东权益各账户的余额都保持不变,股东权益的总额也维持不变。因此,股票分割与股票股利非常相似,都是在不增加股东权益的情况下增加股票数量。所不同的是,股票股利虽不会引起股东权益总额的改变,但股东权益构成项目之间的比例会发生变化,而股票分割之后,股东权益总额及其构成项目的金额都不会发生任何变化,变化的只是股票面值。

【例 12.6】 股票股利与股票分割。某公司现有股本 1 000 万股(每股面值为 10 元),资本公积 20 000 万元,留存收益 70 000 万元,股票市价为每股 30 元。现按 100% 发放股票股利及按 1∶2 进行股票分割,对公司股东权益的影响见表 12-5。

表 12-5 股票股利与股票分割

原来普通股股东权益	股本(1 000 万股,面值为 10 元)	10 000 万元
	资本公积	20 000 万元
	留存收益	70 000 万元
	股东权益	100 000 万元
分配 100%股票股利	股本(2 000 万股,面值为 10 元)	20 000 万元
	资本公积	40 000 万元
	留存收益	40 000 万元
	股东权益	100 000 万元
1∶2 股票分割	股本(2 000 万股,面值为 5 元)	10 000 万元
	资本公积	20 000 万元
	留存收益	70 000 万元
	股东权益	100 000 万元

2. 股票分割的主要作用

(1) 采用股票分割可使公司股票每股市价降低,促进股票流通和交易。

(2) 股票分割可以向投资者传递公司发展前景良好的信息,有助于提高投资者对公司的信心。

(3) 股票分割可以为公司发行新股做准备。公司股票价格太高,会使许多潜在的投资者力不从心而不敢轻易对公司的股票进行投资。在新股发行之前,利用股票分割降低股票价格，可以促进新股的发行。

(4) 股票分割有助于公司并购政策的实施，增加对并购方的吸引力。

【例 12.7】 假设有甲、乙两个公司，甲公司股票每股市价为 60 元，乙公司股票每股市价为 6 元，甲公司准备通过股票交换的方式对乙公司实施并购，如果甲公司以 1 股股票换取乙公司 10 股股票，可能会使乙公司的股东在心理上难以承受；相反，如果甲公司先进行股票分割，将原来 1 股分拆为 5 股，然后再以 1∶2 的比例换取乙公司股票，则乙公司的股东在心理上可能会容易接受些。通过股票分割的办法改变被并购企业股东的心理差异，更有利于建筑施工企业并购方案的实施。

(5) 股票分割带来的股票流通性的提高和股东数量的增加，会在一定程度上加大对公司股票恶意收购的难度。

另外，如果公司认为其股票价格过低，不利于其在市场上的声誉和未来的再筹资时，为提高其股票的价格，会采取反分割措施，实质上就是公司将流通在外的股票数进行合并。反分割显然会降低股票的流通性，加大投资者入市的门槛，它向市场传递的信息通常都是不利的。在其他因素不变的条件下，股票反分割宣布日前后股票价格会有大幅度的下跌。

【例 12.8】 某上市公司在 2008 年终，其资产负债表上的股东权益账户情况如下(单位：万元)。

股东权益：
普通股(面值 10 元，流通在外 1 000 万股)	10 000
资本公积	20 000
盈余公积	4 000
未分配利润	5 000
股东权益合计	39 000

要求：① 假设该公司宣布发放 30% 的股票股利，即现有股东每持有 10 股，即可获得赠送的 3 股普通股。发放股票股利后，股东权益有何变化？每股净资产是多少？

② 假设该公司按照 1∶5 的比例进行股票分割。股票分割后，股东权益有何变化？每股的净资产是多少？

解：① 发放股票股利后股东权益情况如下。

股东权益：
普通股(面值 10 元，流通在外 1 300 万股)	13 000
资本公积	20 000
盈余公积	4 000
未分配利润	2 000
股东权益合计	39 000

每股的净资产为 39 000÷(1 000+300)=30(元/股)

② 股票分割后股东权益情况如下。

股东权益：
普通股(面值 2 元，流通在外 5 000 万股)	10 000
资本公积	20 000
盈余公积	4 000

未分配利润	5 000
股东权益合计	39 000

每股的净资产为 39 000÷(1 000×5)=7.8(元/股)

12.4.2 股票回购

1. 股票回购的含义与方式

股票回购是指股份公司出资将其发行流通在外的股票以一定价格购回予以注销或作为库存股的一种资本运作方式。对需要现金的股东而言，可选择出卖股票，而对于不需要现金的股东来说，可继续持有股票。从公司管理层来说，派发现金股利会对公司产生未来的派现压力，而回购股票属于非常股利政策，不会对公司产生未来的派现压力。因此，股票回购不仅有利于实现其长期的股利政策目标，也可以防止派发剩余现金造成的短期效应。

我国公司法规定，公司不得收购本公司股份。但是，有下列情形之一的除外。

(1) 减少公司注册资本。
(2) 与持有本公司股份的其他公司合并。
(3) 将股份奖励给本公司职工。
(4) 股东因对股东大会做出的公司合并、分立决议持异议，要求公司收购其股份的。

2. 股票回购的动机

在证券市场上，股票回购的动机主要有以下几点。

1) 现金股利的替代

对公司来讲，派发现金股利会对公司产生未来的派现压力，而股票回购属于非正常股利政策，不会对公司产生未来的派现压力。

2) 提高每股收益

由于财务上的每股收益指标是以流通在外的股份数作为计算基础，有些公司为了自身形象、上市需求和投资人渴望高回报等原因，采取股票回购的方式来减少实际支付股利的股份数，从而提高每股收益指标。

3) 改变公司的资本结构

股票回购可以改变公司的资本结构，提高财务杠杆水平。无论是用现金回购还是举债回购股份，都会提高财务杠杆水平，改变公司的资本结构。

4) 传递公司的信息以稳定或提高公司的股价

由于信息不对称和预期差异，证券市场上的公司股票价格可能被低估，而过低的股价将会对公司产生负面影响。因此，如果公司认为公司的股价被低估时，可以进行股票回购，以向市场和投资者传递公司真实的投资价值，稳定或提高公司的股价。

5) 巩固既定控制权或转移公司控制权

许多股份公司的大股东为了保证其所代表股份公司的控制权不被改变，往往采取直接或间接的方式回购股票，从而巩固既有的控制权。另外，有些公司的法定代表人并不是公司大股东的代表，为了保证不改变在公司中的地位，也为了能在公司中实现自己的意志，往往也采取股票回购的方式分散或削弱原控股股东的控制权，以实现控制权的转移。

6) 防止敌意收购

股票回购有助于公司管理者避开竞争对手企图收购的威胁，因为它可以使公司流通在外的股份数变少，股价上升，从而使收购方要获得控制公司的法定股份比例变得更为困难。而且，股票回购可能会使公司的流动资金大大减少，财务状况恶化，这样的结果也会减少收购公司的兴趣。

7) 满足认股权的行使

在建筑施工企业发行可转换债券、认股权证或施行经理人员股票期权计划及员工持股计划的情况下，采取股票回购的方式既不会稀释每股收益，又能满足认股权的行使。

8) 满足建筑施工企业兼并与收购的需要

在进行建筑施工企业兼并与收购时，产权交换的实现方式包括现金购买及换股两种。如果公司有库藏股，则可以用公司的库藏股来交换被并购公司的股权，这样可以减少公司的现金支出。

3. 股票回购的影响

1) 股票回购对上市公司的影响

(1) 股票回购需要大量资金支付回购的成本，容易造成资金紧张，资产流动性降低，影响公司的后续发展。

(2) 公司进行股票回购，无异于股东退股和公司资本的减少，在一定程度上削弱了对债权人利益的保障。

(3) 股票回购可能使公司的发起人股东更注重创业利润的兑现，而忽视公司长远的发展，损害公司的根本利益。

(4) 股票回购容易导致公司操纵股价。公司回购自己的股票，容易导致其利用内幕消息进行炒作，或操纵财务信息，加剧公司行为的非规范化，使投资者蒙受损失。

2) 股票回购对股东的影响

对于投资者来说，与现金股利相比，股票回购不仅可以节约个人税收，而且具有更大的灵活性。因为股东对公司派发的现金股利没有是否接受的可选择性，而对股票回购则具有可选择性，需要现金的股东可选择卖出股票，而不需要现金的股东则可继续持有股票。如果公司急于回购相当数量的股票，而对股票回购的出价太高，以至于偏离均衡价格，那么结果会不利于选择继续持有股票的股东，因为回购行动过后，股票价格会出现回归性下跌。

4. 股票回购的方式

股票回购包括公开市场回购、要约回购及协议回购3种方式。

1) 公开市场回购

公开市场回购是指公司在股票的公开交易市场上以等同于任何潜在投资者的地位，按照公司股票当前市场价格回购股票。

2) 要约回购

要约回购是指公司在特定期间向市场发出的以高出股票当前市场价格的某一价格，回购既定数量股票的要约。这种方式赋予所有股东向公司出售其所持股票的均等机会。

3) 协议回购

协议回购是指公司以协议价格直接向一个或几个主要股东回购股票。

本 章 小 结

本章主要阐述利润分配应遵循的原则和应考虑的因素,介绍了股利理论和股利政策,以及确定股利分配方案时应考虑的因素。

利润分配要遵循依法分配原则、资本保全原则、兼顾各方面利益原则、分配与积累并重原则、投资与收益对等原则等原则。确定利润分配政策时应考虑法律因素、公司因素、股东因素、债务契约与通货膨胀等因素。

股利理论存在3大流派:股利重要论、股利无关论和股利分配的税收效应理论。

股利政策主要有剩余股利政策、固定或稳定增长的股利政策、固定股利支付率政策、低正常股利加额外股利政策4种。

利润分配顺序为弥补以前年度亏损、提取法定公积金、提取法定公益金、提取任意公积金、向投资者分配利润或股利。

股利分配方案的确定,主要是考虑确定以下4个方面的内容:①选择股利政策类型;②确定股利支付水平的高低;③确定股利支付形式,即确定合适的股利分配形式;④确定股利发放的日期等。

股票分割又称拆股,是即将一张较大面值的股票拆成几张较小面值的股票。股票分割对公司的资本结构和股东权益不会产生任何影响,一般只会使发行在外的股票总数增加。股票回购是指股份公司出资将其发行流通在外的股票以一定价格购回予以注销或作为库存股的一种资本运作方式。股票回购可以改变公司的资本结构,提高财务杠杆水平。

案例分析

恒达公司股利分配政策

恒达公司是一家大型建筑公司,公司业绩一直很稳定,其盈余的长期成长率为12%。其中,2007年公司税后盈余为1 000万元。当年发放股利共250万元。到2008年因公司面临一投资机会,预计其盈利可达到1 200万元,而该公司投资总额为900万元,预计2009年以后仍会恢复12%的增长率。公司目标资本结构为负债与权益比为4∶5。现在公司面临股利政策的选择,可供选择的股利政策有固定股利支付率政策、剩余股利政策或稳定增长的股利政策。

讨论:

如果你是该公司的会计师,请你计算2008年公司实行不同股利政策时的股利水平,并比较不同的股利政策,做出你认为正确的选择。

分析要点:

(1) 维护固定股利支付率政策时,

2007年股利支付率=250/1 000×100%=25%

所以，　　　　　　　2008年支付股利=1 200×25%=300(万元)

(2) 采用剩余股利政策时，

需内部权益融资额=900×5÷(5+4)=500(万元)

所以，　　　　　　　2008年支付股利=1200-500=700(万元)

(3) 实行稳定增长的股利政策时，

$$250\times(1+12\%)=280(万元)$$

(4) 剩余股利政策在股利分配时，优先考虑投资机会的选择，其股利额会随着所面临的投资机会而变动。因公司每年面临不同的投资机会，所以会造成股利较大的变动，不利于公司股价的稳定。

固定股利支付率政策由于按固定比率支付，因而股利会随每年盈余的变动而变动使公司股利支付极不稳定，不利于公司市值最大化目标的实现。

稳定增长的股利政策的股利发放额稳定增长，有利于树立公司良好的形象，使公司股价稳定，有利于公司长期发展，但是实行政策的前提是公司的收益必须稳定且能正确地预计其增长率。

通过以上分析，恒达公司应选择稳定增长的股利政策。

思考与习题

1. 思考题

(1) 股利分配的程序如何？应注意哪些问题？

(2) 股利支付的程序与方式如何？

(3) 股利理论有哪几种观点？其主要论点是什么？

(4) 股利政策有几种？

(5) 股票股利有什么作用？

(6) 股票分割和股票回购有哪些作用？

2. 单项选择题

(1) 利润分配应遵循的原则中，(　　)是正确处理投资者利益关系的关键。

A. 依法分配原则　　　　　　B. 兼顾各方面利益原则

C. 分配与积累并重原则　　　D. 投资与收益对等原则

(2) 下列在确定公司利润分配政策时应考虑的因素中，不属于股东因素的是(　　)。

A. 规避风险　　　　　　　　B. 稳定股利收入

C. 防止公司控制权旁落　　　D. 公司未来的投资机会

(3) (　　)的依据是股利无关论。

A. 剩余股利政策　　　　　　B. 固定股利政策

C. 固定股利支付率政策　　　D. 低正常股利加额外股利政策

(4) (　　)认为用留存收益再投资带给投资者的收益具有很大的不确定性，并且投资风险随着时间的推移将进一步增大，所以投资者更喜欢现金股利。

第12章 利润分配管理

  A. 在手之鸟理论　　　　　B. 信号传递理论
  C. 代理理论　　　　　　　D. 股利无关论

(5) 剩余股利政策的优点是(　　)。
  A. 有利于树立良好的形象
  B. 有利于投资者安排收入和支出
  C. 有利于企业价值的长期最大化
  D. 体现投资风险与收益的对等

(6) 某公司2005年度净利润为4 000万元,预计2006年投资所需的资金为2 000万元,假设目标资金结构是负债资金占60%,企业按照15%的比例计提盈余公积金,公司采用剩余股利政策发放股利,则2005年度企业可向投资者支付的股利为(　　)万元。
  A. 2 600　　B. 3 200　　C. 2 800　　D. 2 200

(7) (　　)适用于经营比较稳定或正处于成长期、信誉一般的公司。
  A. 剩余股利政策　　　　　B. 固定股利政策
  C. 固定股利支付率政策　　D. 低正常股利加额外股利政策

(8) (　　)既可以在一定程度上维持股利的稳定性,又有利于企业的资本结构达到目标资本结构,使灵活性与稳定性较好地结合。
  A. 剩余股利政策　　　　　B. 固定股利政策
  C. 固定股利支付率政策　　D. 低正常股利加额外股利政策

(9) 上市公司发放现金股利的原因不包括(　　)。
  A. 投资者偏好　　　　　　B. 减少代理成本
  C. 传递公司的未来信息　　D. 减少公司所得税负担

(10) (　　)是领取股利的权利与股票相互分离的日期。
  A. 股利宣告日　　　　　　B. 股权登记日
  C. 除息日　　　　　　　　D. 股利支付日

(11) 股票股利与股票分割影响的区别在于(　　)。
  A. 股东的持股比例是否变化　　B. 所有者权益总额是否变化
  C. 所有者权益结构是否变化　　D. 股东所持股票的市场价值总额是否变化

(12) 股票回购的负面效应不包括(　　)。
  A. 造成资金短缺　　　　　B. 发起人忽视公司的长远发展
  C. 导致内部操纵股价　　　D. 降低企业股票价值

3. 多项选择题

(1) 在确定利润分配政策时须考虑股东因素,其中主张限制股利的是(　　)。
  A. 稳定收入考虑　　　　　B. 避税考虑
  C. 控制权考虑　　　　　　D. 规避风险考虑

(2) 股票回购的动机包括(　　)。
  A. 改善企业资金结构　　　B. 提高每股收益
  C. 现金股利的替代　　　　D. 稳定或提高公司的股价

(3) 上市公司发放现金股利主要出于3个原因(　　)。

A. 投资者偏好　　　　　　B. 减少代理成本
C. 传递公司的未来信息　　D. 降低股价

(4) 股利无关论是建立在"完美且完全的资本市场"的假设条件之上的,这一假设包括(　　)。

A. 完善的竞争假设　　　　B. 信息完备假设
C. 存在交易成本假设　　　D. 理性投资者假设

(5) 企业选择股利政策类型时通常需要考虑的因素包括(　　)。

A. 企业所处的成长与发展阶段
B. 股利信号传递功能
C. 目前的投资机会
D. 企业的信誉状况

(6) 企业确定股利支付水平需要考虑的因素包括(　　)。

A. 成长周期　　　　　　　B. 投资机会
C. 筹资能力　　　　　　　D. 资本结构

4. 判断题

(1) 资本积累约束要求企业发放的股利或投资分红不得来源于原始投资(或股本),而只能来源于企业当期利润或留存收益。　　　　　　　　　　　　　　　　　　　　(　　)

(2) 股利分配的代理理论认为,股利政策有助于减缓管理者与股东之间,以及股东与债权人之间的代理冲突,也就是说,股利政策相当于是协调股东与管理者之间代理关系的一种约束机制。　　　　　　　　　　　　　　　　　　　　　　　　　　　　　　　(　　)

(3) 信号传递理论认为,在信息不对称的情况下,公司可以通过股利政策向市场传递有关公司未来盈利能力的信息。　　　　　　　　　　　　　　　　　　　　　　(　　)

(4) 股利分配的税收效应理论是建立在"完美且完全的资本市场"这一严格假设前提基础上的。　　　　　　　　　　　　　　　　　　　　　　　　　　　　　　　(　　)

(5) 股份有限公司利润分配的顺序是:提取法定公积金、弥补以前年度亏损、向投资者分配利润或股利。　　　　　　　　　　　　　　　　　　　　　　　　　　(　　)

(6) 只要企业有足够的现金就可以支付现金股利。　　　　　　　　　　　　(　　)

(7) 固定股利政策一般适用于公司初创阶段。　　　　　　　　　　　　　　(　　)

5. 计算分析题

(1) 剩余股利分配政策的训练。

资料:安达建筑企业2008年全年利润总额为2 000万元,所得税率33%;需要用税后利润补亏50万元;该企业按规定提取法定公积金和公益金后,不再提取任意盈余公积金;2009年投资计划拟需资金1 200万元。该企业的目标资金结构为:自有资金60%,借入资金40%。另外,该企业流通在外的普通股股数为2 000万股,没有优先股。

要求:① 计算该企业2009年投资所需权益资金;

② 计算在剩余政策下,该企业当年可发放的股利额及每股股利。

(2) 固定股利比例分配政策的训练。

第12章 利润分配管理

资料：富强施工企业拟投资 600 万元。该企业想要维持目前 45% 的负债比率，并想继续执行 20% 的固定股利政策。该企业在 2008 年的税后利润为 260 万元。

要求：计算公司 2009 年必须从外部筹措多少权益资本。

(3) 剩余股利政策以及固定股利比例政策的训练。

资料：某建筑公司上年度税后利润 400 万元，每股股利 2 元。本年度实现净利润 412 万元，目前流通在外的股数为 10 万股，与上年保持一致。该企业决定下年度投资 300 万元于一新项目，其中 50% 来自发行普通股，50% 来自银行借款。

要求：① 若该企业采取剩余股利政策，计算确定其本年度每股股利。
② 若该企业采取固定股利比例政策，计算确定其本年度每股股利。

(4) 发放股票股利以及股票分割的训练。

资料：某施工企业目前所有者权益总额为 2 400 万，其中普通股本 500 万元(每股面值 5 元，现行市价 25 元)，资本公积 500 万元，留存收益 1 400 万元。

要求：① 若该公司发放 10% 的股票股利，试确定其所有者权益有关项目变动情况。
② 若该公司按照 1∶2 将股票分割，试确定其所有者权益有关项目变动情况。

(5) 发放股票股利后股东权益变化情况的训练。

资料：富丽建筑公司 2008 年实现利润总额 2 000 万元，所得税率 33%。利润分配前该企业有关股东权益见表 12-6。

表 12-6　股东权益表

单位：万元

普通股(8 000 万股)	8 000
资本公积	4 000
盈余公积	1 200
其中：公益金	200
留存收益	400
股东权益合计	13 600

该企业决定提取盈余公积金 10%，公益金 5%，提取任意盈余公积金 6%，假定企业宣布发放 10% 的股票股利，该企业当时的市价为 6 元/股。

要求：试分析该企业股东权益变化情况。

第13章 财务预算

教学目标

本章主要讲述财务预算的基本理论和方法。通过本章的学习,应达到以下目标:
(1) 了解财务预算的概念、特征、作用;
(2) 掌握财务预算编制的基本方法;
(3) 掌握现金预算和预计财务报表的编制方法。

教学要求

知识要点	能力要求	相关知识
财务预算	准确理解财务预算的概念	财务预算是一系列专门反映企业未来一定预算期内的预计财务状况和经营成果以及现金收支等价值指标的各种预算的总称,具体包括现金预算、财务费用预算、预计利润表、预计资产负债表等内容
财务预算的编制方法	(1) 理解和掌握财务预算的编制基本方法; (2) 掌握现金预算和预计财务报表的编制方法	(1) 财务预算的编制基本方法; (2) 现金预算和预计财务报表的编制方法

第13章 财务预算

基本概念

财务预算 固定预算 弹性预算 增量预算 零基础预算 定期预算 滚动预算 总预算 现金预算

引例

目前越来越多的企业已经意识到,预算管理将直接影响到企业战略的执行和财务管理目标的实现。中国天马企业(集团)股份有限公司由天马房地产集团有限公司和昌盛有限公司共同发起募集设立,是一个以房地产业为龙头、工业为基础、商业贸易为支柱的综合性股份制企业集团,1992年发行上市,公司自上市至今,账面利润盈利明显增加,尤其是近两年,账面利润均超过 1 000 万元,2008 年达 119 万元;2007 年达 126 万元。因此,近几年天马公司受到了外界的一致认可,公司员工对公司的发展前途也充满了信心,公司近几年的销量也呈上升趋势,由此可以看出天马公司正处于蒸蒸日上的时期,其盈利状况是相当可观的。连续 6 年入选"中国最具发展潜力上市公司 50 强"。是何种原因使天马公司取得骄人的业绩?究其原因,公司从 1995 年开始,推行全面预算管理,为公司注入了新的活力,从此也为公司开创新的局面提供了强有力的制度保证。

13.1 财务预算的含义与体系

财务预算作为企业全面预算的一部分,可以从价值方面总括地反映经营期特种决策预算与业务预算的结果,通过财务预算可以建立评价企业财务状况的标准,将实际数与预算数对比,可以及时发现问题,调整偏差,使企业的经济活动按照预定目标进行,从而实现企业的财务目标。财务预算是企业财务管理的重要环节之一,在现代企业财务管理实践中,财务预算是财务预测、财务决策结果的具体化、系统化、数量化的表达方式。因此有必要对财务预算的基本理论知识及其编制方法进行详细阐述。

13.1.1 财务预算的含义与功能

1. 财务预算的含义

预算(Budget)是用货币形式表现的、用于控制企业未来经济活动的计划,是企业经营决策所确定的目标的货币表现。一般来说,预算是计划的数量说明,计划是预算的文字说明。

财务预算(Financial Budget)是一系列专门反映企业未来一定预算期内预计财务状况和经营成果,以及现金收支等价值指标的各种预算的总称,具体包括日常业务预算、特种决策预算和财务预算 3 大类。

日常业务预算是指与企业日常经营活动直接相关的经营业务的各种预算。具体包括销售预算、生产预算、直接材料预算、直接人工预算、制造费用预算、产品生产成本预算、存货预算、经营及管理费用预算等,这些预算前后衔接,相互勾稽。

特种决策预算是指企业为不经常发生的长期投资决策项目或一次性专门业务所编制的预算。该项预算与业务预算不同，它所涉及的不是经常性的预测和经营决策事项，而是一般需要投入大量资金并在较长时期(一年以上)内对企业有持续影响的投资决策，故这种预算又称为"资本预算"。一般这种预算是在做好可行性分析的基础上来编制预算的，如企业筹措资金、固定资产的购置或扩建等编制的预算。

财务预算是指反映企业未来一定预算期内预计现金收支、经营成果和财务状况的各种预算。具体包括现金预算、预计利润表、预计资产负债表等。前面所述的各种日常业务预算和专门决策预算，最终大都可以综合反映在财务预算中，这样，财务预算就成为各项经营业务和专门决策的整体计划，故也称为"总预算"，各种业务预算和专门决策预算就称为"分预算"。

2. 财务预算的功能

财务预算具有以下功能。

1) 明确目标，控制业务

企业的总目标通过预算被分解成各级各部门的具体目标。它们根据预算安排自己的活动，如果各级各部门都完成了自己的具体目标，企业总目标也就有了保障。编制财务预算使企业内部各部门、各层次了解各自在实现企业财务目标中的地位、作用和责任，从而在不同的工作环节上朝同一目标方向努力。

2) 协调内部，综合平衡

企业内部各级各部门必须协调一致，才能最大限度地实现企业的总目标。各级各部门因其职责不同，往往会出现互相冲突的现象。例如，销售部门根据市场预测，提出一个庞大的销售计划，生产部门可能没有那么大的生产能力。生产部门可以编制一个充分发挥生产能力的计划，但销售部门却可能无力将这些产品推销出去。编制财务预算的过程也是企业内部各级各部门的经济活动密切配合、相互协调、统筹兼顾、搞好综合平衡的过程。例如编制生产预算一定要以销售预算为依据，编制材料、人工、费用预算必须与生产预算相衔接，预算各指标之间应保持必须的平衡等。只有企业内部各级各部门协调一致，才能最大限度地实现企业的总目标。

3) 控制过程，及时改进

财务预算是企业各级各部门工作控制的标准。财务预算在使企业各级各部门明确奋斗目标的同时，也为其工作提供了控制依据。财务预算进入实施阶段以后，各级各部门管理工作的重心转入控制过程，即设法使财务活动按计划进行。财务预算是控制财务活动的依据和衡量其合理性的标准，当实际状态和预算有了较大差异时，要查明原因并采取措施，保证预定目标的完成。

4) 分析比较，评价成绩

财务预算是企业各级各部门工作考核的依据。现代化企业管理必须建立健全各级各部门的责任制度，而有效的责任制度离不开工作业绩的考核。在预算实施过程中，实际偏离预算的差异，不仅是控制企业日常经济活动的主要标准，也是考核、评定各级各部门和全体职工工作业绩的主要依据。当然，考核时也不能只看预算是否被完全执行了，某些偏差可能是有利的，例如增加推销费用时可能对企业总体有利；反之，年终突击花钱，虽未超过预算，但也不是一种好的现象。

13.1.2 全面预算管理体系

1. 全面预算的概念

企业管理当局通过一系列的决策确定了经营目标，如产品方向、生产规模等，以此作为长期规划，在此基础上逐期制订短期的营业和生产计划。这些主要以货币为计量单位，反映预期生产经营活动的一整套相互关联的计划，就是企业生产经营的全面预算。

2. 全面预算管理体系

全面预算管理体系是由一系列预算构成的。各项预算之间相互联系，关系比较复杂，其主要联系如图 13.1 所示。

从图 13.1 可以看出，企业应根据长期战略目标和自身生产能力，确定长远规划和奋斗目标，编制长期销售预算，以此为基础，进行经济预测，确定年度销售预算，并根据企业财力确定资本支出预算。销售预算是全面预算的编制起点，根据"以销定产"的原则确定生产预算，同时确定所需要的销售及管理费用。生产预算的编制，除了考虑计划销售量外，还要考虑现有存货和年末存货。根据生产预算来确定直接材料、直接人工和制造费用预算。产品成本预算和现金预算是有关预算的汇总。预计利润表、资产负债表和现金流量表是全面预算的综合。

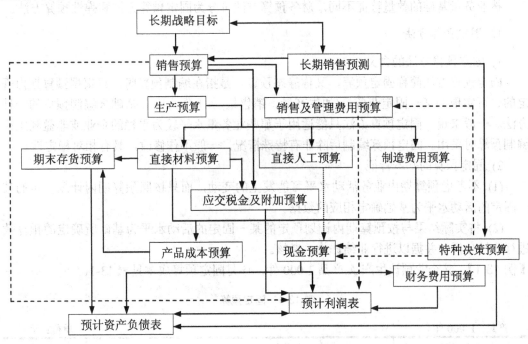

图 13.1 各项预算之间的联系

3. 全面预算的编制程序

企业预算的编制涉及经营管理的各个部门，只有使执行人员参与预算的编制，才能使预算成为他们自愿努力完成的目标,而不是外界强加于他们的枷锁。

企业预算的编制程序如下。

(1) 最高领导机构根据长期规划,利用本量利分析等工具,提出企业一定时期的总目标,并下达规划指标。

(2) 基层成本控制人员自行草编预算,使预算能较为可靠、较为符合实际。

(3) 各部门汇总部门预算,并初步协调本部门预算,编出销售、生产、财务等预算。

(4) 预算委员会审查、平衡各预算,汇总出公司的总预算。

(5) 经过行政首长批准,审议机构通过或者驳回修改预算。

(6) 将主要预算指标报告给董事会或上级主管单位,讨论通过或者驳回修改。

(7) 将批准后的预算下达给各部门执行。

13.2 预算的编制方法

编制预算的方法很多,有固定预算、弹性预算、增量预算、零基预算、定期预算和滚动预算等。下面分别加以介绍。

13.2.1 固定预算方法与弹性预算方法

按业务量基础的数量特征不同,财务预算方法可分为固定预算方法和弹性预算方法。

1. 固定预算方法

1) 固定预算方法的含义

固定预算方法简称固定预算,又称静态预算,是指在编制预算时,只根据预算期内既定的、可实现的某一固定业务量(如生产量、销售量)水平作为唯一基础来编制预算的一种方法。一般来说,固定预算方法只能适用于那些业务量水平较为平稳的企业或非盈利组织编制预算时采用。固定预算编制后除非有特殊情况,一般不作修改,具有相对稳定性。

2) 固定预算的基本特征

(1) 不考虑预算期内业务活动水平可能发生的变动,而只按照预算期内计划预定的某一固定的活动水平为基础确定相应的数据。

(2) 将实际结果与按预算期内计划预定的某一固定的活动水平为基础所确定的预算数进行比较分析,并据以进行业绩评价、考核。

【例 13.1】 某企业预计生产 A 产品 1 000 件,该月固定预算成本见表 13-1。

表 13-1 固定预算

产量:1 000 件　　　　　　　　　　　　　　　　　　　　　　　　　　单位:元

成本项目	总成本	单位成本
直接材料	10 000	10
直接人工	2 000	2
制造费用	6 000	6
合计	18 000	18

如果该种产品实际完成 1 100 件,实际总成本为 19 400 元,其中直接材料费 10 800 元,直接人工费 2 250 元,制造费用 6 350 元。实际费用与预算相比较,如果直接与固定预算相比,超支 1 400 元。但是产量增加了 100 件,故费用差异不能说明什么问题。

3) 固定预算的评价

固定预算是根据预算期内一种可能达到的预计业务量水平编制的预算,一旦预计业务量与实际业务量水平相差甚远时,必然导致有关成本费用及利润的实际水平与预算水平因基础不同而失去可比性,不利于开展控制和考核。由于固定预算方法存在机械呆板、可比性差等缺点,因此对于那些未来业务量不稳定、其水平经常发生波动的企业来说,如果采用固定预算方法,就可能对企业预算的业绩考核和评价产生扭曲甚至误导作用。

但对于固定预算不宜全盘否定,在业务量比较稳定的企业或部门,以及在即使业务量可能产生变动对预算也不予以调整的情况下,固定预算方法仍然是可用的。

2. 弹性预算方法

1) 弹性预算方法的含义

弹性预算方法简称弹性预算,又称变动预算或滑动预算,是和固定预算对称的。它是在考虑预算期间企业生产经营活动业务量可能发生变动的基础上,首先预计各种不同的业务量水平,然后根据预计的各种业务量水平而编制的有弹性的预算。弹性预算的基本原理是将成本费用按照成本习性划分为固定成本和变动成本两大部分,编制弹性预算时,对固定成本不予调整,只对变动成本进行调整。弹性预算能随业务量的变动而变动,使预算执行情况的评价和考核建立在更加客观可比的基础上,可以充分发挥预算在管理中的控制作用。由于未来业务量的变动会影响到成本、费用、利润等各个方面,因此,从理论上讲,弹性预算方法适用于编制全面预算中所有与业务量有关的各种预算。但从实用角度看,主要用于编制弹性成本费用预算和弹性利润预算等。

编制弹性预算所依据的业务量可以是产量、销售量、直接人工工时、机器工时、材料消耗量和直接人工工资等。

【例 13.2】 某企业生产 B 产品的弹性预算成本见表 13-2。

表 13-2 弹性预算成本

成本项目	弹性预算			实际成本	差异
	900 件	1 000 件	1 100 件	1 100 件	
直接材料	9 000	10 000	11 000	10 800	-200
直接人工	1 800	2 000	2 200	2 250	+50
变动制造费用	2 160	2 400	2 640	2 540	-100
小计	12 960	14 400	15 840	15 590	-250
固定制造费用	3 600	3 600	3 600	3 810	+210
合计	16 560	18 000	19 440	19 400	-40

把实际成本与成本的弹性预算进行比较,就个别成本项目看,有节约的,也有超支的,但总成本是节约的。可见,弹性预算较固定预算更能清楚地表明企业实际工作成绩的好坏。

2) 弹性预算方法的优点

根据弹性预算的基本特征可以看出其具有自身的优点。一方面弹性预算方法能够适应不同经营活动情况的变化，扩大了预算的范围，更好地发挥预算的控制作用，避免了在实际情况发生变化时，对预算进行频繁的修改；另一方面弹性预算方法能够使预算对实际执行情况的评价与考核建立在更加客观比较的基础之上。

13.2.2 增量预算方法与零基预算方法

按编制成本费用预算出发点的特征不同，财务预算方法可分为增量预算方法和零基预算方法。

1. 增量预算方法

1) 增量预算方法的含义

增量预算方法简称增量预算，又称调整预算方法，是在基期成本费用水平的基础上，结合预算期业务量水平及有关影响成本因素的未来变动情况，通过调整有关原有费用项目而编制预算的一种方法。传统的预算编制方法基本上采用的是增量预算方法，即以基期的实际预算为基础，对预算值进行增减调整。

2) 增量预算方法的假定

这种方法的基本假定如下。

(1) 现有的业务活动是企业所必需的。只有保留企业现有的每项业务活动，才能使企业的经营过程得到正常发展。

(2) 原有的各项开支都是合理的。既然现有的业务活动是必需的，那么原有的各项费用开支就一定是合理的，必须予以保留。

(3) 增加费用预算是值得的。未来预算期的费用变动是在现有费用的基础上调整的结果。

3) 增量预算方法的优缺点

增量预算的优点是工作量少，且简便易行所以在我国以往的实务中，多数企业均采用此法编制预算。

增量预算的缺点是比较简单，它以过去的经验为基础，实际上是承认过去所发生的一切都是合理的，不加分析地保留或接受原有成本费用项目，这样一方面可能使原来不合理的费用开支继续存在下去，造成预算的浪费，另一方面也可能造成预算的不足，不利于企业未来的发展，同时，也会滋长预算中的"平均主义"和"简单化"。采用此预算方法，容易鼓励预算编制人员凭主观臆断按成本项目平均消减预算或只增不减，不利于调动各部门减低费用的积极性。

2. 零基预算方法

1) 零基预算方法的含义

零基预算方法简称零基预算，又称零底预算，是美国的彼得·派尔(Peter Pyhrr)于 20 世纪 60 年代提出来的，现已被公认为是编制间接费用预算的一种新的有效方法。它是指在编制成本费用预算时，不考虑以往会计期间所发生的费用项目或费用数额，而是将所有的预算支出均以零为出发点，一切从实际需要与可能出发，逐项审议预算期内各项费用的内容及开支标准是否合理，在综合平衡的基础上编制费用预算的一种方法。该预算方法特别适用于产出较难辨认的服务性部门费用预算的编制。

零基预算方法是为克服增量预算方法的不足而设计的，现已被西方国家广泛采用，成为管理间接费用的一种新的有效方法。

零基预算方法打破了传统的编制预算观念，它要求对各个业务项目需要多少人力、物力和财力逐个进行估算，并说明其经济效果，在此基础上，按项目的轻重缓急性质，分配预算经费，这种预算不再以历史资料为基础修修补补。而是一切以零为出发点，一切推倒重来，零基预算方法即因此而得名。

2) 零基预算的编制程序

(1) 确定预算单位，提出相应费用预算方案。通常由高层管理者确定哪一级机构部门或项目为预算单位，预算单位针对企业在预算年度的总体目标以及由此确定的各预算单位的具体目标和业务水平，提出相应的费用预算方案，并说明每一项费用开支的理由与数额。

(2) 进行成本效益分析。对预算方案进行成本效益分析，评价每项费用开支计划的重要程度，区分不可避免成本与可延缓成本。按照各项目开支重要程度的大小确定各项费用预算的优先顺序。

(3) 编制明细费用预算。将预算期可动用的资金在预算单位内各项目之间进行分配，对不可避免成本项目优先安排资金，对可延缓成本项目根据可动用资金情况，按轻重缓急、收益大小分配资金，逐项下达费用预算。

【例13.3】 某企业拟采用零基预算方法编制下年度的管理费用预算。管理部门根据下年度的企业经营目标和管理任务，在认真讨论的基础上提出了预算期内将要发生的部分费用项目及其预计支出数额如下：职工培训费 20 000 元，律师及经济研究人员顾问费 30 000 元，日常办公费 10 000 元，房租 25 000 元，差旅费 5 000 元，共计 90 000 元。另假定该企业可用于上述项目的资金来源仅有 80 000 元。要求据以确定管理费用预算。

解：日常办公费、房租和差旅费属于必不可少的开支，或称之为约束性固定成本；职工培训费、顾问费属于酌量性固定成本，依据有关历史资料，对二者进行的"成本－效益"分析结果假定为：职工培训费的成本与收益之比为 1∶20，顾问费的成本与收益之比为 1∶30，据此可将管理费用各项目的优先顺序排定如下。

(1) 日常办公费、房租与差旅费。
(2) 顾问费。
(3) 职工培训费。

如果第(1)类费用预计数字被认为是真实、可靠的，则应按预计金额数予以保证；剩余可动用的资金只有 40 000 元(80 000-10 000-25 000-5 000)，应按成本收益比例在顾问费和职工培训费之间分配。

$$顾问费可分配资金 = 40\,000 \times \frac{30}{30+20} = 24\,000(元)$$

$$职工培训费可分配资金 = 40\,000 \times \frac{20}{30+20} = 16\,000(元)$$

综合上述结果，采用零基预算方法编制的管理费用(部分项目)预算为

日常办公费	10 000 元
房租	25 000 元

差旅费	5 000元
顾问费	24 000元
职工培训费	16 000元

3) 零基预算方法的优缺点

零基预算的优点是：①不仅能够压缩经费开支，而且能够切实做到把有限的经费用在最需要的地方；②不受过去老框框的制约，可以充分调动企业各部门人员降低费用的积极性，可以充分发挥各级管理人员的积极性、主动性和创造性，促进各预算部门精打细算，量力而行，合理使用资金，提高资金的利用效果；③有助于企业未来发展，这种方法以零为出发点，对一切费用一视同仁，有利于企业面向未来发展考虑预算问题。

零基预算方法的缺点是：一切从零开始，需要对企业现状和市场进行大量研究，对现有资金的使用效果和投入产出关系进行定量分析等，这势必耗费大量的人力、物力和财力，预算编制工作量大，其花费的时间和代价远比不太精确的预算过程高，有时甚至得不偿失。

为了克服零基预算的缺点，简化预算编制的工作量，可以与增量预算相结合。有的企业每隔若干年进行一次零基预算，以后几年内略微进行适当调整，这样既简化了预算编制的工作量，又能适当控制费用。

13.2.3 定期预算方法与滚动预算方法

按预算期的时间特征不同，财务预算方法可分为定期预算方法和滚动预算方法。

1. 定期预算方法

1) 定期预算方法的含义

定期预算方法简称定期预算，是指在编制预算时以不变的会计期间(如日历年度)作为预算期的一种编制预算的方法。

2) 定期预算方法的优点

定期预算方法的唯一优点是能使预算期与会计年度一致，便于实际数与预算数的比较，有利于预算执行情况和执行结果的分析和评价。

3) 定期预算方法的缺点

按照定期预算方法编制的预算的主要缺点有：①盲目性，由于定期预算往往是在年初甚至提前两三个月编制的，对整个预算年度的生产经营活动只能进行估算，数据笼统，缺乏远期指导性；②滞后性，定期预算不能随情况的变化及时调整，这样在预算期内发生重大变化时可能导致预算滞后过时，使之成为虚假预算；③间断性，采用定期预算时，经营管理者们的决策视野局限于本期规划的经营活动，通常不考虑以后各期，不利于企业的长远发展。

为了克服定期预算的缺点，可以采用滚动预算的方法来编制预算。

2. 滚动预算方法

1) 滚动预算方法的含义

滚动预算方法简称滚动预算，又称连续预算或永续预算，是指在编制预算时，将预算期与会计年度脱离，随着预算的执行，不断延伸补充预算，逐期向后滚动，使预算期永远保持为一个固定期间的一种预算编制方法。

滚动预算方法的理论依据是：①根据企业会计中持续经营的时间观，企业的生产经营活动是延续不断的，因此，企业的预算也应该全面地反映这一延续不断的过程，使预算方法与生产经营过程相适应；②企业的生产经营活动是复杂的，随着时间的变迁，它将产生各种难以预料的变化。

滚动预算的基本做法是：预算期是连续不断的，始终保持为1年，每过去1个季度(或月份)，就根据新情况调整和修订后几个季度(或月份)的预算，并在原来的预算期末随即补充1个季度(或月份)的预算。一般来说，1年中头几个月的预算要求详细完整，后几个月可以粗略一些。随着时间的推移，原来较粗的预算逐渐由粗变细，后面随之又补充新的较粗的预算，以此往复，不断滚动。

2) 滚动预算的方式及其特征

滚动预算按其预算编制和滚动的时间单位不同，可分为逐月滚动、逐季滚动和混合滚动3种方式。

(1) 逐月滚动方式是指在预算编制过程中，以月份为预算编制和滚动的单位，每个月调整一次预算的方法。

例如在2008年1月至12月的预算执行过程中，需要在1月份末根据当月预算的执行情况，修订2月至12月的预算，同时补充2009年1月份的预算；2月份末根据当月预算的执行情况，修订3月至2008年1月的预算，同时补充2009年2月份的预算……依此类推。编制逐月滚动预算的程序如图13.2所示。

可见，逐月滚动编制的预算比较精确，但工作量太大。

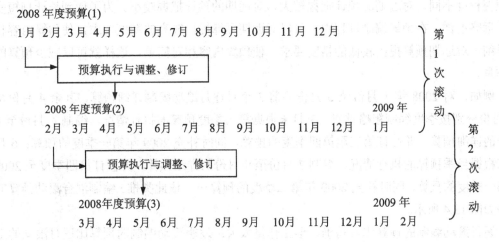

图13.2 逐月滚动预算示意图

(2) 逐季滚动方式是指在预算的编制过程中，以季度为预算编制和滚动的单位，每个季度调整一次预算的方法。

例如，在2008年第一季度至第四季度的预算执行过程中，需要在第一季度末根据当季预算的执行情况，修订第二季度至第四季度的预算，同时补充 2009 年第一季度的预算；第二季度末根据当季预算的执行情况，修订第三季度至 2009 年第一季度的预算，同时补充 2009 年第二季度的预算……依此类推。编制逐季滚动预算的程序如图 13.3 所示。

可见，逐季滚动编制的预算比逐月滚动的工作量小，但预算精确度较差。

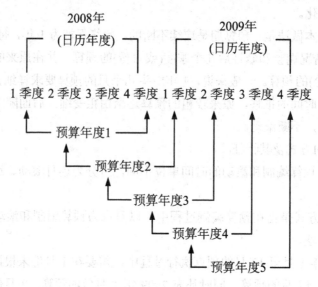

图 13.3　逐季滚动预算示意图

(3) 混合滚动方式是指在预算编制过程中，同时使用月份和季度作为预算编制和滚动的单位的方法，它是滚动预算的一种变通方式，这种预算方法的理论依据是：人们对未来的把握程度不同，对近期的预计把握较大，对远期的预计把握较小。为了做到长计划短安排，远略近详，在预算编制过程中，可以对近期预算提出较高的精度要求，使预算内容相对详细；对远期预算提出较低的精度要求，使预算内容相对简单，这样就可以减少预算的工作量。

例如，对 2008 年 1 月份至 3 月份的前 3 个月逐月滚动编制详细预算，其余 4 月份至 12 月份分别按季度编制粗略预算；3 月末根据第一季度预算的执行情况，编制 4 月份至 6 月份的详细预算，并修订第三至第四季度的预算，同时补充 2009 年第一季度的预算；6 月份末根据当季预算的执行情况，编制 7 月份至 9 月份的详细预算，并修订第四季度至 2009 年第一季度的预算，同时补充 2009 年第二季度的预算……依此类推。编制混合滚动预算的程序如图 13.4 所示。

逐月滚动编制的预算比较精确，但工作量太大；逐季滚动编制的预算比逐月滚动的工作量小，但预算精度较差；混合滚动预算克服了以上两种滚动预算方式的不足，是一种较理想的滚动预算编制方法。在实际工作中，采用哪一种滚动预算方式应视企业的实际需要而定。

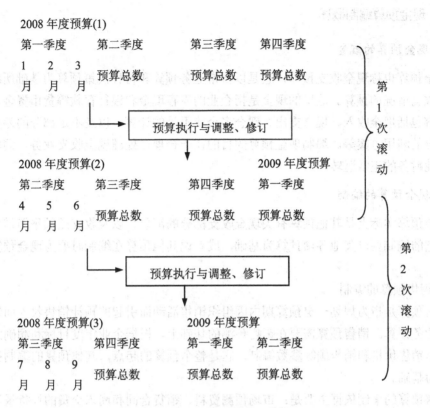

图 13.4 混合滚动预算示意图

3) 滚动预算方法的优缺点

与传统的定期预算方法相比，滚动预算方法的优点：首先，保持了预算的连续性和完整性，能够从动态预算中把握企业的未来；其次，使各级管理人员始终保持对未来 12 个月甚至更远的生产经营活动作周详的考虑和全盘规划，保证企业的各项工作有条不紊地进行；再次，便于外界对企业经营状况的一贯了解，最后，及时性强。由于滚动预算能根据前期预算的执行情况，结合各种因素的变动影响，及时调整和修订近期预算，从而使预算更加切合实际，能够充分发挥预算的指导和控制作用。

采用滚动预算的方法编制预算的主要缺点是预算工作量较大。

以上分别介绍了编制预算的几种方法。需要指出的是上述几种方法不是相互独立的，而是相互联系，它们都是企业全面预算管理方式的有机组成部分。在全面预算管理中，综合利用这些方法是提高企业管理水平的有效途径。

13.3 财务预算的编制

财务预算是指反映企业未来一定预算期内预计现金收支、经营成果和财务状况的各种预算。它主要包括现金预算、预计利润表、预计资产负债表等。

下面举例说明各项预算的编制方法。

13.3.1 现金预算编制概述

1. 现金预算的概念

现金预算也称现金收支预算，它是以日常业务预算和特种决策预算为基础所编制的反映现金收支情况的预算。这里的现金是指企业的库存现金和银行存款等货币资金。现金预算的内容包括现金收入、现金支出、现金多余或不足的计算，以及不足部分的筹措方案和多余部分的利用方案等。编制现金预算的目的在于合理地处理现金收支业务，调度资金，保证企业财务的正常运转。

2. 现金预算的编制

现金预算实际上是其他预算有关现金收支部分的汇总，以及收支差额平衡措施的具体计划。它的编制要以其他各项预算为基础，或者说其他预算在编制时要为现金预算做好数据准备。

1) 销售预算的编制

销售预算是指为规划一定预算期内因组织销售活动而引起的预计销售收入而编制的一种日常业务预算。销售预算需要在销售预测的基础上，根据企业年度目标利润确定的预计销售量、销售价格和销售额等参数编制，它是整个预算的起点，其他预算的编制都以销售预算作为基础。

销售预算的编制依据主要是：市场预测资料、销货合同和尚未交货的订货量等历史数据；价格决策确定的销售单价；销售货款收回的规定等。销售预算在实际工作中要求分品种、月份、销售区域来反映。

销售预算的编制程序如下。
(1) 计算各种产品的预计销售收入。
(2) 计算预算期所有产品的预计销售收入总额。
(3) 预计在预算期发生的与销售收入相关的增值税和销项税税额。
(4) 预计预算期含税销售收入。

为了便于编制财务预算，还应在编制销售预算的同时，编制与销售收入有关的经营现金收入预算表，以反映全年及各季销售所得的现销含税收入和回收以前期应收账款的现金收入。

【例 13.4】 甲公司生产经营 A、B 两种产品，2008 年年初应收账款数据和各季预测的销售价格和销售数量等资料见表 13-3。

要求：为甲公司编制 2008 年度的销售预算和现金收入预算表(平均单价保留两位小数，其余计算结果保留整数)。

表 13-3 甲公司 2008 年度的预计销售单价、预计销售量和其他资料

项 目		一	二	三	四	年初应收账款	增值税率	收款率 首期	收款率 二期
A产品	预计销售量/件	1 000	1 400	1 400	1 200	5 000	17%	70%	30%
A产品	销售单价/(元/件)	105	105	105	105				
B产品	预计销售量/件	800	1 000	1 200	1 400	6 000			
B产品	销售单价/(元/件)	80	80	80	85				

解：根据表 13-3 的资料，可以编制甲公司 2008 年度的销售预算，见表 13-4。

表 13-4 甲公司 2008 年度的销售预算

项 目		一	二	三	四	全年	资料来源
A产品	预计销售量/件	1 000	1 400	1 400	1 200	5 000	表 13-3
A产品	销售单价/(元/件)	105	105	105	105		表 13-3
B产品	预计销售量/件	800	1 000	1 200	1 400	4 400	表 13-3
B产品	销售单价/(元/件)	80	80	80	85		表 13-3
销售收入/元	A产品	105 000	147 000	147 000	126 000	525 000	
销售收入/元	B产品	64 000	80 000	96 000	119 000	359 000	
销售收入/元	合计	169 000	227 000	243 000	245 000	884 000	
增值税销项税额/元		28 730	38 590	41 310	41 650	150 280	
含税销售收入/元		197 730	265 590	284 310	286 650	1 034 280	
现销收入/元		138 411	185 913	199 017	200 655	723 996	
回收前期应收账款/元		11 000	59 319	79 677	85 293	235 289	
现金收入合计/元		149 411	245 232	278 694	285 948	959 285	

根据表中的数据可以很方便地计算出甲公司年末应收账款的余额

年末应收账款余额=286 650×30%=85 995(元)

2) 生产预算的编制

生产预算是指为规划一定预算期内预计生产量水平而编制的一种日常业务预算。

生产预算需要根据预计的销售量按品种分别编制。由于企业的生产和销售不能做到"同步同量"，必须设置一定的存货，以保证均衡生产。因此，预算期间除必须备有充足的产品以供销售外，还应考虑预计期初存货和预计期末存货等因素。预计期末存货通常按照下期销售量的一定百分比确定，期末存货确定后，各期预计生产量就可以按以下公式计算

预计生产量=预计销售量+预计期末存货量-预计期初存货量

【例 13.5】 承【例 13.4】，甲公司 A、B 两种产品 2008 年年初的预计存货量和年末的预计存货量等资料见表 13-5。

要求：编制该公司的生产预算。

表 13-5 甲公司 2008 年度的预计存货资料

单位：件

品种	年初产成品存货量	年末产成品存货量	年初在产品存货量	年末在产品存货量	预计期末产成品占下期销量的百分比
A 产品	100	120	0	0	10%
B 产品	80	150	0	0	10%

解：根据表 13-5 资料，可以编制甲公司 2008 年度的生产预算见表 13-6。

表 13-6 甲公司 2008 年度的生产预计

单位：件

品种	项目	一	二	三	四	全年	资料来源
A 产品	预计销售量	1 000	1 400	1 400	1 200	5 000	表 13-3
	加：预计期末存货量	140	140	120	120	120	表 13-5
	减：预计期初存货量	100	140	140	120	100	表 13-5
	预计生产量	1 040	1 400	1 380	1 200	5 020	
B 产品	预计销售量	800	1 000	1 200	1 400	4 400	表 13-3
	加：预计期末存货量	100	120	140	150	150	表 13-5
	减：预计期初存货量	80	100	120	140	80	表 13-5
	预计生产量	820	1 020	1 220	1 410	4 470	

3）直接材料预算的编制

直接材料预算是为规划一定预算期内因组织生产活动和材料采购活动预计发生的直接材料需用量、采购数量和采购成本而编制的一种经营预算。

本预算以生产预算、材料消耗定额和预计材料采购单价等信息为基础，并考虑期初期末存货水平。直接材料预算包括需要量预算和采购预算两个部分。

预算期某产品消耗某种直接材料预计需用量=该产品耗用该材料的消耗定额×该产品预算期的预计生产量   (13-1)

预算期某种直接材料预计采购量=该种材料预计需用量+该种材料的预计期末库存量-该种材料的预计期初库存量   (13-2)

在实践中，材料的预计期初库存量等于预计期末库存量。

为了便于编制现金预算，通常要编制与材料采购有关的各季度预计材料采购现金支出预算。

【例 13.6】 承【例 13.5】，甲公司生产经营的 A、B 两种产品 2008 年度需用的各种材料消耗定额及其采购单价资料见表 13-7。各种材料年初和年末的存货量以及相关资料见表 13-8。

要求：为甲公司编制 2008 年度的直接材料需用量预算、采购预算和材料采购现金支出预算(平均单价保留两位小数,其他计算结果保留整数)。

表 13-7　甲公司 2008 年度的材料消耗定额及采购单价资料

项目	材料名称	一	二	三	四
A 产品材料消耗定额/(千克/件)	a 材料	3	3	3	3
	b 材料	2	2	2	2
B 产品材料消耗定额/(千克/件)	a 材料	5	5	5	5
	c 材料	2	2	2	2
材料采购单价/(元/千克)	a 材料	4	4	4	4
	b 材料	5	5	5	5
	c 材料	6	6	6	6
	d 材料				10

表 13-8　甲公司 2008 年度的材料存货量及其他资料

材料名称	年初存货量/kg	年末存货量/kg	预计期末存货量占下期需用量的百分比	年初余额/元		付款率	
				库存材料	应付账款	首期	二期
a 材料	1 000	1 200	20%	8 300	29 600	70%	30%
b 材料	500	700	20%				
c 材料	300	500	20%				
d 材料	0	1 000	*				

注:*为下一年度开发 C 产品作准备,于第四季度购买。

解:根据表 13-7、表 13-8 资料,可以编制甲公司 2008 年度的直接材料需用量预算,见表 13-9。

表 13-9　甲公司 2008 年度的直接材料需用量预算

品种	项目	材料名称	一	二	三	四	全年	资料来源
A 产品	材料单耗/(千克/件)	a 材料	3	3	3	3	3	表 13-7
		b 材料	2	2	2	2	2	表 13-7
	预计生产量/件		1 040	1 400	1 380	1 200	5 020	表 13-6
	预计生产需用量/千克	a 材料	3 120	4 200	4 140	3 600	15 060	
		b 材料	2 080	2 800	2 760	2 400	10 040	
B 产品	材料单耗/(千克/件)	a 材料	5	5	5	5	5	表 13-7
		c 材料	2	2	2	2	2	表 13-7

续表

品种	项目	材料名称	一	二	三	四	全年	资料来源
B 产品	预计生产量/件		820	1 020	1 220	1 410	4 470	表 13-6
	预计生产需用量/kg	a 材料	4 100	5 100	6 100	7 050	22 350	
		c 材料	1 640	2 040	2 440	2 820	8 940	
本期生产需用总量/kg		a 材料	7 220	9 300	10 240	10 650	37 410	
		b 材料	2 080	2 800	2 760	2 400	10 040	
		c 材料	1 640	2 040	2 440	2 820	8 940	
		d 材料	0	0	0	0	0	
加：预计期末材料存量		a 材料	1 860	2 048	2 130	1 200	1 200	表 13-8
		b 材料	560	552	480	700	700	表 13-8
		c 材料	408	488	564	500	500	表 13-8
		d 材料	0	0	0	1 000	1 000	表 13-8
减：预计期初材料存量		a 材料	1 000	1 860	2 048	2 130	1 000	表 13-8
		b 材料	500	560	552	480	500	表 13-8
		c 材料	300	408	488	564	300	表 13-8
		d 材料	0	0	0	0	0	表 13-8
本期采购量		a 材料	8 080	9 488	10 322	9 720	37 610	
		b 材料	2 140	2 792	2 688	2 620	10 240	
		c 材料	1 748	2 120	2 516	2 756	9 140	
		d 材料	0	0	0	1 000	1 000	
材料采购单价/(元/千克)		a 材料	4	4	4	4	4	表 13-7
		b 材料	5	5	5	5	5	表 13-7
		c 材料	6	6	6	6	6	表 13-7
		d 材料				10	10	表 13-7
材料采购成本/元		a 材料	32 320	37 952	41 288	38 880	150 440	
		b 材料	10 700	13 960	13 440	13 100	51 200	
		c 材料	10 488	12 720	15 096	16 536	54 840	
		d 材料	0	0	0	10 000	10 000	
		合计	53 058	64 632	69824	78 516	266 480	
增值税进项税额			9 096.36	10 987.44	11 870.08	13 347.72	45 301.6	
材料含税采购成本			62 604.36	75 619.44	81 694.08	91 863.72	311 781.6	
当期现购材料成本			43 823.05	52 933.61	57 185.86	64 304.6	218 247.12	
偿付前期材料成本			29 600	18 781.31	22 685.83	24 508.32	95 575.364	表 13-8
当期现金支出			73 423.05	71 714.92	79 871.69	88 812.83	313 822.48	

根据表中的数据还可以很方便地计算出甲公司年末应付账款的余额

年末应付账款的余额=91 863.72×30%=27 559.12(元)

4) 应交税金及附加预算的编制

应交税金及附加预算是指为规划一定预算期内预计发生的应交增值税、营业税、消费税、资源税、城市维护建设税和教育费附加金额而编制的一种经营预算。

本预算中不包括预交所得税和直接计入管理费用的印花税。由于税金需要及时清缴，为简化预算方法，可以假定预算期内发生的各项税金及附加均于当期以现金形式支付。

应交税金及附加预算需要根据销售预算、材料采购预算的相关数据和适用税率等资料来编制，有关指标的估算的公式为

某期预计发生的应交税金及附加=某期预计发生的销售税金及附加+该期预计应交增值 (13-3)

预计发生的销售税金及附加包括预计应交营业税、预计应交消费税、预计应交资源税、预计应交城市维护建设税和预计应交教育费附加。预计应交营业税、消费税均等于应纳税额与适用税率的乘积；应交资源税按照应税产品的课税数量和规定的单位税额计算；应交城市维护建设税和应交教育费附加分别等于预计应交营业税、消费税和增值税之和与适用的附加税率或征收率的乘积。

预计应交增值税有两种估算方法：第一种方法是简捷法，通过某期预计销售收入与应交增值税估算率的乘积来估算，这种方法比较简单，可以直接估算出某期应交的增值税，缺点是存在一定的误差；第二种方法是常规法，即按照增值税的实际计税方法进行估算，这种方法的优点是与实际方法一致，缺点是需要分别估算销项税额和进项税额，比较麻烦。

【例 13.7】 承【例 13.6】，甲公司 2008 年各季度预计的增值税销项税额和增值税进项税额分别见表 13-4 和表 13-9，假定该公司流通环节只交纳增值税(则销售税金及附加=应交增值税×附加税费率)，并于实现销售的当期(每季度)用现金完税(城市维护建设税和教育费附加税费率为 10%)。

现编制甲公司 2008 年应交税金及附加预算，见表 13-10。

表 13-10 甲公司 2008 年度的应交税金及附加预算

单位：元

项目	一	二	三	四	全年	资料来源
增值税销项税额	28 730	38 590	41 310	41 650	150 280	表 13-4
增值税进项税额	9 096.36	10 987.44	11 870.08	13 347.72	45 301.6	表 13-9
应交增值税	19 633.64	27 602.56	29 439.92	28 302.28	104 978.4	
销售税金及附加	1 963.36	2 760.25	2 943.99	2 830.23	10 497.84	
现金支出合计	21 597	30 362.82	32 383.91	31 132.51	115 476.2	

5) 直接人工预算的编制

直接人工预算是指为规划一定预算期内人工工时的消耗水平和人工成本水平而编制的一种经营预算。直接人工成本包括直接工资和按直接工资的一定比例计算的其他直接费用。

该预算是以生产预算为基础编制的，根据生产预算中预计的生产量和生产单位产品所需的工时计算出各期所需的直接人工小时数，再乘以小时工资率，计算出各期预计的直接人工成本。单位产品所需的直接人工小时数，可根据规定的劳动定额和历史资料来确定。

【例 13.8】 承【例 13.7】，甲公司 2008 年单位工时工资率和工时定额资料见表 13-11。

表 13-11 甲公司 2008 年度的单位工时工资率和工时定额资料

项目		一	二	三	四	其他直接费用计提标准	预计其他直接费用支出率
单位产品定额工时/h	A产品	4	4	4		3%	70%
	B产品	5	5	5	5		
单位工时工资率(元/小时)		3	3	3	3		

根据表 13-11 资料，可以编制甲公司 2008 年度的直接人工预算见表 13-12。

表 13-12 甲公司 2008 年度的直接人工预算

品种	项目	一	二	三	四	全年	资料来源
	全公司单位工时工资率	3	3	3	3		表 13-11
A产品	单位产品工时定额/h	4	4	4	4	4	表 13-11
	预计生产量/件	1 040	1 400	1 380	1 200	5 020	表 13-6
	直接人工工时数/h	4 160	5 600	5 520	4 800	20 080	
	预计直接工资	12 480	16 800	16 560	14 400	60 240	
	其他直接费用	374.4	504	496.8	432	1 807.2	
	直接人工成本合计/元	12 854.4	17 304	17 056.8	14 832	62 047.2	
	单位工时直接人工成本/(元/小时)	3.09	3.09	3.09	3.09	3.09	
B产品	单位产品工时定额/h	5	5	5	5	5	表 13-11
	预计生产量/件	820	1 020	1 220	1 410	4 470	表 13-6
	直接人工工时数/h	4 100	5 100	6 100	7 050	22 350	
	预计直接工资	12 300	15 300	18 300	21 150	67 050	
	其他直接费用	369	459	549	634.5	2 011.5	
	直接人工成本合计/元	12 669	15 759	18 849	21 784.5	69 061.5	
	单位工时直接人工成本/(元/小时)	3.09	3.09	3.09	3.09	3.09	
合计	直接工资总额	24 780	32 100	34 860	35 550	127 290	
	其他直接费用	743.4	963	1 045.8	1 066.5	3 818.7	
	直接人工成本合计	25 523.4	33 063	35 905.8	36 616.5	131 108.7	
	预计其他直接费用支出	520.38	674.1	732.06	746.55	2 673.09	
	直接人工成本现金支出合计	25 300.38	32 774.1	35 592.06	36 296.55	129 963.1	

6) 制造费用预算的编制

制造费用预算是指为规划一定预算期内，除直接材料和直接人工预算以外预计发生的其他生产费用水平而编制的一种日常业务预算。

制造费用预算通常分为变动制造费用和固定制造费用两部分。变动制造费用预算根据预计生产量和预计变动费用分配率计算；固定制造费用可在上期的基础上根据预期变动适

当加以修正进行预计,并作为期间成本直接列入利润表,以作为收入的扣除项目。其中,变动费用分配率可按以下公式计算

$$变动费用分配率=变动性制造费用÷相关分配标准预算 \qquad (13-4)$$

式中,相关分配标准预算可以在生产预算或直接人工工时总额预算中选择,在多品种情况下,一般可以按后者进行分配。

在制造费用项目中,大部分是需要当前用现金支付的,但也有一部分是非付现成本,比如固定资产折旧费等。因此,为了便于编制现金预算,在编制制造费用预算时也应该包括一个预算现金支出的部分。

【例 13.9】 承【例 13.8】,甲公司 2008 年变动制造费用按直接人工工时比例分配,资料见表 13-13。

表 13-13 甲公司 2008 年度的制造费用预算资料

固定制造费用	金额	变动制造费用	金额
管理人员工资	8 000	间接材料	18 000
保险费	3 000	间接人工成本	18 800
设备租金	2 500	水电费	14 500
维修费	1 700	维修费	5 980.5
折旧费	12 000	合　计	57 280.5
合计	27 200	直接人工总工时	42 430
其中:付现费用	15 200	预算分配率	1.35

根据表 13-13 资料,可以编制甲公司 2008 年度的制造费用预算,见表 13-14。

表 13-14 甲公司 2008 年度的制造费用预算

项目		一	二	三	四	全年	资料来源
直接人工工时	A 产品	4 160	5 600	5 520	4 800	20 080	表 13-12
	B 产品	4 100	5 100	6 100	7 050	22 350	表 13-12
变动制造费用	A 产品	5 616	7 560	7 452	6 480	27 108	
	B 产品	5 535	6 885	8 235	9 517.5	30 172.5	
付现的固定制造费用		3 800	3 800	3 800	3 800	15 200	
现金支出合计		14 951	18 245	19 487	19 797.5	72 480.5	

7) 产品成本预算的编制

产品成本预算是指为规划一定预算期内每种产品的单位产品成本、生产成本、销售成本等内容而编制的一种日常业务预算。

产品成本预算是对生产预算、直接材料预算、直接人工预算、制造费用预算的汇总;同时,也为编制预计利润表和预计资产负债表提供数据。

该预算必须按照各种产品进行编制,其程序与存货的计价方法密切相关;不同的存货计价方法需要采取不同的预算编制方法。此外,不同的成本计算模式也会产生不同的影响。

为简化程序，假定企业只编制全年的产品成本预算，不编制分季度预算。

【例13.10】承【例13.9】，现根据上述资料分别编制A、B两种产品2008年度产品成本预算，见表13-15和表13-16。

表13-15 甲公司2008年度A产品成本预算(1)

品名：A产品　　　　　　　　　计划产量：5 020　　　　　　　　　单位：元

成本项目		单价	单位用量	单位成本	总成本	资料来源
直接材料	a材料	4	3	12	60 240	表13-9
	b材料	5	2	10	50 200	表13-9
	小计			22	110 440	
直接人工		3.09	4	12.36	62 047.2	表13-12
变动制造费用		1.35	4	5.4	27 108	表13-13
合计				39.76	199 595.2	
加：在产品及自制半成品的期初余额				0	0	表13-5
减：在产品及自制半成品的期末余额				0	0	
预计产品生产成本				39.76	199 595.2	
加：产成品期初余额				40	4 000	表13-5
减：产成品期末余额				39.76	4 771.2	表13-5
预计产品销售成本				39.76	198 824	表13-4、表13-5、表13-6

表13-16 甲公司2008年度B产品成本预算(2)

品名：B产品　　　　　　　　　计划产量：4 470　　　　　　　　　单位：元

成本项目		单价	单位用量	单位成本	总成本	资料来源
直接材料	a材料	4	5	20	89 400	表13-9
	c材料	6	2	12	53 640	表13-9
	小计			32	143 040	
直接人工		3.09	5	15.45	69 061.5	表13-12
变动制造费用		1.35	5	6.75	30 172.5	表13-13
合计				54.2	242 274	
加：在产品及自制半成品的期初余额				0	0	表13-5
减：在产品及自制半成品的期末余额				0	0	
预计产品生产成本				54.2	242 274	
加：产成品期初余额				50	4 000	表13-5
减：产成品期末余额				54.2	8 130	表13-5
预计产品销售成本				54.12	238 144	表13-4、表13-5、表13-6

8) 期末存货预算的编制

期末存货预算是指为规划一定预算期末的在产品、产成品和原材料预计成本水平而编制的一种日常业务预算。

由于本预算与产品成本预算密切相关，因此它也受到存货计价方法的影响。如果产成品采用先进先出法计价时，则期末产成品存货成本预算额等于产品成本预算中各种产品的产成品期末余额之和；期末原材料存货成本预算额为各种材料期末余额之和。

为了简化预算过程，可假定期末在产品存货为零，通常期末存货预算也只是编制年末预算，不编制分季度预算。

如果原材料采用后进先出法计价，则某种原材料期末存货成本预算的计算公式如下

某种原材料期末余额=该种原材料期初余额+本期该种材料预计采购成本-本期预计耗用该种材料成本　　　　　　　　　　　　　　　　　　　　　　　　　　　　　　　　(13-5)

期末存货余额预算可按以下公式计算

某期期末存货余额=该期在产品存货期末余额+该期产成品存货期末余额+该期原材料存货期末余额　　　　　　　　　　　　　　　　　　　　　　　　　　　　　　　　　　(13-6)

【例 13.11】 承【例 13.10】，甲公司 2008 年直接材料采购预算和产品成本预算分别见表 13-9、表 13-15 和表 13-16。假定产成品按先进先出法计价，原材料按后进先出法计价，产品成本按变动成本法计算。

现编制甲公司 2008 年的期末存货预算，见表 13-17。

表 13-17 甲公司 2008 年度的期末存货预算

单位：元

项目		单位成本	期末存货量	期末存货成本	资料来源
在产品存货	A 产品	0	0	0	表 13-15
	B 产品	0	0	0	表 13-16
	小计			0	
产成品存货	A 产品	39.76	120	4 771.2	表 13-15、表 13-6
	B 产品	54.2	150	8 130	表 13-16、表 13-6
	小计			12 901.2	
材料存货		年初材料成本	本年材料采购成本	本年耗用材料成本		
				A 产品	B 产品		
	a 材料	4 000	150 440	60 240	89 400	4 800	表 13-7、表 13-8、表 13-9、表 13-15、表 13-16、
	b 材料	2 500	51 200	50 200	0	3 500	表 13-7、表 13-8、表 13-9、表 13-15
	c 材料	1 800	54 840	0	53 640	3 000	表 13-7、表 13-8、表 13-9、表 13-16
	d 材料	0	10 000	0	0	10 000	表 13-7、表 13-8、表 13-9
	小计	8 300	266 480	110 440	143 040	21 300	
期末存货合计						34 201.2	

9) 销售费用预算的编制

销售费用预算是指为规划一定预算期内企业在销售阶段组织产品销售、预计发生各项费用水平而编制的一种日常业务预算。

销售费用预算的编制方法与制造费用预算的编制方法非常接近，也可将其划分为变动性和固定性两部分费用。但对随销售量成正比例变动的那部分变动性销售费用，只需要反映各个项目的单位产品费用分配额即可。对于固定性销售费用，只需要按项目反映全年预计水平。

销售费用预算也要编制相应的现金支出预算。

对于固定性销售费用的现金支出可以根据全年固定性销售费用的预算总额扣除其中的非付现成本(如销售机构的折旧费)的差额在年内各季度平均分摊。

【例13.12】 承【例13.11】，甲公司2008年变动销售费用按各种产品预计销售量比例分配，除折旧以外的各种销售费用均以现金支付，除了注明资料外，其余均为已知资料。其销售费用预算见表13-18。

表13-18 甲公司2008年度销售费用预算

单位：元

项目		一	二	三	四	全年	资料来源
变动销售费用	销售佣金	4 000	4 900	5 800	5 900	20 600	
	销售运杂费	2 400	2 940	3 480	3 540	12 360	
	其他	1 600	1 960	2 320	2 360	8 240	
	小计	8 000	9 800	11 600	11 800	41 200	
预计销售量	A产品	1 000	1 400	1 400	1 200	5 000	表13-3
	B产品	800	1 000	1 200	1 400	4 400	表13-3
变动销售费用分配率	A产品	4	4	4	4	4	各季可变动
	B产品	5	5	5	5	5	各季可变动
变动销售费用	A产品	4 000	5 600	5 600	4 800	20 000	
	B产品	4 000	5 000	6 000	7 000	22 000	
	小计	8 000	10 600	11 600	11 800	42 000	
固定销售费用	管理人员工资	4 000	4 000	4 000	4 000	16 000	
	折旧	600	600	600	600	2 400	
	专设销售机构办公费	1 000	1 000	1 000	1 000	4 000	
	宣传广告费	900	900	900	900	3 600	
	其他	1 000	1 000	1 000	1 000	4 000	
	小计	7 500	7 500	7 500	7 500	30 000	
销售费用合计		15 500	18 100	19 100	19 300	72 000	
减：折旧		600	600	600	600	2 400	
现金支出的费用		14 900	17 500	18 500	18 700	69 600	

10) 管理费用预算的编制

管理费用预算是指为规划一定预算期内因管理企业预计发生的各项费用水平而编制的一种日常业务预算。

管理费用多属于固定成本，所以一般是以过去的实际开支为基础，按预算期的可预见变化来调整。重要的是必须充分考察每种费用是否必要，以提高费用效率。

在编制管理费用总额预算的同时，还需要分季度编制管理费用现金支出预算。在假定管理费用均为固定成本的条件下，某季度预计管理费用现金支出为全年的平均数，计算公式为

某季度预计管理费用现金支出=(该年度预计管理费用-预计年度折旧费-预计年摊销费)÷4 (13-7)

式中的折旧费和摊销费分别是指在管理费用中列支的折旧费和无形资产摊销额。

【例13.13】承【例13.12】，在甲公司2008年预计管理费用中(假定均为固定成本)，除折旧和无形资产摊销以外的各种管理费用均以现金支付，预算所用资料均为已知资料。其管理费用预算见表13-19。

表13-19 甲公司2008年度管理费用预算

单位：元

项目	一	二	三	四	全年
公司经费	4 000	4 000	4 000	4 000	16 000
工会经费	1 500	1 500	1 500	1 500	6 000
办公室	1 500	1 500	1 500	1 500	6 000
董事会费	2 250	2 250	2 250	2 250	9 000
折旧	1 000	1 000	1 000	1 000	4 000
无形资产摊销	600	600	600	600	2 400
职工培训费	2 000	2 000	2 000	2 000	8 000
其他	500	500	500	500	2 000
费用合计	13 350	13 350	13 350	13 350	53 400
减：折旧	1 000	1 000	1 000	1 000	4 000
无形资产摊销	600	600	600	600	2 400
现金支出的费用	11 750	11 750	11 750	11 750	47 000

11) 特种决策预算的编制

特种决策预算是指与项目投资决策密切相关的投资决策预算，又称资本支出预算。由于这类预算涉及长期建设项目的投资、投放与筹措等，并经常跨年度，因此，除个别项目外一般不纳入日常业务预算，但应计入与此有关的现金预算与预计资产负债表。

【例13.14】承【例13.13】，甲公司为了形成开发新产品(C产品)的生产能力，现决定2008年上马一条新的生产线，年内安装调试完毕，年末交付使用。该固定资产投资的明细项目及其分次支付时间见表13-20。预计发生固定资产投资100 000元。C产品需用的主要原材料为d材料，其预计单价为10元/千克，第四季度采购量为1 000千克。

根据以上资料，现编制甲公司2008年度C产品生产线项目投资预算，见表13-20。

表 13-20 甲公司 2008 年度 C 产品生产线项目投资预算

单位：元

项目	一	二	三	四	全年
固定资产投资：					
勘察设计费	1 500	1 500			3 000
土建工程	20 000	20 000			40 000
设备购置			20 000	20 000	40 000
安装工程				15 000	15 000
其他			1 000	1 000	2 000
固定资产投资合计	21 500	21 500	21 000	36 000	100 000
流动资产投资：					
d 材料采购(下年度使用)				10 000	10 000
投资支出总计	21 500	21 500	21 000	46 000	110 000

需要指出的是，该项目的建设期为一年，2008 年度应付公司债券的利息为 2 000 元 (20 000×10%×1)，该利息须资本化，计入固定资产原值，则预算期完工的固定资产价值= 100 000+2 000=102 000(元)。

此外，在本预算中，只有 d 材料采购已被纳入直接材料采购预算(表 12-9)，其余均未涉及日常经营预算。

【例 13.15】 承【例 13.14】，甲公司根据预算期间的现金预算情况，为筹集所需资金，于年初从中国工商银行借入利率为 4%、期限为 6 个月的短期借款 20 000 元；同时，为了形成开发新产品(C 产品)的生产能力，于年初发行票面利率为 10%、期限为 3 年、每年末支付一次利息、到期一次性还本的公司债券，预计发行收入为 20 000 元；在第三季度末各转让短期投资 5 000 元，以获得现金。

现根据以上资料编制甲公司 2008 年度资金筹措预算，见表 13-21。

表 13-21 甲公司 2008 年度资金筹措预算

单位：元

资金来源：				
项目	时间	本金	期限	利率
从工行借入短期借款	第一季度初	20 000	6 个月	4%
发行公司债券	第一季度初	20 000	3 年	10%
转让短期投资	第三季度末	5 000		

资金偿还								
项目	第一季度末		第二季度末		第三季度末		第四季度末	
	本金	利息	本金	利息	本金	利息	本金	利息
归还工行短期借款		200	20 000	200				
归还以前年度长期贷款		2 250		2 250	60 000	2 250		
偿还公司债券								2 000

其中：长期借款利率为 15%。

续表

短期投资:

项目	第一季度末	第二季度末	第三季度末	第四季度末
购买股票				35 000
购买公司债券		23 000		

【例 13.16】 承【例 13.15】,甲公司董事会决定在 2008 年预算期间每季末支付股利 1 000 元,全年共 4 000 元;又根据税法规定,2008 年预算期间每季末预付所得税 2 000 元,全年共 8 000 元。

现根据以上资料编制甲公司 2008 年度一次性专门决策预算,见表 13-22。

表 13-22 甲公司 2008 年度一次性专门决策预算

单位:元

专门业务名称	支付对象	支付时间				合计
		第一季度末	第二季度末	第三季度末	第四季度末	
预付所得税	税务局	2 000	2 000	2 000	2 000	8 000
预付股利	股东	1 000	1 000	1 000	1 000	4 000

12) 财务费用预算的编制

财务费用预算是指为规划一定预算期内因筹资预计发生的各项费用水平而编制的一种日常业务预算。

【例 13.17】 承【例 13.16】,根据甲公司 2008 年度的现金预算情况(表 13-21)编制财务费用预算,见表 13-23。

表 13-23 甲公司 2008 年度财务费用预算

单位:元

项目	一	二	三	四	全年	资料来源
应计并支付短期借款利息	200	200			400	表 13-21
应计并支付长期借款利息	2 250	2 250	2 250		6 750	表 13-21
应计并支付公司债券利息				2 000	2 000	表 13-21
支付利息合计	2 450	2 450	2 250	2 000	9 150	
减:资本化利息				2 000	2 000	
预计财务费用	2 450	2 450	2 250		7 150	

13) 现金预算的编制

现金预算是一定预算期内现金收入与现金支出安排平衡的预算,是全部经济活动有关现金收支方面的汇总反映。现金预算主要包括现金收入、现金支出、现金余缺、资金筹措及运用等方面。"现金余缺"部分列示现金收入合计与现金支出合计的差额。差额为正说明收大于支,现金有多余,可以用于偿还过去向银行取得的借款,或者用于短期投资。差额为负说明支大于收,现金不足,需要向银行取得新的借款。

【例 13.18】 承【例 13.17】,假定甲公司 2008 年初现金余额为 5 000 元,其他资料见以上各例中的各项预算。该公司现金余额最低应保持 4 000 元,最高为 7 000 元。现金收支预算见表 13-24。

表 13-24 甲公司 2008 年度现金收支预算

单位：元

季度	一	二	三	四	全年	资料来源
期初现金余额	5 000	5 539.564	4 474.732	4 334.072	5 000	表 13-4
加：销售现金收入	149 411	245 232	278 694	285 948	959 285	
现金收入合计	154 411	250 771.6	283 168.7	290 282.1	964 285	
减：现金支出						
直接材料	73 423.05	71 714.92	79 871.69	88 812.83	313 822.5	表 13-9
应交税金及附加预算	21 597	30 362.82	32 383.91	31 132.51	115 476.2	表 13-10
直接人工	25 300.38	32 774.1	35 592.06	36 296.55	129 963.1	表 13-12
制造费用	14 951	18 245	19 487	19 797.5	72 480.5	表 13-14
销售费用	14 900	17 500	18 500	18 700	69 600	表 13-18
管理费用	11 750	11 750	11 750	11 750	47 000	表 13-19
设备购置	21 500	21 500	21 000	36 000	100 000	表 13-20
所得税	2 000	2 000	2 000	2 000	8 000	表 13-22
投资者利润	1 000	1 000	1 000	1 000	4 000	表 13-22
合计	186 421.4	206 846.8	221 584.7	245 489.4	860 342.3	
现金余缺	−32 010.4	43 924.73	61 584.07	44 792.69	103 942.7	
筹资与运用						
银行短期借款	20 000				20 000	表 13-21
发行公司债券	20 000				20 000	表 13-21
发行普通股股票					0	表 13-21
转让短期投资		0	5 000		5 000	
偿还银行借款	0	20 000	60 000	0	80 000	表 13-21
*支付借款利息	2 450	2 450	2 250	0	7 150	表 13-21
支付公司债券利息				2 000	2 000	表 13-21
短期投资	0	17 000	0	36 000	53 000	
期末现金余额	5 539.564	4 474.732	4 334.072	6 792.686	6 792.686	

注：*可根据支付长期贷款利息和短期借款利息的分季度合计数编制财务费用预算。

13.3.2 预计财务报表的编制

预计的财务报表包括预计利润表和预计资产负债表等。

预计财务报表的作用与历史实际的财务报表不同，主要是为企业财务管理服务，是控制企业资金、成本和利润总量的重要手段。

1. 预计利润表的编制

预计利润表是指以货币形式综合反映预算期内企业经营活动成果(包括利润总额、净利润)、计划水平的一种财务预算。编制预计利润表的主要依据是销售预算、产品成本预算、应交税金及附加预算、销售费用预算、管理费用预算和财务费用预算、制造费用预算等有关资料，通常是按年度进行编制的。

【例 13.19】 承【例 13.18】，甲公司 2008 年度的销售预算、产品成本预算、制造费用预算、销售费用预算、管理费用预算和财务费用预算资料见以上各例中的各项预算。现按变动成本法为甲公司编制甲公司 2008 年度的预计利润表及预计利润分配表，见表 13-25。

表 13-25　甲公司 2008 年度预计利润表及利润分配表(变动成本法)

单位：元

项　　目	金　　额	资　料　来　源
销售收入	884 000	表 13-4
减：销货变动成本		
期初产成品存货成本	8 000	表 13-15、表 13-18
本期产成品存货成本	441 869.2	表 13-15、表 13-18
可供销售的产成品存货成本	449 869.2	
期末产成品存货成本	12 901.2	表 13-15、表 13-18
本期销货变动成本合计	436 968	表 13-15、表 13-18
销售税金及附加	10 497.84	表 13-10
边际贡献(制造部分)	436 534.16	
减：变动非生产成本		
变动管理费用	0	表 13-19
变动销售费用	42 000	表 13-18
变动非生产成本合计	42 000	
边际贡献(最终)	394 534.16	
减：固定成本		
固定制造费用	27 200	表 13-13
固定管理费用	53 400	表 13-19
固定销售费用	30 000	表 13-18
固定财务费用	7 150	表 13-23
固定成本合计	117 750	
税前利润	276 784.16	
减：所得税(33%)	91 338.77	
净利润	185 445.39	
加：年初未分配利润	15 000	上年末未分配利润
其他转入	0	
可供分配的利润	200 445.39	
减：提取法定盈余公积	18 544.54	提取比例为 10%
可供投资者分配的利润	181 900.85	
减：提取任意盈余公积	0	提取比例为 0%
向投资者分配股利	66 760.34	股利分配率为 40%
年末未分配利润	115 140.51	

2. 预计资产负债表的编制

预计资产负债表是指用于总括反映企业预算期末财务状况的一种财务预算，它与实际资产负债表在内容、格式上应基本一致。预计资产负债表中除上年期末数已知外，其余项目均应在前述各项日常业务预算和专门决策预算的基础上分析填列。

【例 13.20】 承【例 13.19】，甲公司现根据 2008 年度的经营预算、特种决策预算、现金预算和预计利润分配表的有关资料，编制 2008 年 12 月 31 日的预计资产负债表，见表 13-26。

表 13-26 甲公司 2008 年 12 月 31 日预计资产负债表

单位：元

资产	金额		负债及所有者权益	金额	
	年初数	期末数		年初数	期末数
流动资产：			流动负债：		
货币资金	5 000	6 792.686	短期借款		
短期投资	20 000	68 000	应付账款	29 600	27 559.12
应收账款	11 000	85 995	应付福利费	10 400	11 545.61
存货	16 300	34 201.2	应交税金	0	83 338.77
流动资产合计	52 300	194 988.9	应付股利	0	62 760.34
			流动负债合计	40 000	185 203.8
长期投资：					
长期股票投资			长期负债：		
长期债券投资			长期借款	60 000	
长期投资合计			应付债券		20 000
			长期负债合计	60 000	20 000
固定资产：					
固定资产原价	260 000	362 000	负债合计	100 000	205 203.8
减：累计折旧	30 000	48 400			
固定资产净值	230 000	313 600	所有者权益：		
固定资产合计	230 000	313 600	实收资本	140 000	140 000
			资本公积	13 000	13 000
无形资产及其他资产：			盈余公积	32 000	50 544.54
无形资产	17 700	15 300	未分配利润	15 000	115 140.5
其他资产			所有者权益合计	200 000	318 685
无形资产及其他资产合计	17 700	15 300			
资产总计	300 000	523 888.9	负债与所有者权益总计	300 000	523 888.9

本 章 小 结

财务预算是一系列专门反映企业未来一定预算期内预计财务状况和经营成果,以及现金收支等价值指标的各种预算的总称,具体包括现金预算、财务费用预算、预计利润表、预计资产负债表等内容。财务预算具有规划、沟通与协调、资源分配、营运控制、绩效评估等功能。财务预算是全面预算的最后环节,在全面预算体系中具有举足轻重的地位。

财务预算的方法按业务量基础的数量特征可分为固定预算和弹性预算方法;按编制成本费用预算出发点的特征可分为增量预算和零基础预算方法;按预算期的时间特征可分为定期预算和滚动预算方法,每种预算方法都有自己的优缺点。财务预算的编制必须以日常现金预算和特种决策预算为基础,财务预算中的预计财务报表包括预计利润表和预计资产负债表。

案例分析

财务预算管理的思考——中石化应用案例分析

2000年10月,中石化经过重组分别在中国香港、美国纽约、英国伦敦成功上市,2001年在上海证券交易所上市。上市以后,对中石化对外信息披露和加强内部管理提出了新的挑战,这就要求中石化必须以全新的经营理念、经营机制、管理模式、运作方式进行操作,逐步与国际接轨。作为企业管理的核心,也对进一步提升财务管理的水平提出了更高的要求。因此,中石化开始进行信息化建设的实践。

中石化的信息化建设于2000年上市后大规模展开,并与咨询公司进行ERP建设的规划。目前,SAP已在中石化下属24家单位上线运行,取得了较好的应用效果。在集团总部的应用,则主要包括生产计划部门牵头的KPI体系、财务部门牵头的成本控制体系,以及信息管理部门牵头的数据仓库(支撑KPI体系和成本控制体系的平台)。

具体到财务部门而言,中石化为了实现建立成本控制体系的目标,主要做了以下3个方面的工作。一是对成本核算进行统一和规范,确保同类企业的核算口径相同;在这方面,中石化制定了统一的成本核算办法、设计了统一的标准代码体系、应用统一的软件平台。二是将收入、成本(费用)的预算落在实处,并选择了Hyperion Planning;完成损益预算后,又实施了资金预算。三是选择Hyperion Essbase产品,建立先进的、系统的、与国际初步接轨的财务分析体系。 截至目前,中石化所进行的各相关项目基本完成,运行情况良好,基本实现了项目的预期目标。

1. 财务预算管理的起步

事实上,中石化在很早之前便有财务预算管理的意识,不过中石化也意识到进行财务预算管理离不开强大的系统支持,否则将流于形式。直接促动中石化加快财务信息管理系统建设的因素是海内外的成功上市,因为成功上市后不仅需要每年向外界披露财务报表,而且要实现内部管理从行业管理的模式向企业管理的模式转变。而在上市之初,中石化没有统一的内部会计制度和统一的核算成本办法,多种财务信息系统平台造成了汇总、合并处理的困难。 在这种情况下,中石化在启动 ERP 项目建设的同时,2000 年开始实施财务管理信息系统,同年推广完成账务和报表系统,2001 年推广炼化企业成本核算和固定资产系统,然后逐步向企业应用靠拢,并与 ERP 的应用结合。

不过,当时的财务信息管理系统主要还是面向企业应用,且主要是核算层面的应用。而面向总部的应用,特别是管理层面的应用尚未全面展开。中石化选择了预算管理作为突破口,在进行成本控制体系的规划时,选用海波龙的财务预算管理解决方案 Hyperion Planning。中石化财务部信息处徐伟表示,中石化之所以选择海波龙的解决方案,主要是出于两方面的考虑: 一方面是埃森哲的推荐,海波龙的财务预算管理解决方案在全球领先;另一方面是中石化高层赴国外考察时发现国外大型石油化工企业普遍采用海波龙的解决方案。

2. 财务分析体系的实施

在实施财务预算管理系统的同时,中石化还进一步完善了其财务分析体系。

过去,中石化可以实现财务信息穿透查询的功能,即总部工作人员可以通过网络登录到各级单位的服务器中,查询相关的财务明细信息。这种查询模式只能解决"一查到底"的需求,但总部应用信息的模式更多是"先粗后细"、"横向对比"等,更多的是基于报表数据,这就遇到了一些难题:报表数量大,每年报表格式还经常发生变化。由于报表数量众多,做好分析还需要熟悉不同的业务背景(油田、炼化、销售、科研与贸易),所以过去主要精力都放在"复制"、"粘贴"等手工重复劳动上,分析体系也不成规范,分析手段比较原始,造成工作人员工作量大、疲于应付的局面。

为进一步提升财务分析的水平,中石化引入咨询公司普华永道,通过比较国外企业与中石化在分析体系上的差异,针对不同部门的需求特点提供相应的解决方案,帮助中石化建立比较完善的分析体系,改变原有的以手工操作为主的手段,充分应用 IT 工具,对明确的、重复的分析需求,最终用户鼠标一点就可生成相关的分析图表;对临时产生的分析需求,关键用户可通过图形化的方式自定义实现。并通过多维数据库旋转、切片、钻取、维度切换、WHAT-IF 等手段进行分析,从而使管理人员能够真正将主要精力从"手工劳动"生成分析报表转移到应用先进的手段去发现问题、解决问题上来。为了实现这样的目标,中石化采用了 Hyperion Essbase 解决方案,将过去以"报表"为基本存储单元变为以"报表数据项"为基本存储单元的多维数据库"元数据"存储模式。同时为了能够更好地解决前端展现问题,中石化还采用了 Hyperion Analyzer 和 Hyperion Intelligence 工具,通过图形化以及鼠标拖拽对数据进行穿透查询、处理和分析,进而改善中石化的财务分析体系,满足中石化报表式管理的需求。

3. 中石化的成功经验

对中石化而言,企业的信息化应用包括两个层面的应用。一方面是下属企业的应用,它所要解决的问题主要在于流程、业务、订单、事务等实现信息化。而从总部的角度来看,关键应该考虑如何设计规范,实现下属企业在规范和标准下运作,对大型的集团性企业来说,这样做的难度较大,主要受方案设计、执行、监督等因素的影响,但必须这样做。另一方面,从管理的角度来看,预算管理相当的重要,要实现真正的预算管理首先必须在思想上意识到预算管理的重要性和必要性,并通过循序渐进的方式逐步完善财务预算体系,同时要有良好的业务解决方案和优秀的工具支持。

这是中石化在提高财务预算管理过程中所获得的经验。作为一种工具和手段,海波龙解决方案也是发挥了很大的价值,这主要表现在首先满足了预算方案根据实际情况适时变化、维护和更新的需求。其次是实现了预算编制流程透明、责任明确的需求。海波龙解决方案后端是 Hyperion Essbase,是多维数据库架构,基于"元数据"的应用和管理,易于使用,加上良好的数据查询和分析工具 Hyperion Analyzer 和 Hyperion Intelligence,轻松地实现了预算审核与分析、预算与实际结果的对比分析等功能。

分析要点:

海波龙前后端结合的解决方案为中石化财务部门的财务预算、财务分析带来了诸多的变化。在应用海波龙之前,中石化财务预算比较粗放,现在财务预算可以做的更细致。大大缩短了中石化预算编制周期,年度与月度、损益与资金都纳入预算管理,这在过去是难于实现的。海波龙解决方案不仅有预算编制的结果还可跟踪预算编制的过程,更有利于分析预算偏差的原因和症结所在,明确相关责任,以便及时加以改进。实现预算的监督和分析对比,中石化总部可以实现每月的预算对比,下属分公司有的可以实现每天部分、每十天大部分的预算与实际的对比。

思考与习题

1. 思考题

(1) 什么是财务预算?它有哪些功能?

(2) 预算的编制方法有哪些?其分类依据是什么?

(3) 什么是现金预算?它包括哪些内容?怎样编制现金预算?

2. 单项选择题

(1) 相对于弹性预算而言,固定预算的主要缺点是( )。

　　A. 适应性差　　B. 稳定性差　　C. 连续性差　　D. 远期指导性差

(2) 下列各项中,全面预算的最后环节是( )。

　　A. 日常业务预算　　　　　　B. 财务预算

　　C. 特种决策预算　　　　　　D. 弹性利润预算

(3) 为克服传统的固定预算的缺点,人们设计了一种适用面广、机动性强、可适用于多种情况的预算方法,即( )。

　　A. 弹性预算　　B. 零基预算　　C. 滚动预算　　D. 固定预算

(4) 按照"提出费用计划方案,划分费用等级,合理安排资金,逐项下达预算对,不可避免成本费用优先分配资金,对可延续项目则按轻重缓急分级依次安排资金"的程序编制预算的方法是( )。

　　A. 弹性预算　　B. 零基预算　　C. 增量预算　　D. 滚动预算

(5) ABC 公司预计 2007 年三四季度销售产品分别为 220 件、350 件,单价分别为 2 元、

2.5元，各季度销售收现率为60%，其余部分下一季度收回，则ABC公司第四季度现金收入为（　　）元。

　　A．437.5　　　　B．440　　　　C．875　　　　D．701

（6）全面预算管理中，不属于总预算内容的是（　　）。

　　A．现金预算　　B．生产预算　　C．预计利润表　　D．预计资产负债表

（7）需按成本性态分析的方法将企业成本划分为固定成本和变动成本的预算编制方法是（　　）。

　　A．固定预算　　B．零基预算　　C．滚动预算　　D．弹性预算

（8）下列预算中，在编制时不需以生产预算为基础的是（　　）。

　　A．变动制造费用预算　　　　B．销售费用预算
　　C．产品成本预算　　　　　　D．直接人工预算

（9）下列各项中，没有直接在现金预算中得到反映的是（　　）。

　　A．期初期末现金余额　　　　B．现金筹措及运用
　　C．预算期产量和销量　　　　D．预算期现金余缺

（10）编制生产预算时，关键是正确地确定（　　）。

　　A．销售价　　　　　　　　　B．销售数量
　　C．期初存货量　　　　　　　D．期末存货量

（11）在基期成本费用水平的基础上，结合预算期业务量及有关降低成本的措施，通过调整有关原有成本项目而编制的预算，称为（　　）。

　　A．弹性预算　　　　　　　　B．零基预算
　　C．滚动预算　　　　　　　　D．增量预算

（12）编制弹性利润预算的百分比法最适用于（　　）。

　　A．经营单一品种的企业　　　B．经营多品种的企业
　　C．采用分算法的企　　　　　D．任何类型的企业

（13）与生产预算没有直接联系的预算是（　　）。

　　A．直接材料预算　　　　　　B．变动制造费用预算
　　C．销售及管理费用预算　　　D．直接人工预算

（14）下列各项中，其预算期可以不与会计年度挂钩的预算方法是（　　）。

　　A．弹性预算　　B．零基预算　　C．滚动预算　　D．固定预算

（15）能够同时以实物量指标和价值量指标分别反映企业经营收入和相关现金收入的预算是（　　）。

　　A．现金预算　　　　　　　　B．预计资产负债表
　　C．生产预算　　　　　　　　D．销售预算

（16）某企业编制"直接材料预算"，预计第四季度期初存量456kg，季度生产需用量2 120kg，预计期末存量为350kg，材料单价为10元，若材料采购货款有50%在本季度内付清，另外50%在下季度付清，则该企业预计资产负债表年末"应付账款"项目为（　　）元。

　　A．11 130　　B．14 630　　C．10 070　　D．13 560

（17）弹性预算的业务量范围，应视企业或部门的业务量变化量而定。一般来说，可定在正常生产能力的（　　）之间，或以历史上最高业务量或最低业务量为其上下限。

A．60%～100% B．70%～120%
C．80%～100% D．80%～110%

(18) 全面预算体系的各种预算，是以企业决策确定的经营目标为出发点，根据以销定产的原则，按照先(　　)，后(　　)的顺序编制的。

A．经营预算　财务预算 B．财务预算　经营预算
C．经营预算　现金预算 D．现金预算　财务预算

(19) 在编制财务预算时，唯一只使用实物量计量单位的预算是(　　)。

A．期末存货预算 B．产品成本预算
C．直接材料预算 D．生产预算

(20) 不需另外预计现金支出，可直接参加现金预算汇总的预算是(　　)。

A．直接人工预算 B．应交税金及附加预算
C．管理费用预算 D．制造费用预算

3．多项选择题

(1) 与生产预算有直接联系的预算是(　　)。

A．直接材料预算 B．变动制造费用预算
C．销售及管理费用预算 D．直接人工预算

(2) 编制预计财务报表的依据包括(　　)。

A．现金预算 B．特种决策预算
C．业务预算 D．弹性利润预算

(3) 现金预算能够反映的内容有(　　)。

A．资金筹措预算 B．损益预算
C．现金收入预算 D．现金支出预算

(4) 可以按因素法编制弹性利润预算的企业有(　　)。

A．经营单一品种的企业
B．经营多品种的企业
C．采用分算法处理固定成本的多品种经营企业
D．任何类型的企业

(5) 编制弹性利润预算的基本方法包括(　　)。

A．趋势法 B．因素法
C．百分比法 D．沃尔比重法

(6) 下列项目中，属于企业日常业务预算内容的有(　　)。

A．资本支出预算 B．生产预算
C．直接材料采购预算 D．制造费用预算

(7) 下列各项中，属于滚动预算优点的有(　　)。

A．远期指导性 B．稳定性
C．连续性 D．完整性

(8) 从实用角度看，弹性预算主要用于编制(　　)。

A．特种预算 B．推销及行政管理费预算

C. 制造费用预算 D. 利润预算

(9) 在下列各项中,被纳入现金预算的有(　　)。
　　A. 缴纳税金　　　　　　　B. 经营性现金支出
　　C. 资本性现金支出　　　　D. 股利与利息支出

(10) 编制生产预算中的"预计生产量"项目时,需要考虑的因素有(　　)。
　　A. 预计销售量　　　　　　B. 预计期初存货
　　C. 预计期末存货　　　　　D. 前期实际销售量

(11) 产品成本预算,是(　　)预算的汇总。
　　A. 生产　　　　　　　　　B. 直接材料
　　C. 直接人工　　　　　　　D. 制造费用

(12) 与编制零基预算相比,编制增量预算的主要缺点包括(　　)。
　　A. 可能不加分析地保留或接受原有成本支出
　　B. 可能按主观臆断平均消减原有成本支出
　　C. 容易使不必要的开支合理化
　　D. 增加了预算编制的工作量,容易顾此失彼

(13) 增量预算方法的假定前提有(　　)。
　　A. 现有的业务活动是企业必需的
　　B. 原有的各项开支都是合理的
　　C. 增加费用预算是值得的
　　D. 需将企业成本划分为固定成本和变动成本

(14) 产品成本预算的编制基础有(　　)。
　　A. 生产预算　　　　　　　B. 直接材料预算
　　C. 直接人工预算　　　　　D. 制造费用预算

(15) 在编制应交税金及附加预算时,涉及的税金有(　　)。
　　A. 预交所得税　　　　　　B. 印花税
　　C. 资源税　　　　　　　　D. 消费税

(16) 下列预算中,能反映现金收支内容的有(　　)。
　　A. 销售预算　　　　　　　B. 生产预算
C. 直接材料预算　　　　　　D. 制造费用预算

(17) 预计应交增值税的方法有(　　)。
　　A. 简捷法　　　　　　　　B. 公式法
　　C. 百分比法　　　　　　　D. 常规法

(18) 现金预算的现金支出主要包括(　　)。
　　A. 经营性现金支出　　　　B. 交纳税金的现金支出
　　C. 股利分配的现金支出　　D. 资本性支出

(19) 不涉及现金收支的预算有(　　)。
　　A. 销售预算　　　　　　　B. 生产预算
　　C. 期末存货预算　　　　　D. 产品成本预算

第13章 财务预算

4. 判断题

(1) 零基预算应划分不可延缓项目和可延缓项目。（　）

(2) 弹性利润预算的百分比法适用于单一品种经营或采用分算法处理固定成本的多品种经营的企业，因素法适用于多品种经营的企业。（　）

(3) 为了克服定期预算的缺点，保持预算的连续性和完整性，可采用弹性预算的方法。（　）

(4) "现金预算"中的"所得税现金支出"项目，要与"预计利润表"中的"所得税"项目的金额一致。它是根据预算的"利润总额"和预计所得税税率计算出来的，一般不必考虑纳税调整事项。（　）

(5) 生产预算是整个预算编制的起点，其他预算的编制都以生产预算为基础的。（　）

(6) 总预算是企业所有以货币及其他数量形式反映的、有关企业未来一段时期内全部经营活动各项目标的行动计划与相应措施的数量说明。（　）

(7) 管理费用多属于固定成本，所以，管理费用预算一般是以过去的实际开支为基础，按预算期的可预见变化来调整的。（　）

(8) 滚动预算可以保持预算的连续性和完整性，克服传统定期预算的缺点。（　）

(9) 编制预计财务报表只要依据现金预算即可。（　）

(10) 制造费用预算分为变动制造费用和固定制造费用两部分。变动制造费用和固定制造费用均以生产预算为基础来编制。（　）

(11) 滚动预算是为了克服固定预算的缺点而产生的一种预算。（　）

(12) 弹性预算从理论上讲适用于全面预算中与业务量有关的各种预算，但从实用的角度看，主要用于编制弹性成本费用预算和弹性利润预算。（　）

(13) 零基预算不受现有费用项目限制，但编制工作量大。（　）

(14) 采用滚动预算的方法编制预算的主要缺点就是预算工作量较大。（　）

(15) 零基预算只适用于编制费用预算。（　）

(16) 增量预算特别适用于产出较难辨认的服务性部门费用预算的编制。（　）

(17) 定期预算只能适用于那些业务量水平较为稳定的企业或非盈利组织编制预算时采用。（　）

(18) 由于采用简捷法和常规法估算各季度应交增值税数额会存在差异，从而导致全年估算的数额总额也存在差异。（　）

(19) 在编制期末存货预算时需考虑存货的计价方法，而编制产品成本预算时无需考虑。（　）

(20) 由于资本支出预算涉及长期建设项目的投资投放与筹措等，并经常跨年度，因此不需将其各项目纳入日常业务预算中。（　）

5. 计算分析题

(1) 某企业编制销售预算，上期产品销售收入为 300 万元，预计预算期产品销售收入为 500 万元，该企业适用的增值税税率为 17%，含税销售收入的 60% 会在本期收到，其余将在下期收到，则预算期的经营现金收入是多少？

(2) 某企业编制第二季度的直接材料采购预算，预计第二季度期初材料存量 300kg，该季度生产需用量 1 500kg，预计期末存量为 200kg，材料单价为 60 元/千克，若材料采购货款有 80%在本季度内付清，另外 20%在下季度付清，该企业适用的增值税税率为 17%，则该企业预计资产负债表年末"应付账款"项目是多少？

(3) 某企业 2008 年 1~3 月实际销售额分别为 38 000 万元、36 000 万元和 41 000 万元。每月销售收入中有 70%能当月现金收讫，20%于次月收现，10%于第 3 月收讫，不存在坏账。假定该企业销售的产品在流通环节只需交纳消费税，税率为 10%，并于当月以现金交纳。该公司 3 月末现金余额为 80 万元，应付账款余额为 5 000 万元(需在 4 月份付清)，不存在其他应收款项。

4 月份有关预计资料如下：

采购材料 8 000 万元(当月付款 70%)；工资及其他支出 8 400 万元(用现金支付)；制造费用 8 000 万元(其中折旧等非付现费用 4 000 万元)；营业费用和管理费用 1 000 万元(用现金支付)；预交所得税 1 900 万元；购买设备 12 000 万元(用现金支付)。现金不足时，通过向银行借款解决。4 月末现金余额要求不低于 100 万元。

要求：根据上述资料，计算该企业 4 月份的下列预算指标。
① 经营性现金流入；
② 经营性现金流出；
③ 现金余缺；
④ 向银行借款的最低金额；
⑤ 4 月末应收账款余额。

附录 系数表

一、1元复利终值系数表

$(F/P,i,n)=(1+i)^n$

期数	1%	2%	3%	4%	5%	6%	7%	8%	9%	10%	11%
1	1.010 0	1.020 0	1.030 0	1.040 0	1.050 0	1.060 0	1.070 0	1.080 0	1.090 0	1.100 0	1.110 0
2	1.020 1	1.040 4	1.060 9	1.081 6	1.102 5	1.123 6	1.144 9	1.166 4	1.188 1	1.210 0	1.232 1
3	1.030 3	1.061 2	1.092 7	1.124 9	1.157 6	1.191 0	1.225 0	1.259 7	1.295 0	1.331 0	1.367 6
4	1.040 6	1.082 4	1.125 5	1.169 9	1.215 5	1.262 5	1.310 8	1.360 5	1.411 6	1.464 1	1.518 1
5	1.051 0	1.104 1	1.159 3	1.216 7	1.276 3	1.338 2	1.402 6	1.469 3	1.538 6	1.610 5	1.685 1
6	1.061 5	1.126 2	1.194 1	1.265 3	1.340 1	1.418 5	1.500 7	1.586 9	1.677 1	1.771 6	1.870 4
7	1.072 1	1.148 7	1.229 9	1.315 9	1.407 1	1.503 6	1.605 8	1.713 8	1.828 0	1.948 7	2.076 2
8	1.082 9	1.171 7	1.266 8	1.368 6	1.477 5	1.593 8	1.718 2	1.850 9	1.992 6	2.143 6	2.304 5
9	1.093 7	1.195 1	1.304 8	1.423 3	1.551 3	1.689 5	1.838 5	1.999 0	2.171 9	2.357 9	2.558 0
10	1.104 6	1.219 0	1.343 9	1.480 2	1.628 9	1.790 8	1.967 2	2.158 9	2.367 4	2.593 7	2.839 4
11	1.115 7	1.243 4	1.384 2	1.539 5	1.710 3	1.898 3	2.104 9	2.331 6	2.580 4	2.853 1	3.151 8
12	1.126 8	1.268 2	1.425 8	1.601 0	1.795 9	2.012 2	2.252 2	2.518 2	2.812 7	3.138 4	3.498 5
13	1.138 1	1.293 6	1.468 5	1.665 1	1.885 6	2.132 9	2.409 8	2.719 6	3.065 8	3.452 3	3.883 3
14	1.149 5	1.319 5	1.512 6	1.731 7	1.979 9	2.260 9	2.578 5	2.937 2	3.341 7	3.797 5	4.310 4
15	1.161 0	1.345 9	1.558 0	1.800 9	2.078 9	2.396 6	2.759 0	3.172 2	3.642 5	4.177 2	4.784 6
16	1.172 6	1.372 8	1.604 7	1.873 0	2.182 9	2.540 4	2.952 2	3.425 9	3.970 3	4.595 0	5.310 9
17	1.184 3	1.400 2	1.652 8	1.947 9	2.292 0	2.692 8	3.158 8	3.700 0	4.327 6	5.054 5	5.895 1
18	1.196 1	1.428 2	1.702 4	2.025 8	2.406 6	2.854 3	3.379 9	3.996 0	4.717 1	5.559 9	6.543 6
19	1.208 1	1.456 8	1.753 5	2.106 8	2.527 0	3.025 6	3.616 5	4.315 7	5.141 7	6.115 9	7.263 3
20	1.220 2	1.485 9	1.806 1	2.191 1	2.653 3	3.207 1	3.869 7	4.661 0	5.604 4	6.727 5	8.062 3
21	1.232 4	1.515 7	1.860 3	2.278 8	2.786 0	3.399 6	4.140 6	5.033 8	6.108 8	7.400 2	8.949 2
22	1.244 7	1.546 0	1.916 1	2.369 9	2.925 3	3.603 5	4.430 4	5.436 5	6.658 6	8.140 3	9.933 6
23	1.257 2	1.576 9	1.973 6	2.464 7	3.071 5	3.819 7	4.740 5	5.871 5	7.257 9	8.954 3	11.026 3
24	1.269 7	1.608 4	2.032 8	2.563 3	3.225 1	4.048 9	5.072 4	6.341 2	7.911 1	9.849 7	12.239 2
25	1.282 4	1.640 6	2.093 8	2.665 8	3.386 4	4.291 9	5.427 4	6.848 5	8.623 1	10.834 7	13.585 5
26	1.295 3	1.673 4	2.156 6	2.772 5	3.555 7	4.549 4	5.807 4	7.396 4	9.399 2	11.918 2	15.079 9
27	1.308 2	1.706 9	2.221 3	2.883 4	3.733 5	4.822 3	6.213 9	7.988 1	10.245 1	13.110 0	16.738 7
28	1.321 3	1.741 0	2.287 9	2.998 7	3.920 1	5.111 7	6.648 8	8.627 1	11.167 1	14.421 0	18.579 9
29	1.334 5	1.775 8	2.356 6	3.118 7	4.116 1	5.418 4	7.114 3	9.317 3	12.172 2	15.863 1	20.623 7
30	1.347 8	1.811 4	2.427 3	3.243 4	4.321 9	5.743 5	7.612 3	10.062 7	13.267 7	17.449 4	22.892 3

期数	12%	14%	16%	18%	20%	24%	25%	28%	30%
1	1.120 0	1.140 0	1.160 0	1.180 0	1.200 0	1.240 0	1.250 0	1.280 0	1.300 0
2	1.254 4	1.299 6	1.345 6	1.392 4	1.440 0	1.537 6	1.562 5	1.638 4	1.690 0
3	1.404 9	1.481 5	1.560 9	1.643 0	1.728 0	1.906 6	1.953 1	2.097 2	2.197 0
4	1.573 5	1.689 0	1.810 6	1.938 8	2.073 6	2.364 2	2.441 4	2.684 4	2.856 1
5	1.762 3	1.925 4	2.100 3	2.287 8	2.488 3	2.931 6	3.051 8	3.436 0	3.712 9
6	1.973 8	2.195 0	2.436 4	2.699 6	2.986 0	3.635 2	3.814 7	4.398 0	4.826 8
7	2.210 7	2.502 3	2.826 2	3.185 5	3.583 2	4.507 7	4.768 4	5.629 5	6.274 9
8	2.476 0	2.852 6	3.278 4	3.758 9	4.299 8	5.589 5	5.960 5	7.205 8	8.157 3
9	2.773 1	3.251 9	3.803 0	4.435 5	5.159 8	6.931 0	7.450 6	9.223 4	10.604 5
10	3.105 8	3.707 2	4.411 4	5.233 8	6.191 7	8.594 4	9.313 2	11.805 9	13.785 8
11	3.478 6	4.226 2	5.117 3	6.175 9	7.430 1	10.657 1	11.641 5	15.111 6	17.921 6
12	3.896 0	4.817 9	5.936 0	7.287 6	8.916 1	13.214 8	14.551 9	19.342 8	23.298 1
13	4.363 5	5.492 4	6.885 8	8.599 4	10.699 3	16.386 3	18.189 9	24.758 8	30.287 5
14	4.887 1	6.261 3	7.987 5	10.147 2	12.839 2	20.319 1	22.737 4	31.691 3	39.373 8
15	5.473 6	7.137 9	9.265 5	11.973 7	15.407 0	25.195 6	28.421 7	40.564 8	51.185 9
16	6.130 4	8.137 2	10.748 0	14.129 0	18.488 4	31.242 6	35.527 1	51.923 0	66.541 7
17	6.866 0	9.276 5	12.467 7	16.672 2	22.186 1	38.740 8	44.408 9	66.461 4	86.504 2
18	7.690 0	10.575 2	14.462 5	19.673 3	26.623 3	48.038 6	55.511 2	85.070 6	112.455 4
19	8.612 8	12.055 7	16.776 5	23.214 4	31.948 0	59.567 9	69.388 9	108.890 4	146.192 0
20	9.646 3	13.743 5	19.460 8	27.393 0	38.337 6	73.864 1	86.736 2	139.379 7	190.049 6
21	10.803 8	15.667 6	22.574 5	32.323 8	46.005 1	91.591 5	108.420 2	178.406 0	247.064 5
22	12.100 3	17.861 0	26.186 4	38.142 1	55.206 1	113.573 5	135.525 3	228.359 6	321.183 9
23	13.552 3	20.361 6	30.376 2	45.007 6	66.247 4	140.831 2	169.406 6	292.300 3	417.539 1
24	15.178 6	23.212 2	35.236 4	53.109 0	79.496 8	174.630 6	211.758 2	374.144 4	542.800 8
25	17.000 1	26.461 9	40.874 2	62.668 6	95.396 2	216.542 0	264.697 8	478.904 9	705.641 0
26	19.040 1	30.166 6	47.414 1	73.949 0	114.475 5	268.512 1	330.872 2	612.998 2	917.333 3
27	21.324 9	34.389 9	55.000 4	87.259 8	137.370 6	332.955 0	413.590 3	784.637 7	1 192.533 3
28	23.883 9	39.204 5	63.800 4	102.966 6	164.844 7	412.864 2	516.987 9	1 004.336 3	1 550.293 3
29	26.749 9	44.693 1	74.008 5	121.500 5	197.813 6	511.951 6	646.234 9	1 285.550 4	2 015.381 3
30	29.959 9	50.950 2	85.849 9	143.370 6	237.376 3	634.819 9	807.793 6	1 645.504 6	2 619.995 6

二、1元复利现值系数表

$(F/P,i,n)=(1+i)^{-n}$

期数	1%	2%	3%	4%	5%	6%	7%	8%	9%	10%
1	0.990 1	0.980 4	0.970 9	0.961 5	0.952 4	0.943 4	0.934 6	0.925 9	0.917 4	0.909 1
2	0.980 3	0.961 2	0.942 6	0.924 6	0.907 0	0.890 0	0.873 4	0.857 3	0.841 7	0.826 4
3	0.970 6	0.942 3	0.915 1	0.889 0	0.863 8	0.839 6	0.816 3	0.793 8	0.772 2	0.751 3
4	0.961 0	0.923 8	0.888 5	0.854 8	0.822 7	0.792 1	0.762 9	0.735 0	0.708 4	0.683 0
5	0.951 5	0.905 7	0.862 6	0.821 9	0.783 5	0.747 3	0.713 0	0.680 6	0.649 9	0.620 9
6	0.942 0	0.888 0	0.837 5	0.790 3	0.746 2	0.705 0	0.666 3	0.630 2	0.596 3	0.564 5
7	0.932 7	0.870 6	0.813 1	0.759 9	0.710 7	0.665 1	0.622 7	0.583 5	0.547 0	0.513 2
8	0.923 5	0.853 5	0.789 4	0.730 7	0.676 8	0.627 4	0.582 0	0.540 3	0.501 9	0.466 5
9	0.914 3	0.836 8	0.766 4	0.702 6	0.644 6	0.591 9	0.543 9	0.500 2	0.460 4	0.424 1
10	0.905 3	0.820 3	0.744 1	0.675 6	0.613 9	0.558 4	0.508 3	0.463 2	0.422 4	0.385 5
11	0.896 3	0.804 3	0.722 4	0.649 6	0.584 7	0.526 8	0.475 1	0.428 9	0.387 5	0.350 5
12	0.887 4	0.788 5	0.701 4	0.624 6	0.556 8	0.497 0	0.444 0	0.397 1	0.355 5	0.318 6
13	0.878 7	0.773 0	0.681 0	0.600 6	0.530 3	0.468 8	0.415 0	0.367 7	0.326 2	0.289 7
14	0.870 0	0.757 9	0.661 1	0.577 5	0.505 1	0.442 3	0.387 8	0.340 5	0.299 2	0.263 3
15	0.861 3	0.743 0	0.641 9	0.555 3	0.481 0	0.417 3	0.362 4	0.315 2	0.274 5	0.239 4
16	0.852 8	0.728 4	0.623 2	0.533 9	0.458 1	0.393 6	0.338 7	0.291 9	0.251 9	0.217 6
17	0.844 4	0.714 2	0.605 0	0.513 4	0.436 3	0.371 4	0.316 6	0.270 3	0.231 1	0.197 8
18	0.836 0	0.700 2	0.587 4	0.493 6	0.415 5	0.350 3	0.295 9	0.250 2	0.212 0	0.179 9
19	0.827 7	0.686 4	0.570 3	0.474 6	0.395 7	0.330 5	0.276 5	0.231 7	0.194 5	0.163 5
20	0.819 5	0.673 0	0.553 7	0.456 4	0.376 9	0.311 8	0.258 4	0.214 5	0.178 4	0.148 6
21	0.811 4	0.659 8	0.537 5	0.438 8	0.358 9	0.294 2	0.241 5	0.198 7	0.163 7	0.135 1
22	0.803 4	0.646 8	0.521 9	0.422 0	0.341 8	0.277 5	0.225 7	0.183 9	0.150 2	0.122 8
23	0.795 4	0.634 2	0.506 7	0.405 7	0.325 6	0.261 8	0.210 9	0.170 3	0.137 8	0.111 7
24	0.787 6	0.621 7	0.491 9	0.390 1	0.310 1	0.247 0	0.197 1	0.157 7	0.126 4	0.101 5
25	0.779 8	0.609 5	0.477 6	0.375 1	0.295 3	0.233 0	0.184 2	0.146 0	0.116 0	0.092 3
26	0.772 0	0.597 6	0.463 7	0.360 7	0.281 2	0.219 8	0.172 2	0.135 2	0.106 4	0.083 9
27	0.764 4	0.585 9	0.450 2	0.346 8	0.267 8	0.207 4	0.160 9	0.125 2	0.097 6	0.076 3
28	0.756 8	0.574 4	0.437 1	0.333 5	0.255 1	0.195 6	0.150 4	0.115 9	0.089 5	0.069 3
29	0.749 3	0.563 1	0.424 3	0.320 7	0.242 9	0.184 6	0.140 6	0.107 3	0.082 2	0.063 0
30	0.741 9	0.552 1	0.412 0	0.308 3	0.231 4	0.174 1	0.131 4	0.099 4	0.075 4	0.057 3

期数	11%	12%	13%	14%	15%	16%	17%	18%	19%	20%
1	0.900 9	0.892 9	0.885 0	0.877 2	0.869 6	0.862 1	0.854 7	0.847 5	0.840 3	0.833 3
2	0.811 6	0.797 2	0.783 1	0.769 5	0.756 1	0.743 2	0.730 5	0.718 2	0.706 2	0.694 4
3	0.731 2	0.711 8	0.693 1	0.675 0	0.657 5	0.640 7	0.624 4	0.608 6	0.593 4	0.578 7
4	0.658 7	0.635 5	0.613 3	0.592 1	0.571 8	0.552 3	0.533 7	0.515 8	0.498 7	0.482 3
5	0.593 5	0.567 4	0.542 8	0.519 4	0.497 2	0.476 1	0.456 1	0.437 1	0.419 0	0.401 9
6	0.534 6	0.506 6	0.480 3	0.455 6	0.432 3	0.410 4	0.389 8	0.370 4	0.352 1	0.334 9
7	0.481 7	0.452 3	0.425 1	0.399 6	0.375 9	0.353 8	0.333 2	0.313 9	0.295 9	0.279 1
8	0.433 9	0.403 9	0.376 2	0.350 6	0.326 9	0.305 0	0.284 8	0.266 0	0.248 7	0.232 6
9	0.390 9	0.360 6	0.332 9	0.307 5	0.284 3	0.263 0	0.243 4	0.225 5	0.209 0	0.193 8
10	0.352 2	0.322 0	0.294 6	0.269 7	0.247 2	0.226 7	0.208 0	0.191 1	0.175 6	0.161 5
11	0.317 3	0.287 5	0.260 7	0.236 6	0.214 9	0.195 4	0.177 8	0.161 9	0.147 6	0.134 6
12	0.285 8	0.256 7	0.230 7	0.207 6	0.186 9	0.168 5	0.152 0	0.137 2	0.124 0	0.112 2
13	0.257 5	0.229 2	0.204 2	0.182 1	0.162 5	0.145 2	0.129 9	0.116 3	0.104 2	0.093 5
14	0.232 0	0.204 6	0.180 7	0.159 7	0.141 3	0.125 2	0.111 0	0.098 5	0.087 6	0.077 9
15	0.209 0	0.182 7	0.159 9	0.140 1	0.122 9	0.107 9	0.094 9	0.083 5	0.073 6	0.064 9
16	0.188 3	0.163 1	0.141 5	0.122 9	0.106 9	0.093 0	0.081 1	0.070 8	0.061 8	0.054 1
17	0.169 6	0.145 6	0.125 2	0.107 8	0.092 9	0.080 2	0.069 3	0.060 0	0.052 0	0.045 1
18	0.152 8	0.130 0	0.110 8	0.094 6	0.080 8	0.069 1	0.059 2	0.050 8	0.043 7	0.037 6
19	0.137 7	0.116 1	0.098 1	0.082 9	0.070 3	0.059 6	0.050 6	0.043 1	0.036 7	0.031 3
20	0.124 0	0.103 7	0.086 8	0.072 8	0.061 1	0.051 4	0.043 3	0.036 5	0.030 8	0.026 1
21	0.111 7	0.092 6	0.076 8	0.063 8	0.053 1	0.044 3	0.037 0	0.030 9	0.025 9	0.021 7
22	0.100 7	0.082 6	0.068 0	0.056 0	0.046 2	0.038 2	0.031 6	0.026 2	0.021 8	0.018 1
23	0.090 7	0.073 8	0.060 1	0.049 1	0.040 2	0.032 9	0.027 0	0.022 2	0.018 3	0.015 1
24	0.081 7	0.065 9	0.053 2	0.043 1	0.034 9	0.028 4	0.023 1	0.018 8	0.015 4	0.012 6
25	0.073 6	0.058 8	0.047 1	0.037 8	0.030 4	0.024 5	0.019 7	0.016 0	0.012 9	0.010 5
26	0.066 3	0.052 5	0.041 7	0.033 1	0.026 4	0.021 1	0.016 9	0.013 5	0.010 9	0.008 7
27	0.059 7	0.046 9	0.036 9	0.029 1	0.023 0	0.018 2	0.014 4	0.011 5	0.009 1	0.007 3
28	0.053 8	0.041 9	0.032 6	0.025 5	0.020 0	0.015 7	0.012 3	0.009 7	0.007 7	0.006 1
29	0.048 5	0.037 4	0.028 9	0.022 4	0.017 4	0.013 5	0.010 5	0.008 2	0.006 4	0.005 1
30	0.043 7	0.033 4	0.025 6	0.019 6	0.015 1	0.011 6	0.009 0	0.007 0	0.005 4	0.004 2

期数	21%	22%	23%	24%	25%	26%	27%	28%	29%	30%
1	0.8264	0.8197	0.8130	0.8065	0.8000	0.7937	0.7874	0.7813	0.7752	0.7692
2	0.6830	0.6719	0.6610	0.6504	0.6400	0.6299	0.6200	0.6104	0.6009	0.5917
3	0.5645	0.5507	0.5374	0.5245	0.5120	0.4999	0.4882	0.4768	0.4658	0.4552
4	0.4665	0.4514	0.4369	0.4230	0.4096	0.3968	0.3844	0.3725	0.3611	0.3501
5	0.3855	0.3700	0.3552	0.3411	0.3277	0.3149	0.3027	0.2910	0.2799	0.2693
6	0.3186	0.3033	0.2888	0.2751	0.2621	0.2499	0.2383	0.2274	0.2170	0.2072
7	0.2633	0.2486	0.2348	0.2218	0.2097	0.1983	0.1877	0.1776	0.1682	0.1594
8	0.2176	0.2038	0.1909	0.1789	0.1678	0.1574	0.1478	0.1388	0.1304	0.1226
9	0.1799	0.1670	0.1552	0.1443	0.1342	0.1249	0.1164	0.1084	0.1011	0.0943
10	0.1486	0.1369	0.1262	0.1164	0.1074	0.0992	0.0916	0.0847	0.0784	0.0725
11	0.1228	0.1122	0.1026	0.0938	0.0859	0.0787	0.0721	0.0662	0.0607	0.0558
12	0.1015	0.0920	0.0834	0.0757	0.0687	0.0625	0.0568	0.0517	0.0471	0.0429
13	0.0839	0.0754	0.0678	0.0610	0.0550	0.0496	0.0447	0.0404	0.0365	0.0330
14	0.0693	0.0618	0.0551	0.0492	0.0440	0.0393	0.0352	0.0316	0.0283	0.0254
15	0.0573	0.0507	0.0448	0.0397	0.0352	0.0312	0.0277	0.0247	0.0219	0.0195
16	0.0474	0.0415	0.0364	0.0320	0.0281	0.0248	0.0218	0.0193	0.0170	0.0150
17	0.0391	0.0340	0.0296	0.0258	0.0225	0.0197	0.0172	0.0150	0.0132	0.0116
18	0.0323	0.0279	0.0241	0.0208	0.0180	0.0156	0.0135	0.0118	0.0102	0.0089
19	0.0267	0.0229	0.0196	0.0168	0.0144	0.0124	0.0107	0.0092	0.0079	0.0068
20	0.0221	0.0187	0.0159	0.0135	0.0115	0.0098	0.0084	0.0072	0.0061	0.0053
21	0.0183	0.0154	0.0129	0.0109	0.0092	0.0078	0.0066	0.0056	0.0048	0.0040
22	0.0151	0.0126	0.0105	0.0088	0.0074	0.0062	0.0052	0.0044	0.0037	0.0031
23	0.0125	0.0103	0.0086	0.0071	0.0059	0.0049	0.0041	0.0034	0.0029	0.0024
24	0.0103	0.0085	0.0070	0.0057	0.0047	0.0039	0.0032	0.0027	0.0022	0.0018
25	0.0085	0.0069	0.0057	0.0046	0.0038	0.0031	0.0025	0.0021	0.0017	0.0014
26	0.0070	0.0057	0.0046	0.0037	0.0030	0.0025	0.0020	0.0016	0.0013	0.0011
27	0.0058	0.0047	0.0037	0.0030	0.0024	0.0019	0.0016	0.0013	0.0010	0.0008
28	0.0048	0.0038	0.0030	0.0024	0.0019	0.0015	0.0012	0.0010	0.0008	0.0006
29	0.0040	0.0031	0.0025	0.0020	0.0015	0.0012	0.0010	0.0008	0.0006	0.0005
30	0.0033	0.0026	0.0020	0.0016	0.0012	0.0010	0.0008	0.0006	0.0005	0.0004

三、1元年金终值系数表

$(F/A,i,n)=[(1+i)^n-1]/i$

期数	1%	2%	3%	4%	5%	6%	7%	8%	9%	10%
1	1.000 0	1.000 0	1.000 0	1.000 0	1.000 0	1.000 0	1.000 0	1.000 0	1.000 0	1.000 0
2	2.010 0	2.020 0	2.030 0	2.040 0	2.050 0	2.060 0	2.070 0	2.080 0	2.090 0	2.100 0
3	3.030 1	3.060 4	3.090 9	3.121 6	3.152 5	3.183 6	3.214 9	3.246 4	3.278 1	3.310 0
4	4.060 4	4.121 6	4.183 6	4.246 5	4.310 1	4.374 6	4.439 9	4.506 1	4.573 1	4.641 0
5	5.101 0	5.204 0	5.309 1	5.416 3	5.525 6	5.637 1	5.750 7	5.866 6	5.984 7	6.105 1
6	6.152 0	6.308 1	6.468 4	6.633 0	6.801 9	6.975 3	7.153 3	7.335 9	7.523 3	7.715 6
7	7.213 5	7.434 3	7.662 5	7.898 3	8.142 0	8.393 8	8.654 0	8.922 8	9.200 4	9.487 2
8	8.285 7	8.583 0	8.892 3	9.214 2	9.549 1	9.897 5	10.259 8	10.636 6	11.028 5	11.435 9
9	9.368 5	9.754 6	10.159 1	10.582 8	11.026 6	11.491 3	11.978 0	12.487 6	13.021 0	13.579 5
10	10.462 2	10.949 7	11.463 9	12.006 1	12.577 9	13.180 8	13.816 4	14.486 6	15.192 9	15.937 4
11	11.566 8	12.168 7	12.807 8	13.486 4	14.206 8	14.971 6	15.783 6	16.645 5	17.560 3	18.531 2
12	12.682 5	13.412 1	14.192 0	15.025 8	15.917 1	16.869 9	17.888 5	18.977 1	20.140 7	21.384 3
13	13.809 3	14.680 3	15.617 8	16.626 8	17.713 0	18.882 1	20.140 6	21.495 3	22.953 4	24.522 7
14	14.947 4	15.973 9	17.086 3	18.291 9	19.598 6	21.015 1	22.550 5	24.214 9	26.019 2	27.975 0
15	16.096 9	17.293 4	18.598 9	20.023 6	21.578 6	23.276 0	25.129 0	27.152 1	29.360 9	31.772 5
16	17.257 9	18.639 3	20.156 9	21.824 5	23.657 5	25.672 5	27.888 1	30.324 3	33.003 4	35.949 7
17	18.430 4	20.012 1	21.761 6	23.697 5	25.840 4	28.212 9	30.840 2	33.750 2	36.973 7	40.544 7
18	19.614 7	21.412 3	23.414 4	25.645 4	28.132 4	30.905 7	33.999 0	37.450 2	41.301 3	45.599 2
19	20.810 9	22.840 6	25.116 9	27.671 2	30.539 0	33.760 0	37.379 0	41.446 3	46.018 5	51.159 1
20	22.019 0	24.297 4	26.870 4	29.778 1	33.066 0	36.785 6	40.995 5	45.762 0	51.160 1	57.275 0
21	23.239 2	25.783 3	28.676 5	31.969 2	35.719 3	39.992 7	44.865 2	50.422 9	56.764 5	64.002 5
22	24.471 6	27.299 0	30.536 8	34.248 0	38.505 2	43.392 3	49.005 7	55.456 8	62.873 3	71.402 7
23	25.716 3	28.845 0	32.452 9	36.617 9	41.430 5	46.995 8	53.436 1	60.893 3	69.531 9	79.543 0
24	26.973 5	30.421 9	34.426 5	39.082 6	44.502 0	50.815 6	58.176 7	66.764 8	76.789 8	88.497 3
25	28.243 2	32.030 3	36.459 3	41.645 9	47.727 1	54.864 5	63.249 0	73.105 9	84.700 9	98.347 1
26	29.525 6	33.670 9	38.553 0	44.311 7	51.113 5	59.156 4	68.676 5	79.954 4	93.324 0	109.181 8
27	30.820 9	35.344 3	40.709 6	47.084 2	54.669 1	63.705 8	74.483 8	87.350 8	102.723 1	121.099 9
28	32.129 1	37.051 2	42.930 9	49.967 6	58.402 6	68.528 1	80.697 7	95.338 8	112.968 2	134.209 9
29	33.450 4	38.792 2	45.218 9	52.966 3	62.322 7	73.639 8	87.346 5	103.965 9	124.135 4	148.630 9
30	34.784 9	40.568 1	47.575 4	56.084 9	66.438 8	79.058 2	94.460 8	113.283 2	136.307 5	164.494 0

附　录
系数表

期数	11%	12%	13%	14%	15%	16%	17%	18%	19%	20%
1	1.000 0	1.000 0	1.000 0	1.000 0	1.000 0	1.000 0	1.000 0	1.000 0	1.000 0	1.000 0
2	2.110 0	2.120 0	2.130 0	2.140 0	2.150 0	2.160 0	2.170 0	2.180 0	2.190 0	2.200 0
3	3.342 1	3.374 4	3.406 9	3.439 6	3.472 5	3.505 6	3.538 9	3.572 4	3.606 1	3.640 0
4	4.709 7	4.779 3	4.849 8	4.921 1	4.993 4	5.066 5	5.140 5	5.215 4	5.291 3	5.368 0
5	6.227 8	6.352 8	6.480 3	6.610 1	6.742 4	6.877 1	7.014 4	7.154 2	7.296 6	7.441 6
6	7.912 9	8.115 2	8.322 7	8.535 5	8.753 7	8.977 5	9.206 8	9.442 0	9.683 0	9.929 9
7	9.783 3	10.089 0	10.404 7	10.730 5	11.066 8	11.413 9	11.772 0	12.141 5	12.522 7	12.915 9
8	11.859 4	12.299 7	12.757 3	13.232 8	13.726 8	14.240 1	14.773 3	15.327 0	15.902 0	16.499 1
9	14.164 0	14.775 7	15.415 7	16.085 3	16.785 8	17.518 5	18.284 7	19.085 9	19.923 4	20.798 9
10	16.722 0	17.548 7	18.419 7	19.337 3	20.303 7	21.321 5	22.393 1	23.521 3	24.708 9	25.958 7
11	19.561 4	20.654 6	21.814 3	23.044 5	24.349 3	25.732 9	27.199 9	28.755 1	30.403 5	32.150 4
12	22.713 2	24.133 1	25.650 2	27.270 7	29.001 7	30.850 2	32.823 9	34.931 1	37.180 2	39.580 5
13	26.211 6	28.029 1	29.984 7	32.088 7	34.351 9	36.786 2	39.404 0	42.218 7	45.244 5	48.496 6
14	30.094 9	32.392 6	34.882 7	37.581 1	40.504 7	43.672 0	47.102 7	50.818 0	54.840 9	59.195 9
15	34.405 4	37.279 7	40.417 5	43.842 4	47.580 4	51.659 5	56.110 1	60.965 3	66.260 7	72.035 1
16	39.189 9	42.753 3	46.671 7	50.980 4	55.717 5	60.925 0	66.648 8	72.939 0	79.850 2	87.442 1
17	44.500 8	48.883 7	53.739 1	59.117 6	65.075 1	71.673 0	78.979 2	87.068 0	96.021 8	105.930 6
18	50.395 9	55.749 7	61.725 1	68.394 1	75.836 4	84.140 7	93.405 6	103.740 3	115.265 9	128.116 7
19	56.939 5	63.439 7	70.749 4	78.969 2	88.211 8	98.603 2	110.284 6	123.413 5	138.166 4	154.740 0
20	64.202 8	72.052 4	80.946 8	91.024 9	102.443 6	115.379 7	130.032 9	146.628 0	165.418 0	186.688 0
21	72.265 1	81.698 7	92.469 9	104.768 4	118.810 1	134.840 5	153.138 5	174.021 0	197.847 4	225.025 6
22	81.214 3	92.502 6	105.491 0	120.436 0	137.631 6	157.415 0	180.172 1	206.344 8	236.438 5	271.030 7
23	91.147 9	104.602 9	120.204 8	138.297 0	159.276 4	183.601 4	211.801 3	244.486 8	282.361 8	326.236 9
24	102.174 2	118.155 2	136.831 5	158.658 6	184.167 8	213.977 6	248.807 6	289.494 5	337.010 5	392.484 2
25	114.413 3	133.333 9	155.619 6	181.870 8	212.793 0	249.214 0	292.104 9	342.603 5	402.042 5	471.981 1
26	127.998 8	150.333 9	176.850 1	208.332 7	245.712 0	290.088 3	342.762 7	405.272 1	479.430 6	567.377 3
27	143.078 6	169.374 0	200.840 6	238.499 3	283.568 8	337.502 4	402.032 3	479.221 1	571.522 6	681.852 8
28	159.817 3	190.698 9	227.949 9	272.889 2	327.104 1	392.502 8	471.377 8	566.480 9	681.111 6	819.223 3
29	178.397 2	214.582 8	258.583 4	312.093 7	377.169 7	456.303 2	552.512 1	669.447 5	811.522 8	984.068 0
30	199.020 9	241.332 7	293.199 2	356.786 8	434.745 1	530.311 7	647.439 1	790.948 0	966.712 2	1 181.881 6

期数	21%	22%	23%	24%	25%	26%	27%	28%	29%	30%
1	1.000 0	1.000 0	1.000 0	1.000 0	1.000 0	1.000 0	1.000 0	1.000 0	1.000 0	1.000 0
2	2.210 0	2.220 0	2.230 0	2.240 0	2.250 0	2.260 0	2.270 0	2.280 0	2.290 0	2.300 0
3	3.674 1	3.708 4	3.742 9	3.777 6	3.812 5	3.847 6	3.882 9	3.918 4	3.954 1	3.990 0
4	5.445 7	5.524 2	5.603 8	5.684 2	5.765 6	5.848 0	5.931 3	6.015 6	6.100 8	6.187 0
5	7.589 2	7.739 6	7.892 6	8.048 4	8.207 0	8.368 4	8.532 7	8.699 9	8.870 0	9.043 1
6	10.183 0	10.442 3	10.707 9	10.980 1	11.258 8	11.544 2	11.836 6	12.135 9	12.442 3	12.756 0
7	13.321 4	13.739 6	14.170 8	14.615 3	15.073 5	15.545 8	16.032 4	16.533 9	17.050 6	17.582 8
8	17.118 9	17.762 3	18.430 0	19.122 9	19.841 9	20.587 6	21.361 2	22.163 4	22.995 3	23.857 7
9	21.713 9	22.670 0	23.669 0	24.712 5	25.802 3	26.940 4	28.128 7	29.369 2	30.663 9	32.015 0
10	27.273 8	28.657 4	30.112 8	31.643 4	33.252 9	34.944 9	36.723 5	38.592 6	40.556 4	42.619 5
11	34.001 3	35.962 0	38.038 8	40.237 9	42.566 1	45.030 6	47.638 8	50.398 5	53.317 8	56.405 3
12	42.141 6	44.873 7	47.787 7	50.895 0	54.207 7	57.738 6	61.501 3	65.510 0	69.780 0	74.327 0
13	51.991 3	55.745 9	59.778 8	64.109 7	68.759 6	73.750 6	79.106 6	84.852 9	91.016 1	97.625 0
14	63.909 5	69.010 0	74.528 0	80.496 1	86.949 5	93.925 8	101.465 4	109.611 7	118.410 8	127.912 5
15	78.330 5	85.192 2	92.669 4	100.815 1	109.686 8	119.346 5	129.861 1	141.302 9	153.750 0	167.286 3
16	95.779 9	104.934 5	114.983 4	126.010 8	138.108 5	151.376 6	165.923 6	181.867 7	199.337 4	218.472 2
17	116.893 7	129.020 1	142.429 5	157.253 4	173.635 7	191.734 5	211.723 0	233.790 7	258.145 3	285.013 9
18	142.441 3	158.404 5	176.188 3	195.994 2	218.044 6	242.585 5	269.888 2	300.252 1	334.007 4	371.518 0
19	173.354 0	194.253 5	217.711 6	244.032 8	273.555 8	306.657 7	343.758 0	385.322 7	431.869 6	483.973 4
20	210.758 4	237.989 3	268.785 3	303.600 6	342.944 7	387.388 7	437.572 6	494.213 1	558.111 8	630.165 5
21	256.017 6	291.346 9	331.605 9	377.464 8	429.680 9	489.109 8	556.717 3	633.592 7	720.964 2	820.215 1
22	310.781 3	356.443 2	408.875 3	469.056 3	538.101 1	617.278 3	708.030 9	811.998 7	931.043 8	1 067.279 6
23	377.045 4	435.860 7	503.916 6	582.629 8	673.626 4	778.770 7	900.199 3	1 040.358 3	1 202.046 5	1 388.463 5
24	457.224 9	532.750 1	620.817 4	723.461 0	843.032 9	982.251 1	1 144.253 1	1 332.658 6	1 551.640 0	1 806.002 6
25	554.242 2	650.955 1	764.605 4	898.091 6	1 054.791 2	1 238.636 3	1 454.201 4	1 706.803 1	2 002.615 6	2 348.803 3
26	671.633 0	795.165 3	941.464 7	1 114.633 6	1 319.489 0	1 561.681 8	1 847.835 8	2 185.707 9	2 584.374 1	3 054.444 3
27	813.675 9	971.101 6	1 159.001 6	1 383.145 7	1 650.361 2	1 968.719 1	2 347.751 5	2 798.706 1	3 334.842 6	3 971.777 6
28	985.547 9	1185.744 0	1 426.571 9	1 716.100 7	2 063.951 5	2 481.586 0	2 982.644 4	3 583.343 8	4 302.947 0	5 164.310 9
29	1 193.512 9	1 447.607 7	1 755.683 5	2 128.964 8	2 580.939 4	3 127.798 4	3 788.958 3	4 587.680 1	5 551.801 6	6 714.604 2
30	1 445.150 7	1 767.081 3	2 160.490 7	2 640.916 4	3 227.174 3	3 942.026 0	4 812.977 1	5 873.230 6	7 162.824 1	8 729.985 5

四、1元年金现值系数表

$(P/A,i,n)=[1-(1+i)^{-n}]/i$

期数	1%	2%	3%	4%	5%	6%	7%	8%	9%	10%
1	0.990 1	0.980 4	0.970 9	0.961 5	0.952 4	0.943 4	0.934 6	0.925 9	0.917 4	0.909 1
2	1.970 4	1.941 6	1.913 5	1.886 1	1.859 4	1.833 4	1.808 0	1.783 3	1.759 1	1.735 5
3	2.941 0	2.883 9	2.828 6	2.775 1	2.723 2	2.673 0	2.624 3	2.577 1	2.531 3	2.486 9
4	3.902 0	3.807 7	3.717 1	3.629 9	3.546 0	3.465 1	3.387 2	3.312 1	3.239 7	3.169 9
5	4.853 4	4.713 5	4.579 7	4.451 8	4.329 5	4.212 4	4.100 2	3.992 7	3.889 7	3.790 8
6	5.795 5	5.601 4	5.417 2	5.242 1	5.075 7	4.917 3	4.766 5	4.622 9	4.485 9	4.355 3
7	6.728 2	6.472 0	6.230 3	6.002 1	5.786 4	5.582 4	5.389 3	5.206 4	5.033 0	4.868 4
8	7.651 7	7.325 5	7.019 7	6.732 7	6.463 2	6.209 8	5.971 3	5.746 6	5.534 8	5.334 9
9	8.566 0	8.162 2	7.786 1	7.435 3	7.107 8	6.801 7	6.515 2	6.246 9	5.995 2	5.759 0
10	9.471 3	8.982 6	8.530 2	8.110 9	7.721 7	7.360 1	7.023 6	6.710 1	6.417 7	6.144 6
11	10.367 6	9.786 8	9.252 6	8.760 5	8.306 4	7.886 9	7.498 7	7.139 0	6.805 2	6.495 1
12	11.255 1	10.575 3	9.954 0	9.385 1	8.863 3	8.383 8	7.942 7	7.536 1	7.160 7	6.813 7
13	12.133 7	11.348 4	10.635 0	9.985 6	9.393 6	8.852 7	8.357 7	7.903 8	7.486 9	7.103 4
14	13.003 7	12.106 2	11.296 1	10.563 1	9.898 6	9.295 0	8.745 5	8.244 2	7.786 9	7.366 7
15	13.865 1	12.849 3	11.937 9	11.118 4	10.379 7	9.712 2	9.107 9	8.559 5	8.060 7	7.606 1
16	14.717 9	13.577 7	12.561 1	11.652 3	10.837 8	10.105 9	9.446 6	8.851 4	8.312 6	7.823 7
17	15.562 3	14.291 9	13.166 1	12.165 7	11.274 1	10.477 3	9.763 2	9.121 6	8.543 6	8.021 6
18	16.398 3	14.992 0	13.753 5	12.659 3	11.689 6	10.827 6	10.059 1	9.371 9	8.755 6	8.201 4
19	17.226 0	15.678 5	14.323 8	13.133 9	12.085 3	11.158 1	10.335 6	9.603 6	8.950 1	8.364 9
20	18.045 6	16.351 4	14.877 5	13.590 3	12.462 2	11.469 9	10.594 0	9.818 1	9.128 5	8.513 6
21	18.857 0	17.011 2	15.415 0	14.029 2	12.821 2	11.764 1	10.835 5	10.016 8	9.292 2	8.648 7
22	19.660 4	17.658 0	15.936 9	14.451 1	13.163 0	12.041 6	11.061 2	10.200 7	9.442 4	8.771 5
23	20.455 8	18.292 2	16.443 6	14.856 8	13.488 6	12.303 4	11.272 2	10.371 1	9.580 2	8.883 2
24	21.243 4	18.913 9	16.935 5	15.247 0	13.798 6	12.550 4	11.469 3	10.528 8	9.706 6	8.984 7
25	22.023 2	19.523 5	17.413 1	15.622 1	14.093 9	12.783 4	11.653 6	10.674 8	9.822 6	9.077 0
26	22.795 2	20.121 0	17.876 8	15.982 8	14.375 2	13.003 2	11.825 8	10.810 0	9.929 0	9.160 9
27	23.559 6	20.706 9	18.327 0	16.329 6	14.643 0	13.210 5	11.986 7	10.935 2	10.026 6	9.237 2
28	24.316 4	21.281 3	18.764 1	16.663 1	14.898 1	13.406 2	12.137 1	11.051 1	10.116 1	9.306 6
29	25.065 8	21.844 4	19.188 5	16.983 7	15.141 1	13.590 7	12.277 7	11.158 4	10.198 3	9.369 6
30	25.807 7	22.396 5	19.600 4	17.292 0	15.372 5	13.764 8	12.409 0	11.257 8	10.273 7	9.426 9

期数	11%	12%	13%	14%	15%	16%	17%	18%	19%	20%
1	0.900 9	0.892 9	0.885 0	0.877 2	0.869 6	0.862 1	0.854 7	0.847 5	0.840 3	0.833 3
2	1.712 5	1.690 1	1.668 1	1.646 7	1.625 7	1.605 2	1.585 2	1.565 6	1.546 5	1.527 8
3	2.443 7	2.401 8	2.361 2	2.321 6	2.283 2	2.245 9	2.209 6	2.174 3	2.139 9	2.106 5
4	3.102 4	3.037 3	2.974 5	2.913 7	2.855 0	2.798 2	2.743 2	2.690 1	2.638 6	2.588 7
5	3.695 9	3.604 8	3.517 2	3.433 1	3.352 2	3.274 3	3.199 3	3.127 2	3.057 6	2.990 6
6	4.230 5	4.111 4	3.997 5	3.888 7	3.784 5	3.684 7	3.589 2	3.497 6	3.409 8	3.325 5
7	4.712 2	4.563 8	4.422 6	4.288 3	4.160 4	4.038 6	3.922 4	3.811 5	3.705 7	3.604 6
8	5.146 1	4.967 6	4.798 8	4.638 9	4.487 3	4.343 6	4.207 2	4.077 6	3.954 4	3.837 2
9	5.537 0	5.328 2	5.131 7	4.946 4	4.771 6	4.606 5	4.450 6	4.303 0	4.163 3	4.031 0
10	5.889 2	5.650 2	5.426 2	5.216 1	5.018 8	4.833 2	4.658 6	4.494 1	4.338 9	4.192 5
11	6.206 5	5.937 7	5.686 9	5.452 7	5.233 7	5.028 6	4.836 4	4.656 0	4.486 5	4.327 1
12	6.492 4	6.194 4	5.917 6	5.660 3	5.420 6	5.197 1	4.988 4	4.793 2	4.610 5	4.439 2
13	6.749 9	6.423 5	6.121 8	5.842 4	5.583 1	5.342 3	5.118 3	4.909 5	4.714 7	4.532 7
14	6.981 9	6.628 2	6.302 5	6.002 1	5.724 5	5.467 5	5.229 3	5.008 1	4.802 3	4.610 6
15	7.190 9	6.810 9	6.462 4	6.142 2	5.847 4	5.575 5	5.324 2	5.091 6	4.875 9	4.675 5
16	7.379 2	6.974 0	6.603 9	6.265 1	5.954 2	5.668 5	5.405 3	5.162 4	4.937 7	4.729 6
17	7.548 8	7.119 6	6.729 1	6.372 9	6.047 2	5.748 7	5.474 6	5.222 3	4.989 7	4.774 6
18	7.701 6	7.249 7	6.839 9	6.467 4	6.128 0	5.817 8	5.533 9	5.273 2	5.033 3	4.812 2
19	7.839 3	7.365 8	6.938 0	6.550 4	6.198 2	5.877 5	5.584 5	5.316 2	5.070 0	4.843 5
20	7.963 3	7.469 4	7.024 8	6.623 1	6.259 3	5.928 8	5.627 8	5.352 7	5.100 9	4.869 6
21	8.075 1	7.562 0	7.101 6	6.687 0	6.312 5	5.973 1	5.664 8	5.383 7	5.126 8	4.891 3
22	8.175 7	7.644 6	7.169 5	6.742 9	6.358 7	6.011 3	5.696 4	5.409 9	5.148 6	4.909 4
23	8.266 4	7.718 4	7.229 7	6.792 1	6.398 8	6.044 2	5.723 4	5.432 1	5.166 8	4.924 5
24	8.348 1	7.784 3	7.282 9	6.835 1	6.433 8	6.072 6	5.746 5	5.450 9	5.182 2	4.937 1
25	8.421 7	7.843 1	7.330 0	6.872 9	6.464 1	6.097 1	5.766 2	5.466 9	5.195 1	4.947 6
26	8.488 1	7.895 7	7.371 7	6.906 1	6.490 6	6.118 2	5.783 1	5.480 4	5.206 0	4.956 3
27	8.547 8	7.942 6	7.408 6	6.935 2	6.513 5	6.136 4	5.797 5	5.491 9	5.215 1	4.963 6
28	8.601 6	7.984 4	7.441 2	6.960 7	6.533 5	6.152 0	5.809 9	5.501 6	5.222 8	4.969 7
29	8.650 1	8.021 8	7.470 1	6.983 0	6.550 9	6.165 6	5.820 4	5.509 8	5.229 2	4.974 7
30	8.693 8	8.055 2	7.495 7	7.002 7	6.566 0	6.177 2	5.829 4	5.516 8	5.234 7	4.978 9

附 录
系数表

期数	21%	22%	23%	24%	25%	26%	27%	28%	29%	30%
1	0.8264	0.8197	0.8130	0.8065	0.8000	0.7937	0.7874	0.7813	0.7752	0.7692
2	1.5095	1.4915	1.4740	1.4568	1.4400	1.4235	1.4074	1.3916	1.3761	1.3609
3	2.0739	2.0422	2.0114	1.9813	1.9520	1.9234	1.8956	1.8684	1.8420	1.8161
4	2.5404	2.4936	2.4483	2.4043	2.3616	2.3202	2.2800	2.2410	2.2031	2.1662
5	2.9260	2.8636	2.8035	2.7454	2.6893	2.6351	2.5827	2.5320	2.4830	2.4356
6	3.2446	3.1669	3.0923	3.0205	2.9514	2.8850	2.8210	2.7594	2.7000	2.6427
7	3.5079	3.4155	3.3270	3.2423	3.1611	3.0833	3.0087	2.9370	2.8682	2.8021
8	3.7256	3.6193	3.5179	3.4212	3.3289	3.2407	3.1564	3.0758	2.9986	2.9247
9	3.9054	3.7863	3.6731	3.5655	3.4631	3.3657	3.2728	3.1842	3.0997	3.0190
10	4.0541	3.9232	3.7993	3.6819	3.5705	3.4648	3.3644	3.2689	3.1781	3.0915
11	4.1769	4.0354	3.9018	3.7757	3.6564	3.5435	3.4365	3.3351	3.2388	3.1473
12	4.2784	4.1274	3.9852	3.8514	3.7251	3.6059	3.4933	3.3868	3.2859	3.1903
13	4.3624	4.2028	4.0530	3.9124	3.7801	3.6555	3.5381	3.4272	3.3224	3.2233
14	4.4317	4.2646	4.1082	3.9616	3.8241	3.6949	3.5733	3.4587	3.3507	3.2487
15	4.4890	4.3152	4.1530	4.0013	3.8593	3.7261	3.6010	3.4834	3.3726	3.2682
16	4.5364	4.3567	4.1894	4.0333	3.8874	3.7509	3.6228	3.5026	3.3896	3.2832
17	4.5755	4.3908	4.2190	4.0591	3.9099	3.7705	3.6400	3.5177	3.4028	3.2948
18	4.6079	4.4187	4.2431	4.0799	3.9279	3.7861	3.6536	3.5294	3.4130	3.3037
19	4.6346	4.4415	4.2627	4.0967	3.9424	3.7985	3.6642	3.5386	3.4210	3.3105
20	4.6567	4.4603	4.2786	4.1103	3.9539	3.8083	3.6726	3.5458	3.4271	3.3158
21	4.6750	4.4756	4.2916	4.1212	3.9631	3.8161	3.6792	3.5514	3.4319	3.3198
22	4.6900	4.4882	4.3021	4.1300	3.9705	3.8223	3.6844	3.5558	3.4356	3.3230
23	4.7025	4.4985	4.3106	4.1371	3.9764	3.8273	3.6885	3.5592	3.4384	3.3254
24	4.7128	4.5070	4.3176	4.1428	3.9811	3.8312	3.6918	3.5619	3.4406	3.3272
25	4.7213	4.5139	4.3232	4.1474	3.9849	3.8342	3.6943	3.5640	3.4423	3.3286
26	4.7284	4.5196	4.3278	4.1511	3.9879	3.8367	3.6963	3.5656	3.4437	3.3297
27	4.7342	4.5243	4.3316	4.1542	3.9903	3.8387	3.6979	3.5669	3.4447	3.3305
28	4.7390	4.5281	4.3346	4.1566	3.9923	3.8402	3.6991	3.5679	3.4455	3.3312
29	4.7430	4.5312	4.3371	4.1585	3.9938	3.8414	3.7001	3.5687	3.4461	3.3317
30	4.7463	4.5338	4.3391	4.1601	3.9950	3.8424	3.7009	3.5693	3.4466	3.3321

参 考 文 献

[1] 吴安平. 财务管理学教学案例[M]. 北京：中国审计出版社，2002.
[2] 盛均全，原晓燕. 财务管理学[M]. 北京：北京大学出版社，2007.
[3] 骆永菊，郑蔚文. 财务管理学实用教程[M]. 北京：北京大学出版社，2008.
[4] 戴书松. 财务管理[M]. 北京：经济管理出版社，2006.
[5] 张玉英. 财务管理[M]. 北京：高等教育出版社，2004.
[6] 财政部会计从业资格评价中心. 财务管理[M]. 北京：中国财政经济出版社，2007.
[7] 中国注册会计师协会. 财务成本管理[M]. 北京：经济科学出版社，2006.
[8] 袁建国. 财务管理[M]. 大连：东北财经大学出版社，2005.
[9] 赵玉萍. 建筑施工企业财务管理[M]. 北京：机械工业出版社，2008.
[10] 孙班军. 财务管理[M]. 北京：中国财政经济出版社，2004.
[11] 陆正飞. 财务管理[M]. 大连：东北财经大学出版社，2001.
[12] 卢家仪. 财务管理[M]. 北京：清华大学出版社，1997.
[13] 刘力. 财务管理学[M]. 北京：企业管理出版社，2000.
[14] 张玲，张佳林. 财务管理[M]. 长沙：湖南大学出版社，2004.
[15] 辜位清. 财务管理[M]. 天津：天津人民出版社，1998.
[16] 丁元霖. 中级财务管理[M]. 上海：立信会计出版社，2000.
[17] 郝建萍. 财务管理[M]. 北京：科学出版社，2004.
[18] 赵国忠. 财务管理实务[M]. 北京：高等教育出版社，2002.
[19] 王斌. 财务管理[M]. 北京：中央广播电视大学出版社，2002.
[20] 温作民. 财务管理[M]. 南京：东南大学出版社，2002.
[21] 马广林. 公司财务与案例[M]. 北京：清华大学出版社，2007.
[22] 徐道宣，王青云. 财务管理[M]. 北京：科学出版社，2004.
[23] 朱开悉. 财务管理学[M]. 长沙：中南大学出版社，2003.
[24] 张先治. 财务分析[M]. 大连：东北财经大学出版社，2001.
[25] 谷祺，刘淑莲. 财务管理[M]. 大连：东北财经大学出版社，2003.
[26] 刘学华. 新编财务管理[M]. 上海：立信会计出版社，2003.
[27] 侯丽生，胡冬鸣. 财务管理[M]. 海口：南海出版公司，2002.
[28] 王庆成，郭复初. 财务管理学[M]. 北京：高等教育出版社，2000.
[29] 谷祺，刘淑莲. 财务管理[M]. 大连：东北财经大学出版社，2006.

北京大学出版社土木建筑系列教材(已出版)

序号	书名	主编	定价	序号	书名	主编	定价
1	*房屋建筑学(第3版)	聂洪达	56.00	53	特殊土地基处理	刘起霞	50.00
2	房屋建筑学	宿晓萍 隋艳娥	43.00	54	地基处理	刘起霞	45.00
3	房屋建筑学(上:民用建筑)(第2版)	钱 坤	40.00	55	*工程地质(第3版)	倪宏革 周建波	40.00
4	房屋建筑学(下:工业建筑)(第2版)	钱 坤	36.00	56	工程地质(第2版)	何培玲 张 婷	26.00
5	土木工程制图(第2版)	张会平	45.00	57	土木工程地质	陈文昭	32.00
6	土木工程制图习题集(第2版)	张会平	28.00	58	*土力学(第2版)	高向阳	45.00
7	土建工程制图(第2版)	张黎骅	38.00	59	土力学(第2版)	肖仁成 俞 晓	25.00
8	土建工程制图习题集(第2版)	张黎骅	34.00	60	土力学	曹卫平	34.00
9	*建筑材料	胡新萍	49.00	61	土力学	杨雪强	40.00
10	土木工程材料	赵志曼	38.00	62	土力学教程(第2版)	孟祥波	34.00
11	土木工程材料(第2版)	王春阳	50.00	63	土力学	贾彩虹	38.00
12	土木工程材料(第2版)	柯国军	45.00	64	土力学(中英双语)	郎煜华	38.00
13	*建筑设备(第3版)	刘源全 张国军	52.00	65	土质学与土力学	刘红军	36.00
14	土木工程测量(第2版)	陈久强 刘文生	40.00	66	土力学试验	孟云梅	32.00
15	土木工程专业英语	霍俊芳 姜丽云	35.00	67	土工试验原理与操作	高向阳	25.00
16	土木工程专业英语	宿晓萍 赵庆明	40.00	68	砌体结构(第2版)	何培玲 尹维新	26.00
17	土木工程基础英语教程	陈 平 王凤池	32.00	69	混凝土结构设计原理(第2版)	邵永健	52.00
18	工程管理专业英语	王竹芳	24.00	70	混凝土结构设计原理习题集	邵永健	32.00
19	建筑工程管理专业英语	杨云会	36.00	71	结构抗震设计(第2版)	祝英杰	37.00
20	*建设工程监理概论(第4版)	巩天真 张泽平	48.00	72	建筑抗震与高层结构设计	周锡武 朴福顺	36.00
21	工程项目管理(第2版)	仲景冰 王红兵	45.00	73	荷载与结构设计方法(第2版)	许成祥 何培玲	30.00
22	工程项目管理	董良峰 张瑞敏	43.00	74	建筑结构优化及应用	朱杰江	30.00
23	工程项目管理	王 华	42.00	75	钢结构设计原理	胡习兵	30.00
24	工程项目管理	邓铁军 杨亚频	48.00	76	钢结构设计	胡习兵 张再华	42.00
25	土木工程项目管理	郑文新	41.00	77	特种结构	孙 克	30.00
26	工程项目投资控制	曲 娜 陈顺岛	32.00	78	建筑结构	苏明会 赵 亮	50.00
27	建设项目评估	黄明知 尚华艳	38.00	79	*工程结构	金恩平	49.00
28	建设项目评估(第2版)	王 华	46.00	80	土木工程结构试验	叶成杰	39.00
29	工程经济学(第2版)	冯为民 付晓灵	42.00	81	土木工程试验	王吉民	34.00
30	工程经济学	都沁军	42.00	82	*土木工程系列实验综合教程	周瑞荣	56.00
31	工程经济与项目管理	都沁军	45.00	83	土木工程CAD	王玉岚	42.00
32	工程合同管理	方 俊 胡向真	23.00	84	土木建筑CAD实用教程	王文达	30.00
33	建设工程合同管理	余群舟	36.00	85	建筑结构CAD教程	崔钦淑	36.00
34	*建设法规(第3版)	潘安平 肖 铭	40.00	86	工程设计软件应用	孙香红	39.00
35	建设法规	刘红霞 柳立生	36.00	87	土木工程计算机绘图	袁 果 张渝生	28.00
36	工程招标投标管理(第2版)	刘昌明	30.00	88	有限单元法(第2版)	丁 科 殷水平	30.00
37	建设工程招投标与合同管理实务(第2版)	崔东红	49.00	89	*BIM应用:Revit建筑案例教程	林标锋	58.00
38	工程招投标与合同管理(第2版)	吴 芳 冯 宁	43.00	90	*BIM建模与应用教程	曾浩	39.00
39	土木工程施工	石海均 马 哲	40.00	91	工程事故分析与工程安全(第2版)	谢征勋 罗 章	38.00
40	土木工程施工	邓寿昌 李晓目	42.00	92	建设工程质量检验与评定	杨建明	40.00
41	土木工程施工	陈泽世 凌平平	58.00	93	建筑工程安全管理与技术	高向阳	40.00
42	建筑工程施工	叶 良	55.00	94	大跨桥梁	王解军 周先雁	30.00
43	*土木工程施工与管理	李华锋 徐 芸	65.00	95	桥梁工程(第2版)	周先雁 王解军	37.00
44	高层建筑施工	张厚先 陈德方	32.00	96	交通工程基础	王富	24.00
45	高层与大跨建筑结构施工	王绍君	45.00	97	道路勘测与设计	凌平平 余婵娟	42.00
46	地下工程施工	江学良 杨 慧	54.00	98	道路勘测设计	刘文生	43.00
47	建筑工程施工组织与管理(第2版)	余群舟 宋会莲	31.00	99	建筑节能概论	余晓平	34.00
48	工程施工组织	周国恩	28.00	100	建筑电气	李 云	45.00
49	高层建筑结构设计	张仲先 王海波	23.00	101	空调工程	战乃岩 王建辉	45.00
50	基础工程	王协群 章宝华	32.00	102	*建筑公共安全技术与设计	陈继斌	45.00
51	基础工程	曹 云	43.00	103	水分析化学	宋吉娜	42.00
52	土木工程概论	邓友生	34.00	104	水泵与水泵站	张 伟 周书葵	35.00

序号	书名	主编	定价	序号	书名	主编	定价
105	工程管理概论	郑文新 李献涛	26.00	130	*安装工程计量与计价	冯钢	58.00
106	理论力学(第2版)	张俊彦 赵荣国	40.00	131	室内装饰工程预算	陈祖建	30.00
107	理论力学	欧阳辉	48.00	132	*工程造价控制与管理(第2版)	胡新萍 王芳	42.00
108	材料力学	章宝华	36.00	133	建筑学导论	裘鞠 常悦	32.00
109	结构力学	何春保	45.00	134	建筑美学	邓友生	36.00
110	结构力学	边亚东	42.00	135	建筑美术教程	陈希平	45.00
111	结构力学实用教程	常伏德	47.00	136	色彩景观基础教程	阮正仪	42.00
112	工程力学(第2版)	罗迎社 喻小明	39.00	137	建筑表现技法	冯柯	42.00
113	工程力学	杨云芳	42.00	138	建筑概论	钱坤	28.00
114	工程力学	王明斌 庞永平	37.00	139	建筑构造	宿晓萍 隋艳娥	36.00
115	房地产开发	石海均 王宏	34.00	140	建筑构造原理与设计(上册)	陈玲玲	34.00
116	房地产开发与管理	刘薇	38.00	141	建筑构造原理与设计(下册)	梁晓慧 陈玲玲	38.00
117	房地产策划	王直民	42.00	142	城市与区域规划实用模型	郭志恭	45.00
118	房地产估价	沈良峰	45.00	143	城市详细规划原理与设计方法	姜云	36.00
119	房地产法规	潘安平	36.00	144	中外城市规划与建设史	李合群	58.00
120	房地产测量	魏德宏	28.00	145	中外建筑史	吴薇	36.00
121	工程财务管理	张学英	38.00	146	外国建筑简史	吴薇	38.00
122	工程造价管理	周国恩	42.00	147	城市与区域认知实习教程	邹君	30.00
123	建筑工程施工组织与概预算	钟吉湘	52.00	148	城市生态与城市环境保护	梁彦兰 阎利	36.00
124	建筑工程造价	郑文新	39.00	149	幼儿园建筑设计	龚兆先	37.00
125	工程造价管理	车春鹏 杜春艳	24.00	150	园林与环境景观设计	董智 曾伟	46.00
126	土木工程计量与计价	王翠琴 李春燕	35.00	151	室内设计原理	冯柯	28.00
127	建筑工程计量与计价	张叶田	50.00	152	景观设计	陈玲玲	49.00
128	市政工程计量与计价	赵志曼 张建平	38.00	153	中国传统建筑构造	李合群	35.00
129	园林工程计量与计价	温日琨 舒美英	45.00	154	中国文物建筑保护及修复工程学	郭志恭	45.00

标*号为高等院校土建类专业"互联网+"创新规划教材。

如您需要更多教学资源如电子课件、电子样章、习题答案等，请登录北京大学出版社第六事业部官网 www.pup6.cn 搜索下载。

如您需要浏览更多专业教材，请扫下面的二维码，关注北京大学出版社第六事业部官方微信（微信号：pup6book），随时查询专业教材、浏览教材目录、内容简介等信息，并可在线申请纸质样书用于教学。

感谢您使用我们的教材，欢迎您随时与我们联系，我们将及时做好全方位的服务。联系方式：010-62750667，donglu2004@163.com，pup_6@163.com，lihu80@163.com，欢迎来电来信。客户服务 QQ 号：1292552107，欢迎随时咨询。